Os 100 argumentos mais importantes da
FILOSOFIA OCIDENTAL

Michael Bruce
e Steven Barbone (orgs.)

Os 100 argumentos mais importantes da
FILOSOFIA OCIDENTAL

*Uma introdução concisa sobre
lógica, ética, metafísica, filosofia da religião, ciência,
linguagem, epistemologia e muito mais*

Tradução
ANA LUCIA DA ROCHA FRANCO

Editora
Cultrix
SÃO PAULO

Título original: *Just the Arguments – 100 of the Most Important Arguments in Western Philosophy.*
Copyright © 2011 Blackwell Publishing Ltd.
Publicado mediante acordo com Blackwell Publishing Limited.
Copyright da edição brasileira © 2013 Editora Pensamento-Cultrix Ltda.
Texto de acordo com as novas regras ortográficas da língua portuguesa.
1ª edição 2013.
1ª reimpressão 2017.

Todos os direitos reservados. Tradução autorizada do inglês para o português pela Blackwell Publishing Limited. A responsabilidade pela precisão da tradução para a língua portuguesa é reservada apenas à Editora Pensamento-Cultrix Ltda. Nenhuma parte desta obra pode ser reproduzida ou usada de qualquer forma ou por qualquer meio, eletrônico ou mecânico, inclusive fotocópias, gravações ou sistema de armazenamento em banco de dados, sem permissão por escrito da Blackwell Publishing, exceto nos casos de trechos curtos citados em resenhas críticas ou artigos de revistas.

A Editora Cultrix não se responsabiliza por eventuais mudanças ocorridas nos endereços convencionais ou eletrônicos citados neste livro.

As designações utilizadas pelas empresas para distinguir seus produtos muitas vezes são reivindicadas como marcas registradas. Todas as marcas e nomes de produtos usados neste livro são nomes comerciais, de serviços de marcas, marcas comerciais ou marcas registradas de seus respectivos proprietários. O editor não é associado a qualquer produto ou fornecedor mencionado neste livro. Esta publicação destina-se a fornecer informações precisas e autorizadas em relação ao assunto abordado. A Editora não se responsabiliza pela prestação de serviços profissionais. Se necessário um parecer profissional ou outra assistência especializada, deve-se consultar um profissional competente.

Editor: Adilson Silva Ramachandra
Editora de texto: Denise de C. Rocha Delela
Coordenação editorial: Roseli de S. Ferraz
Produção editorial: Indiara Faria Kayo
Assistente de produção editorial: Estela A. Minas
Editoração eletrônica: Fama Editora
Revisão: Claudete Agua de Melo e Nilza Agua

CIP-BRASIL. CATALOGAÇÃO NA PUBLICAÇÃO
SINDICATO NACIONAL DOS EDITORES DE LIVROS, RJ

C388
    Os 100 argumentos mais importantes da filosofia ocidental : uma introdução concisa sobre lógica, ética, metafísica, filosofia da religião, ciência, linguagem, epistemologia e muito mais / organização Michael Bruce , Steven Barbone ; tradução Ana Lucia da Rocha Franco. - 1. ed. - São Paulo : Cultrix, 2013.

    Tradução de: Just the arguments : 100 of the most importantarguments in western philosophy
    Inclui apêndice
    ISBN 978-85-316-1255-8
    1. Filosofia - História. I. Bruce, Michael. II. Barbone, Steven. I. Título. II. Título: Os cem argumentos mais importantes da Filosofia Ocidental : uma introdução concisa sobre lógica, ética, metafísica, filosofia da religião, ciência, linguagem, epistemologia e muito mais.

13-06334
                        CDD: 109
                        CDU: 1(09)

Direitos de tradução para a língua portuguesa adquiridos com exclusividade pela
EDITORA PENSAMENTO-CULTRIX LTDA., que se reserva a
propriedade literária desta tradução.
Rua Dr. Mário Vicente, 368 – 04270-000 – São Paulo, SP
Fone: (11) 2066-9000 – Fax: (11) 2066-9008
http://www.editoracultrix.com.br
E-mail: atendimento@editoracultrix.com.br
Foi feito o depósito legal.

Em memória de Mark Bruce (1961-2001).
Nunca Esqueça.

SUMÁRIO

Agradecimentos... 15

    Introdução: Mostre-me os Argumentos.............................. 17
    Michael Bruce e Steven Barbone

Parte I   Filosofia da Religião

   1. As Cinco Vias de Aquino..................................... 26
      Timothy J. Pawl

   2. O Argumento da Contingência Cosmológica 37
      Mark T. Nelson

   3. O Argumento Kalam para a Existência de Deus 41
      Harry Lesser

   4. O Argumento Ontológico 44
      Sara L. Uckelman

   5. A Aposta de Pascal 47
      Leslie Burkholder

   6. James e o Argumento da Vontade de Crer 51
      A. T. Fyfe

   7. O Problema do Mal 54
      Michael Bruce e Steven Barbone

   8. A Defesa do Livre-Arbítrio para o Problema do Mal 56
      Grant Sterling

   9. Santo Anselmo: Livre Escolha e o Poder de Pecar 59
      Julia Hermann

  10. O Argumento de Hume contra os Milagres 64
      Tommaso Piazza

  11. O Dilema de Eutífron 69
      David Baggett

12. Nietzsche e a Morte de Deus 72
Tom Grimwood

13. A Navalha de Ockham 79
Grant Sterling

Parte II Metafísica

14. Parmênides e a Refutação da Mudança 84
Adrian Bardon

15. O Argumento de McTaggart contra a Realidade do Tempo 87
M. Joshua Mozersky

16. Berkeley e o Argumento Magistral a favor do Idealismo 92
John M. DePoe

17. Kant e a Refutação do Idealismo 94
Adrian Bardon

18. O Argumento Dominador de Diodoro de Cronos 97
Ludger Jansen

19. Lewis e o Argumento dos Mundos Possíveis 100
David Vander Laan

20. Um Relato Reducionista da Identidade Pessoal 103
Fauve Lybaert

21. Argumentos *Split-Case* sobre Identidade Pessoal 111
Ludger Jansen

22. O Navio de Teseu 113
Ludger Jansen

23. O Problema do Intrínseco Temporário 115
Montserrat Bordes

24. Um Argumento Modal Moderno a favor da Alma 118
Rafal Urbaniak e Agnieszka Rostalska

25. Dois Argumentos a favor da Inocuidade da Morte 125
Epicuro e o Argumento "A Morte Nada é para Nós"........... 125
Steven Luper
Lucrécio e o Argumento da Simetria................................. 127
Nicolas Bommarito

26. A Existência das Formas: O Argumento de Platão a partir da Possibilidade de Conhecimento 129
Jurgis (George) Brakas

27. Platão, Aristóteles e o Argumento do Terceiro Homem 134
Jurgis (George) Brakas

28. Monismo Lógico 140
Luis Estrada-González

29. O Paradoxo da Maximalidade 145
Nicola Ciprotti

30. Um Argumento a favor do Livre-Arbítrio 151
Gerald Harrison

31. A Refutação de Frankfurt do Princípio das Possibilidades Alternativas 153
Gerald Harrison

32. Van Inwagen e o Argumento da Consequência contra o Compatibilismo 156
Grant Sterling

33. Fatalismo 159
Fernando Migura e Agustin Arrieta

34. Argumento de Sartre a favor da Liberdade 163
Jeffrey Gordon

Parte III   Epistemologia

35. Os Argumentos dos Cogitos de Descartes e Agostinho 168
   O Cogito de Descartes 168
   Joyce Lazier
   O Argumento *"Si Fallor, sum"* de Agostinho (Se me engano, existo) 170
   Brett Gaul

36. O Argumento Cartesiano do Sonho e o Ceticismo Diante do Mundo Externo 173
Stephen Hetherington

37. O Argumento da Transparência da Experiência 179
Carlos Mario Muñoz-Suárez

38. O Argumento do Regresso a favor do Ceticismo 184
Scott Aikin

39. Os Argumentos Anticéticos de Moore 191
Matthew Frise

40. O Paradoxo do Preconceito 193
Deborah Heikes

41. O Argumento de Gettier contra a Definição Tradicional de Conhecimento 196
John M. DePoe

42. O Argumento de Putnam contra o Imperialismo Cultural . 200
Maria Caamaño

43. Davidson sobre a Própria Ideia de um Esquema Conceitual 203
George Wrisley

44. Quine e os Dois Dogmas do Empirismo 211
Robert Sinclair

45. Hume e o Problema da Indução 217
O Problema da Indução em Hume 217
James E. Taylor
O Argumento Negativo de Hume Acerca da Indução 220
Stefanie Rocknack

46. Argumento por Analogia em Tales e Anaxímenes 225
Giannis Stamatellos

47. Quine e a Epistemologia Naturalizada 228
Robert Sinclair

48. Sellars e o Mito do Dado 233
Willem A. deVries

49. Sellars e o "Mito Ryleano" 239
Willem A. deVries

50. Aristóteles e o Argumento para Acabar com Todos os Argumentos 245
Toni Vogel Carey

Parte IV Ética

51. A Justiça Traz Felicidade na *República* de Platão 250
    Joshua I. Weinstein

52. Aristóteles e o Argumento da Função 255
    Sean McAleer

53. O Argumento de Aristóteles de que os Bens são Irredutíveis 258
    Jurgis (George) Brakas

54. O Argumento de Aristóteles a favor do Perfeccionismo 261
    Eric J. Silverman

55. Imperativo Categórico como Fonte de Moralidade 264
    Joyce Lazier

56. Kant sobre Por Que a Autonomia Merece Respeito 269
    Mark Piper

57. Mill e a Prova do Utilitarismo 272
    A. T. Fyfe

58. A Objeção da Máquina de Experiências ao Hedonismo...... 279
    Dan Weijers

59. O Argumento da Teoria do Erro 283
    Robert L. Muhlnickel

60. Moore e o Argumento da Questão em Aberto................... 289
    Bruno Verbeek

61. Wolff e o Argumento a favor da Rejeição à Autoridade do
    Estado 292
    Ben Saunders

62. Nozick e o Argumento de que Tributação é Trabalho Forçado 294
    Jason Waller

63. A Caridade é Obrigatória 296
    Joakim Sandberg

64. A Conclusão Repugnante 299
    Joakin Sandberg

65. Taurek: Os Números Não Contam 302
Ben Saunders

66. Parfit e o Argumento do Nivelamento por Baixo contra o
Igualitarismo 305
Ben Saunders

67. Nozick e o Argumento de Wilt Chamberlain 308
Fabian Wendt

68. Feminismo Liberal 312
Julinna C. Oxley

69. O *Status* Moral dos Animais dos Casos Marginais 318
Julia Tanner

70. O Argumento do Vegetarianismo Ético 320
Robert L. Muhlnickel

71. Thomson e o Violinista Famoso 324
Leslie Burkholder

72. Marquis e a Imoralidade do Aborto 329
Leslie Burkholder

73. Tooley: Aborto e Infanticídio 332
Ben Saunders

74. Rachels e a Eutanásia 334
Leslie Burkholder

Parte V   Filosofia da Mente

75. Leibniz e o Argumento a favor das Ideias Inatas 340
Byron Kaldis

76. Argumentos de Descartes a favor da Distinção
Mente-Corpo 348
Dale Jacquette

77. A Princesa Elisabeth e o Problema Mente-Corpo 357
Jen McWeeny

78. Kripke e o Argumento a favor do Dualismo de
Propriedades Mente-Corpo 362
Dale Jacquette

79. O Argumento da Causação Mental a favor do Fisicalismo . 366
Amir Horowitz

80. Davidson e o Argumento a favor do Monismo Anômalo ... 371
Amir Horowitz

81. Putnam e o Argumento da Realização Múltipla contra o
Fisicalismo de Tipo 375
Amir Horowitz

82. O Argumento da Superveniência contra o Fisicalismo Não
Redutivo 379
Andrew Russo

83. O Argumento de Ryle contra o Internalismo Cartesiano ... 384
Agustin Arrieta e Fernando Migura

84. Jackson e o Argumento do Conhecimento 387
Amir Horowitz

85. Nagel e o Argumento "Como é Ser um Morcego" contra o
Fisicalismo 391
Amy Kind

86. Chalmers e o Argumento dos Zumbis 394
Amy Kind

87. O Argumento da Revelação 397
Carlos Mario Muñoz-Suárez

88. Searle e o Argumento do Quarto Chinês 401
Leslie Burkholder

Parte VI   Ciência e Linguagem

89. Sir Karl Popper e o Argumento da Demarcação 406
Liz Stillwaggon Swan

90. Kuhn e os Argumentos da Incomensurabilidade............... 408
Liz Stillwagon Swan e Michael Bruce

91. Putnam e o Argumento que Exclui Milagres...................... 411
Liz Stillwaggon Swan

92. Galileu e a Queda dos Corpos.. 413
Liz Stillwaggon Swan

93. Materialismo Eliminativo.. 415
Charlotte Blease

94. Wittgenstein e o Argumento da Linguagem Privada 417
George Wrisley

95. Fodor e o Argumento a favor do Nativismo Linguístico...... 423
Majid Amini

96. Fodor e a Impossibilidade de Aprender 427
Majid Amini

97. Quine e a Indeterminação da Tradução............................. 430
Robert Sinclair

98. Davidson e o Argumento a favor do Princípio da Caridade 436
Maria Caamaño

99. O Argumento de Frege a favor do Platonismo.................... 440
Ivan Kasa

100. Platonismo Matemático 443
Nicolas Pain

Apêndice A: Aprenda o Jargão da Lógica 447
Apêndice B: Regras de Inferência e Substituição 449
Notas sobre os Colaboradores 451

AGRADECIMENTOS

Primeiro, gostaríamos de agradecer aos nossos colaboradores. Este foi um projeto maciço e os autores têm sido pacientes e interessados. Ficamos impressionados com a qualidade de suas contribuições e com sua habilidade para trabalhar dentro do formato do livro. Sabemos que os autores trabalharam durante as preciosas férias de verão e enfrentaram prazos apertados.

Segundo, gostaríamos de agradecer ao editor, Wiley-Blackwell. Somos especialmente gratos a Jeff Dean, que acreditou no conceito e ajudou a desenvolver o projeto ao longo do ano 2010. Este é o primeiro livro deste tipo e somos gratos a Jeff pela confiança que teve em nossa capacidade para realizá-lo.

Terceiro, Michael gostaria de agradecer a Steven pelo otimismo e apoio incessante. Steven foi orientador de Michael na Universidade Estadual de San Diego e, quando Michael lhe falou sobre a ideia deste livro em 2007, Steven não apenas o incentivou, mas lhe ofereceu toda a ajuda possível. Sem a visão positiva de Steven, o projeto nunca teria decolado. Ao mesmo tempo, como Steven é rápido para observar, o verdadeiro gênio e motor deste projeto é Michael.

Desejamos também agradecer aos nossos respectivos companheiros, Karen Hull e Stephen Russell, por nos aguentarem enquanto estávamos mergulhados na preparação deste livro.

INTRODUÇÃO:
MOSTRE-ME OS ARGUMENTOS

Michael Bruce e Steven Barbone

"Vamos arruinar a filosofia dos cursos de graduação." Foi isso que dissemos aos nossos amigos e professores para lhes vender a ideia deste livro. Sabíamos por experiência que, em quase todas as aulas de filosofia que tivemos no curso de graduação, tínhamos que saber apenas um punhado de argumentos, totalizando não mais do que algumas páginas de anotações cuidadosamente elaboradas. Imaginamos um rolodex de argumentos à nossa frente, que pudéssemos girar com facilidade para encontrar o argumento e ir em frente. Os exames mensais ou semestrais de qualquer um desses cursos se resumiriam à apresentação do argumento de um filósofo seguido de uma crítica – em geral o argumento de outro filósofo. A capacidade de enunciar um argumento de maneira clara e concisa, numa prova por exemplo, demonstra que a pessoa conhece sucintamente a matéria. Os argumentos a seguir podem ser vistos como respostas às perguntas de uma prova e também a algumas das perguntas da vida.

"Mostre-me os argumentos" é o grito de guerra dos filósofos. Como todo mundo tem sentimentos, opiniões e experiências pessoais subjetivas, a filosofia apela à base comum quando se trata de avaliar objetivamente as alegações. O raciocínio lógico é independente de compromissos políticos ou religiosos. Para simplificar, um argumento é válido ou não é. (Se é ou não convincente já é outra questão.) Quando alguém analisa uma posição em termos de argumento, responde com um certo nível de rigor e atenção. Argumentos pouco convincentes podem ser descartados imediatamente como absurdos ou esquecidos. No entanto, os argumentos que evocam reações fortes, devido em geral às suas possíveis consequências, são rechaçados por uma reformulação do argumento inicial, mostrando explicitamente por que as conclusões não procedem, além de inferências, pressupostos e justificativas. Quando as coisas ficam sérias, queremos *só os argumentos*.

Já passou a época em que uma pessoa conseguia ler todo o cânone filosófico ocidental. A filosofia precisa de novos recursos didáticos para enfrentar o fato de que a quantidade de argumentos importantes vai aumentar enquanto o número de horas de que dispõe um aluno de qualquer nível vai permanecer mais ou menos igual. A filosofia como disciplina formal precisa ficar cada vez mais esperta a respeito de como selecionar os argumentos que merecem mais atenção na sala de aula e de como ensiná-los. Fora da sala de aula, há poucos recursos (ou nenhum) que sirvam como guias de estudo. São feitos guias de estudo detalhados para tudo – Bíblia, cálculo, gramática, biologia – mas não para a filosofia. Nas livrarias, há folhas laminadas que listam todas as equações matemáticas-padrão, folhas com os verbos mais comuns do espanhol e até uma sobre "Golfe para Mulheres", mas nenhuma traz argumentos sobre a existência de Deus, o livre-arbítrio ou responsabilidade moral. Muitos livros apresentam importantes argumentos filosóficos, mas em geral esses livros esboçam apenas um único argumento ou uma série de argumentos relacionados. As enciclopédias de filosofia são ótimas para descrições limitadas de filósofos e conceitos, mas há necessidade de ferramentas de referência que ofereçam argumentos específicos. No fim, essas fontes secundárias acabam enterrando o argumento em comentários e análises, e não se prestam a oferecer referências de maneira concisa e eficiente. Descobrir um argumento em meio à análise pode levar tanto tempo quanto ir ao texto original. Este volume funciona como um guia compacto e acessível a ambas as fontes.

Vale a pena ressaltar que este volume exibe 100 dos mais importantes argumentos e que essa lista não é exaustiva nem incontroversa. Este é o primeiro projeto desse tipo. Não há compilações equivalentes de argumentos que sejam univocamente aceitas na área. Em todas as áreas, os especialistas discordam – talvez mais ainda em filosofia. Argumentos que agora são valorizados podem não ser considerados tão importantes no futuro. Mesmo quando há um consenso sobre a importância de um argumento, pode não haver clareza sobre seu desenrolar ou sobre a validade de sua conclusão. Neste volume, os autores selecionaram citações representativas em apoio às suas versões dos argumentos. Os argumentos que se seguem não são comparados em termos de importância. O argumento As Cinco Vias de Aquino não deve ser considerado mais importante do que outros com base no fato de ser o primeiro. Há muitos outros argumentos importantes que não foram incluídos aqui, e esperamos apresentá-los em trabalhos futuros.

Selecionamos argumentos com que pode se deparar um estudante de filosofia, embora muitas dessas questões possam surgir em cursos que não sejam de filosofia. A maioria desses argumentos emprega inferências lógicas intuitivas, permitindo que leitores sem treinamento formal em lógica acompanhem o argumento. A regra de inferência usada para chegar a cada conclusão é nomeada para permitir que o leitor veja explicitamente a estrutura válida do argumento. Apresentamos uma visão geral das inferências nos apêndices. Como alguns dos argumentos exigem uma compreensão mais avançada da lógica, os leitores podem se beneficiar com a introdução e os comentários, que fornecem a estratégia geral.

Este volume é dividido em seis partes: filosofia e religião, metafísica, epistemologia, ética, filosofia da mente, filosofia da ciência e filosofia da linguagem. Os ramos da filosofia são em número maior do que as seções deste volume e, dentro dos domínios incluídos, há muitos outros argumentos que não foram apresentados aqui. É comum que argumentos de uma área influenciem argumentos de outra área. Muitos argumentos poderiam ser incluídos em múltiplas seções. Essas divisões são provisionais e alguns argumentos se referem a outros argumentos do livro, assinalados com "nº" e então o número do argumento. A informação bibliográfica de cada artigo também é instrutiva para futuras leituras. A seguir, apresentamos introduções aos argumentos em forma de perguntas que eles abordam. Em outras palavras, fornecemos perguntas que levariam naturalmente ao argumento. Por exemplo, "A mudança é real (nº 14)?" conduz os leitores ao artigo "Parmênides e a Refutação da Mudança", argumento nº 14.

Filosofia da Religião

O que são as "Cinco Vias" de Aquino para provar a existência de Deus (nº 1)? Será que deve haver pelo menos um ser autoexistente que explique por que há alguma coisa em vez de nada (nº 2)? Se algo passa a existir, então ele tem uma causa (nº 3)? Se nada maior que Deus pode ser pensado, será que isso significa que Deus tem que existir na realidade (nº 4)? Qual era a Aposta de Pascal (nº 5)? Será que é racional ter uma crença religiosa sem evidências suficientes (nº 6)? Será que a existência do mal no mundo refuta a existência de Deus (nº 7)? E se Deus permite o mal para que os humanos tenham o benefício maior do livre-arbítrio (nº 8)? Será que o livre-arbítrio implica o poder de pecar (nº 9)? Será que é justificável acreditar num milagre com base em evidências empíricas (nº 10)? O que é sagrado é sagrado porque os deuses aprovam ou eles aprovam tal coisa porque é sagrada? (nº 11)? O que Nietzsche quis dizer quando disse "Deus está morto" e como é que fica a verdade (nº 12)? O que é a Navalha de Ockham (nº 13)?

Metafísica

A mudança é real (nº 14)? Se a mudança não é real, será que o tempo é real (nº 15)? Há apenas coisas que são percebidas como reais (nº 16)? Como Kant argumentou contra esse tipo de idealismo e ceticismo (nº 17)? Qual é a relação entre necessidade e possibilidade em termos de passado, presente e futuro (nº 18)? Se as coisas poderiam ter sido diferentes no passado, isso significa que há diferentes mundos possíveis (nº 19)? O que são "pessoas" e o que faz com que uma pessoa mantenha sua identidade numérica ao longo do tempo (nº 20)? Será que há um fator decisivo — por exemplo, massa corporal, massa cerebral ou lembranças — para a identidade pessoal (nº 21)? De que maneira as coisas persistem ao longo do tempo e no entanto mudam (nºs 22, 23)? Será que os humanos têm uma parte incorpórea e imaterial chamada alma (nº 24)? Será que é irracional temer a morte (nº 25)? Como conhecemos as coisas se elas estão em fluxo constante (nº 26)? Como Aristóteles argumentou contra as Formas de Platão (nº 27)? Será que a mesma teoria lógica pode ser aplicada a todos os domínios ou será que domínios diferentes exigem lógicas diferentes (nº 28)? Será que pode haver uma totalidade de proposições verdadeiras sem incorrer em paradoxos (nº 29)? Qual é a conexão entre livre-arbítrio e responsabilidade moral (nº 30)? Tenho livre-arbítrio apenas quando tenho a opção de fazer outra coisa (nº 31)? O livre-arbítrio e o determinismo são compatíveis (nº 32)? Se tudo vai acontecer ou não, o fatalismo não seria defensável (nº 33)? Como o existencialismo de Sartre — "O homem está condenado a ser livre" — entra nesta conversa (nº 34)?

Epistemologia

Como sei que existo (nº 35)? Como saber com certeza que não estou sonhando (nº 36)? Sou diretamente consciente das sensações ou experiências (nº 37)? Será que toda crença precisa ser justificada por outras crenças e será que isso leva a um regresso infinito (nº 38)? Há alguma resposta do senso comum ao ceticismo (nº 39)? Se não pode haver nenhum método justificado para distinguir normativamente entre diferentes visões epistêmicas, será que todas as definições são epistemicamente iguais? (nº 40)? Qual é a falha da definição tradicional de conhecimento como crença justificada e verdadeira (nº 41)? Será que uma coisa é verdadeira só porque as pessoas concordam que seja verdadeira (nº 42)? Será possível diferenciar conhecimento ou experiência entre um componente conceitual e um componente empírico (nº 43)? Será que há uma divisão nítida entre verdades analíticas e verdades sintéticas (nº 44)? Haverá uma justificativa racional para inferências indutivas e o fundamento da ciência moderna (nº 45)? Se determinadas coisas são semelhantes em casos observáveis ou identificados, serão semelhantes também em outros casos, não observáveis e não identificados (nº 46)? Será que a filosofia deve se voltar para a ciência para explicar e justificar o nosso conhecimento do mundo (nº 47)? Será que alguns estados cognitivos estão em contato direto com a realidade, formando uma base firme que sustenta o resto do nosso conhecimento (nºs 48, 49)? Há limitações para o que o raciocínio pode fazer (nº 50)?

Ética

Será que uma vida justa traz felicidade (nº 51)? Será que uma vida feliz é a que está de acordo com a razão (nº 52)? Será o Bem uma só coisa ou muitas (nº 53)? Qual é a melhor vida que uma pessoa pode levar (nº 54)? Kant tinha um argumento para o imperativo categórico (nº 55)? E por que ele pensava que a autonomia merece respeito (nº 56)? Será que o Bem deve ser concebido em termos de utilidade (nº 57)? Serão os humanos apenas hedonistas, que defendem o prazer acima de tudo (nº 58)? Será que toda a moralidade é relativa ou haverá princípios objetivos que extrapolam as culturas (nº 59)? O bem pode ser definido (nº 60)? Devemos aceitar a autoridade do Estado (nº 61)? Será a tributação um trabalho forçado (nº 62)? Temos o dever moral de fazer caridade (nº 63)? Seria melhor haver um número maior e não menor de pessoas no futuro (nº 64)? Será que uma grande perda para uma só pessoa pode ser justificada por benefícios menores para muitas outras (nº 65)? Será melhor que todos desçam ao mesmo nível do que aceitar a desigualdade (nº 66)? Será que a justiça exige uma distribuição padronizada da propriedade (nº 67)?

Quais são os argumentos centrais do feminismo liberal (nº 68)? Qual é o *status* moral de casos marginais, ou seja, quando não existe uma linha nítida entre animais humanos e não humanos (nº 69)? Qual é o argumento mais robusto a favor do vegetarianismo (nº 70)? O que um famoso violinista tem a ver com o argumento mais discutido no debate sobre o aborto (nº 71)? Será o aborto imoral devido à perda de experiências, atividades, projetos e prazeres futuros (nº 72)? Será que uma coisa precisa ser capaz de desejar ou conceber alguma coisa para ter direito a alguma coisa, como por exemplo a vida (nº 73)? Será que há uma diferença ética entre eutanásia ativa e passiva (nº 74)?

Filosofia da Mente

A mente é uma *tabula rasa* ou há ideias inatas (nº 75)? O que é dualismo cartesiano e será a mente distinta do corpo (nº 76)? Qual é o problema mente-corpo (nº 77)? O que é dualismo de propriedade e como ele é diferente do dualismo de substância (nº 78)? Os eventos mentais são idênticos aos eventos físicos (n°s 79, 80)? Será que cada propriedade mental é realizada de uma maneira física específica (n° 81)? Como a mente não física movimenta o corpo físico (n° 82)? Será que tenho acesso privilegiado aos meus estados mentais e será que posso conhecer os estados mentais dos outros (n° 83)? Será que o fisicalismo captura todos os fatos essenciais da experiência (n°s 84, 85)? Se um mundo zumbi é metafisicamente possível, seria isso uma crítica ao fisicalismo (n° 86)? Será que a sensação de cor revela características intrínsecas da cor (n° 87) Desde que tivesse os programas necessários, poderia o computador ter uma mente? Em outras palavras, será que a verdadeira inteligência artificial é possível (n° 88)?

Ciência e Linguagem

Como discernir a ciência da pseudociência (n° 89)? Será que os paradigmas científicos se desenvolvem a partir dos anteriores? Ou seja, serão eles comensuráveis (n° 90)? Será a passagem de um paradigma a outro um processo racional (n° 90)? Será o realismo científico a única maneira de tornar não miraculoso o progresso da ciência e da tecnologia (n° 91)? Como Galileu soube, sem experimentar, que todos os objetos caem na mesma velocidade, independentemente do peso (n° 92)? Uma teoria falível deveria ser eliminada (n° 93)?

Será que existe uma linguagem totalmente privada (n° 94)? Será que aprender uma linguagem requer aprender uma regra (n° 95)? Será que aprender uma regra implica aprender uma linguagem (n° 96)? Quando há tradução, há também interpretação (n°s 97, 98)? Se há enunciados verdadeiros que contenham objetos abstratos, será que isso significa que esses objetos abstratos existem (n° 99)? Será o platonismo matemático a melhor maneira de explicar o conhecimento matemático (n° 100)?

Como Usar Este Livro

Nos boxes que precedem os argumentos, você encontrará uma lista de fontes originais e secundárias.

As citações ajudam a mostrar como o argumento é apresentado no texto.

P1. As premissas são assinaladas com "P".
P2. Uma premissa é um enunciado, verdadeiro ou falso, que é dado como evidência ou razão para aceitar a conclusão; a conclusão é o enunciado defendido pelo argumento e sustentado pelas premissas.
C1. As conclusões, que podem ser muitas, são assinaladas com um "C" e são recuadas. Os indicadores da conclusão – por exemplo, "então" e "daí" – foram omitidos. A regra de inferência ou substituição é mencionada depois de conclusões dedutivas.

Parte I
FILOSOFIA DA RELIGIÃO

1
As Cinco Vias de Aquino

Timothy J. Pawl

Todas as citações de Santo Tomás de Aquino foram extraídas da tradução de Alfred Freddoso da *Summa Theologiae [Suma Teológica]*, disponível *on-line* em www.nd.edu/~afreddos/summa-translation/TOC-part1.htm

Baisnee, Jules. "St. Thomas Aquina's Proofs of the Existence of God Presented in Their Chronological Order", *in Philosophical Studies in Honor of the Very Reverend Ignatius Smith, O.P.*, organizado por John K. Ryan, 29-64. Westminster: The Newman Press, 1952.

Bochenski, Joseph M. "The Five Ways", *in The Rationality of Theism*, organizado por Adolfo García de la Sienra, 61-92. Atlanta, GA: Rodopi, 2000.

Kenny, Anthony. *The Five Ways: Saint Thomas Aquina's Proofs of God's Existence*. Oxford: Oxford University Press, 1969.

Pawl, Timothy, "The Five Ways", *in The Oxford Handbook of Thomas Aquinas*, organizado por Brian Davies e Eleonore Stump. Oxford: Oxford University Press, 2011.

Santo Tomás de Aquino (1224/5-74) apresentou suas Cinco Vias, ou cinco provas da existência de Deus, no início de sua obra-prima, a *Suma Teológica* (Parte 1, Questão 2, Artigo 3, a resposta). A *Suma* (ST), como é chamada, foi escrita como livro didático para homens em formação sacerdotal. São mais de 2.500 páginas numa tradução-padrão do latim, mas as Cinco Vias tomam pouco mais de uma página. No entanto, constituem quase certamente a seção mais comentada da *Suma* e um dos mais conhecidos argumentos a favor da existência de Deus.

Vale observar que, embora cada Via termine com alguma variação de "e a isso nós chamamos Deus", Aquino não pretendia que as Cinco Vias fossem demonstrações de um Deus exclusivamente cristão. Na verdade, ele adverte contra as tentativas de provar, por exemplo, que Deus é trino (três pessoas em um único ser, como afirmam os cristãos), já que tais argumentos serão sempre insuficientes, provocando a zombaria dos incrédulos (ver *Summa contra gentiles*, Livro 1, Capítulo 9, parágrafo 2). Além disso, Aquino não pretende que as Cinco Vias mostrem que isso a que chamamos "Deus" seja perfeito, bom, imutável, eterno, poderoso, sábio ou mesmo que exista tal coisa. Como consequência, algumas críticas comuns às Vias – por exemplo, que não demonstram um ser onipotente – erram claramente o alvo. Aquino discute ainda, ao longo de muitas páginas, se aquilo a que chamamos Deus nas Cinco Vias é onipotente. E o mesmo vale para os outros atributos mencionados acima. O que Aquino pretende nas Cinco Vias é mostrar que há alguma coisa ou outra que, por exemplo, cause as coisas sendo ela mesma sem causa, ou alguma coisa que seja necessária mas que não receba essa existência necessária de outra. Na verdade, ele só argumenta que as Cinco Vias concluem a mesma coisa – e não cinco coisas diferentes –, bem mais adiante na *Suma* (Parte 1, Questão 11, Artigo 3, a resposta).

Finalmente, é importante observar que, embora as Cinco Vias sejam os argumentos mais citados de Aquino a favor da existência de Deus, não são os mais detalhados ou matizados. A *Suma*, como foi dito anteriormente, é uma espécie de livro didático, escrito para um público de homens comuns em formação para o sacerdócio – e não para acadêmicos, estudiosos, ateístas ou agnósticos. Para julgar os melhores e mais fortes argumentos de Aquino a favor da existência de Deus, é melhor examinar passagens paralelas em suas outras obras e não na *Suma* (ver em Baisnee uma lista dessas passagens). Dito isso, são os argumentos da *Suma* os que receberam mais atenção, sendo incluídos, por qualquer critério razoável, entre os mais importantes argumentos da tradição intelectual do Ocidente.

A Primeira Via — O Argumento Derivado do Movimento

A Primeira Via se concentra no movimento. Por "movimento", Aquino entende os três tipos de mudança acidental que Aristóteles diferencia: mudança de lugar (por ex., mover-se pela sala), mudança em qualidade (por ex., aquecer-se) ou mudança em quantidade (por ex., engordar). A direção geral do argumento é que qualquer coisa mudada de uma dessas maneiras é mudada por outra coisa. Ao mudar a primeira coisa, essa outra coisa ou muda também ou permanece sem mudança. Como essa série de mudadores mutáveis não pode continuar indefinidamente, tem que haver um primeiro ser imutável. A esse ser nós chamamos "Deus".

O argumento abaixo usa 'F' como uma variável que governa estados de ser correlacionados com os três tipos de movimento mencionados anteriormente. Por exemplo, podemos substituir "pela sala", "quente" ou "gordo" por F. Aquino fornece três defesas detalhadas de C3 em *Summa contra gentiles*, Parte 1, Capítulo 13. Ele discute a objeção comum de que uma coisa pode mover a si mesma (por ex., o corredor move a si mesmo ao arrancar da linha de partida) dizendo que tais casos são exemplos de uma parte que move o todo e não de uma coisa que move a si mesma. Em P3, Aquino diz que o movedor tem que estar num estado de atualidade relevante a F para fazer alguma coisa F. O argumento seria mais forte se Aquino pudesse dizer que o movedor é na verdade F, mas não pode dizer isso, pelo menos não com perfeita generalidade. Para Aquino, Deus pode mover coisas de muitas maneiras que Deus não é: Deus pode engordar um homem sem ser gordo. Nesse caso, diz-se que Deus é virtualmente F: alguma coisa é "virtualmente F" se não é ela mesma F mas tem o poder de tornar F uma outra coisa. Pode-se dizer, então, que uma coisa está num estado de atualidade relevante para F quando é ela mesma F, seja atualmente ou virtualmente.

É certo, e óbvio para os sentidos, que neste mundo algumas coisas são movidas. Mas tudo o que é movido é movido por outra coisa. Pois nada é movido a não ser na medida em que está em potência com respeito à atualidade em direção à qual é movido, já que uma coisa efetua o movimento na medida em que esteja em atualidade num aspecto relevante. Afinal, mover é apenas levar uma coisa da potência ao ato. Mas uma coisa só pode ser levada da potência ao ato por meio de um ser que esteja em atualidade num aspecto relevante: por exemplo, uma coisa que seja quente em atualidade — um fogo, digamos — faz com que um pedaço de madeira, que é quente em potência, fique quente em atualidade. Assim, ele move e altera o pedaço de madeira. Mas é impossível que uma coisa esteja ao mesmo tempo em potência e em ato com respeito à mesma coisa: ela só pode estar em potência e em ato com respeito a coisas diferentes. Porque o que é quente em ato não pode ser simultaneamente quente em potência: na verdade, é frio em potência. Assim, é impossível que uma coisa seja ao mesmo tempo movedor e movido, da mesma maneira e com respeito à mesma coisa ou, em outras palavras, que alguma coisa mova a si mesma. Assim, tudo o que é movido tem que ser movido por outro.

Se, então, aquilo pelo que uma coisa é movida é também movido, deve então ser movido por uma outra coisa, e esta por uma outra. Mas isso não continua até o infinito. Porque, se continuasse, não haveria um primeiro movedor e, como resultado, nenhum dos outros efetuaria o movimento. Movedores secundários efetuam movimento só porque estão sendo movidos por um primeiro movedor, assim como uma vareta não efetua movimento, a não ser que seja movida por uma mão. Assim, é preciso chegar a um primeiro movedor que não esteja sendo movido por nada. E é a isso que todos chamam de Deus. (ST I, q2, a3, resposta)

P1. Algumas coisas são movidas.

P2. Se alguma coisa é movida para ser F, então é potencialmente mas não atualmente F.

P3. Se uma coisa move outra para ser F, então ela (a que move) está num estado de atualidade relevante para F.

C1. Se uma coisa se movesse para ser F (por ex., fosse movida e ao mesmo tempo seu próprio movedor), então seria potencialmente mas não atualmente F e estaria também num estado de atualidade relevante para F (conjunção, e *modus ponens*, P1, P2, P3).

P4. Mas não é possível que uma coisa seja potencialmente mas não atualmente F e que esteja também num estado de atualidade relevante para F.

C2. Não é possível que uma coisa mova a si mesma no sentido de ser F (*modus tollens*, C1, P4).

P5. Se não é possível que uma coisa mova a si mesma para ser F, então quando uma coisa é movida, é movida por outra.

C3. Se uma coisa é movida, é movida por outra coisa (*modus ponens*, C2, P5).

P5. Se B move A e B é movido, então B tem que ser movido por uma outra coisa, C. E se C é movido, então C tem que ser movido por alguma outra coisa, D. E assim por diante.

P6. Se a série de movedores continuasse até o infinito, então não haveria um primeiro movedor.

P7. Se não houvesse primeiro movedor, não haveria movimento.

C4. Há um primeiro movedor (*modus tollens*, P1, P7).

C5. Esse primeiro movedor é a coisa que todo mundo considera como sendo Deus (definição).

A Segunda Via — O Argumento Derivado da Causação

Enquanto a Primeira Via enfoca mudanças acidentais, a Segunda Via enfoca séries ordenadas de causação eficiente. Uma causa eficiente é aquela que produz alguma coisa ou uma alteração em alguma coisa. O compositor é a causa eficiente da sonata; o fogo é a causa eficiente do aquecimento da chaleira. Uma série ordenada é uma série em que a ação causal de membros posteriores da série depende do trabalho causal simultâneo de membros anteriores da série. Se o fogo aquece a chaleira e a chaleira aquece a água, essa é uma série ordenada, já que o fato de a chaleira aquecer a água depende da atividade causal da fonte anterior, o fogo. Da mesma forma, um sistema de engrenagens é uma série causal ordenada: como a ação causal de uma engrenagem intermediária faz girar uma outra, a última engrenagem depende da atividade causal das engrenagens anteriores do sistema. Aquino argumenta na Segunda Via, para continuar com a imagem da engrenagem, que o sistema não pode ter apenas engrenagens desde o início. Uma série infinita de engrenagens, sem uma primeira causa do seu giro, não estaria em movimento.

> Encontramos, entre as coisas sensíveis, uma ordenação de causas eficientes, mas não encontramos — nem é possível encontrar — qualquer coisa que seja a causa eficiente de si mesma. Isso porque se alguma coisa fosse a causa eficiente de si mesma, então seria anterior a si mesma — o que é impossível.
>
> Mas é impossível continuar até o infinito entre causas eficientes. Porque em todos os casos de causas eficientes ordenadas, a primeira é uma causa da intermediária e a intermediária é uma causa da última — e isso independentemente de a intermediária ser constituída por muitas causas ou por uma só. Mas quando uma causa é suprimida, seu efeito é suprimido. Assim, se não houvesse a primeira entre as causas eficientes,

então não haveria também uma última ou uma intermediária. Mas se as causas eficientes continuassem até o infinito, não haveria uma primeira causa eficiente, e assim não haveria um último efeito nem qualquer causa intermediária eficiente — o que é obviamente falso. Assim, é preciso pressupor alguma primeira causa eficiente — que todos chamam de Deus. (ST I, q2, a3, resposta)

P1. Há uma série ordenada de causas eficientes.

P2. Necessariamente, se X é uma causa eficiente de Y, então X é anterior a Y.

C1. Necessariamente, se X é uma causa eficiente de X, então X é anterior a X (instanciação, P2).

P3. Não é possível para X ser anterior a X.

C2. Não é possível para X ser uma causa eficiente de si mesmo (*modus tollens*, C1, P3).

P4. Se alguma coisa for uma série ordenada de causas eficientes, então a primeira causa causa a(s) causa(s) intermediária(s) e a(s) causa(s) intermediária(s) causa(m) o último efeito.

P5. Se uma causa for suprimida de uma série ordenada de causas eficientes, então os efeitos dessa causa também serão suprimidos.

C3. Se não houvesse primeira causa, não haveria efeitos subsequentes (instanciação, P4, P5).

P6. Se uma série ordenada de causas eficientes pudesse regredir infinitamente, não haveria uma primeira causa.

C4. Se uma série ordenada de causas eficientes pudesse regredir infinitamente, não haveria efeitos subsequentes (silogismo hipotético, C3, P6).

P7. Mas há efeitos subsequentes.

C5. Uma série ordenada de causas eficientes não pode regredir infinitamente (*modus tollens*, C4, P7).

P8. Uma série ordenada de causas eficientes ou regride infinitamente, ou termina numa causa que causa a si mesma, ou termina numa causa não causada.

C6. Uma série ordenada de causação eficiente termina numa causa não causada (silogismo disjuntivo, C2, C5, P8).

C7. Chamamos essa causa não causada de "Deus" (definição).

A Terceira Via — O Argumento Derivado da Possibilidade e da Necessidade

Aquino tem em mente uma compreensão específica de possibilidade e necessidade na Terceira Via, que não é a mesma das discussões filosóficas de hoje. Quando Aquino chama alguma coisa de "necessária" nesse argumento, ele quer dizer que ela não é sujeita à geração ou corrupção. Um ser necessário existe, mas não passa a existir por composição, e não pode parar de existir por meio da decomposição. Da mesma forma, nesse contexto, um ser possível existe, mas existe ou pode ter passado a existir por meio da composição, e pode cessar de existir por meio da decomposição. Nesse argumento, a inferência mais debatida é a inferência de P3 a C2. Muitos comentadores que tentam justificá-la o fazem argumentando que Aquino tinha em mente uma premissa implícita que, juntamente com P3, acarreta C2. Mas, sem a ajuda de uma premissa implícita, a inferência é inválida e comete a falácia da composição.

> Algumas das coisas que encontramos no mundo podem existir e não existir, já que algumas podem ser geradas e corrompidas e, como resultado, podem existir e não existir.
>
> Mas é impossível que tudo seja assim, pois o que pode não existir é tal que em algum momento não existe. Então, se todas as coisas pudessem não existir, em algum momento nada existiria no mundo. Mas se isso fosse verdade, nada existiria nem mesmo agora. Porque o que não existe só começa a existir através de alguma coisa que existe. Portanto, se não havia seres, então é impossível que alguma coisa começasse a existir e, assim, nada existiria agora — o que é obviamente falso. Assim, nem todos os seres podem existir [e não existir]: antes, deve haver alguma coisa necessária no mundo.
>
> Agora, todo ser necessário tem fora de si uma causa de sua necessidade — ou não tem. Mas é impossível continuar ao infinito entre seres necessários que tenham uma causa de sua necessidade — da mesma forma, como foi provado acima, é impossível continuar ao infinito entre causas eficientes. Assim, é preciso admitir algo que seja necessário por si, que não tenha fora de si uma causa de sua necessidade, mas que seja uma causa de necessidade para outras coisas [necessárias]. Mas isso todos chamam de Deus. (ST I, q2, a3, resposta)

P1. Algumas coisas podem ser geradas ou corrompidas.

P2. Se algumas coisas podem ser geradas ou corrompidas, então é possível que essas coisas existam ou não existam.

C1. É possível para algumas coisas existir ou não existir (*modus ponens*, P1, P2).

P3. Se cada coisa tem a possibilidade de não existir, então em algum momento ela não existe.

C2. Se cada coisa não existe em algum momento, então em algum momento nada existe (generalização universal, P3).

P4. Se em algum momento nada existe, então nada há para causar a existência de outra coisa.

P5. Se nada há para causar a existência de outro ser, então nada pode vir a existir.

P6. Se nada pode vir a existir, então nada existe agora.

P7. Mas alguma coisa existe agora.

C3. Alguma coisa pode vir a existir (*modus tollens*, P6, P7).

C4. Deve ter havido alguma coisa para causar a existência de outra (*modus tollens*, P5, C3).

C5. Em nenhum momento nada existiu (*modus tollens*, P4, C4).

C6. Não é verdade que cada coisa não tenha existido em algum momento (*modus tollens*, C2, C5).

C7. Deve haver alguma coisa que não tenha a possibilidade de não existir — ou seja, deve haver um ser necessário (*modus tollens*, P3, C6).

P8. Um ser necessário tem uma causa para a sua necessidade que vem de alguma outra coisa — ou não tem.

P9. Não é possível que haja uma série infinita de seres cuja necessidade vem de alguma outra coisa.

C8. Deve haver algum ser necessário cuja necessidade não venha de outra coisa (silogismo disjuntivo, P8, P9).

C9. Chamamos esse ser necessário, cuja necessidade não vem de outra coisa, de "Deus" (definição).

A Quarta Via — O Argumento Derivado da Gradação

Na Quarta Via, Aquino recorre a dois argumentos de Aristóteles, que não fornece no texto, para justificar duas de suas premissas (P3 e P4). P1 é observavelmente verdadeiro. P2 requer uma restrição em sua extensão.

Aquino parece estar dizendo que quaisquer predicações comparativas de uma propriedade implicam a existência de alguma coisa que é maximamente essa propriedade. Se isso fosse verdade, se Bob é mais gordo do que Tom, então deve haver alguma coisa que seja maximamente gorda. Pior ainda, seguir-se-ia de P4 que essa coisa mais gorda seria a causa de todas as outras coisas gordas. Parece melhor restringir P2 a perfeições e então tomar o calor (o exemplo dele) como uma forma de perfeição (observe que isso é só um exemplo; podemos aceitar esse ponto e ao mesmo tempo negar que o calor seja uma perfeição). C4 parece cometer a falácia da composição. Mesmo que fosse provado que há uma coisa que é a melhor, e uma coisa que é a mais nobre, e uma coisa que é a mais verdadeira, restaria ainda provar por que se trata da mesma coisa. Talvez Aquino tivesse em mente um princípio pelo qual a causa de uma coisa tem que ser também a causa de seus outros atributos positivos ou a causa de suas perfeições.

No mundo, algumas coisas se mostram mais e menos boas, mais e menos verdadeiras, mais e menos nobres etc. Mas *mais* e *menos* são predicados de diversas coisas na medida em que tendem de diversas maneiras àquilo que é máximo sob certo aspecto. Por exemplo, uma coisa é mais quente quanto mais se aproxima daquilo que é maximamente quente. Assim, há alguma coisa que seja maximamente verdadeira, maximamente boa e maximamente nobre e, como resultado, seja um ser máximo. Porque, segundo o Filósofo em *Metafísica 2*, as coisas que são maximamente verdadeiras são maximamente seres.

Mas, como foi dito neste livro, aquilo que é máximo num dado gênero é a causa de todas as coisas que pertencem a esse gênero. Por exemplo, o fogo, que é maximamente quente, é a causa de todas as coisas quentes. Assim, há alguma coisa que é, para todos os outros seres, causa de ser, de bondade e de toda perfeição — e a isso chamamos Deus. (ST I, q2, a3, resposta)

P1. Há algumas coisas que são mais ou menos boas, mais ou menos verdadeiras, ou mais ou menos nobres.

P2. Se uma coisa é mais ou menos F, então alguma coisa é maximamente F.

C1. Há alguma coisa maximamente boa, alguma coisa maximamente verdadeira, e alguma coisa maximamente nobre (substituição, e *modus ponens*, P1, P2).

C2. Há alguma coisa maximamente verdadeira (simplificação, C1).

P3. Se alguma coisa é maximamente verdadeira, então é maximamente ser.

C3. Alguma coisa é maximamente ser (*modus ponens*, C2, P3).

P4. Se alguma coisa é maximamente F, então é a causa de todas as coisas que sejam F.

C4. Há alguma coisa que é, para todos os outros seres, a causa de ser, de bondade e de toda perfeição (*modus ponens*, C1, P4).

C5. Chamamos essa coisa que é a causa do ser, da bondade e da perfeição de todas as outras coisas de "Deus" (definição).

A Quinta Via — O Argumento Derivado da Governança

Na Quinta Via, Aquino argumenta que se as coisas agem sempre ou quase sempre com um determinado fim, isso é evidência de que são dirigidas a esse fim por um agente inteligente. Na natureza, a maioria das coisas naturais age sempre ou quase sempre com um determinado fim e, portanto, a natureza é dirigida por um agente inteligente. Observe que, para Aquino, agir com um fim não requer intencionalidade. Na maneira de falar de Aquino, o fogo age com um fim quando queima para cima e a pedra age com um fim quando cai para a terra. Pode-se pensar que a biologia evolutiva fornece uma saída para o dilema desígnio ou acaso já que, dada a biologia evolutiva, qualquer coisa pode agir sempre ou quase sempre com um fim, não por desígnio ou acaso, mas devido à seleção natural. No entanto, o argumento de Aquino não visa apenas a entidades biológicas. Um elétron, por exemplo, atrai sempre ou quase sempre partículas positivamente carregadas, mas não adquiriu essa propriedade mediante algum processo evolutivo. Então, mesmo que a seleção natural reduza o alcance do argumento de Aquino, ela por si só não anula o argumento.

Vemos que algumas coisas destituídas de cognição, ou seja, corpos naturais, agem com um fim. Isso fica aparente pelo fato de agirem sempre ou quase sempre do mesmo modo para chegar ao que é melhor, o que deixa claro que não é por acaso, mas por desígnio, que atingem o fim.

Mas as coisas destituídas de cognição tendem para um fim só se forem dirigidas por alguma coisa que tenha cognição e inteligência, assim como uma flecha é dirigida por um arqueiro. Assim, há alguma coisa inteligente pela qual todas as coisas naturais são ordenadas com um fim — e a isso chamamos Deus. (ST I, q2, a3, resposta)

P1. Se alguma coisa age sempre ou quase sempre da mesma maneira para chegar ao que é melhor, então ela age com um fim.

P2. Os seres da natureza agem sempre ou quase sempre da mesma maneira para chegar ao que é melhor.

C1. Os seres da natureza agem com um fim (*modus ponens* P1, P2).

P3. Se os seres da natureza agem com um fim, então os seres da natureza são dirigidos por alguma coisa que tem cognição e inteligência.

C2. Os seres da natureza são dirigidos por alguma coisa que tem cognição e inteligência (*modus ponens*, C1, P3).

C3. A esse diretor de coisas irracionais, chamamos "Deus" (definição).

2
O Argumento da Contingência Cosmológica

Mark T. Nelson

Clarke, Samuel. A *Demonstration of the Being and Attributes of God and Other Writings*, organizado por Enzio Vailati. Cambridge, RU: Cambridge University Press, 1998.

Rowe, William L. *The Cosmological Argument*. Princeton, NJ: Princeton University Press, 1975.

___. *Philosophy of Religion: An Introduction*. Belmont, CA: Wadsworth, 1978.

O Argumento da Contingência é uma versão do argumento cosmológico a favor da existência de Deus, proposto por Samuel Clarke (1675-1729) e resgatado da obscuridade por William Rowe (1931-). O argumento cosmológico não é, na verdade, um único argumento, mas uma família de argumentos que tentam provar, ou pelo menos tornar plausível, a existência de Deus com base na existência do cosmos. Tipicamente, esses argumentos têm dois estágios: o primeiro vai da existência do cosmos para a existência de um ser necessário ou causa primeira desse cosmos; o segundo argumenta que esse ser necessário ou causa primeira é Deus. A respeito do primeiro estágio, os estudiosos fazem às vezes uma distinção entre duas versões: uma que é baseada na ideia de que o regresso causal infinito não existe e outra que não é baseada nessa ideia. As primeiras três vias das "Cinco Vias" (nº 1) de Tomás de Aquino (1224/5-74) são um exemplo da primeira; o argumento da contingência de Clarke é um exemplo da segunda. Aquino argumenta, por exemplo, que deve existir uma primeira causa não causada de "seres sensíveis com causas eficientes" já que, se não existisse, haveria um regresso infinito de causas causadas, mas um tal regresso causal infinito não existe de fato. Muitos críticos consideram pouco convincente o argumento de Aquino a esse respeito e, assim, uma das vantagens do argumento de Clarke é simplesmente evitar essa questão. Segundo Clarke, o problema da ideia de tudo ser apenas uma regresso infinito de seres dependentes causados por outros seres dependentes (o equivalente dos "seres sensíveis com causas eficientes" de Aquino) não é a impossibilidade de um tal regresso, mas o fato de violar o Princípio da Razão Suficiente, um princípio intuitivo segundo o qual há (*grosso modo*) uma explicação para cada ser e para cada fato. Nesse caso, haveria uma explicação para a existência de cada ser dependente e haveria até uma explicação para a existência daquela coleção específica de seres dependentes. No entanto, não haveria uma explicação para o fato de haver seres dependentes, já que nenhum ser dependente específico (ou série de seres dependentes) explicaria isso. Ou seja, não teríamos uma explicação para o fato de que há alguma coisa em vez de nada. Então, deve haver ao menos um ser autoexistente que explique por que existe alguma coisa em vez de nada. Em outra parte, Clarke se propõe a provar que esse ser tem outros atributos que são normalmente associados à divindade.

Existe desde a eternidade um ser imutável e independente. Pois já que alguma coisa precisa ter sido desde a eternidade, como já foi provado e é admitido em toda parte, ou sempre existiu algum ser imutável e independente do qual todos os outros seres que são ou foram alguma vez no universo receberam sua origem, ou há uma sucessão infinita de seres mutáveis e dependentes produzidos uns dos outros numa progressão infindável sem qualquer causa original. Agora, esta última suposição é tão absurda que, embora todo ateísmo em suas explicações da maioria das coisas [...] termine nela, penso que poucos ateístas já foram tão fracos a ponto de defendê-la diretamente ou abertamente. Porque ela é claramente impossível e contraditória em si mesma. Não argumentarei contra ela a partir da suposta impossibilidade de uma sucessão infinita, considerada simplesmente e absolutamente em si mesma, por uma razão que deve ser mencionada em seguida. Mas, se consideramos uma tal progressão infinita como uma série infindável de seres dependentes, é claro que toda essa série de seres não pode ter uma causa externa à sua existência porque nela estão supostamente incluídas todas as coisas que são, ou já foram, no universo. E é claro que não pode ter uma razão interior a si mesma para a sua existência porque nenhum ser nessa sucessão infinita é supostamente autoexistente ou necessário (o que é a única base ou razão de existência de qualquer coisa que possa ser imaginada dentro da própria coisa [...]), mas cada um dependente do que o antecede. E onde nenhuma parte é necessária, é manifesto que o todo não pode ser necessário — sendo que a necessidade absoluta de existência não é uma denominação extrínseca, relativa e acidental, mas uma propriedade interior e essencial da natureza da coisa que assim existe. (Clark, 10)

Terminologia de Rowe:

"ser dependente" = "um ser cuja existência é explicada pela atividade causal de outras coisas"
"ser autoexistente" = "um ser cuja existência é explicada por si mesma, ou seja, por sua própria natureza"
"fato positivo" = "um fato cuja validade acarreta a existência de pelo menos um ser contingente"
"ser contingente" = "um ser tal que seja logicamente possível para esse ser existir e logicamente possível não existir"

Princípio da Razão Suficiente (PRS):

PSR1. Para cada ser que existe ou já existiu, há uma explicação para a sua existência.
PSR2. Para cada fato positivo, há uma explicação.

P1. Todo ser (que existe ou já existiu) ou é um ser dependente ou um ser autoexistente.
P2. Nem todo ser é um ser dependente.
    C1. Existe um ser autoexistente (silogismo disjuntivo, P1, P2).

O argumento é válido se for interpretado como se segue:
P1*. Todo ser é um ser dependente ou algum ser é um ser autoexistente. [Ou: Se nenhum ser é um ser autoexistente, então todo ser é um ser dependente.]
P2*. Não é o caso que todo ser seja um ser dependente.
    C1*. Algum ser é um ser autoexistente (silogismo disjuntivo, P1*, P2*).

O caso a favor de P1*:

P1 pode parecer uma tautologia, mas não é, já que exclui um tipo de caso, ou seja, coisas cuja existência não é explicada por coisa alguma. Assim, é equivalente a PSR1.

O caso a favor de P2*:

P3. Se todo ser é um ser dependente, então se há uma explicação para o fato de existir algum ser dependente (em vez de nada), essa será em termos da existência ou da totalidade de seres dependentes ou de algum subconjunto dessa totalidade.

P4. Que existe algum ser dependente (em vez de nada) é um fato positivo (definições de "ser dependente", "fato positivo").

P5. Há uma explicação para cada fato positivo (PSR2).

C2. Há uma explicação para o fato de que existe algum ser dependente (instanciação, P4, P5).

C3. Se todo ser é um ser dependente, então há uma explicação para o fato de existirem seres dependentes (em vez de nada) em termos da existência ou da totalidade de seres dependentes ou de algum subconjunto dessa totalidade (instanciação, P3, C2).

P6. Não é possível explicar o fato de existir algum ser dependente (em vez de nada) simplesmente em termos da existência ou da totalidade de seres dependentes ou de algum subconjunto dessa totalidade.

C4. Não é o caso que todo ser seja um ser dependente (*modus tollens*, C3, P6).

Assim, P1* depende de PSR1 e P2* depende de PSR2; então, segundo Rowe, o sucesso do argumento da contingência de Clarke decorre da verdade ou da aceitabilidade racional do próprio Princípio da Razão Suficiente.

3
O Argumento Kalam para a Existência de Deus

Harry Lesser

Craig, William L. *The Kalam Cosmological Argument*, Londres: Macmillan, 1979.

Um dos argumentos mais interessantes a favor da existência de Deus foi desenvolvido pelos teólogos-filósofos da Kalam, a tradição de teologia muçulmana medieval, e foi recentemente revivido por William Craig entre outros. É uma versão do argumento cosmológico, sendo um argumento que vai da mera existência do universo à existência de Deus, ao contrário dos argumentos que partem do conceito de Deus, como o argumento ontológico, ou de características específicas do universo, como a evidência de desígnio. A formulação do argumento feita por William Craig é especialmente concisa:

> Tudo o que começa a existir tem uma causa.
> O universo começou a existir.
> Portanto, o universo tem uma causa. (63)

Esse argumento é claramente um *modus ponens* válido, mas até que ponto a verdade das premissas é indubitável? A premissa principal parece não ser comprovada. Não é autocontraditório afirmar que alguma coisa pode começar a existir, ou que começou a existir, sem qualquer causa. Há, naturalmente, um forte argumento empírico indutivo que parte do fato de que há bilhões e bilhões de exemplos de coisas que começam a existir tendo uma causa para a sua existência, e nem um único exemplo observado ou registrado de alguma coisa que tenha vindo a existir sem uma causa. Mas isso é insuficiente como prova por duas razões. Primeiro, nenhum argumento indutivo nos dá mais do que evidências muito boas de que alguma coisa ocorre sempre: por mais casos comprobatórios que houver, uma exceção é sempre uma possibilidade, mesmo que improvável. Segundo, mesmo que toda entidade individual que começou a existir no universo tenha uma causa para sua existência, não se segue daí que isso seja verdade para o universo como um todo, já que o que é verdade para as partes, mesmo que para todas elas, não é necessariamente verdade para a totalidade e vice-versa.

Um terceiro argumento a favor da alegação de que tudo o que começa a existir tem uma causa seria que, embora não seja autocontraditório que uma coisa possa começar a existir sem uma causa, isso é inimaginável. Aqui cabem duas réplicas. Uma é que essa pode ser uma característica da nossa mente e não do mundo como ele realmente é, simplesmente um limite ao que podemos conceber e não um limite ao que pode acontecer. A outra é que, o universo como um todo é algo totalmente além da nossa experiência: então, pode-se dizer que simplesmente não temos ideia do que pode ou não pode ser possível. Assim, a principal premissa do argumento não pode ser provada nem pela lógica nem pela experiência. No entanto, a noção de que uma coisa pode vir a ser a partir do nada, sem uma causa, parece quase incrível. Então, essa premissa, mesmo não provada, parece muito plausível.

Por outro lado, a premissa secundária, de que o universo tem um começo, pareceu por muito tempo muito vulnerável: parecia não haver razão para afirmar que o universo veio a ser em vez de ter sempre existido, como a maioria dos gregos, incluindo Aristóteles, pensava. Os próprios filósofos da tradição Kalam e aqueles que os sucederam tentaram argumentar que a noção de uma série infinita de eventos retrocedendo no tempo, sem um primeiro evento, é incoerente ou de alguma forma impossível, mas não foi apresentado nenhum argumento plausível nesse sentido. É verdade que a ideia de que o tempo não tem início cria problemas para a mente, mas há problemas semelhantes quando se supõe que ele tem um início, já que podemos sempre perguntar "O que aconteceu antes disso?" O que restabeleceu o argumento numa versão contemporânea, de nenhum modo confinada aos muçulmanos, é a evidência científica cada vez maior de que o universo teve mesmo um início. Isso ainda não chega a ser uma prova: na verdade, não está claro quais observações astronômicas ou outras poderiam provar incondicionalmente a teoria do *big-bang* sobre o início do universo. Mas torna plausível a proposição de que o universo teve um início, algo para o qual há evidências e que é aceito por muitos que as estudaram. Assim, o argumento Kalam a favor da existência de Deus é um argumento válido que parte de duas premissas das quais nada é provado nem certo, mas que são ambas plausíveis. O júri ainda não decidiu e muito depende de como a ciência se desenvolve e de até que ponto a premissa secundária parece cada vez mais plausível.

No entanto, cabe observar que o argumento é incompleto. Mesmo que o universo tenha uma causa exterior a si mesmo, é preciso que o argumento prossiga para estabelecer que a causa é um ser eterno e bom: em outras palavras, que é Deus. Alguns que aceitam o argumento acham que é preciso mostrar também que a causa é um ser pessoal e apresentaram argumentos nesse sentido. Certamente pode ser argumentado que só um ser eterno poderia preceder o universo e que, portanto, só um ser eterno poderia causá-lo. Pode-se também argumentar que o único tipo de causa que poderia agir sobre o universo de fora para dentro, em oposição a uma causa que fosse uma parte dele, seria o ato de um ser pessoal e que só um ser bom desejaria criar o universo. Mas é justo dizer, eu penso, que não temos ainda uma elaboração completa e rigorosa dessa parte do argumento, embora o que foi dito acima indique as linhas que ele pode seguir. Mais uma vez, podemos dizer que é plausível, mas não provado, que a causa do universo seja um bom Criador pessoal, assim como é plausível, mas não provado, que o universo não tenha causa alguma.

P1. Se alguma coisa começa a existir, então ela tem uma causa.
P2. O universo começou a existir.
   C1. O universo tem uma causa (*modus ponens*, P1, P2).

4
O Argumento Ontológico

Sara L. Uckelman

Anselmo de Canterbury. *Proslogion, in S. Anselmi Cantuariensis Archiepiscopi Opera Omnia*, vol. 1, organizado por F. S. Schmitt, 93-104. Seccovii: Abbatia, 1938-61.

Anselmo de Canterbury. *Proslogion, in Anselm of Canterbury: The Major Works*, organizado por B. Davies e G. R. Evans, traduzido por M. J. Charlesworth, 82-104. Oxford: Oxford University Press, 1998.

Davies, Brian. "Anselm and the Ontological Argument", *in The Cambridge Companion to Anselm*, organizado por B. Davies e B. Leftow, 57-178. Cambridge, RU: Cambridge University Press, 2004.

Na filosofia da religião, os argumentos que tentam provar a existência de Deus com base na essência de Deus são chamados de argumentos ontológicos porque recorrem apenas à natureza ou essência do ser de Deus. O primeiro desses argumentos foi apresentado por Santo Anselmo de Canterbury (1033-1109) no Capítulo II de *Proslogion* (escrito em 1077-1078). Santo Anselmo define Deus como "aquele do qual nada maior pode ser pensado" e procura derivar dessa definição uma contradição com o pressuposto de que Deus não existe. Alguns comentadores modernos descobriram outro argumento semelhante em *Proslogion III*, que mostra supostamente não apenas que Deus existe, mas que a existência de Deus é necessária. No entanto, é o argumento apresentado em *Proslogion II* que é em geral chamado simplesmente de "argumento ontológico".

Desde Anselmo, muitos autores têm feito objeções ao argumento com base em sua conclusão e têm tentado mostrar que ele é ou inválido ou fraco. Quando Anselmo ainda vivia, Gaunilo, um monge de Marmoutier, criticou o argumento mostrando que um argumento com a mesma estrutura poderia ser usado para demonstrar a existência da melhor ilha possível, cuja conclusão é considerada absurda. Embora não aponte um erro específico no argumento de Anselmo, essa crítica lança alguma dúvida sobre sua estrutura, já que a mesma estrutura pode ser usada para derivar conclusões absurdas. Um contra-argumento famoso é apresentado por Immanuel Kant (1724-1804), que argumenta que Anselmo usa erradamente "existência" como predicado, o que não é verdade. Seja como for, não há concordância quanto ao *status* da validade do argumento ou à solidez de suas premissas: mesmo os que acreditam que o argumento é problemático, não concordam quanto à natureza do problema.

Muito bem, Senhor, Vós que dais compreensão à fé, concedei-me que eu compreenda, tanto quanto julgais adequado, que Vós existis como acredito que existis, e que sois o que acredito que sois. Agora, acreditamos que Vós sois uma coisa da qual nada maior pode ser pensado. Ou pode ser que uma coisa de tal natureza não exista, já que "disse o insensato no seu coração: não há Deus" [Sl 14:1; 53:1]? Mas certamente, quando esse mesmo insensato ouve o que estou falando, ou seja, "uma coisa da qual nada maior pode ser pensado", ele compreende o que ouve, e o que ele compreende está em sua mente, mesmo que ele não compreenda que isso realmente existe. Porque é uma coisa um objeto existir na mente, e outra coisa compreender que um objeto realmente existe. Assim, quando um pintor planeja de antemão o que vai executar, ele tem [o quadro] na mente mas ainda não pensa que realmente existe porque ainda não o executou. No entanto, depois de efetivamente pintá-lo, ele ao mesmo tempo o tem na mente e compreende que ele existe porque agora o executou. Até o insensato, portanto, é forçado a concordar que uma coisa da qual nada maior pode ser pensado existe na mente, já que é algo que ele compreende quando ouve, e tudo o que é compreendido está na mente. E por certo "aquilo do qual uma coisa maior não pode ser pensada" não pode existir só na mente. Porque se existe só na mente, pode-se pensar que existe também na realidade, o que é maior. Se então, aquilo do qual uma coisa maior não pode ser pensada existe só na mente, esse mesmo aquilo do qual uma coisa maior não pode ser pensada é "aquilo do qual uma coisa maior pode ser pensada", o que é obviamente impossível. Então, não há nenhuma dúvida que uma coisa da qual nada maior pode ser pensado existe tanto na mente quanto na realidade. (Anselmo trad. Charlesworth, 87)

P1. Deus é uma coisa da qual nada maior pode ser pensado (definição).

P2. A existência na compreensão e a existência na realidade são duas coisas separadas.

P3. A existência na realidade é maior do que a existência na compreensão.

(P3a. Uma coisa que existe na realidade é maior do que uma coisa que existe só na compreensão.)

P4. Até o insensato compreende o conceito de "uma coisa da qual nada maior pode ser imaginado".

P5. Se uma coisa é compreendida, então ela existe na compreensão (definição).

C1. "Uma coisa da qual nada maior pode ser imaginado" existe na compreensão (*modus ponens*, P4, P5).

P6. "Uma coisa da qual nada maior pode ser imaginado" pode existir apenas na compreensão (suposição de *reductio*).

P7. É maior para "uma coisa da qual nada maior pode ser imaginado" existir na realidade do que existir só na compreensão.

C2. Há alguma coisa maior do que "uma coisa da qual nada maior pode ser imaginado" (instanciação, P6).

C3. "Uma coisa da qual nada maior pode ser imaginado" não pode existir só na compreensão. Tem que existir também na realidade (*reductio*, P6-C2).

C4. Deus existe (substituição de *definiendum* para *definiens*, C3, P1).

5
A Aposta de Pascal

Leslie Burkholder

Pascal, Blaise, *Pensées*, traduzido por John Warrington. Londres: Dent, 1960.

Hacking, Ian. "The Logic of Pascal's Wager." *American Philosophical Quarterly* 9 (1972): 186-92.

McClennan, Edward F. "Pascal's Wager and Finite Decision Theory", *in* *Gambling on God*, organizado por Jeff Jordan, 115-33. Londres: Rowman & Littlefield, 1994.

Whyte, Jamie. *Crimes Against Logic*. Nova York: McGraw-Hill, 2004.

Ao contrário de outros argumentos sobre a existência de Deus, a Aposta de Pascal não tenta provar que Deus existe. Ela pretende mostrar que é melhor para você acreditar que Deus existe e levar uma vida de crente do que o contrário. Mais especialmente, procura mostrar que vale a pena acreditar na existência de um Deus cristão e levar uma vida cristã.

O que se segue é uma apresentação moderna do pensamento de Pascal. O Deus cristão ou existe ou não existe. É difícil provar a existência de Deus por meio de argumentos filosóficos. Será que vale a pena para você levar uma vida cristã — agindo como se acreditasse — na esperança de atingir a vida eterna e, no processo de viver essa vida, passar a acreditar? Se Deus existe e você vive uma vida cristã, será salvo. Isso tem um valor quase infinito para você. Se Deus existe e você não vive uma vida cristã, será condenado, um resultado cuja utilidade negativa é também muito grande. Se Deus não existe e você leva uma vida cristã, perderá no máximo um pouco de prazer mundano, comparado ao que obteria se Deus existisse. Então, o ganho que você pode ter vivendo uma vida cristã é mais alto do que aquele que teria vivendo de outra maneira, já que a probabilidade da existência de Deus é maior do que 0. É bobagem não levar uma vida cristã.

Partes do argumento da aposta — seja na versão de Pascal ou nesta versão moderna — podem ser mais bem apresentadas com o uso de um recurso chamado "quadro da decisão". As palavras no topo de cada coluna descrevem um possível estado do mundo ou universo. Há apenas dois, sendo que cada um tem alguma chance ou probabilidade de ser a verdade. Não podemos eliminar nenhum deles, segundo Pascal. Cada bloco mostra o resultado que você terá se o estado nomeado na coluna for verdadeiro e você fizer a escolha naquela fileira. Assim, por exemplo, se o Deus cristão existe, você leva uma vida cristã e acredita que esse Deus existe, o resultado é um benefício ou ganho infinito — nas palavras de Pascal — ou de infinito valor positivo — nas palavras do argumento moderno — e uma perda de nada — o que parece ser o que pensa Pascal — ou de uma coisa muito pequena, de algum prazer mundano — como coloca o argumento moderno. Pascal não nos diz explicitamente o que se inserir em alguns dos blocos. Por exemplo, ele não diz quais são os resultados para você se o Deus cristão existe mas você não acredita nisso. O enunciado moderno da aposta preenche essa lacuna.

A terceira e a quarta premissas do argumento abaixo são implícitas ou estão ocultas. Esse argumento é por certo dedutivamente válido desde que essas premissas ocultas sejam acrescentadas. Cada passo no raciocínio do argumento é verofuncionalmente válido. Então, qualquer crítica do argumento deve nos dizer que uma ou mais premissas são falsas. Eis alguns exemplos de críticas:

a. A primeira premissa diz que qualquer um que leve uma vida cristã e acredite, sem importar por que, consegue o benefício. É o que vemos no Quadro 1 e a primeira premissa nos diz que tudo naquele quadro é verdadeiro. Mas isso é falso. O Deus cristão não recompensaria alguém que acredita ou leva uma vida de crente só para ganhar o benefício de infinita felicidade.

b. Segundo o raciocínio, o quadro traz uma descrição completa dos possíveis estados do mundo, e diz o que resultará em cada um desses estados se você acreditar e levar uma vida apropriada ou se não acreditar e não levar uma vida cristã. Mas isso está correto?

Suponha que, quando o Deus cristão não existe, seja também verdade que existe outro tipo de deus. Esse deus pune severamente os que acreditam no Deus cristão ou levam uma vida cristã. Essa é uma possibilidade: não é excluída pela lógica mais do que a existência do Deus cristão é admitida ou excluída pela lógica. Se isso acontecer, então a coluna 2 do Quadro 1 não apresenta resultados definitivos, mas simplesmente um entre muitos conjuntos possíveis de resultados. São os resultados que ocorreriam quando o Deus cristão não existe e nenhum outro deus existe. O que é dito sobre o estado em que o Deus cristão não existe vale também para quando esse Deus existe. Os resultados listados na coluna 1 do quadro são apenas os que ocorrem quando o Deus cristão existe e nenhum outro tipo de deus existe. Então, ou a premissa 1 é falsa, já que o quadro mostra que os resultados são apenas um dos indefinidamente muitos resultados possíveis, ou a premissa 2 é falsa, já que as colunas não cobrem todas as possibilidades. Cobrem apenas o que ocorre quando o Deus cristão existe e nenhum outro deus existe e quando o Deus cristão não existe e nenhum outro tampouco existe.

Quadro 1

	Deus cristão existe (Prob > 0)	Deus cristão não existe (Prob > 0)
Levar vida cristã e acreditar que o Deus cristão existe	Ganho = bem total, infinito; perda = pequena ou nenhuma	Ganho = nenhum; perda = pequena ou nenhuma
Não levar vida cristã e não acreditar que o Deus cristão existe	Ganho = nenhum; perda = mal total, infinito	Ganho = nenhum; perda = nenhuma

c. Suponha que o problema não esteja na premissa 1 e nem na 2. Então, o problema está na premissa 3, oculta ou implícita. De acordo com o quadro, no caso de o Deus cristão existir, o benefício obtido é infinitamente positivo e a perda é infinitamente negativa. Usando esses fatos e o resto do quadro, podemos supostamente calcular que ganhamos mais acreditando na existência do Deus cristão do que não acreditando. Mas não há como fazer cálculos confiáveis quando se trata de ganhos e perdas infinitas. Então, a premissa 3 pode ser falsa — ou pelo menos é muito incerto que seja verdadeira.

Deus é ou não é. A razão nada pode determinar aí. [...] Na extremidade dessa distância infinita joga-se cara ou coroa. [...] Qual você vai escolher? [...] Vamos pesar o ganho e a perda ao apostar que Deus é. [...] Se você ganha, ganha tudo; se perde, nada perde. Então, aposte sem hesitação que Ele é. (par. 233).

P1. A informação no Quadro 1 é verdadeira.

P2. A informação no Quadro 1 é completa.

    C1. A informação no Quadro 1 é verdadeira e a informação no Quadro 1 é completa (conjunção, P1, P2).

P3. Se a informação no Quadro 1 é verdadeira e completa, então é melhor para você levar a vida de um crente e acreditar no Deus cristão do que não fazer isso.

    C2. É melhor você levar a vida de um crente e acreditar no Deus cristão do que não fazer isso (*modus ponens*, C1, P3).

P4. Se é melhor para você levar a vida de um crente e acreditar no Deus cristão do que não fazer isso, então você deve logicamente escolher o tipo de vida cristão e acreditar em Deus.

    C3. Você deve logicamente escolher o tipo de vida cristão e acreditar em Deus (*modus ponens*, C2, P4).

6

James e o Argumento da Vontade de Crer

A. T. Fyfe

James, William. *The Will to Believe and Other Essays in Popular Philosophy*, Nova York: Dover, 1956.

Welchman, Jennifer. "William James's 'The Will to Believe' and the Ethics of Self-Experimentation." *Transactions of the Charles S. Society* 42, 2 (primavera de 2006): 229-41.

Wernham, James C. S. *James' Will-to-Believe Doctrine: A Heretical View*. Montreal: McGill-Queen's University Press, 1987.

William James (1842-1910), em sua palestra de 1896, "A Vontade de Crer", apresentou um argumento defendendo que se mantenha a crença religiosa mesmo diante de evidências insuficientes. Esse argumento é segundo em proeminência só com relação à Aposta de Pascal (nº 5). O alvo declarado de James nessa palestra é W. K. Clifford (1845-79), um filósofo que tinha argumentado em "A Ética da Crença" que "é errado sempre, em qualquer lugar e para todo mundo, crer em qualquer coisa com base em evidências insuficientes". A estratégia de James em "A Vontade de Crer" é identificar primeiro o que ele via como um ponto de concordância com Clifford: especificamente, que nossos dois deveres fundamentais como crentes são acreditar na verdade e evitar a falsidade. James e Clifford concordam então neste ponto: quem crê com base em evidências insuficientes está sendo irracional. Isso porque, embora crer com base em evidências insuficientes contribua para a busca da verdadeira crença (já que a crença pode ser verdadeira), quem crê com base em evidências insuficientes está em geral violando o dever de evitar a falsa crença (já que não esperou por evidências suficientes antes de crer).

Ao contrário de Clifford, James considera que nem sempre crer com base em evidências insuficientes envolve a violação do dever de evitar falsas crenças. Especificamente, James argumenta que existem crenças para as quais a evidência de sua verdade (se forem verdadeiras) só se torna disponível quando acreditamos e que, portanto, esperar para acreditar até termos evidências suficientes seria uma espera autofrustrante. Para ilustrar com um exemplo, imagine que você terminou agora a faculdade de medicina e está tentando decidir se participa ou não de uma pesquisa para descobrir a cura do câncer. Agora, para se comprometer com a busca de uma cura, James argumentaria que você tem que acreditar que há uma cura a ser encontrada. Ou seja, você estaria se enganando se achasse que pode fazer uma escolha tão importante para a sua carreira deixando pendente a crença a respeito da cura que está procurando. No mínimo, muitas pessoas precisariam dessa crença para sustentá-las durante os períodos em que a pesquisa não estivesse indo muito bem. Dito isso, evidências suficientes de que uma tal cura existe não estarão disponíveis até que a busca esteja bem avançada. Portanto, a crença na existência de uma cura para o câncer é uma crença para a qual a evidência de sua verdade (se for verdadeira) só se torna disponível depois que acreditamos que a cura existe.

Semelhante à crença do pesquisador numa cura para o câncer, James mantém que a crença religiosa é necessária antes que a evidência de sua verdade (se for verdadeira) possa se tornar disponível. Como isso parece justificar a crença religiosa só para quem tem como carreira a pesquisa religiosa, James argumenta que a crença religiosa é justificada mesmo para crentes comuns porque nesse caso a evidência depende da crença de maneira peculiar. No prefácio da versão publicada de sua palestra "A Vontade de Crer", James completa esta última etapa do seu argumento:

> Se as hipóteses religiosas sobre o universo estiverem corretas, então a fé ativa que um indivíduo tem nelas, expressando-se livremente na vida, é o teste experimental pelo qual são verificadas e a única maneira de estabelecer sua verdade ou falsidade. A hipótese científica mais verdadeira é aquela que, como se diz, "funciona" melhor; e não pode ser de outra forma com as hipóteses religiosas. A história religiosa prova que

hipóteses após hipóteses funcionaram mal, se esfacelaram ao contato com um conhecimento crescente do mundo e desapareceram da mente dos homens. No entanto, alguns artigos de fé têm se mantido através de todas as vicissitudes e têm até mais vitalidade hoje do que antes [...] A mais livre competição entre as várias fés e sua aplicação mais aberta à vida por seus vários defensores, é a condição mais favorável sob a qual a sobrevivência do mais apto pode ocorrer (XII).

P1. Não é racional ter uma crença religiosa sem evidências suficientes se e apenas se ter uma crença religiosa sem evidências suficientes viola o nosso dever de evitar falsas crenças.

P2. Ter uma crença religiosa sem evidências suficientes viola o nosso dever de evitar falsas crenças se e apenas se podemos suspender a crença religiosa com o propósito de esperar até ter tais evidências.

C1. Se não é racional ter uma crença religiosa sem evidências suficientes, então ter uma crença religiosa sem evidências suficientes viola o nosso dever de evitar crenças falsas (equivalência, simplificação, P1).

C2. Se ter uma crença religiosa sem evidências suficientes viola o nosso dever de evitar falsas crenças, então podemos suspender a crença religiosa com o propósito de esperar até ter evidências suficientes (equivalência, simplificação, P2).

C3. Se não é racional ter uma crença religiosa sem evidências suficientes, então podemos suspender a crença religiosa com o propósito de esperar até ter evidências suficientes (silogismo hipotético, C1, C2).

P3. O acesso a evidências para uma crença religiosa exige que já tenhamos a crença religiosa.

P4. Se o acesso a evidências para uma crença religiosa exige que já tenhamos a crença religiosa, então não podemos suspender a crença com o propósito de esperar até ter evidências suficientes.

C4. Não podemos suspender a crença religiosa com o propósito de esperar até ter evidências suficientes (*modus ponens*, P3, P4).

C5. É racional ter uma crença religiosa sem evidências suficientes (*modus tollens*, C3, C4).

7
O Problema do Mal

Michael Bruce e Steven Barbone

Inwood, Brad e L. P. Gerson, *Hellenistic Philosophy*. Indianápolis: Hackett, 1988.

Hume, David. *Dialogues Concerning Natural Religion*. Indianápolis: Hackett, 1980.
Mackie, J. L. "Evil and Omnipotence." *Mind* 64 (1955): 200-12.

Na filosofia da religião, o "problema do mal" (às vezes chamado de "teodiceia") é uma das áreas de estudo mais antigas e mais interessantes. Entre as numerosas reformulações e soluções propostas para o problema, a maioria procura conciliar a existência do mal no mundo com o conceito de Deus como onipotente, onisciente e onibenevolente (todo-poderoso, sábio e amoroso). Epicuro (341-270 a.C.) é em geral citado como o primeiro autor a articular essa tensão. Seguindo Epicuro, apresentamos um argumento genérico que mostra as inferências mais explicitamente. Começando com a premissa de um Deus onipotente, onisciente e onibenevolente, o argumento mostra apenas que a definição é incoerente por conflitar com a existência do mal e os atributos coletivos relevantes de Deus. Um erro comum na interpretação desse argumento é supor que ele mostra que "Deus" não existe *tout court*: o que esse argumento mostra de fato é que "Deus", definido de uma certa maneira, é contraditório e não pode existir como tal.

> Ou Deus quer eliminar as coisas ruins e não pode, ou pode mas não quer, ou nem quer nem pode, ou quer e pode. Se quer mas não pode, ele é fraco — e isso não se aplica a deus. Se pode mas não quer, então é malvado — o que é igualmente estranho à natureza de deus. Se não quer e não pode, ele é ao mesmo tempo fraco e malvado e, portanto, não é um deus. Se quer e pode, o que é a única coisa adequada a um

deus, então de onde vêm as coisas ruins? Ou por que ele não as elimina? (Epicuro segundo Lactâncio, citado por Inwood e Gerson, 94)

P1. Deus é onipotente, onisciente e moralmente perfeito.

P2. Se Deus é onipotente, então tem o poder de eliminar todo o mal.

C1. Deus tem o poder de eliminar todo o mal (*modus ponens*, P1, P2).

P3. Se Deus é onisciente, então sabe que o mal existe.

C2. Deus sabe que o mal existe (*modus ponens*, P1, P3).

P4. Se Deus é moralmente perfeito, então tem o desejo de eliminar todo o mal.

C3. Deus tem o desejo de eliminar todo o mal (*modus ponens*, P1, P4).

P5. O mal existe.

P6. Se o mal existe, ou Deus não tem o poder de eliminar todo o mal, ou não sabe que o mal existe ou não tem o desejo de eliminar todo o mal.

C4. Deus não tem o poder de eliminar todo o mal, ou não sabe que o mal existe ou não tem o desejo de eliminar todo o mal (*modus ponens*, P5, P6).

P7. Se Deus não tem o poder de eliminar todo o mal, ou não sabe que o mal existe ou não tem o desejo de eliminar todo o mal, então Deus não existe.

C5. Deus não existe (*modus ponens*, P7, C4).

8

A Defesa do Livre-Arbítrio para o Problema do Mal

Grant Sterling

---

van Inwagen, Peter. *The Problem of Evil*. Oxford: Clarendon Press, 2006.

A defesa do livre-arbítrio é uma resposta ao problema do mal (nº 7). Essa defesa tem por objetivo mostrar que não há contradição em supor que Deus permite a existência do mal (mesmo que Deus seja onipotente, onisciente e perfeitamente bom), porque mesmo um ser perfeitamente bom pode ter razões para permitir que um mal exista se houver um bem maior que não possa ser obtido sem isso. O proponente da defesa do livre-arbítrio considera que o livre-arbítrio é um bem assim — e é logicamente impossível, até mesmo para Deus, dar a uma criatura o livre-arbítrio e ao mesmo tempo garantir que ela sempre escolha corretamente. Mesmo assim, o livre-arbítrio é um bem muito grande (ou é necessário para a existência de bens maiores).

Observe que para muitos defensores desse argumento, é necessário apenas mostrar que essa história é coerente, não que seja verdadeira. Ou seja, como o problema do mal afirma a impossibilidade de Deus e o mal existirem ao mesmo tempo, para refutar o argumento basta mostrar que a existência de Deus e do mal é uma possibilidade coerente. Dito isso, a "defesa" pretende esboçar uma possibilidade coerente, enquanto o filósofo que adota uma "teodiceia" pretende mostrar que essa possibilidade é a verdadeira razão pela qual Deus permite o mal.

> Admito que, em algum sentido da palavra, a não existência do mal seja o que um ser perfeitamente bom deseja. Mas muitas vezes não produzimos estados de coisas que podemos produzir e queremos produzir. Suponha, por exemplo, que a mãe de Alice esteja morrendo em meio a muitas dores e que Alice deseje desesperadamente que a mãe morra

hoje e não na semana ou no mês que vem. E suponha que seja fácil para Alice arranjar tal coisa — ela pode ser uma médica ou uma enfermeira com acesso fácil a recursos farmacêuticos que lhe permitiriam atingir tal fim. Segue-se daí que ela vai pôr em prática essa possibilidade? É óbvio que não, já que Alice pode ter razões para não fazer o que pode fazer. Há duas candidatas óbvias para tais razões: ela acha que seria moralmente errado; tem medo que sua ação seja descoberta e que seja acusada de assassinato. E qualquer uma dessas duas razões pode ser suficiente, em sua mente, para sobrepujar o desejo de um fim imediato para o sofrimento da mãe. Então, alguém pode ter um desejo muito forte de alguma coisa e ser capaz de obter essa coisa mas não agir nesse sentido — porque tem razões para não fazê-lo que parecem sobrepujar a desejabilidade da coisa. Portanto, a conclusão de que o mal não existe segue-se logicamente das premissas de que a não existência do mal é o que Deus quer e de que ele é capaz de realizar o objeto do seu desejo — já que, como nos diz qualquer lógica, Deus pode ter razões para permitir a existência do mal que, em sua mente, sobrepujam a desejabilidade da não existência do mal. (van Inwagen, 64-5)

Deus fez o mundo e isso foi muito bom. Uma parte indispensável da bondade que ele escolheu foi a existência de seres racionais: seres autoconscientes capazes de amor e pensamento abstrato, e com o poder de livre escolha entre cursos de ação alternativos contemplados. Essa última característica dos seres racionais, a livre escolha ou livre-arbítrio, é um bem. Mas mesmo um ser onipresente é incapaz de controlar o exercício do poder de livre escolha, já que uma escolha que fosse controlada não seria *ipso facto* livre. Em outras palavras, se eu tenho uma livre escolha entre x e y, nem mesmo Deus pode garantir que vou escolher x. Pedir a Deus que me dê livre escolha entre x e y e que garanta que eu escolha x em vez de y é pedir que Deus realize o intrinsecamente impossível: é como pedir a ele que crie um quadrado redondo, um ser material sem forma ou um objeto invisível que projete uma sombra. Tendo esse poder de livre escolha, alguns ou todos os seres humanos o usaram mal e produziram uma certa quantidade de mal. Mas o livre-arbítrio é um bem suficientemente grande para que sua existência sobrepuje os males que têm resultado e que resultarão do seu abuso: e Deus previu isso. (van Inwagen, 71-2)

O Problema do Mal, Conclusão 3: *C3*. Deus tem o desejo de eliminar todo o mal.

P1. Deus é onipotente, onisciente e moralmente perfeito.

P2. Se Deus é moralmente perfeito e se é impossível garantir um grande bem sem permitir um mal, então Deus não desejará eliminar aquele mal.

P3. Nos seres criados, o livre-arbítrio é um grande bem (ou é uma pré-condição necessária para grandes bens).

P4. É impossível garantir a existência de livre-arbítrio nos seres criados sem permitir que o mal exista.

    C1. Se é impossível garantir um bem maior sem permitir um mal, Deus não desejará eliminar esse mal (*modus ponens*, P1, P2).

    C2. É impossível garantir um grande bem (livre-arbítrio) sem permitir um mal (substituição semântica, P3, P4).

    C3. Deus não desejará eliminar todo o mal (*modus ponens*, C1, C2, com leve variação semântica).

    C4. *C3* (Conclusão 3 do Problema do Mal) é falsa (dupla negação, C3).

    C5. O Problema do Mal é inconsistente. (Todos os argumentos com uma premissa falsa são inconsistentes por definição.)

9
Santo Anselmo: Livre Escolha
e o Poder de Pecar

Julia Hermann

S. Anselmi Cantuariensis Archiepiscopi Opera Omnia. Organizado por Franciscus Salesius Schmidt, 3 vols. Stuttgart — Bad Cannstatt: Friedrich Fromann Verlag, 1968. (S)

Anselm. *Three Philosophical Dialogues*, traduzido por Thomas Williams. Indianápolis: Hackett, 2012. (*Dialogues*)

O argumento de Anselmo a favor da alegação de que a liberdade de escolha não implica o poder de pecar é ainda de grande interesse filosófico no que diz respeito ao problema do livre-arbítrio. Interessado em como o livre-arbítrio afeta a responsabilidade humana pelo pecado e a necessidade de graça, as razões de Anselmo para lidar com a questão diferem das razões dos filósofos contemporâneos. No entanto, não temos que compartilhar dos seus interesses para ver a força dos seus argumentos.

O argumento apresentado aqui pode ser encontrado no início do diálogo de Anselmo "Sobre a Liberdade de Escolha", que é o segundo de três "tratados pertencentes ao estudo da Escritura Sagrada" (S I: 173; *Diálogos*, 1), que tratam de questões intimamente relacionadas: verdade e justiça (*De Veritate*), liberdade de escolha (*De Libertate Arbitrii*) e a queda do diabo (*De Casu Diaboli*). Os interlocutores são os mesmos nos três diálogos: um professor que faz perguntas e um aluno que responde.

No início do segundo diálogo, o professor rejeita a visão apresentada pelo aluno de que "liberdade de escolha é 'a capacidade de pecar e não pecar'" (S 208; *Diálogos*, 32). Ele começa com uma *reductio ad absurdum*: se liberdade de escolha fosse essa capacidade, "nem Deus nem os anjos, que não podem pecar, teriam livre escolha — o que é ímpio dizer" (*ibid.*) Apresenta então outro argumento a favor da alegação de que "o poder de pecar não é nem liberdade nem uma parte da liberdade", o que será reconstruído abaixo (*ibid.*).

Inicialmente, o estudante acredita que uma vontade capaz de pecar e de não pecar é mais livre do que uma vontade que não tenha a primeira capacidade. Isso revela o pressuposto, proeminente em debates recentes sobre a compatibilidade de livre-arbítrio e determinismo, de que a capacidade de fazer outra coisa é uma condição necessária para a liberdade de escolha ("Princípio das Possibilidades Alternativas", nº 31). Anselmo rejeita esse pressuposto, sustentando que a liberdade não depende da possibilidade de querer tanto o que é justo quanto o que é injusto, mas da capacidade de iniciar as próprias ações. É uma condição necessária para a vontade de ser livre de uma pessoa que suas ações tenham origem nela mesma e não em um poder externo (S I: 209s; *Diálogos*, 33s). A liberdade de vontade (ou de escolha) só é impedida pela compulsão externa, não pela falta de possibilidades alternativas. Hoje, encontramos versões elaboradas dessa ideia em discussões sobre "causalidade do agente".

Começando com a premissa de que "alguém que tem o que é adequado e conveniente de uma forma tal que não pode perdê-lo, é mais livre do que alguém que tem a mesma coisa, mas de uma forma tal que pode perdê-la e ser seduzido pelo que é inadequado e nocivo", Anselmo argumenta que uma vontade que não tem a capacidade de pecar é mais livre do que uma vontade que a tem. Argumenta então que uma coisa que diminui a liberdade da vontade quando é acrescentada à vontade não pode ser a liberdade e nem parte dela. Dito isso, como o poder de pecar diminui a liberdade quando é acrescentado à vontade, esse poder não é nem a liberdade nem uma parte dela.

Inicialmente, a primeira premissa do argumento parece controversa, mas devemos vê-la à luz da concepção teológica que Anselmo tem de liberdade. Mais adiante no diálogo, liberdade de escolha é definida como "o poder de preservar a retidão da vontade em razão dessa mesma retidão" (S I: 212, *Diálogos*, 36). Essa definição, por sua vez, não pode ser entendida independentemente da discussão sobre verdade no primeiro diálogo. Lá, Anselmo argumenta que verdade consiste em retidão, ou correção (*rectitudo*, S I: 177; *Diálogos*, 5). Ele fala de verdade não apenas em enunciados e opiniões, mas também em ações, na vontade, nos sentidos e na essência das coisas. Segundo sua compreensão teológica de retidão, uma vontade tem retidão quando quer o que deve querer, ou seja, o que Deus quer que ela queira (S I: 181s; *Diálogos*, 8s).

Anselmo define então justiça como "retidão de vontade preservada em razão de si mesma" (S I: 194; *Diálogos*, 24). Dado que no segundo diálogo liberdade de escolha é definida como "o poder de preservar a retidão da vontade em razão dessa mesma retidão", a liberdade de escolha se revela idêntica à capacidade de justiça. Isso revela por que a capacidade de pecar, quando acrescentada à vontade, diminui a liberdade. Além disso, podemos ver agora claramente que, assim como a compreensão da verdade, a compreensão da liberdade é teológica em Anselmo. Isso o diferencia da maioria dos filósofos contemporâneos.

Da maneira pela qual Anselmo apresenta seu argumento, ele é incompleto. Para ser formalmente e semanticamente válido, tem que ser suplementado por algumas premissas meramente implícitas no texto. O argumento original está contido na seguinte passagem de "Sobre o Livre-Arbítrio":

> P: Que vontade você acha que é mais livre: aquela cujo querer e cuja capacidade de não pecar são tais que ela não pode ser desviada da retidão de não pecar, ou aquela que de alguma maneira pode ser levada a pecar?
>
> A: Não vejo por que uma vontade não é mais livre quando é capaz de ambas as coisas.
>
> P: Você não percebe que alguém que tem o que é adequado e conveniente de uma forma tal que não pode perdê-lo é mais livre do que alguém que tem a mesma coisa, mas de uma forma tal que pode perdê-la e ser seduzido pelo que é inadequado e inconveniente?
>
> A: Acho que ninguém duvidaria disso.
>
> P: E você dirá que não é menos indubitável que pecar seja sempre inadequado e nocivo.
>
> A: Ninguém em seu juízo perfeito pensaria de outra forma.
>
> P: Então uma vontade que não pode sair da retidão de não pecar é mais livre do que uma vontade que pode abandonar essa retidão.
>
> A: Acho que nada poderia ser afirmado de maneira mais razoável.

P: Agora, se alguma coisa diminui a liberdade caso seja acrescentada e aumenta a liberdade caso seja retirada, você acha que essa coisa pode ser a liberdade ou parte da liberdade?

A: Não posso pensar assim.

P: Então o poder de pecar, que quando acrescentado à vontade diminui a sua liberdade e se retirado a aumenta, não é nem a liberdade nem parte dela.

A: Nada poderia ser mais lógico. (S I: 208s; *Diálogos*, 32s)

P1: Se alguém tem o que é adequado e conveniente de uma forma tal que não pode perdê-lo, é mais livre do que alguém que tem a mesma coisa, mas de uma forma tal que pode perdê-la e ser seduzido pelo que é inadequado e nocivo.

P2. A retidão é adequada e conveniente.

C1. Se alguém tem retidão de uma forma tal que não pode perdê-la, então é mais livre do que alguém que a tem, mas de uma forma tal que pode perdê-la e ser seduzido pelo que é inadequado e nocivo (substituição, P1, P2).

P3. Pecar é sempre inadequado e nocivo.

C2. Se alguém tem retidão de uma forma tal que não pode perdê-la, então é mais livre do que alguém que a tem, mas de uma forma tal que pode perdê-la e ser seduzido pelo pecado (substituição, C1, P3).

P4. Alguém que tem retidão de uma forma tal que não pode perdê-la é alguém que tem uma vontade que não pode se afastar da retidão de não pecar.

P5. Se alguém tem uma vontade que não pode se afastar da retidão de não pecar, então é mais livre do que alguém que a tem, mas de uma forma tal que pode perdê-la e ser seduzido pelo pecado (substituição, C2, P4).

C3. Alguém que tem uma vontade que não pode se afastar da retidão de não pecar é mais livre do que uma vontade que tem retidão, mas de uma forma tal que pode perdê-la e ser seduzida pelo pecado (*modus ponens*, P5, P4).

P6. Uma vontade que não pode abandonar a retidão é uma vontade que tem retidão de uma forma tal que não pode perdê-la e ser seduzida pelo pecado.

C4. Uma vontade que não pode se afastar da retidão de não pecar é mais livre do que uma vontade que pode abandonar a retidão (substituição, C3, P6).

P7. O poder de pecar diminui a liberdade se for acrescentado à vontade e aumenta a liberdade se for retirado dela (implicado por C2).

P8. Se alguma coisa diminui a liberdade caso seja acrescentado e aumenta a liberdade caso seja retirado, então não é nem liberdade nem uma parte dela.

C5. O poder de pecar não é nem liberdade nem uma parte da liberdade (*modus ponens*, P7, P8).

10

O Argumento de Hume contra os Milagres

Tommaso Piazza

Hume, David. *An Inquiry Concerning Human Understanding*. Indianápolis: Hackett, 1997.

Buckle, Stephen. *Hume's Enlightenment Tract: The Unity and Purpose of An Inquiry Concerning Human Understanding*. Oxford: Oxford University Press, 2001.

Fogelin, Robert J. *A Defense of Hume on Miracles*. Princeton. NJ: Princeton University Press, 2003.

Levine, Michael P. *Hume and the Problem of Miracles: A Solution*. Dordrecht: Kluwer, 1989.

___. "Miracles". *The Stanford Encyclopedia of Philosophy* (inverno de 2005), organizada por Edward N. Zalta, disponível em http://plato.stanford.edu/entries/miracles/#Hum.

Swinburne, Richard. *The Existence of God*. Oxford: Oxford University Press, 2004.

Planejado originalmente para aparecer no *Tratado da Natureza Humana* (1739-40), o argumento de Hume contra os milagres foi publicado pela primeira vez como o Capítulo X de *Investigação sobre o Entendimento Humano*, de 1748. Desde então, principalmente como texto separado, tem recebido atenção constante. O argumento é parte da filosofia da religião de Hume. Em especial, está inserido numa discussão sobre se a crença religiosa pode ser estabelecida pela revelação: o argumento pretende sustentar uma resposta negativa para essa pergunta mostrando que os milagres — o fundamento da religião revelada — não são (não poderiam ser) críveis. É importante notar que esse argumento é independente de qualquer alegação metafísica sobre a possibilidade ou não de um milagre, já que se baseia apenas na visão empírica de Hume em epistemologia. Eis como Hume resume o argumento:

> Um milagre é uma violação das leis da natureza [DEF-m]; e na medida em que uma experiência firme e inalterável estabeleceu essas leis [DEF-1], a prova contra um milagre, pela própria natureza do fato, é tão completa quanto qualquer argumento baseado na experiência que se possa imaginar. (Hume, 76)

É pouco controverso, embora nem sempre incontestado (ver Swinburne), que o argumento de Hume tem que ser lido a propósito da questão de se é justificado acreditar num milagre com base na evidência empírica; na verdade, ele deixa para discutir em outra parte da *Investigação* se podemos ter conhecimento de Deus (e indiretamente dos milagres) sem ser pela revelação. No entanto, é um pouco mais controverso se Hume está tentando estabelecer a conclusão de que não seria justificado acreditar num milagre sem nenhuma evidência empírica — nem mesmo se tivéssemos a experiência de um milagre — ou a conclusão consideravelmente mais fraca de que não seria justificado acreditar num milagre com base no testemunho dos outros. No que se segue, o argumento será apresentado como é mais costumeiramente discutido, ou seja, destinado a estabelecer a conclusão mais fraca. Não é claro também se o argumento de Hume pretende ser *a priori* ou *a posteriori*. Vale a pena levar em consideração essa diferença pela seguinte razão: enquanto muitos filósofos acham que uma justificativa *a priori* é indefensável pela experiência, é bastante controverso que uma justificativa *a posteriori* possa ser anulada dessa maneira; como a conclusão de um argumento não pode ser justificada mais solidamente do que suas premissas, isso implica que o argumento de Hume, dependendo de como é lido — *a priori* ou *a posteriori* — é destinado a estabelecer uma conclusão que não pode — ou respectivamente que pode — ser derrubada por experiências posteriores. Uma possível solução apaziguadora, que será adotada aqui, é dividir o argumento de Hume em duas partes (correspondendo às partes em que é dividido o Capítulo X)[1] e considerar que a primeira pretende verificar, à luz de

---

1. Buckle explica que ambas as partes refletem até certo ponto uma divisão dos argumentos de probabilidade que era comum na época de Hume: a divisão entre evidências

considerações *a priori*, a possibilidade do testemunho justificar a crença num milagre (pelo menos em parte) e considerar que a segunda pretende verificar a mesma questão à luz de considerações adicionais de natureza claramente *a posteriori*. Como veremos, a (sub)conclusão da primeira parte é logicamente mais fraca do que a conclusão da segunda. Assim também, a conclusão do primeiro argumento pareceu mais resistível do que a conclusão do segundo. (Por essa razão, Fogelin sustenta que Hume queria apresentar apenas o segundo argumento, e não o primeiro.) O primeiro argumento pretende mostrar que nenhum testemunho forneceria evidências fortes o bastante para enfraquecer a nossa expectativa de que acontecimentos que sempre foram experimentados uns com os outros não aparecerão (e não apareceram) em conjunção uns com os outros; o segundo argumento visa a mostrar apenas que nenhum testemunho forneceu tal evidência. Finalmente, vale a pena mencionar que alguma controvérsia cerca o alcance da conclusão que o argumento de Hume (ou sua primeira parte), se bem-sucedido, estabeleceria. Em particular, já foi sugerido que o argumento chega rapidamente (e indesejavelmente) à conclusão de que é sempre irracional aceitar o testemunho de alguma coisa que seja muito improvável à luz da experiência passada (como a água virar gelo, se você vive numa região muito quente). A insistência de Hume na distinção entre acontecimentos extraordinários (embora naturais) e milagres é muitas vezes evocada para rebater essa objeção (Levine): dada a sua origem sobrenatural, um milagre não pode ser considerado análogo a qualquer outro acontecimento no âmbito da experiência; ao contrário, um acontecimento extraordinário pode ter similaridade relevante com a experiência passada e então se tornar aceitável por analogia. No entanto, pode ser que essa estratégia – que implica que o argumento de Hume deveria apresentar como premissa a alegação de que não podemos ter a experiência de um acontecimento miraculoso – crie mais problemas para o argumento de Hume do que soluções.

P1. Que A seja o caso fornece a evidência E para B ser o caso se e apenas se o número de vezes em que observamos A, e depois observamos B,

---

"internas" e "externas". A parte interna de um tal argumento examina a credibilidade interna de uma alegação, a parte externa examina essa alegação à luz da evidência disponível.

for maior do que o número de vezes em que observamos que A não foi seguido por B.

P2. A força de E é proporcional à razão entre o número de vezes em que observamos A, e depois observamos B, e o número de vezes em que observamos que A não foi seguido de B.

P3. A existência de um testemunho do tipo K (daqui por diante testemunho-K) no sentido de B não ser o caso fornece uma evidência ET para a proposição de que B não seria o caso só se o número de vezes em que recebemos testemunho-K para uma proposição, e depois observamos que a proposição era verdadeira, é maior do que o número de vezes em que recebemos testemunho-K para uma proposição e então observamos que a proposição não era verdadeira (instanciação, P1).

P4. A força de ET é proporcional à razão entre o número de vezes em que recebemos testemunho-K para uma proposição e então observamos que essa proposição era verdadeira e o número de vezes em que recebemos testemunho-K para uma proposição e então observamos que a proposição não era verdadeira (instanciação, P2).

P5. Sempre que uma evidência global for constituída por E1 e E2, e E1 for evidência a favor de um dado p e E2 for evidência a favor de não p, é racional acreditar nesse p só se E1 for maior do que E2, e é racional não acreditar nesse p só se E2 for mais forte do que E1, e é racional suspender a crença quanto a p só se a força de E1 for igual à força de E2.

P6. Há um testemunho-K para a ocorrência de um milagre M.

P7. Há uma lei da natureza L — todo A é seguido de B, por exemplo — e o testemunho-K é no sentido de que A não foi seguido de B (DEF-m).

P8. É racional aceitar que M ocorreu (suposição de *reductio*).

P9. Que A fosse o caso fornece uma evidência E* para a proposição de que B era o caso, o que é mais fraco do que a evidência ET, fornecida pelo testemunho-K, para a proposição de que B não era o caso.

P10. Se é racional aceitar que M ocorreu, então que A fosse o caso fornece uma evidência E* para a proposição de que B era o caso, o que é mais fraco do que a evidência ET, fornecida pelo testemunho-K, para a proposição de que B não era o caso (instanciação, P8, P9).

P11. L foi estabelecido por uma "experiência firme e inalterável" de muitas instâncias de A's que foram seguidas de muitas instâncias de B's sem exceção (DEF-1).

P12. Que A fosse o caso fornece a evidência E* mais forte possível para a proposição de que B era o caso (instanciação, P2, P11).

P13. ET é mais forte do que a evidência E* mais forte possível (conjunção P9, P12).

C1. Não é caso que ET seja mais forte do que E*.

C2. Não é racional aceitar que M ocorreu (*modus tollens*, P10, C1).

A (sub)conclusão acima é derivada sem maiores especificações da natureza do testemunho-K a favor de um milagre (ou seja, independentemente de número, confiabilidade, oportunidade etc. das testemunhas de M que identificam o K relevante). Então, pelo menos nessa medida, o argumento é *a priori*. É importante notar que a conclusão ainda é compatível com a alegação de que é racional, com base em testemunhos, sustentar a crença na ocorrência de um milagre. Mas, como já foi antecipado na segunda parte do Capítulo X da *Investigação*, Hume apresenta considerações empíricas sobre o testemunho-K efetivamente disponível que nos permitem derivar uma conclusão logicamente mais forte.

Não se pode encontrar em toda a história nenhum milagre atestado por um número suficiente de homens de tão inquestionável bom-senso, educação e instrução que afaste qualquer possibilidade de logro. [...] A paixão da surpresa e da admiração que vem dos milagres, sendo uma emoção agradável, gera uma tendência sensível à crença nesses eventos. [Hume, 78]

A observação empírica da natureza das testemunhas que atestaram o milagre e a observação psicológica geral de que os homens são muito propensos a acreditar no maravilhoso sugere que, no caso de um milagre, o testemunho efetivamente disponível seria do tipo K, incapaz de produzir uma evidência ET forte o bastante para se igualar (para não dizer sobrepujar) à evidência que esperamos que a natureza mantenha ao longo do curso que já vivenciamos. Então, isso acarreta que:

C1. A evidência ET é mais fraca do que E*.

C2. É (mais) racional acreditar que M não ocorreu (*modus ponens*, P5, C1).

11
O Dilema de Eutífron

David Baggett

Platão. *The Collected Dialogues of Plato*, organizado por Edith Hamilton e Huntington Cairns. Princeton, NJ: Princeton University Press, 1961.

Adams, Robert. *Finite and Infinite Goods: A Framework for Ethics*. Oxford: Oxford University Press, 2000.

Baggett, David e Walls, Jerry L. *Good God: The Theistic Foundations of Morality*. Nova York: Oxford University Press, 2011.

Antony Flew disse certa vez que o teste da aptidão de uma pessoa para a filosofia é a sua capacidade de captar a força e o essencial do "Dilema de Eutífron", uma objeção tradicional à ética teísta que remonta a um dos primeiros diálogos socráticos. O dilema foi visto por muito tempo como uma refutação eficaz ao esforço de localizar a autoridade da moralidade na vontade ou nas ordens de Deus (ou dos deuses). No contexto original, o dilema se refere ao panteão grego e ao que os deuses amavam e odiavam. Em tempos mais recentes, é formulado comumente em termos de Deus e dos comandos divinos. O essencial do dilema é que Deus, mesmo que exista, não funciona como o fundamento da ética. Deus cumpre no máximo uma função epistêmica ou consultiva quando se trata de moralidade, mas não uma função ontológica, caso o argumento se aplique.

Lá pela metade do *Eutífron* de Platão, Sócrates faz ao jovem Eutífron uma pergunta que se tornou conhecida como "Dilema de Eutífron". Em termos contemporâneos e monoteístas, ela pode ser expressa da seguinte maneira: Deus ordena alguma coisa porque ela é moral ou ela é moral porque Deu a ordena? No contexto original, Eutífron, que acreditava firmemente no panteão grego, argumenta que a essência da santidade é o que Deus ama. Sócrates faz com que Eutífron admita que os deuses, segundo a lenda, podem discordar. Depois disso, Eutífron passa a achar que o sagrado é o que todos os deuses amam e o não sagrado o que todos os deuses odeiam. Nesse ponto, Sócrates muda de tom e introduz o Dilema, que é problemático para o ético teísta sob qualquer aspecto: porque ou Deus está apenas reportando o que é moral independentemente de Deus ou Deus pode tornar moral o que lhe der na veneta.

Muitos teístas clássicos consideram inaceitáveis ambos os lados do dilema porque, como realistas morais, não estão dispostos a considerar a moralidade infinitamente maleável e, como supernaturalistas robustos, resistem à noção de que Deus seja essencialmente irrelevante numa questão tão importante quanto a verdade moral. Um esforço comum para a solução é desambiguizar "moralidade" e suas dimensões deontológica e axiológica distinguindo entre obrigação e valor, e radicando as ordens de Deus apenas na primeira. Assim, as ordens de Deus fornecem um meio de determinar, entre o que é bom, o que é também obrigatório, já que um mecanismo desses é necessário, pois nem tudo o que é moralmente bom é moralmente obrigatório (caso contrário não haveria espaço para a categoria de "supererrogação", ações morais que estão acima e além do dever, uma categoria que os utilitaristas têm uma dificuldade notória para aceitar).

Uma afirmação bem fundamentada da impecabilidade divina ajuda a resolver preocupações de arbitrariedade e vacuidade porque, se Deus é essencialmente bom e amoroso, então nunca daria ordens em tensão irremediável com intuições morais inegociáveis.

Uma série de seis distinções adicionais também pode ser útil para dissipar o Dilema de Eutífron. Uma distinção de alcance entre definição e análise, uma distinção semântica entre univocidade e equivocidade, uma distinção modal entre conceptibilidade e possibilidade, uma distinção epistêmica entre dificuldade e impossibilidade, uma distinção metaética entre saber e ser e uma distinção ontológica entre dependência e controle: coletivamente, essas distinções permitem que o ético teísta defenda a sua posição contra o Dilema de Eutífron. Assim, as ordens de Deus podem fornecer a análise correta das obrigações morais, mesmo que não forneça uma definição de "obrigação moral", o que permite que os ateístas usem significativamente a linguagem deontológica mesmo não acreditando em Deus. Além disso, Deus teria prerrogativas morais que os seres humanos não têm. Assim, o comportamento de Deus, embora reconhecível basicamente como moral, não precisa ser exatamente como a moralidade humana (ao contrário da alegação de John Stuart Mill). Embora seja vagamente concebível que Deus possa dar ordens irremediavelmente más, isso não seria genuinamente possível: conciliar as ordens de Deus com intuições morais inelimináveis pode ser difícil, mas não pode ser impossível se é racional acreditar na perfeição moral de Deus; e a nossa compreensão de fatos morais necessários é uma questão epistemológica que subdeterminaria as bases metafísicas da moralidade. Finalmente, a dependência da moralidade com relação a Deus não implica o controle volitivo de Deus sobre o conteúdo da moralidade para fazer dele qualquer coisa: a impecabilidade divina excluiria algumas coisas. Armado com tais distinções, o ético teísta e teórico das ordens divinas não tem se revelado irracional à luz do Dilema de Eutífron.

> O que é sagrado é sagrado porque os deuses aprovam ou eles aprovam porque é sagrado? (Platão, 10a)

P1. O que é moral é moral porque Deus ordena ou não é.

P2. Se o que é moral é moral porque Deus ordena, então a moralidade é arbitrária e vazia.

P3. Se o que é moral é moral por razões alheias às ordens de Deus, então Deus é supérfluo do ponto de vista da moralidade.

C1. Ou a moralidade é arbitrária e vazia ou Deus é supérfluo para a moralidade (dilema construtivo, P1, P2, P3).

12
Nietzsche e a Morte de Deus

Tom Grimwood

Nietzsche, Friedrich. *The Gay Science*, traduzido por Josefine Nauckhoff. Cambridge, RU: Cambridge University Press, 2001.

Embora Nietzsche resista a formulações lógicas fáceis, a significância de sua crítica às ideias de verdade e moralidade na filosofia ocidental faz dele um dos pensadores mais importantes dos tempos modernos. Talvez nenhum outro filósofo tenha sido definido pelo seu legado tanto quanto Nietzsche: o ataque à natureza metafísica da verdade neste argumento não apenas lançou as bases para o existencialismo, o pós-estruturalismo e o pós-modernismo, mas fornece também à filosofia moral uma figura emblemática de ceticismo moral (no trabalho de MacIntyre ou Williams, por exemplo).

Para Nietzsche, a era contemporânea (Europa do Norte no final do século XIX) testemunhou um enfraquecimento radical de seus fundamentos filosóficos. Por um lado, os desenvolvimentos da ciência tornaram implausíveis as crenças tradicionais em Deus. Por outro lado, a lacuna que isso deixou começava a ser preenchida por um substituto, a própria ciência, que para Nietzsche mantinha as mesmas suposições ilusórias sobre a natureza sagrada da "verdade". Por um lado, a ascensão das classes médias na era industrial estava enfraquecendo as estruturas tradicionais da sociedade, revelando a importância e a maleabilidade do poder para o desenvolvimento da humanidade. Por outro lado, Nietzsche percebeu que essa grande alteração não tinha produzido uma mudança radical, mas apenas apatia. O problema real, argumentava Nietzsche, não era Deus ter deixado de ser crível, mas — dada a maneira fluente com que a ciência se encaixou no mesmo espaço fundamental — ninguém perceber realmente a significância desse acontecimento. Nietzsche não é um niilista: para ele, a morte de Deus é o maior acontecimento dos tempos modernos, que permite aos "Espíritos Livres" jogar fora suas algemas metafísicas e abraçar um futuro genuinamente aberto (embora a ambiguidade — necessária — de Nietzsche sobre a natureza exata desse futuro tenha levado inegavelmente a diversas interpretações de sua obra).

Então, apesar do tema, Nietzsche não argumenta a favor da Morte de Deus em sua obra de um modo que se afine tradicionalmente com a filosofia da religião — é mais a proclamação de um acontecimento testemunhado ou relatado (por exemplo, *A Gaia Ciência* par. 125, par. 343 e o prólogo de *Assim Falava Zaratustra*). Ele está mais interessado em como reagimos, como seres humanos, ao acontecimento: se abarcamos sua plena significância ou se continuamos a depositar uma "fé" semelhante em conceitos que permanecem dependentes dos mesmos pressupostos metafísicos, como ciência e/ou moralidade. Central a esses pressupostos é a afirmação de "outro mundo", aquele da "verdade", que fica atrás do nosso mundo imediato da experiência (o "céu" do cristianismo, o "bem" abstrato da moralidade, as estruturas atômicas da ciência e assim por diante). Esse "além" nos afasta da nossa sensibilidade e nos retém num estado quase religioso em reverência ao científico e/ou moral. Como essa ordenação do mundo infecta nossa linguagem e nossa prática, Nietzsche considera que a importância da verdade é metafórica e não racional: a nossa compreensão do mundo é sempre limitada por nossa perspectiva (na verdade, em seus primeiros trabalhos, ele argumenta que a verdade é ela mesma uma construção metafórica mista, um ponto elaborado por pós-estruturalistas posteriores) e, assim, essas imagens, figuras e motivos autorizam essa compreensão muito antes de construirmos uma justificativa lógica para ela. O estilo da argumentação de Nietzsche é ao mesmo tempo rigorosamente filológico, rastreando o desenvolvimento histórico dos conceitos com intensa habilidade acadêmica, e quase que desesperadamente generalizante, passando ao largo de nossas expectativas do que deve ser um argumento filosófico. Esse estilo deve ser levado em conta quando se aborda a lógica do argumento de Nietzsche: o argumento sobre a Morte de Deus é muito mais uma polêmica do que um exercício de raciocínio estrito, e pelo menos um dos seus objetivos é abrir os nossos olhos para um mundo sem parâmetros fixos de significado e verdade, mas com um fluxo natural de energia e poder.

O maior acontecimento recente – o fato de que "Deus está morto", de que a crença no deus cristão se tornou inaceitável – está começando a lançar suas primeiras sombras sobre a Europa. [...] Mas, essencialmente, pode-se dizer que o acontecimento em si é demasiado grande, distante e à margem da compreensão da maioria das pessoas, para que se possa imaginar que a notícia tenha sequer *chegado* e menos ainda que muitos já saibam *o que* realmente aconteceu – e tudo quanto irá desmoronar, agora que essa crença foi minada, porque estava sobre ela construído, nela apoiado, nela arraigado – toda a nossa moral europeia, por exemplo. (par. 343)

Será que o refinamento da disciplina do espírito científico não começa quando não nos permitimos mais convicções? Esse é provavelmente o caso: só nos resta perguntar *se para que essa disciplina tenha início*, já não tem de haver uma convicção – tão imperiosa e incondicional que sacrifica a si mesma todas as outras convicções? Vê-se também que a ciência repousa sobre uma crença, que não há simplesmente nenhuma ciência 'sem pressupostos'. À pergunta *é a verdade necessária?* deve-se seguir uma resposta antecipada, a resposta "sim", e além disso essa resposta deve ser tão firme que assuma a forma de uma declaração, de uma crença, de uma convicção: '*Nada é mais necessário* do que a verdade, e em relação a ela, tudo o mais só tem um valor de segunda ordem'. [...] Mas por que não enganar? Mas por que não se deixar enganar? Note-se que os fundamentos do primeiro caso ficam num domínio totalmente diferente do que os do segundo caso. Não queremos nos deixar enganar sob a hipótese de que é pernicioso, perigoso, fatal ser enganado; nesse sentido, a ciência seria uma longa prudência, uma cautela, uma utilidade contra o que se poderia com justiça objetar: como? O não querer se deixar enganar é efetivamente menos pernicioso, menos perigoso, menos fatal? [...] Justamente essa convicção não poderia ter surgido se verdade *e* inverdade deixassem constantemente claro que são úteis, como são. Portanto, a crença na ciência, que agora está aí incontestavelmente, não pode derivar sua origem de um tal cálculo utilitário, mas, antes, deve ter se originado *a despeito* de lhe ter sido constantemente demonstrada a inutilidade e a periculosidade da 'vontade de verdade', da 'verdade a todo preço'. [...] Consequentemente, 'vontade de verdade' não quer dizer 'eu não quero me deixar enganar' mas sim — não há outra alternativa — 'eu não quero enganar, nem sequer a mim mesmo': *e com isso estamos no terreno da moral.* (par. 344)

Desse modo, a pergunta *para que ciência?* reconduz ao problema moral: para que moral em geral, se a vida, a natureza e a história são 'imorais'? Sem dúvida, o verídico, naquele sentido temerário e último, como pressupõe a crença na ciência, *afirma com isso um outro mundo* do que o da vida, da natureza e da história; [...] é ainda sobre uma *crença metafísica* que repousa nossa crença na ciência — que também nós, conhecedores de hoje, nós os sem-Deus e os antimetafísicos, tiramos *nosso* fogo da fogueira que uma crença milenar acendeu, a crença cristã que era também a crença de Platão, de que Deus é a verdade, de que a verdade é divina [...] Mas e se precisamente isso se tornar cada vez mais desacreditado, se nada mais se demonstrar como divino, a não ser o erro, a cegueira, a mentira — se Deus mesmo se demonstrar como a nossa mais longa mentira? (par. 344)

A parte inicial desse argumento reconstruído não é de Nietzsche, mas um tema-padrão da modernidade, que Nietzsche critica severamente:

P1. Se aceitamos alguma coisa como um princípio organizacional da nossa vida, então ela deve ser racional, verdadeira ou digna de crédito.
P2. A existência de Deus não é racional, verdadeira ou digna de crédito ("A crença no deus cristão perdeu o crédito", par. 343).
C1. Não devemos aceitar Deus como um princípio organizacional da nossa vida (*modus tollens*, P1, P2).

A maioria das pessoas fica satisfeita com isso, diz Nietzsche, porque substitui 'existência de Deus' por outros princípios mais críveis, como ciência, moralidade e assim por diante. P2 se torna então uma afirmação em vez de uma negação — 'a ciência é racional', por exemplo — criando não obstante a falácia de afirmar o consequente. Essas substituições, que Nietzsche vê como remanescentes da crença, são realmente questionadas pela Morte de Deus. Assim, Nietzsche não está interessado em discutir a existência ou a natureza de Deus (P2 ou C1). Seu problema é mais com a alegação feita em P1: o nosso desejo de buscar uma "verdade" no mundo além das nossas sensações imediatas ou, como diz Nietzsche, a Vontade de Verdade, e por que isso condiciona a nossa vida.

P3. Se a ciência, a moralidade ou a religião contêm suposições, então estas afetarão o resultado de sua investigação.

Mais uma vez, Nietzsche usa os princípios do Iluminismo (o "espírito científico") de que o conhecimento deve ser objetivo e sem pressupostos (ou, nas palavras de Nietzsche, "convicções"). "A disciplina do espírito científico não começa com o não mais se permitir convicções?" Mas Nietzsche aprofunda essa premissa: "só resta perguntar *se para essa disciplina poder começar*, já não tem de haver uma convicção — aliás, uma convicção tão imperiosa e incondicional que sacrifica a si mesma todas as outras?" (par. 344)

P4. A ciência, a moralidade e a religião contêm o mesmo pressuposto: a Vontade de Verdade (o pressuposto tácito da ciência, por exemplo, é que vale a pena descobrir a verdade: o "sim" antecipado): "simplesmente não há nenhuma ciência 'sem pressupostos'".
C2. A Vontade de Verdade afeta o resultado da investigação (moral, científica, religiosa) (*modus ponens*, P3, P4).

Nietzsche observa aqui que o nosso entendimento é condicionado pela necessidade de descobrir uma "verdade" além da percepção imediata, como é o caso de quase todo o entendimento moral, científico e religioso (ele escreve mais sobre isso na seção de *Além do Bem e do Mal* intitulada "Os preconceitos dos filósofos").

P5. Se a Vontade de Verdade é essencial ao nosso entendimento (ou seja, não podemos ter conhecimento sem ela), então teremos uma razão para segui-la.
P6. Mas não temos uma razão moral ou utilitária para segui-la.

Quando Nietzsche pergunta se "o não querer se deixar enganar é efetivamente menos pernicioso, menos perigoso, menos fatal", podemos ver que a mentira e o logro podem de fato ser muito úteis (por ex., ao educar uma criança, a verdade absoluta é desnecessária e às vezes desfavorável).

C3. A Vontade de Verdade não é essencial ao nosso entendimento (*modus tollens*, P5, P6).

Como reflete Nietzsche: "Pois basta perguntar-se fundamentalmente 'por que não queres enganar?' especialmente se houvesse a aparência — e há essa aparência — de que [...] a grande forma da vida sempre se tivesse mostrado, de fato, do lado dos mais inescrupulosos *polytropoi*". (201) "*Polytropoi*" significa tortuoso, astuto, enganoso. Essa palavra vem da *Odisseia*, onde é usada para descrever o herói que usa essas características para sobreviver à ira dos deuses. Em outras palavras, Nietzsche está sugerindo que a "vida" em geral não favorece a verdade como o conhecimento científico ou moral parece favorecer.

O argumento faz então duas afirmações inter-relacionadas envolvendo o *status* de "verdade":

P7. Se não temos razões morais ou utilitárias para seguir a Vontade de Verdade, nossas razões devem ser outras.

"Mas caso ambas fossem necessárias — muita confiança e muita desconfiança — de onde tiraria a ciência a crença ou convicção incondicionada, sobre a qual repousa?" (200-01)

C4. Nossas razões para seguir a Vontade de Verdade não são morais ou utilitárias (*modus ponens*, P7, P6).
P8. Se não temos razões morais ou utilitárias para seguir a Vontade de Verdade, então ela não pode ser racional, verdadeira ou digna de crédito.
C5. A Vontade de Verdade não pode ser racional, verdadeira ou digna de crédito (*modus ponens*, P8, P6).

No lugar de uma justificativa "racional", o que não passa de um aspecto da Vontade de Verdade, Nietzsche sugere que a "verdade" é meramente um disfarce para a expressão do nosso poder. Ela repousa numa fé metafísica que não é diferente, no fundo, da crença cristã em Deus. A Vontade de Verdade é, desse modo, um meio para limitar a nossa expressão desse poder: isso é sintomático na "moral dos escravos" do cristianismo. Com essa conexão estabelecida entre ciência, moralidade e fé, Nietzsche volta à primeira parte do argumento. Se Deus deixou de ser crível, então a nossa fé na divindade da "verdade" também está em questão. A questão que Nietzsche nos deixa sugere que é isso que a morte de Deus "realmente significa".

13
A Navalha de Ockham

Grant Sterling

William de Ockham. *Theory of Terms: Part I of the Summa Logicae*, traduzido por Michael J. Loux. Notre Dame, IN: University of Notre Dame Press, 1974.

___. *Scriptum in librum primum Sententiarum (Ordinatio)*, Distinctiones XIX-XLVIII, *in Opera Theologica*, vol. IV, organizado por Girard Etzkorn e Francis Kelly. St. Bonaventure, NY. Bonaventure University, 1979.

"A Navalha de Ockham" é uma máxima frequentemente citada como argumento e atribuída a William of Ockham. É tipicamente expressa como "entidades não são multiplicadas sem necessidade". Às vezes, é entendida da seguinte maneira: quando há escolha entre duas teorias, deve-se escolher a que emprega menos entidades (ou menos tipos diferentes de entidades). Outras vezes, entende-se que, caso uma entidade não seja necessária para explicar alguma coisa, deve-se negar sua existência. Essa concepção mais comum, no entanto, é um equívoco sob vários aspectos.

Primeiro, Ockham nunca disse essas palavras — o nome "Navalha de Ockham" foi inventado em 1852 e as palavras atribuídas a Ockham não aparecem em nenhuma de suas obras conhecidas. (Os dois enunciados acima representam a real posição de Ockham.) Segundo, a ideia de que não devemos acreditar em coisas sem uma boa razão não é uma ideia original de Ockham e nem o distingue. Terceiro, a navalha não é propriamente um argumento, mas uma premissa ou princípio usado para criar argumentos de uma certa forma. Finalmente, o próprio Ockham não usou realmente o argumento para negar a existência de qualquer entidade possível, apenas para pô-las em dúvida. Ockham admite três fontes de conhecimento (autoevidência, evidência empírica e revelação bíblica) e mantém que, se não podemos saber se alguma coisa existe por meio de uma dessas três fontes, não devemos acreditar que tal coisa exista (o que não significa necessariamente acreditar que ela não existe — sem evidência positiva de que a coisa não está lá, devemos simplesmente permanecer neutros).

A pluralidade não deve ser postulada sem necessidade. (*Commentary on the Sentences of Peter Lombard*, Parte I, dist. 1. q. 1 e 2)

Pois nada deve ser postulado sem uma razão dada, a menos que seja sabido por meio de si mesmo, sabido por experiência ou provado pela autoridade da Escritura Sagrada. (*Commentary on the Sentences of Peter Lombard*, Parte I, dist. 30, q. 1)

"A Navalha de Ockham" como é comumente empregada:

P1. Duas teorias, T1 e T2, explicam igualmente bem os fatos observados (e melhor do que todas as teorias rivais), e T1 requer que postulemos a existência de mais entidades (ou mais tipos de entidades) do que T2.

P2. "A Navalha de Ockham": se duas teorias explicam igualmente bem os fatos observados (e melhor do que todas as teorias rivais), acredite na teoria que postula menos entidades do que uma teoria rival sem perda de força explanatória.

C1. Devemos acreditar em T2 e não acreditar em T1 (*modus ponens*, P1, P2).

Ou

P1. Não precisamos postular a existência do objeto X para explicar qualquer fenômeno que estejamos tentando explicar.

P2. "A Navalha de Ockham": se não precisamos postular a existência de um determinado objeto para explicar qualquer fenômeno que estejamos tentando explicar, não devemos acreditar na existência de qualquer objeto que não seja necessário para explicar fenômenos.

C1. Não acredite na existência de X (*modus ponens*, P1, P2).

"A Navalha de Ockham" como o próprio Ockham a empregaria:

P1. A existência de um objeto X não é autoevidente, nem temos evidências empíricas de sua existência, nem é ela requerida pela Bíblia.

P2. A Navalha de Ockham: se a existência de um objeto X não é autoevidente, nem temos evidências empíricas de sua existência, nem é ela requerida pela Bíblia, então não devemos acreditar na existência do objeto X.

C1. Não acredite na existência do objeto X (embora seja possível que X exista) (*modus ponens*, P1, P2).

Parte II
METAFÍSICA

14
Parmênides e
a Refutação da Mudança

Adrian Bardon

Palmer, John. *Parmenides and Presocratic Philosophy*. Oxford: Oxford University Press, 2009.

Hoy, Ronald. "Parmenides' Complete Rejection of Time." *Journal of Philosophy* 91 (1994): 573-98.

Parmênides foi um estudioso grego que viveu na colônia italiana de Eleia no século V a.C. A escola eleata que ele defendia era conhecida pela alegação de que a realidade é uma unidade atemporal. A mudança, juntamente com a passagem do tempo, é apenas uma ilusão ou projeção da mente. Da obra de Parmênides, sobreviveram apenas fragmentos, que incluem a refutação da mudança, talvez o mais antigo exemplo existente de argumentação filosófica prolongada.

O principal fragmento contém uma série de pontos conectados que pretendem mostrar a impossibilidade da mudança. Segundo Parmênides, qualquer mudança envolve destruição ou criação na medida em que envolve um item que vai do ser ao não ser (ou vive-versa) ou uma propriedade que vai do ser (instanciado) ao não ser (não instanciado) (ou vice-versa). Então, qualquer mudança envolve alguma coisa que é e não é, o que é uma contradição aparente. Ele antecipa a óbvia resolução proposta para essa alegação: não há contradição no fato de um item ou propriedade ser e não ser, desde que pode, digamos, "ser" no presente e "não ser" no futuro ou passado. Replica então que isso apenas transfere a contradição inerente à mudança para o nível de mudança no tempo. Levar a mudança a sério exige que pensemos em termos de tempo passado e tempo futuro como reais: mas o passado e o futuro são diferentes do presente na medida em que o presente "é" enquanto o passado e o futuro "não são". A única maneira de pensar o passado e o futuro como reais (argumentaria Parmênides) é pensá-los como reais agora, o que os tornaria presentes. Então, pensar sobre mudança exige pensar sobre o passado e o futuro como presentes e não presentes, como reais e não reais.

A solução de Parmênides para a contradição é negar a realidade tanto da mudança quanto da passagem do tempo. (Observe que essa linha de raciocínio é precursora do argumento para a mesma conclusão apresentado por J. M. E. McTaggart (nº 15) no início do século XII.) A percepção pelos sentidos é caracterizada pela mudança, sendo então a sensação fundamentalmente enganosa. A única maneira de conhecer a verdade sobre o mundo é desconsiderar a sensação e usar apenas a razão e a lógica.

Observe que Parmênides não considera rejeitar P2 ou P4 em vez de P1: em outras palavras, ele não considera qualquer definição de mudança que seja consistente com uma teoria estática do tempo. Uma teoria estática nega as propriedades dinâmicas, não relacionais e temporais (como passado/presente/futuro), mas aceita as propriedades estáticas, relacionais e temporais (como antes/simultâneo/depois). Essa é a mesma omissão feita depois por McTaggart. Essa omissão não afeta a validade desse argumento quando considerado como um ataque especificamente à teoria dinâmica do tempo.

> Só ainda (o) mito de (uma) via
> resta, que é; e sobre esta indícios existem,
> bem muitos, de que ingênito sendo é também imperecível,
> pois é todo inteiro, inabalável e sem fim;
> nem jamais era nem será, pois é agora todo junto,
> uno, contínuo; pois que geração procurarias dele?
> Por onde, donde crescido? Nem de não ente permitirei
> que digas e pense; pois não dizível nem pensável
> é que não é; que necessidade o teria impelido
> a depois ou antes, se do nada iniciado, nascer?
> Assim ou totalmente é necessário ser ou não.
> Nem jamais do que em certo modo é permitida força de fé
> nascer algo além dele; por isso nem nascer
> nem perecer deixou justiça, afrouxando amarras,
> mas mantém; e a decisão sobre isso está no seguinte:

é ou não é; está portanto decidido, como é necessário,
uma via abandonar, impensável, inominável, pois verdadeira
via não é, e sim a outra, de modo a se encontrar e ser real.
E como depois pereceria o que é? Como poderia nascer?
Pois se nasceu, não é, nem também se um dia é para ser.
Assim geração é extinta e fora de inquérito perecimento.
(Parmênides, citado *in* Palmer, 143)

P1. A mudança é real (suposição de *reductio*).

P2. Se a mudança é real, então envolve (a) um objeto chegando à existência ou começando a ter alguma propriedade ou (b) um objeto se tornando não existente ou deixando de ter alguma propriedade.

P3. Se (P2), então há diferentes tempos, ou seja, passado/presente/futuro.

C1. Há diferentes tempos, ou seja, passado/presente/futuro (silogismo hipotético, P1, P2, P3).

P4. Não há diferentes tempos — só o presente existe.

C2. Há diferentes tempos e não há diferentes tempos (conjunção C1, P4).

C3. A mudança não é real (*reductio*, P1-C2).

15

O Argumento de McTaggart contra a Realidade do Tempo

M. Joshua Mozersky

McTaggart, J. M. E. *The Nature of Existence*, vol. II. Cambridge, RU: Cambridge University Press, 1927.

Broad, C. D. *An Examination of McTaggart's Philosophy*, vol. II. Cambridge, RU: Cambridge University Press, 1938.

Le Poidevin, Robin e MacBeath, Murray (orgs.). *The Philosophy of Time*, Oxford: Oxford University Press, 1993.

O argumento de McTaggart começa com a observação bastante simples de que há duas maneiras de caracterizar os momentos e os acontecimentos no tempo. Primeiro, podem ser passados, presentes ou futuros, caso em que formam o que McTaggart chama de "série A" (é uma série porque essas propriedades ordenam os acontecimentos uns com relação aos outros). Segundo, momentos ou acontecimentos podem se dar antes, simultaneamente ou depois de outros momentos/acontecimentos: McTaggart chama essa ordenação de "série B". Essas duas séries diferem. As propriedades da série A são transitórias: um acontecimento pode ser futuro, mas logo será presente e então passado. As relações da série B são permanentes. Se, por exemplo, é verdade que X se segue a Y, então é sempre verdade que X se segue a Y: não há nunca uma vez em que X preceda Y ou em que X e Y sejam simultâneos. Na série B, conclui McTaggart, não há uma mudança genuína — nenhuma variação temporal nos fatos — já que o que é verdade é sempre verdade. No entanto, McTaggart alega também que o tempo só pode existir se a mudança existir: se o tempo é real, os momentos e os acontecimentos no tempo devem ser caracterizados pelas propriedades da série A. Resumindo, qualquer série que seja ordenada apenas pelas relações da série B não poderia ser temporal por natureza.

O problema, segundo McTaggart, é que a suposição de que uma coisa exibe as propriedades da série A leva a uma contradição. Por um lado, essas propriedades são mutuamente incompatíveis: se uma coisa é presente, por exemplo, ela não é passada nem futura. Por outro lado, cada acontecimento no tempo tem que ter todas as três propriedades da série A: uma coisa presente, por exemplo, foi futura e será passada. McTaggart observa que se pode objetar que isso não é uma dificuldade, pois por certo não há contradição em supor que um acontecimento é presente, foi futuro será passado. Ele responde como se segue. Suponha que um acontecimento, M, seja presente, foi futuro e será passado. Dizer que M será passado é dizer que, em algum momento futuro, T, M é passado. No entanto, como M é presente, não há um momento do tempo passado em que M seja passado. Porém, o próprio T acabará sendo passado e, quando for, M será passado num momento do tempo passado. Então, resulta que M não é passado num momento do tempo passado, mas é passado num momento do tempo passado, a saber T, e isso é uma contradição. Agora, é claro, vamos replicar que, quando T for finalmente passado, é possível que M seja passado num momento do tempo passado. Assim, não há contradição, mesmo que agora M não possa ser passado em nenhum momento do tempo passado. Essa réplica, diz McTaggart, reintroduz simplesmente a contradição porque se o próprio T será passado, então T tem que ser passado, presente e futuro em momentos diferentes. Mas cada um desses momentos será passado, presente e futuro, o que é uma contradição, a menos que suponhamos que são passados, presentes e futuros em momentos diferentes e assim por diante. Cada tentativa de eliminar a contradição leva de volta a ela.

Assim, a série A não escapa da contradição e, portanto, não pode caracterizar coisa alguma. Mas o tempo é real só se os momentos e os acontecimentos forem caracterizados por propriedades da série A. Então, conclui McTaggart, o próprio tempo é irreal.

O argumento de McTaggart é válido, mas há três fontes de preocupação a respeito de sua solidez. Primeiro, McTaggart apresenta a primeira premissa sem sustentação substancial. Na verdade, sua defesa é simplesmente a seguinte: "Suponho que seja universalmente admitido que o tempo envolva mudança [...] não poderia haver tempo se nada mudasse". (11) Mas mesmo que isso seja universalmente admitido, talvez a opinião universal esteja errada. Além do mais, isso não é universalmente admitido. Alguns filósofos argumentam que é possível o tempo existir sem mudança (ver Le Poidevin e MacBeath 63-79).

Adicionalmente, a segunda premissa tem sido questionada. McTaggart argumenta que se for sempre verdade, por exemplo, que um atiçador de lareira esteja quente na segunda-feira e frio na terça-feira, então nada muda porque a soma total de verdades permanece inalterada. Mas são as crenças, as sentenças ou as proposições que são verdadeiras: em outras palavras, a verdade, seja qual for ela, é uma propriedade de entidades que representam alguma outra coisa. Mas será que uma coisa não pode ter uma propriedade para a qual não tenhamos uma representação? Afinal, podemos representar uma flor vermelha com palavras em branco e preto e, assim, pode ser que possamos representar um mundo em mutação com um conjunto de verdades eternas e imutáveis. Em outras palavras, parece que McTaggart está errado ao supor que a série B seja incompatível com a mudança real. Como resultado, muitos filósofos rejeitam a série A sem rejeitar a existência do tempo. Tais filósofos são tipicamente chamados de "teóricos B".

Finalmente, a premissa seis é controversa. Muitos filósofos têm se perguntado por que devemos seguir McTaggart e analisar "M será passado" como "M é passado em algum momento do tempo futuro, T" (ver Broad). Pode ser que modificadores de tempo como "foi" e "será" não precisem de mais análises e sejam compreendidos melhor do jeito que são. Em outras palavras, se permitimos que descrições verbais do tempo como "M é presente", "M foi futuro" e "M será passado" funcionem como básicas e fundamentais, então não surge nenhuma contradição que precise ser eliminada pela análise sugerida por McTaggart, porque todas essas descrições são mutuamente compatíveis. Os "teóricos A" consideram, como McTaggart, que a série B é inadequada como descrição do tempo, mas rejeitam sua alegação de que há uma contradição na série A.

Até hoje, a maioria dos filósofos que pensam sobre o tempo são teóricos A ou teóricos B. Embora poucos concordem com toda a argumentação de McTaggart, quase todos os filósofos do tempo que vieram depois foram influenciados por ela. Esse é realmente um dos argumentos mais importantes da filosofia ocidental.

Passado, presente e futuro são determinações incompatíveis. Cada evento só pode ser um ou outro, mas nenhum evento pode ser mais do que um. Se eu disser que qualquer evento é passado, isso implica que ele não é nem presente nem futuro, e assim também para os outros. E essa exclusividade é essencial para a mudança e, portanto, para o tempo. Pois a única mudança que podemos ter é do futuro para o presente, e do presente para o passado. As características, portanto, são incompatíveis. Mas todo evento possui todas elas. Se M é passado, ele foi presente e futuro. Se ele é futuro, ele será presente e passado. Se ele é presente, ele foi futuro e será passado. Assim, todas as três características pertencem a cada evento [...]. A atribuição das características de passado, presente e futuro aos termos de qualquer série leva a uma contradição, a não ser que seja especificado que eles as tenham sucessivamente. Isso significa, conforme vimos, que eles as têm com relação a termos especificados como passado, presente e futuro. E estes, novamente, para evitar uma semelhante contradição, são características em relação a termos que devem por sua vez ser especificados como passado, presente e futuro. E como isso continua infinitamente, o primeiro conjunto de termos nunca escapa da contradição. [...] A realidade da série A leva então a uma contradição, e deve ser rejeitada. E como vimos que mudança e tempo requerem a série A, a realidade da mudança e do tempo deve ser rejeitada. E também a realidade da série B, já que ela requer tempo. (McTaggart, 20-2)

P1. Se o tempo é real, então a mudança é real.
P2. Se a mudança é real, então o que é verdade em um momento difere do que é verdade em outros momentos.
    C1. Se o tempo é real, então o que é verdade em um momento difere do que é verdade em outros momentos (silogismo hipotético, P1, P2).
P3. Se momentos e acontecimentos forem caracterizados só pelas relações da série B, então não é o caso que aquilo que é verdade em uma ocasião seja diferente do que é verdade em outras ocasiões.

C2. Se não é o caso que aquilo que é verdade em uma ocasião seja diferente do que é verdade em outras ocasiões, então não é o caso que o tempo seja real (transposição, C1).

C3. Se momentos e acontecimentos são caracterizados só pelas relações da série B, então não é o caso que o tempo seja real (silogismo hipotético, P3, C2).

C4. Se o tempo é real, então não é o caso que momentos e acontecimentos sejam caracterizados só por relações da série B (transposição, C3).

P4. Se não é o caso que momentos e acontecimentos sejam caracterizados só por relações da série B, então momentos e acontecimentos têm propriedades da série A.

C5. Se o tempo é real, então momentos e acontecimentos têm propriedades da série A (silogismo hipotético, C4, P4).

P5. As propriedades da série A são mutuamente incompatíveis.

P6. Se as propriedades da série A são mutuamente incompatíveis, então a atribuição de propriedades da série A a momentos e acontecimentos acarreta uma contradição.

C6. A atribuição de propriedades da série A a momentos e acontecimentos acarreta uma contradição (*modus ponens*, P5, P6).

P7. Se a atribuição de propriedades da série a momentos e acontecimentos acarreta uma contradição, então não é o caso que momentos e acontecimentos sejam propriedades da série A.

C7. Não é o caso que momentos e acontecimentos sejam propriedades da série A (*modus ponens*, C6, P7).

C8. Não é o caso que o tempo seja real (*modus tollens*, C5, C7).

16
Berkeley e o Argumento Magistral a favor do Idealismo

John M. DePoe

Berkeley, George. *Principles of Human Knowledge and Three Dialogues*, organizado por R. S. Woolhouse. Londres: Penguin, 1988.

Muitos dos escritos filosóficos de George Berkeley (1685-1753) são dedicados à argumentação a favor do idealismo metafísico, a posição de que tudo que existe é composto de pensamento, mente ou Deus. No entender de Berkeley, ser composto de pensamento é o contrário de ser composto de matéria e, com isso, pretende mostrar que acreditar na existência da matéria é irracional, se não ininteligível. A matéria, segundo Berkeley, existe independentemente do pensamento. Ele descreve a matéria como inerte, insensível e com o que os empiristas ingleses chamavam de "qualidades primárias", definidas *grosso modo* como propriedades que existem independentemente da percepção da mente (por ex., massa, extensão, movimento etc.).

Um dos argumentos mais famosos de Berkeley contra a existência da matéria é comumente chamado de "master argument" (argumento central) porque, se bem-sucedido, refuta a existência da matéria com um único golpe de mestre. O argumento pode ser resumido num desafio: você consegue imaginar ou conceber uma árvore (ou qualquer objeto material) que existe sem ser percebida (ou pensada)? Embora você possa pensar que é possível conceber uma árvore que não está sendo percebida, uma breve reflexão revelará que isso não é possível porque, no processo de conceber a árvore, você a está percebendo. Então, parece que é impossível conceber que alguma coisa exista realmente impercebida. Mas se não é nem mesmo possível conceber alguma coisa que exista impercebida, por que devemos pensar que a matéria existe dessa maneira? Como é impossível conceber a existência impercebida da matéria, Berkeley conclui que a existência da matéria é irracional.

Mas pode-se dizer, seguramente, que não existe nada mais fácil do que imaginar árvores, por exemplo, num parque, ou livros numa biblioteca, e ninguém para percebê-los. Respondo, você pode se assegurar, que na verdade não é difícil. Mas o que é tudo isso, pergunto, senão formar na mente certas ideias que denominamos livros e árvores e, ao mesmo tempo, omitir formar a ideia de alguém para percebê-las? Mas nós mesmos não as percebemos ou nelas pensamos durante esse tempo todo? Isso, portanto, não tem importância para o caso; apenas mostra que temos o poder de imaginar ou formar ideias em nossa mente, mas não mostra ser possível conceber que os objetos de nosso pensamento existam fora da mente. Para compreender isso, seria necessário que os concebêssemos existindo inconcebidos ou impensados, o que constitui uma manifesta contradição. Quando nos empenhamos ao máximo para conceber a existência de corpos externos, estamos o tempo todo somente contemplando nossas ideias. Mas, como a mente não se conhece, engana-se ao pensar que pode conceber e que de fato concebe corpos existindo impensados ou fora da mente, embora ao mesmo tempo sejam apreendidos por ela ou existam nela. (Berkeley, 60)

P1. Se os objetos materiais existem, então os objetos materiais existem independentemente de qualquer mente pensar sobre eles.
P2. Se os objetos materiais existem independentemente de qualquer mente pensar sobre eles, então é concebível que os objetos materiais existam sem que mente alguma pense sobre eles.
P3. Não é o caso que seja concebível que objetos materiais existam sem que mente alguma pense sobre eles.
  C1. Não é o caso que objetos materiais existam independentemente de qualquer mente pensar sobre eles (*modus tollens*, P2, P3).
  C2. Não é o caso que objetos materiais existam (*modus tollens*, P1, C1).

17
Kant e a Refutação do Idealismo

Adrian Bardon

Kant, Immanuel. *Critique of Pure Reason*, traduzido por Paul Guyer e Allen Wood. Cambridge, RU: Cambridge University Press, 1998.

Dicker, Georges: "Kant's Refutation of Idealism", *Noûs* 42, 1 (2008): 80-108.

Guyer, Paul. *Kant*. Nova York: Routledge, 2006.

Na segunda edição de *Crítica da Razão Pura*, Kant apresenta uma refutação do ceticismo epistemológico cartesiano que se vale (ainda que enigmaticamente) dos seus *insights* a respeito das condições necessárias da consciência do tempo. Embora os detalhes permaneçam em discussão, a alegação-chave parece ser que seria impossível ordenar no tempo todas ou algumas de nossas experiências subjetivas a menos que de alguma forma relacionássemos sua sequência a mudanças em objetos externos à mente. Os conteúdos dos estados perceptivos não vêm marcados com a época da sua ocorrência. Além disso, toda experiência é sucessiva em forma, independentemente de representar sequências de acontecimentos ou situações estáticas. Assim, precisamos de um guia para reconstruir eventos passados além dos meros conteúdos subjetivos da percepção e da memória. Só situações e acontecimentos subjetivos — concebidos como parte de um sistema governado por leis — podem funcionar como guia para essa reconstrução ao ditar uma interpretação depois da outra. Assim, o fato de ser possível atribuir uma determinada ordem a nossas experiências mostra que elas são o resultado de um contato com situações e acontecimentos independentes da mente.

A refutação do idealismo feita por Kant é um exemplo clássico de uma forma de argumento conhecida como "argumento transcendental". Os argumentos transcendentais são em geral dirigidos a alguma forma de ceticismo epistemológico. Começam com algum fato controverso sobre a nossa vida mental — como o fato de termos conhecimento, crença ou capacidade cognitiva — e acrescentam a alegação de que algum fato relativo ao mundo extramental questionado pelo cético é uma condição necessária daquele fato indiscutível a respeito da nossa vida mental subjetiva.

Muitos comentadores contemporâneos alegam que os argumentos transcendentais não servem como provas de qualquer fato extramental porque envolvem em geral um salto implausível, que vai de saber como devemos representar o mundo a saber como o mundo deve realmente ser. No entanto, alguns pensam também que versões mais modestas de argumentos similares são promissoras. Um argumento transcendental "modesto" tenta mostrar apenas que uma estrutura conceitual é indispensável à experiência como a conhecemos, não que o mundo deva estar de acordo com essa estrutura. A objeção contemporânea mais comum à argumentação de Kant na refutação do idealismo é que ela estabelece, na melhor das hipóteses, que devemos conceber uma relação das nossas experiências com acontecimentos e objetos externos, e não que essas experiências sejam realmente causadas por objetos e acontecimentos externos. A aparente falta de preocupação de Kant com a diferença entre essas conclusões pode estar relacionada ao seu "idealismo transcendental", segundo o qual a distinção entre como as coisas são e como devemos constitucionalmente representá-las é inteligível num certo nível, mas inoperante de qualquer ponto de vista experimental ou prático.

Eu tenho consciência da minha própria existência como determinada no Tempo. Toda determinação supõe algo "permanente" na percepção. Mas esse permanente não pode ser algo em mim, justamente pela razão que a minha existência não pode ser determinada no tempo senão pelo permanente. Desse modo, a percepção desse permanente só é possível por meio de uma "coisa" que exista fora de mim e não simplesmente pela *representação* de uma coisa externa a mim. Consequentemente, a determinação da minha existência no Tempo só é possível pela existência de coisas reais que percebo fora de mim. Mas como essa consciência no Tempo está necessariamente ligada à consciência da possibilidade dessa determinação do Tempo, segue-se daí que também está necessariamente ligada com a existência das coisas fora de mim, como à condição da determinação do Tempo; quer dizer, que a consciência da minha própria existência é ao mesmo tempo uma consciência imediata da existência de outras coisas externas. (Kant, B276)

P1. Sou consciente de mim mesmo como sujeito de experiências com uma determinada ordem temporal que representa um mundo de objetos e acontecimentos distintos dos meus estados mentais: ou seja, tenho autoconsciência.

P2. Se (P1), faço julgamentos sobre a ordem temporal dos meus próprios estados mentais.

C1. Faço julgamentos sobre a ordem temporal dos meus próprios estados mentais (*modus ponens*, P1, P2).

P3. Não há uma base para ordenar meus próprios estados mentais que seja encontrada na forma ou no conteúdo desses estados.

P4. Se (P3) e se tenho autoconsciência, então há algo distinto dos meus estados mentais a que suas mudanças podem ser referidas e sua ordem assim determinada.

C2. Se tenho autoconsciência, então há algo distinto dos meus estados mentais a que suas mudanças podem ser referidas e sua ordem assim determinada (*modus ponens*, P3, P4).

C3. Há algo distinto dos meus estados mentais a que suas mudanças podem ser referidas e sua ordem assim determinada (*modus ponens*, C2, P1).

P5. Se (C3), então os objetos da experiência existem fora de mim.

C4. Os objetos da experiência existem fora de mim (*modus ponens*, C3, P5).

P6. Se os objetos da experiência existem fora de mim, então devem existir no espaço.

C5. Os objetos da experiência existem no espaço (*modus ponens*, P6, C4).

18

O Argumento Dominador de Diodoro de Cronos

Ludger Jansen

Aristóteles. *The Complete Works of Aristotle: The Revised Oxford Translation*, organizado por Jonathan Barnes, 2 vols. Princeton, NJ: Princeton University Press, 1984.

Boécio. *Commentarii in librum Aristotelis Perihermeneias*, vols. I-II, organizado por C. Meiser. Leipzig: Teubner, 1877-80.

Cícero. *De Fato*, traduzido por H. Rackham. Cambridge, MA: Harvard University Press, 1982.

Epiteto. Discourses, *in The Hellenistic Philosophers*, organizado e traduzido por A. Long e D. Sedley, vol. 1. Cambridge, RU: Cambridge University Press, 1987.

Gaskin, Richard. *The Sea Battle and the Master Argument: Aristotle and Diodorus Cronus on the Metaphysics of the Future*. Berlim: de Gruyter, 1995.

Psellos, Michael. *Theologica*, vol. I, organizado por P. Gautier, Leipzig: Teubner, 1989.

Sedley, David. "Diodorus Cronus and Hellenistic Philosophy." *Proceedings of the Cambridge Philological Society* 203 (1977) 74-120.

Vuillemin, Jules. *Necessity or Contingency: The Master Argument*. Stanford, CA: CSLI, 1996.

Weidmann, Hermann. "Aristotle, the Megarics, and Diodorus Cronus on the Notion of Possibility." *American Philosophical Quarterly* 45 (2008) 131-48.

O "Argumento Dominador" (*ho kurieuôn logos*) é em geral atribuído a Diodoro de Cronos, um filósofo da escola dialética do século IV a.C. O nome do argumento vem provavelmente do exemplo usado, mas indica também sua sofisticação: era um argumento de mestre sobre um mestre (ver Michael Psellos, *Theologica*, 3.129-35). Juntamente com o argumento da batalha naval de Aristóteles (*De Interpretatione*, 9), pertence a uma série de argumentos referentes à discussão de possibilidade e necessidade e de sua pertinência na determinação do futuro. O argumento dominador depende da alegada incompatibilidade lógica de três concepções intuitivamente válidas:

(1) A necessidade do passado: o que é passado não pode ser mudado; assim, as verdades sobre o passado parecem ser necessárias.

(2) A conclusão do possível pela decorrência: de uma proposição possível não decorrem proposições impossíveis mas apenas proposições possíveis; isso pode ser usado como teste para verificar se alguma coisa é realmente possível (cf., Aristóteles, *Metafísica* IX 3-4).

(3) A existência de possibilidades não realizadas: parece haver muitas possibilidades não realizadas. Por exemplo, parece ser possível que eu esteja sentado ao meio-dia e também que eu esteja de pé ao meio-dia, mas no máximo uma dessas possibilidades será realizada.

O objetivo de Diodoro é refutar (3), ou seja, mostrar que é inconsistente supor que um enunciado como "você é um mestre" possa ser possível embora não seja e nem venha a ser verdadeiro. Com base nisso, Diodoro conseguiu defender sua caracterização do possível em termos temporais como aquilo que ou é ou que virá a ser (Cícero, *Sobre o Destino* 13; Boécio, *Sobre De Interpretatione* 234.22). Mas isso leva também a uma forma de "determinismo lógico" porque, se não há possibilidades não realizadas, tudo é necessário. No entanto, Pantoide, seu companheiro de dialética, e outros usaram (2) e (3) para refutar (1), e o estoico Crisipo usou (1) e (3) para refutar (2). Anteriormente a esse debate, Aristóteles conseguiu manter todas as três ideias ao distinguir necessidade absoluta (de, por ex., uma verdade lógica) de necessidade relativa temporal. Pois é apenas agora que fatos passados singulares são imutáveis: quando ainda estavam no futuro, eram contingentes e portanto não necessários, já que poderiam ter sido modificados. Como não temos fontes antigas a respeito da estrutura do argumento de Diodoro, sua reconstrução é um tanto especulativa, e várias outras reconstruções foram sugeridas, usando diferentes sistemas lógicos modernos como *tense logic* ou lógica temporal quantificada com ou sem indexicais.

Estes parecem ser o tipo de pontos de partida para a colocação do Argumento Dominador. As três proposições seguintes entram mutuamente em conflito: "Toda verdade passada é necessária"; "Uma coisa impossível não se segue de uma coisa possível"; "Há coisas possíveis que nem são e nem virão a ser". Diodoro viu esse conflito e explorou o poder de convencimento das primeiras duas para estabelecer a conclusão de que "Nada que nem é e nem virá a ser é possível". (Epiteto, 38 A).

P1. Se α é ou foi o caso, então é necessário que α seja ou tenha sido o caso.

    C1. Se α não é ou pelo menos uma vez não foi o caso, então não é possível que α seja ou tenha sempre sido o caso (contraposição, P12).

P2. Se α implica necessariamente β, e α é possível, então β é possível.

    C2. Se α implica necessariamente β e β não é possível, então α não é possível (contraposição, P2).

P4. Há uma proposição, ρ, que é possível, mas que não é e nem será o caso (suposição de *reductio*).

    C3. ρ é possível (simplificação, P4).

    C4. ρ não é e nem será o caso (simplificação, P4).

P5. Se ρ nem é e nem será o caso, então não é ou pelo menos uma vez não foi o caso de ρ vir a ser verdade (tempo lógico).

    C5. Não é ou pelo menos uma vez não foi o caso de ρ vir a ser verdade (*modus ponens*, C4, P5).

    C6. Não é possível que seja ou que sempre tenha sido o caso de ρ vir a ser verdade (*modus ponens*, C1, C5).

P6. ρ implica necessariamente que agora é e sempre foi o caso de ρ vir a ser verdade (tempo lógico).

    C7. ρ não é possível (*modus ponens*, conjunção, C2, P6, C6).

    C8. Não há uma proposição que seja verdade mas que nem é e que nem será verdade (*reductio*, P4-C7).

19
Lewis e o Argumento dos Mundos Possíveis

David Vander Laan

Lewis, David. *Counterfactuals*. Cambridge, MA: Harvard University Press, 1973.
___. *On the Plurality of Worlds*. Malden, MA: Blackwell, 1986.

van Inwagen, Peter. "Two Concepts of Possible Worlds", *in Ontology, Identity and Modality: Essays in Metaphysics*. Cambridge, RU: Cambridge University Press, 2001.
Lycan, William. "The Trouble with Possible Worlds", *in The Possible and the Actual: Readings in the Metaphysics of Modality*, organizado por Michael J. Loux, 274-316. Ithaca, NY: Cornell University Press, 1979.

Em meados do século XX, a noção de mundos possíveis demonstrou sua força ao fornecer uma semântica para a lógica modal, e desde lá a ideia se tornou um equipamento-padrão na caixa de ferramentas do filósofo analítico. Naturalmente, a noção de mundos possíveis levanta questões ontológicas. Haverá mesmo tais coisas? Se houver, que tipo de coisas serão? David Lewis foi um dos primeiros a levantar essas questões. Em *Counterfactuals*, Lewis defende os fundamentos ontológicos de sua análise dos condicionais contrafactuais em termos de mundos possíveis. Mais tarde, em *On the Plurality of Worlds*, Lewis argumenta a favor da existência de mundos possíveis e desenvolve mais amplamente sua definição "realista modal" de mundos possíveis.

O argumento anterior de Lewis a favor dos mundos possíveis é caracteristicamente conciso. Lewis observa que já acreditamos que há muitas maneiras pelas quais as coisas poderiam ter sido e toma isso como uma afirmação de que certas entidades existem, chamando essas entidades de "mundos possíveis".

Um dos motivos de o argumento ser controverso é que Lewis toma o mundo real pelo que comumente chamamos de "universo" e considera que outros mundos possíveis diferem do universo "não em espécie, mas apenas quanto ao que acontece neles" (Lewis *Counterfactuals*, 85). Os mundos são objetos concretos e qualquer coisa passível de acontecer acontece realmente em um mundo ou em outro. A ideia do argumento de Lewis estabelecer tal visão parece incrível para alguns filósofos. Peter van Inwagen, por exemplo, escreve: "A suposição de que a existência de uma pluralidade de universos ou cosmos possa ser estabelecida por uma aplicação tão casual do critério de comprometimento ontológico de Quine tem sido vista pela maioria dos leitores de Lewis como muito contestável" (87).

Outros sugerem que o argumento de Lewis não chega a ser um argumento propriamente dito. Por exemplo, William Lycan o chama de "uma breve peã ao aconchego e à familiaridade de mundos inatuais" e acrescenta que "a conversa natural como a respiração de Lewis, assim como a de Meinong, mal chega a mascarar um formidável aparato teórico que deve ser avaliado em bases teóricas" (277 n.7).

O argumento que Lewis apresenta depois em *On the Plurality of Worlds* é um argumento que parte da utilidade: a noção de mundos possíveis é útil e essa é uma razão para se pensar que há mundos possíveis. O argumento anterior, como é construído abaixo, antecipa o outro de pelo menos duas maneiras. Primeiro, o argumento anterior não conclui que há mundos possíveis, mas sim uma conjectura a favor de aceitar a existência de mundos possíveis. De forma semelhante, o argumento que parte da utilidade não pretende ser um caso conclusivo a favor da existência de mundos possíveis (Lewis, *On the Plurality*, viii). Segundo, a premissa quatro do argumento a seguir necessita de mais sustentação. Grande parte de *On the Plurality of Worlds* consiste em uma defesa do realismo modal e de uma crítica das alternativas, procurando assim fornecer a sustentação de que necessita a premissa quatro. O argumento posterior de Lewis pode então ser visto como um desenvolvimento do anterior.

Acredito que há outros mundos possíveis além daquele em que por acaso habitamos. Se um argumento é necessário, é este. É uma verdade incontroversa que as coisas poderiam ser diferentes do que são. Acredito, e você também, que as coisas poderiam ter sido diferentes de incontáveis modos. Mas o que significa isso? A linguagem ordinária permite a paráfrase: há muitos modos como as coisas poderiam ter sido, além do modo como realmente são. Diante disso, essa sentença é uma quantificação existencial. Ela diz que existem muitas entidades de uma determinada descrição, ou seja, "maneiras que as coisas poderiam ter sido". A julgar pela aparência, essa sentença é uma quantificação existencial. Ela diz que existem muitas entidades de certa espécie, a saber, "modos como as coisas poderiam ter sido". Acredito que as coisas poderiam ter sido diferentes de incontáveis modos; acredito em paráfrases permissíveis daquilo em que acredito; tomando a paráfrase em seu valor nominal, acredito, portanto, na existência de entidades que poderiam ser chamadas "modos como as coisas poderiam ter sido". Prefiro denominá-las "mundos possíveis". (Lewis *Counterfactuals*, 84)

P1. As coisas poderiam ter sido diferentes de muitos modos.

P2. Se as coisas poderiam ter sido diferentes de muitos modos, então há muitos modos como as coisas poderiam ter sido, além do modo como realmente são.

C1. Há muitos modos como as coisas poderiam ter sido, além do modo como realmente são (*modus ponens*, P1, P2).

P3. Se (C1), então se não é o caso que (i) tomar (C1) em seu valor nominal cause problemas e que (ii) tomar (C1) de um outro modo não cause problemas, então há uma presunção a favor de aceitar (C1) em seu valor nominal.

C2. Se não é o caso que (i) tomar (C1) em seu valor nominal cause problemas e que (ii) tomar (C1) de um outro modo não cause problemas, então há uma presunção a favor de aceitar (C1) em seu valor nominal (*modus ponens*, C1, P3).

P4. Não é o caso que (i) tomar (C1) em seu valor nominal cause problemas e (ii) que tomar (C1) em seu valor nominal não cause problemas.

C3. Há uma presunção a favor de aceitar (C1) em seu valor nominal (*modus ponens*, C2, P4).

P5. "Existem muitos mundos possíveis" expressa (C1) tomado em seu valor nominal.

C4. Há uma presunção a favor de aceitar a existência de muitos mundos possíveis (substituição, C3, P5).

20
Um Relato Reducionista da Identidade Pessoal[1]

Fauve Lybaert

Descartes, René. *Meditations on First Philosophy*. Nova York: Classic Books America, 2009.

Locke, John. *An Essay Concerning Human Understanding*. Indianápolis: Hackett, 1996.

Nagel, Thomas. *The View from Nowhere*. Oxford: Oxford University Press, 1986.

Parfit, Derek. "Experiences, Subjects and Conceptual Schemes", *Philosophical Topics* 26, 1/2 (1999): 217-70.

___. "Is Personal Identity What Matters?" The Ammonius Foundation. http://www.ammonius.org/assets/pdfs/ammoniusfinal.pdf (acessado em 31 de dezembro de 2007).

___. *Reasons and Persons*. Oxford: Oxford University Press, 1984.

___. "The Unimportance of Identity", *in Identity*, organizado por H. Harris, 13-46. Oxford: Oxford University Press, 1995.

Quine, W. V. "Identity and Individuation." *The Journal of Philosophy* 69 (1972): 488-97.

Shoemaker, Sydney. "Persons and Their Pasts." *American Philosophical Quarterly* 7 (1970): 269-85.

Williams, Bernard. *Problems of the Self*. Cambridge, RU: Cambridge University Press, 1973.

Wittgenstein, Ludwig. *Zettel*. Oxford: Blackwell, 1967.

---

1. A exposição desse relato se baseia no trabalho de Derek Parfit. A exposição dos diferentes tipos de reducionismo é em grande parte inspirada por "Experiences, Subjects and Conceptual Schemes" de Parfit, assim como em "Is Personal Identity What Matters?", em que ele revisa levemente o argumento que apresenta sobre identidade pessoal em *Reasons and Persons*. O argumento formalizado no final deste capítulo é uma versão abreviada do argumento que Parfitt desenvolveu em *Reasons and Persons*. Tanto o comentário quanto o argumento formalizado se beneficiaram dos comentários de Derek Parfit, Cheryl Chen, Filip Buekens, Lorenz Demey e Roger Vergauwen.

Os filósofos argumentam há muito tempo sobre a natureza das pessoas e sobre o que está envolvido na identidade numérica das pessoas ao longo do tempo. Para compreender o conceito de identidade numérica, considere isto. As duas cadeiras da minha cozinha, que parecem exatamente iguais e que foram feitas do mesmo material, podem ser qualitativamente idênticas, mas não são numericamente idênticas. Contraponha isso com a cadeira que fica no meu quarto. Se alguém pintar essa cadeira quando eu estiver de olhos fechados, então a cadeira que vejo ao abrir os olhos será qualitativamente diferente da cadeira que eu via antes — mas numericamente a mesma.

Aplique isso a pessoas. Quando um parente lhe diz que você mudou ao longo dos anos, ele reconhece que você continua sendo numericamente a mesma pessoa. Ele não pensa que você morreu. Mas vê que você está qualitativamente um pouco diferente.

Há mais debate sobre se alguém continua sendo numericamente a mesma pessoa depois de uma completa perda de memória e de uma mudança radical de características. Os filósofos discordam quanto à pessoa resultante ser apenas qualitativamente diferente ou também numericamente diferente da pessoa que era antes de sofrer uma hemorragia cerebral. Filósofos como Derek Parfit, que sustentam que somos os mesmos apenas quando há continuidade psicológica, dizem que nesse caso estaríamos diante de uma entidade numericamente diferente. Filósofos como Bernard Williams, para quem a pessoa continua a mesma enquanto há continuidade corporal, defendem o oposto.

Como decidir o que determina a identidade numérica de alguém? Vamos primeiro ter que estabelecer como o conceito "pessoa" adquire seu significado. John Locke (*Ensaio*, 148 II.xxvii.26) afirma que o conceito "pessoa" é um conceito forense. "Forense" é muitas vezes confundido com "legal", mas seu significado vai além disso. O termo é derivado do termo latino *forum* e significa "público". Locke se refere a "pessoa" como um conceito público porque seu significado é determinado pelo uso que fazemos dele — ou, para ser mais preciso, pelo uso que devemos fazer dele para que nossa fala esteja de acordo com nossas crenças, atitudes e práticas comuns. O significado da palavra "pessoa" num contexto legal é um exemplo disso. Nesse contexto defende-se, por exemplo, que uma pessoa não pode ser considerada culpada de cometer um crime a menos que se lembre de tê-lo cometido. A ideia por trás disso é que só faz sentido penalizar alguém por ter feito alguma coisa se essa pessoa puder assumir a responsabilidade por tal ato. Lembrar-se que o cometeu é uma precondição para o resto.

No entanto, nem todos os filósofos concordam sobre se o significado do conceito "pessoa" é determinado pelo uso comum que dele fazemos. Derek Parfit, por exemplo, contesta essa suposição. Adverte que o uso desse termo pode ser equivocado e sustenta que os filósofos estão em posição de avaliar tal coisa. Podem revelar inconsistências no uso que fazemos do conceito, examinar se há no mundo uma entidade real a que ele se refira, assim como determinar se esse conceito designa o que importa quando estamos preocupados com a nossa sobrevivência — como em geral julgamos ser o caso.[2]

Dito isso, os filósofos começarão a examinar a que se refere o conceito "pessoa" avaliando como o usamos comumente. Descreverão o uso desse conceito o mais precisamente possível e deixarão que essa descrição determine o significado desse termo, ou explicarão por que a nossa aplicação desse conceito não é totalmente exata.

Isso gerou duas abordagens filosóficas às questões do que são as pessoas e do que faz com que uma pessoa mantenha sua identidade numérica ao longo do tempo: a abordagem reducionista e a abordagem não reducionista.

Há diferentes versões de reducionismo. É provável que o reducionismo constitutivo[3] seja a versão mais defensável de reducionismo no que diz respeito a pessoas. Os reducionistas constitutivos admitem que as pessoas existem, mas argumentam que são constituídas apenas por sua continuidade física e/ou psicológica, e por nada além ou acima dessa continuidade.

---

2. É por isso que Parfit vê a necessidade de uma metafísica revisionista em vez de uma metafísica descritiva: ele alega que temos que revisar o uso de certos conceitos (ver, por ex., Parfit *Reasons*, ix).

3. Sobre a expressão "reducionismo constitutivo", ver Parfit "Experiences" e Parfit "Is Personal".

Dizer que as pessoas são constituídas apenas por sua continuidade física e/ou psicológica não equivale a dizer que nada mais são além dessa continuidade. Segundo Sydney Shoemaker, o caso é análogo à relação entre uma estátua e o pedaço de argila do qual é feita. A estátua é constituída pela argila e não tem uma existência separada dessa argila. No entanto, não é a mesma que o pedaço de argila. Porque, se essa argila perder sua forma, continuará ali, mas a estátua não.[4]

Os reducionistas constitutivos são reducionistas metafísicos e não reducionistas conceituais.[5] Alegam que as pessoas não são entidades que existem separadamente, acima e além de sua continuidade física e/ou psicológica, embora não sejamos capazes de nos livrar do termo "pessoa" quando queremos dar uma descrição completa do mundo. Atribuímos experiências a sujeitos e é possível que devamos chamá-los de "pessoas" e não de "continuidades físicas e/ou psicológicas".

Outra maneira de enunciar o que defendem os reducionistas constitutivos é a seguinte: alegam que o que faz com que diferentes experiências pertençam a uma só pessoa não é o fato de pertencerem a uma entidade que existe separadamente. O que torna intrapessoais as experiências deve ser explicado em termos de outros fatos, como o fato de serem psicologicamente contínuas entre si ou o fato de serem associadas a um único corpo.

Um não reducionista metafísico, por outro lado, alega que as pessoas são entidades que existem separadamente acima e além de sua continuidade física e psicológica. Um não reducionista metafísico é, por exemplo, alguém que identifica as pessoas de acordo com sua alma e não considera que essa alma seja constituída por qualquer combinação de outras entidades. Esse não reducionista metafísico poderia acreditar na transmigração da alma: talvez acredite que seja idêntico a alguém do passado, de quem sua alma migrou, mesmo que o corpo dessa pessoa não tenha continuidade com o seu corpo presente, que o caráter dessa pessoa seja radicalmente diferente e que ele não tenha lembrança das experiências dessa pessoa.

---

4. Sobre essa referência a Shoemaker, ver Parfit "Experiences" (269 n. 9).

5. Sobre a distinção entre esses dois tipos de reducionismo, ver Parfit "Experiences" (223).

Vamos voltar ao reducionismo. No reducionismo constitutivo, há ainda uma grande divisão a ser feita. Alguns reducionistas, como Bernard Williams e Thomas Nagel, argumentam que a pessoa permanece a mesma enquanto há algum grau de continuidade física. Outros reducionistas, como Sydney Shoemaker e Parfit, sustentam que a pessoa permanece a mesma enquanto há algum grau de continuidade psicológica não ramificada.

A seguir, examinaremos o argumento de Parfit a favor de sua posição. Parfit defende a sua visão afirmando que devemos ser ou reducionistas ou não reducionistas, adiantando que não há evidências a favor da visão não reducionista e demonstrando como podemos descrever continuidade psicológica de um modo que não pressuponha identidade pessoal.

Mesmo que o argumento de Parfit seja considerado formalmente válido, ainda é possível discutir a verdade das suas premissas e do seu método.

Duas das premissas que podem ser questionadas são a premissa 6 e a premissa 7. Será que quase memórias podem ser realmente chamadas de "memórias" ou serão apenas fragmentos de informação? Se for esse o caso, pode-se ainda considerar a quase memória uma instância da continuidade psicológica?

No que diz respeito ao método de Parfit, pode-se questionar seu recurso a um experimento mental. Parfit imagina um mundo em que seja possível lembrar de vivenciar um acontecimento em que não estivemos de fato presentes. Os filósofos desenvolvem experimentos como esse para compreender nossas intuições a respeito de um determinado conceito. Perguntam por exemplo: "Se *x* fosse o caso, o que pensaríamos sobre A?" Há controvérsias sobre a legitimidade de se recorrer a experimentos mentais em argumentos filosóficos. Filósofos como Quine ("Identity", 490) e Wittgenstein (*Zettel*, proposição 350) alegam que isso atribui às palavras um poder que elas de fato não têm. Argumentam que, estando neste mundo, não podemos realmente prever quais seriam as nossas atitudes em outro mundo. Questionam também o que as nossas atitudes num mundo diferente do nosso poderiam possivelmente dizer sobre as nossas atitudes num mundo em que efetivamente vivemos.

Não somos entidades existindo separadamente, separados do cérebro e do corpo, e vários eventos físicos e mentais inter-relacionados. Nossa existência envolve apenas a existência do cérebro e do corpo, o fazer das nossas ações, o pensar de nossos pensamentos e a ocorrência de outros eventos físicos e mentais. Nossa identidade ao longo do tempo envolve apenas (a) Relação R — encadeamento psicológico e/ou continuidade psicológica — com o tipo certo de causa, desde que (b) essa relação não assuma uma forma "ramificada", ficando entre uma pessoa e duas diferentes pessoas futuras. (Parfit *Reasons*, 216)

Definição de Premissas

P1. Quando perguntamos o que são as pessoas e como continuam a existir, a escolha fundamental é entre duas visões: a visão não reducionista e a visão reducionista (Parfit *Reasons*, 273).

P2. "Na visão não reducionista, as pessoas são entidades que existem separadamente, distintas do seu cérebro, do seu corpo e das suas experiências" (*ibid.*, 275). Nessa visão, as pessoas são entidades cuja existência tem que ser tudo ou nada (cf., *ibid.*, 273).

P3. Na visão reducionista, "pessoas existem. E uma pessoa é distinta do seu cérebro, do seu corpo e das suas experiências. Mas pessoas não são entidades que existem separadamente. A existência de uma pessoa, durante qualquer período, consiste apenas na existência do seu cérebro e do seu corpo, no pensar dos seus pensamentos, no fazer de suas ações, e na ocorrência de muitos outros eventos físicos ou mentais" (cf., *ibid.*).

Argumentos em Defesa da Visão Reducionista

P4. A visão reducionista é verdadeira (A) desde que a continuidade psicológica não pressuponha que a pessoa aglutine esses eventos psicológicos e (B) desde que se rejeite a crença de que as pessoas são entidades que existem separadamente.

A. A ocorrência de continuidade psicológica não pressupõe que a pessoa aglutina esses eventos psicológicos.

P5. Podemos pensar em memórias como instanciações ou quase memórias.

P6. Eu tenho uma "quase memória precisa de experiências passadas quando pareço lembrar de ter uma experiência; alguém teve de fato essa experiência; e minha memória aparente é causalmente dependente dessa experiência passada" (*ibid.*, 220). Um exemplo de minha quase memória de uma experiência passada de outra pessoa poderia ser o seguinte: essa pessoa vivencia alguma coisa; é formada uma memória dessa experiência; essa memória fica armazenada em algum dispositivo e é então baixada para o meu cérebro.

P7. A continuidade da quase memória é uma instanciação da continuidade psicológica. Ou, em outras palavras: se há continuidade de quase memória ($P(x)$), então há uma instanciação de continuidade psicológica ($Q(x)$). Formalizado, isso dá: $(\forall x(P(x) \rightarrow Q(x))$.

P8. Se tivéssemos consciência de que nossas quase memórias podem ser de experiências passadas de outras pessoas, assim como de nossas experiências passadas, essas quase memórias seriam automaticamente combinadas à crença de que essas memórias estão relacionadas às nossas próprias experiências. Em linguagem lógica, isso significa que a continuidade da quase memória (P) é consistente com a ideia de que essa continuidade pode ser compartilhada por diferentes pessoas (R). Essa relação de consistência pode ser formalizada como: $\exists x(P(x) \ \& \ R(x))$.

C1. Uma certa continuidade da quase memória pode ser compartilhada por diferentes pessoas. Ou: $P(a) \ \& \ R(a)$ (eliminação do quantificador existencial, P8).

C2. Há continuidade de quase memórias ($P(a)$ (simplificação, C1).

C3. A ocorrência de uma certa continuidade da quase memória implica a ocorrência de uma certa continuidade psicológica: $P(a) \rightarrow Q(a)$ (eliminação do quantificador universal, P7).

C4. Há uma instanciação de continuidade psicológica ($Q(a)$) (*modus ponens*, C2, C3).

C5. Alguma coisa tem a propriedade de ser compartilhada por diferentes pessoas ($R(a)$) (simplificação, C1).

C6. A propriedade de ser psicologicamente contínuo é consistente com a propriedade de ser compartilhado: $Q(a) \ \& \ R(a)$ (conjunção, C4, C5).

C7. A continuidade psicológica é consistente com o fato de essa continuidade não ser compartilhada por diferentes pessoas: $\exists x(Q(x) \ \& \ R(x))$. Ou, em outras palavras: a ocorrência de continuidade psicológica não pressupõe que uma pessoa aglutine esses eventos psicológicos (introdução do quantificador existencial, C6).

B. Deveríamos rejeitar a crença de que as pessoas são entidades que existem separadamente.

P9. Não temos evidências a favor da alegação de que as pessoas existem como entidades que existem separadamente, então devemos rejeitar essa crença (*ibid.*, 224).

P10. Não temos qualquer consciência da existência continuada de um sujeito que exista separadamente.

P11. Não temos "evidências a favor do fato de que a continuidade psicológica não depende da continuidade do cérebro, mas da continuidade de alguma outra entidade" (*ibid.*, 228).

P12. Não temos boas evidências a favor da crença na reencarnação (*ibid.*). Também não temos evidências da existência dos egos cartesianos (ou seja, substâncias pensantes não materiais); parece que não são nem "fatos publicamente observáveis" nem "fatos privadamente introspectíveis" (*ibid.*).

P13. Não há outras razões além das contidas em P10, P11 e P12 para acreditar na existência de um sujeito de experiências que exista separadamente.

C5. Não temos evidências a favor da alegação de que somos entidades que existem separadamente (P10, P11, P12, P13).

C6. Devemos rejeitar a crença de que as pessoas existem como entidades que existem separadamente (*modus ponens*, P9, C5).

C7. A visão reducionista é verdadeira (*modus ponens*, P4, C1, C6).

21
Argumentos *Split-Case* sobre Identidade Pessoal

Ludger Jansen

Parfit, Derek. *Reasons and Persons*. Oxford: Oxford University Press, 1984.
Shoemaker, Sydney e Swinburne, Richard. *Personal Identity* (*Great Debates in Philosophy*). Oxford: Blackwell 1984.

Na tradição empirista, é comum explicar a identidade diacrônica de uma pessoa em termos de propriedades mentais compartilhadas ou continuidade de memórias (por ex., Locke) ou em termos de matéria compartilhada, especialmente do cérebro. Mas todos esses critérios permitem "split cases", ou seja, dois ou mais candidatos que preenchem as exigências, o que causa problemas com as propriedades formais da relação de identidade (ou seja, reflexividade, simetria e transitividade). Por exemplo, um cérebro pode ser dividido e as duas metades implantadas em corpos diferentes: qual delas será a mesma pessoa que a original? Dois indivíduos podem até compartilhar a maior parte de suas memórias — mas isso não os torna a mesma pessoa. Então, nenhum desses critérios pode ser o fator decisivo da identidade pessoal. Alguns filósofos, como Richard Swinburne (nº 24), argumentam a favor do dualismo e concluem que deve haver algum fator não material, a alma, que explique a identidade pessoal. Outros, como Derek Parfit, concluem que devemos descartar totalmente o conceito de identidade pessoal e substituí-lo por uma relação não simétrica que permita tais "split cases".

Não há dificuldades lógicas em supor que podemos transplantar um dos hemisférios [cerebrais] de uma pessoa P_1 para um crânio do qual o cérebro tivesse sido removido e o outro hemisfério para outro crânio, e que ambos os transplantes tenham sucesso, o que pode muito bem ser praticamente possível. Se esses transplantes fossem feitos, claramente cada uma das pessoas resultantes se comportaria até certo ponto como P_1, e na verdade ambas teriam provavelmente algumas das memórias aparentes de P_1. Afinal, se um dos hemisférios de P_1 tivesse sido destruído e o outro permanecesse intacto e não transplantado, e a pessoa resultante continuasse a se comportar e a manifestar memórias semelhantes às de P_1, não hesitaríamos muito para declarar que essa pessoa é P_1. O mesmo se aplica, seja qual for o hemisfério preservado [...]. Mas se for, essa outra pessoa será um candidato igualmente bom a ser P_1. [...] Mas [...] isso não pode ser — uma vez que as duas pessoas não são idênticas entre si. (Shoemaker e Swinbourne, 15)

P1. A_1 e A_2 são duas pessoas distintas.

P2. Em $t_2 > t_1$, A_1 e A_2 são tais que cada um, A_1 e A_2, compartilham exatamente a mesma quantidade de X que A tinha em t_1.

P3. X é o fator decisivo de identidade pessoal (por ex., massa corporal, massa cerebral, memórias, traços de caráter), ou seja, para qualquer pessoa A_1 e A_2 e em qualquer momento t_1 e t_2, se A_2 tem em t_2 a maior parte de X que A_1 tinha em t_1, então A_1 e A_2 são a mesma pessoa (suposição de *reductio*).

C1. A_1 é a mesma pessoa que A (*modus ponens*, P3, P2).

C2. A_2 é a mesma pessoa que A (*modus ponens*, P3, P2).

P4. Se X é a mesma pessoa que Y, então Y é a mesma pessoa que X (simetria de identidade).

C3. A é a mesma pessoa que A_2 (*modus ponens*, P4, C2).

P5. Se A_1 é a mesma pessoa que A e A é a mesma pessoa que A_2, então A é a mesma pessoa que A_2 (transitividade, C1, C3).

C4. A_1 é a mesma pessoa que A_2 (*modus ponens*, conjunção, P5, C1, C3).

C5. Um tal X não pode ser o fator decisivo de identidade pessoal (*reductio*, P1- C4).

22
O Navio de Teseu

Ludger Jansen

Hobbes, Thomas. *"De corpore", in The English Works of Thomas Hobbes*, vol. 1, organizado por Sir William Molesworth. Londres: John Bohn, 1839.

Platão. *Phaedo, in Five Dialogues*, 2ª ed., traduzido por G. M. A. Grube, revisado por J. M. Cooper, 93-154. Indianápolis: Hackett, 2002.

Plutarco. "Life of Theseus", *in Lives*, traduzido por Bernadotte Perrin, vol. I, 1-87. Cambridge, MA: Harvard University Press, 1967.

O "Navio de Teseu" é um intrigante quebra-cabeça sobre a identidade através do tempo. É baseado no costume dos atenienses de enviar o navio de Teseu a uma viagem sagrada para Delos todos os anos porque, segundo se acreditava, Apolo salvara certa vez a vida de Teseu e dos seus quatorze companheiros de viagem. Como esse ritual foi repetido anualmente por um longo tempo, o navio precisava de manutenção constante, com novas pranchas de madeira substituindo as velhas. Plutarco relata que os filósofos atenienses já se perguntavam se o navio continuava sendo o mesmo navio apesar de ser composto, depois de um tempo, de pranchas inteiramente novas (Plutarco, "Life of Theseus" par. 22-3; cf., Platão, *Phaedo* 58a-c). Hobbes apresenta uma visão sofisticada da história: suponha, diz ele, que alguém juntasse as velhas pranchas e as montasse de novo, restaurando o antigo navio. O mesmo navio, então, parece existir duas vezes, o que é absurdo. Hobbes usou esse argumento para apoiar sua versão de identidade relativa: o navio original T1 e o navio restaurado T2 compartilham a mesma matéria, enquanto o navio original e o navio restaurado T3 compartilham a mesma forma.

Se, por exemplo, aquele navio de Teseu, a respeito da diferença nele feita pela reparação contínua ao se tirar as velhas pranchas e acrescentar novas, os sofistas de Atenas estavam habituados a discutir, era, depois de todas as pranchas serem substituídas, o mesmo navio numérico que era no começo; e se algum homem tivesse guardado as velhas tábuas à medida que foram sendo retiradas e, colocando-as juntas depois na mesma ordem, tivesse novamente feito delas um navio, este, sem dúvida, seria também o mesmo navio numérico que tínhamos no início; então haveria dois navios numericamente os mesmos, o que é absurdo. (Hobbes, Capítulo 11, 136)

P1. T1 é idêntico a T2.

P2. Não é o caso de T2 ser idêntico a T3.

P3. T3 é idêntico a T1 (suposição de *reductio*).

    C1. T3 é idêntico a T2 (transitividade de identidade, P1, P3).

    C2. T2 é idêntico a T3 (simetria de identidade, C1).

    C3. Não é o caso de T2 ser idêntico a T3 e T2 idêntico a T3 (conjunção, P2, C2).

    C4. Não é o caso de T3 ser idêntico a T1 (*reductio*, P3-C3).

23
O Problema do Intrínseco Temporário

Montserrat Bordes

Lewis, David. *On the Plurality of Worlds*. Oxford: Blackwell, 1986.

Lowe, E. J. "The Problem of Intrinsic Change: Rejoinder to Lewis." *Analysis* 48 (1988): 72-7.

Moore, G. E. *Philosophical Studies*. Londres: Oxford University Press, 1922.

Nossas crenças pré-teóricas nos dizem que coisas comuns como árvores, pessoas ou cadeiras modificam suas propriedades durante sua existência. Podemos dizer que as coisas comuns persistem — existem em momentos diferentes — e mudam; ou seja, persistem e têm propriedades complementares (P, não P) em momentos distintos. No entanto, o que continua controverso é a maneira pela qual as coisas comuns persistem. Distinguimos em geral entre acontecimentos e coisas comuns. Alguns pensam que, ao contrário de jogos de futebol, casamentos e sorrisos, as coisas comuns persistem por ter apenas partes espaciais, não temporais; parecem durar em vez de perdurar. Uma coisa dura apenas se persiste por estar plenamente presente em diferentes momentos; uma coisa perdura se e apenas se persiste por ter partes temporais distintas em momentos diferentes (Lewis). Os oponentes do durantismo acham que as coisas comuns duram, enquanto suas histórias, que são um tipo de acontecimento, perduram (Lowe). Os perdurantistas sustentam que tanto os acontecimentos quanto as coisas comuns não têm apenas três dimensões espaciais, mas também uma dimensão temporal: elas têm (visão da minhoca) ou são (visão dos estágios) partes temporais.

Há alguma justificativa para se preferir uma teoria da persistência à outra? Lewis achava que o argumento a partir do intrínseco temporário (AIT) demonstra que o durantismo é indefensável. Seu raciocínio pode ser apresentado como se segue. As coisas comuns passam por mudanças de suas propriedades intrínsecas temporárias: ou seja, ganham ou perdem propriedades (monádicas) que têm em virtude de como elas próprias são, não em virtude de suas relações com outras coisas. Em outras palavras, as propriedades intrínsecas de A são propriedades compartilhadas por cada duplicata de A (Moore e Lewis).

A explicação durantista e a explicação perdurantista da mudança são incompatíveis. Como ilustração, suponhamos que A é P no momento t e que A existiu também num tempo passado t' quando A era não P. Para um perdurantista, isso significa que A tem uma parte temporal que é P em t e que A tem outra parte que é não P em t'. Para um durantista, o próprio A (não uma parte dele) é P em t e não P em t'. Assim, os defensores do durantismo se veem diante de uma contradição de que o próprio A é tanto P quanto não P, o que está também em desacordo com a Lei de Leibniz da Indiscernibilidade de Idênticos: dado que A dura de t' a t, A deve então ser o mesmo de t' a t (A em t' é diacronicamente idêntico a A em t), e A deveria ter a mesma propriedade nos dois momentos (A em t' deveria ser indiscernível de A em t). Lewis afirma que o durantismo não consegue dar conta da existência das propriedades intrínsecas temporárias exigidas por AIT, uma vez que os esforços para resolver a contradição negam ou a natureza não relacional de propriedades, ou sua intrinsicalidade ou sua temporalidade.

P1. As coisas comuns mudam suas propriedades intrínsecas (propriedades que as coisas comuns têm em virtude de como elas mesmas são e não em virtude de suas relações com outras coisas).
P2. As propriedades podem ser de dois tipos mutuamente excludentes: extrínsecas ou intrínsecas.
P3. Se as coisas comuns mudam suas propriedades intrínsecas, então as coisas comuns persistem; ou seja, existem em momentos diferentes.
C1. As coisas comuns persistem (*modus ponens*, P1, P3).
P4. Se as coisas comuns persistem, então ou duram (persistem por estarem plenamente presentes e numericamente idênticas em mais do que um momento) ou perduram (persistem por terem partes temporais ou por estarem parcialmente presentes em mais do que um momento).
C2. As coisas comuns ou duram ou perduram (*modus ponens*, P4, C1).

P5. A indiscernibilidade (ter as mesmas propriedades intrínsecas) é uma condição necessária da identidade numérica (a Lei da Indiscernibilidade de Idênticos implicada pela Lei de Leibniz).

P6. Se as coisas comuns duram, então não podem permanecer numericamente idênticas se têm propriedades intrínsecas (instanciação geral, P5) incompatíveis (como P e não P).

P7. Se as coisas comuns não podem permanecer numericamente idênticas quando têm propriedades incompatíveis, então ou as propriedades intrínsecas são relações com momentos disfarçadas ou as únicas propriedades intrínsecas das coisas comuns são as que elas têm no presente.

C3. Se as coisas comuns duram, então as propriedades intrínsecas são relações com momentos disfarçadas ou as únicas propriedades intrínsecas das coisas comuns são as que elas têm no presente (silogismo hipotético, P6, P7).

P8. Se as coisas comuns perduram, então suas propriedades incompatíveis pertencem a coisas diferentes (por ex., suas diferentes partes temporais).

P9. Se as propriedades intrínsecas são relações com momentos disfarçadas, então todas as propriedades são extrínsecas.

C4. As propriedades intrínsecas não são relações com momentos disfarçadas (*modus tollens*, P9, P2).

P10. Se as propriedades intrínsecas são as propriedades que as coisas comuns têm no presente, então não há outro tempo além do presente; ou seja, o presentismo é verdadeiro.

P11. Se o presentismo é verdadeiro, então as coisas comuns não persistem.

C5. O presentismo é falso (*modus tollens*, P11, C1).

C6. As coisas comuns não duram (*modus tollens*, P9, C4, C5).

C7. As coisas comuns duram (silogismo disjuntivo, C2, C6).

C8. As propriedades incompatíveis das coisas comuns pertencem às suas diferentes partes temporais (*modus ponens*, P8, C8).

24
Um Argumento Modal Moderno a favor da Alma

Rafal Urbaniak e Agnieszka Rostalska

Alston, W. P., e T. W. Smythe. "Swinburne's Argument for Dualism." *Faith and Philosophy* 11 (1994): 127-33.

Hasker, W. "Swinburne's Modal Argument for Dualism: Epistemically Circular." *Faith and Philosophy* 15 (1998): 366-70.

Nagasawa, Y. 2005. "Critical Notice of Richard Swinburne's 'The Evolution of the Soul (Versão revista)'". Disponível em www.infidels.org/library/modern/yujin_nagasawa/soul.html (acessado em 27 de julho de 2010).

Reames, K. "A Response to Swinburne's Latest Defense of the Argument for Dualism." *Faith and Philosophy* 16 (1999): 90-7.

Stump, E. e Kretzmann, N. "An Objection to Swinburne's Argument for Dualism." *Faith and Philosophy* 13 (1996): 405-12.

Swinburne, Richard. *The Evolution of the Soul*. Oxford: Clarendon Press, 1986.

___. "Dualism Intact." *Faith and Philosophy* 13 (1996): 968-77.

Swinburne, Richard e Shoemaker, Sydney. *Personal Identity*. Oxford: Blackwell, 1984.

Urbaniak, R. e Rostalska, A. "Swinburne's Modal Argument for the Existence of a Soul: Formalization and Criticism." *Philo* 12 (2009): 73-87.

Zimmerman, D. W. "Two Cartesian Arguments for the Simplicity of the Soul." *American Philosophical Quarterly* 3 (1991): 217-26.

Richard Swinburne, um dos mais destacados representantes do dualismo no século XX, formulou seu argumento modal a favor da existência da alma como uma contribuição ao argumento análogo de Descartes (nº 76). *Grosso modo*, Swinburne argumenta que os seres humanos vivos têm partes imateriais não corporais chamadas almas, partindo da premissa de que é possível em termos lógicos que um ser humano sobreviva à destruição do corpo (e algumas premissas adicionais supostamente inocentes).

O toque moderno ao argumento que o torna interessante em termos técnicos é que ele emprega uma lógica modal proposicional quantificada. O argumento suscita também um interesse filosófico geral, como todos os argumentos filosóficos aparentemente simples e corretos a favor de conclusões sólidas.

O argumento emprega a lógica modal proposicional quantificada T, uma extensão bastante simples da lógica proposicional clássica. Estendemos a linguagem com dois operadores modais: "$\Diamond$" interpretado como "é possível que", e "$\Box$", interpretado como "é necessário que" e quantificadores que ligam variáveis proposicionais. Além das regras clássicas de inferência, é necessário adicionar dois esquemas de axiomas (chamados, segundo a tradição, K e T):

(K)	$\Box(A \to B) \to (\Box A \to \Box B)$
(T)	$\Box A \to A$

Além disso, adicionamos duas regras de inferência: a necessitação, segundo a qual, se algo for uma tese do sistema, será necessário; e a eliminação do quantificador universal proposicional, que funciona como a eliminação do quantificador universal na lógica de predicados clássica, exceto que se aplica a variáveis proposicionais e fórmulas. Iniciaremos com uma breve apresentação do argumento em sua formulação original. A seguir, vamos reconstruir o argumento com mais detalhes. Então, vamos descrever as principais objeções conhecidas ao argumento, descrever como é possível evitar uma das objeções (quase sempre considerada letal) e, finalmente, expor nossa própria avaliação do que consideramos a principal fraqueza do argumento.

O argumento foi originalmente concebido para provar que eu [Swinburne] tenho uma alma em 1984, e o deixo dessa forma. A atualização sempre é possível para qualquer ano em que a verdade da premissa 1 seja manifestamente verdadeira. Do mesmo modo, qualquer nome ou outra expressão referencial pode ser substituída por "eu", contanto que a verdade da premissa 1 permaneça manifestamente verdadeira. [...]

Defino:

p = "Eu sou uma pessoa consciente e existo em 1984".

q = "meu corpo é destruído no último instante de 1984."

r = "Eu tenho uma alma em 1984."

s = "eu existo em 1985."

x percorre todas as proposições consistentes compatíveis com (p & q) e que descrevem estados de coisas de 1984.

"(x)" deve ser interpretado em modo normal como "para todos os x".

O argumento é então como se segue:

p (premissa 1)

$(x) \lozenge (p \;\&\; q \;\&\; x \;\&\; s)$ (premissa 2)

$\sim \lozenge (p \;\&\; q \;\&\; \sim r \;\&\; s)$ (premissa 3)

A premissa 2 diz que é possível que eu sobreviva em 1985, dado que estou consciente em 1984, mesmo que meu corpo esteja totalmente destruído e o que mais possa ser o caso em 1984, compatível com essas duas últimas suposições. A premissa 3 diz que não é possível que eu, que sou consciente em 1984, sobreviva até 1985 se o meu corpo estiver totalmente destruído, a menos que haja uma parte minha que não seja corporal em 1984, a saber, uma alma. Decorre das premissas 2 e 3 que $\sim r$ não está dentro do âmbito de x. Mas uma vez que $\sim r$ descreve um estado de coisas de 1984, segue-se que ele não é compatível com (p & q). Daí (p & q) implica r. Mas a adição a p de q, que descreve o que acontece com o corpo no fim do ano de 1984, dificilmente pode afetar se p implica ou não r. Assim, concluo que p, por si só, implica r. Por essa razão, a partir da Premissa 1, r. (Swinburne *Evolution*, 322-23)

Uma vez que apontamos os pressupostos tácitos, o argumento se mostra válido em uma modesta lógica modal T com a eliminação do quantificador universal proposicional. Em primeiro lugar, algumas abreviaturas:

$C \Leftrightarrow$ Swinburne é uma pessoa consciente e existe em 1984.

$D \Leftrightarrow$ O corpo de Swinburne é (completamente) destruído no último instante de 1984.

$S \Leftrightarrow$ Swinburne tem uma alma em 1984.

$E \Leftrightarrow$ Swinburne existe em 1985.

$84 \, (p) \Leftrightarrow$ A sentença p é sobre 1984.

Agora, as premissas são as seguintes:

P1. C.
P2. $\forall$p[84(p)&$\lozenge$(p&C&D)→$\lozenge$(C&D&p&E)].
P3. ~$\lozenge$(C&D&~S&E).
P4. 84(~S).
P5. $\square$((C&D)→S)→$\square$(C→S).

A primeira premissa é direta. A segunda incorpora agora as restrições de Swinburne à quantificação em metalinguagem (agora somos capazes de substituir qualquer proposição por *p*). (2) diz que qualquer proposição sobre 1984, compatível com a afirmação de que Swinburne está consciente e seu corpo é (posteriormente) destruído, é compatível com o seu estado consciente, com o fato de seu corpo ser (depois) destruído, e de ele ter uma alma em 1984. P3 diz que é impossível que Swinburne sobreviva à destruição completa de seu corpo se não tiver uma alma. P4 diz que a alegação de que ele não tem uma alma em 1984 é uma afirmação sobre o ano de 1984. P5 diz que, se o seu estado consciente e a destruição de seu corpo implicam que ele tem uma alma, o seu estado consciente em si implica a mesma afirmação (captando assim a intuição de que o fato de seu corpo ser destruído não influencia o fato de ele ter ou não uma alma).

P6. 84 (~S) & $\lozenge$ (~S &C&D) → $\lozenge$(C&D&~S&E) (quantificador universal, P2).
P7. ~(84 (~) & $\lozenge$ (~S&C&D)) (*modus tollens*, P3, P6).
P8. ~84 (~S)$\lor$~$\lozenge$ (~S&C&D) (Lei de De Morgan, P7).
P9. ~$\lozenge$ (~S &C&D) (silogismo disjuntivo, P8, P4).
P10. $\square$~(~S & C & D) (definição de $\square$, P9).
P11. $\square$ ((C & D) → S) (substituição de equivalentes demonstráveis, P10).
P12. $\square$ (C → S) (*modus ponens*, P5, P11).
    C1. S (esquema T, ou seja, $\square$A → A; *modus ponens*, P1, P12).

O argumento foi atacado de vários ângulos. Swinburne e Shoemaker (*identidade pessoal*) ressaltam que P2 envolve uma afirmação de possibilidade *de re* que não pode ser justificada por simples experimentos mentais. Eles se queixam de que nenhuma conclusão sobre o mundo real pode se seguir de meras alegações de possibilidades. Swinburne (1996) insiste em que nem todas as premissas são meramente modais (P1 não é). Swinburne também argumenta que a história em que ele próprio sobrevive é consistente, e que isso é suficiente para sustentar a alegação *de re*.

Hasker alega que o argumento de Swinburne é circular em termos epistêmicos. Swinburne (1996) tratou de se defender contra esse tipo de insinuação de que alguém pode aceitar a premissa 2 sem nem sequer compreender a conclusão, ou sem aceitar a premissa 3. A força dessa crítica é bastante obscura porque a noção de circularidade epistêmica é bastante vaga.

Reames propõe um argumento paralelo para a conclusão oposta, trocando ~S por S e E por ~E. Algum espaço ainda resta para Swinburne, pois ele pode argumentar que uma das premissas é falsa nessa leitura.

Nagasawa discorda da assim chamada "premissa quase aristotélica", que diz que não há identidade através do tempo entre dois objetos se eles não têm nenhuma parte em comum (Swinburne usou-o para defender P3).

É provável que a melhor objeção conhecida, quase sempre considerada letal, é a objeção da substituição formulada contra a verdade de P2 (Zimmerman, Alston, Smythe, Stump e Kretzmann). Esses autores ressaltam que, se substituirmos p por uma sentença que afirma "Swinburne é puramente material em 1984" (vamos abreviá-la por M) ou "Swinburne é idêntico ao seu corpo ou parte dele", a premissa 2 se revela falsa, pois (como é demonstrável), não é possível que Swinburne seja puramente material e, no entanto, sobreviva à destruição do seu corpo, não obstante a possibilidade de ele ser puramente material e, contudo, consciente.

Lidar com a objeção da substituição se dá da seguinte maneira. Primeiro, não se pode tentar salvar P2 com a insistência de que o consequente do caso problemático de substituição seja verdade, pois no pressuposto de que ser material implica não ter uma alma, essa medida falsificaria P3.

O próprio Swinburne tentou uma estratégia um pouco diferente. Ele insistiu em que nenhum p é compatível com C&D, já que qualquer p equivaleria à negação de sua conclusão. Essa defesa não parece muito convincente. Dizer que é possível que Swinburne seja consciente e material (e seu corpo ser destruído posteriormente) não é afirmar uma tese filosófica sobre a questão em pauta. Pode-se admitir tal possibilidade sem afirmar que os seres conscientes sejam de fato (puramente) materiais. Outra preocupação é que, se você rejeitar a possibilidade de ser material e consciente, nem precisará mais do argumento de Swinburne: a partir da mera alegação de que Swinburne é consciente, você será capaz de concluir que ele não é puramente material.

Como se vê, uma ligeira modificação de uma das premissas produz um argumento válido que não sucumbe à objeção da substituição. Em vez de "ser sobre 1984", vamos usar "ser verdade sobre 1984" em P2 e vamos deixar as outras premissas intactas. Se usarmos 84(p) & p em vez de 84 (p) obteremos: P2*. $\forall$p[84(p)&p&$\Diamond$(p&C&D)$\rightarrow$$\Diamond$(C&D&p&E)], que diz que nenhuma sentença verdadeira sobre 1984 compatível com C&D exclui C&D&E. A primeira coisa a observar é que ainda podemos deduzir S (ver Urbaniak e Rostalska para mais detalhes).

A segunda coisa a notar é que P2*, como um caso de fortalecimento do antecedente, é apropriadamente mais fraca do que P2. Por último, mas não menos importante, P2* não é suscetível à objeção de substituição. Para acreditar que a substituição de p por M falsificará P2*, é preciso acreditar que o antecedente de um tal caso será verdadeiro:

84(M) &M&$\Diamond$ (M&C&D).

Será que essa medida imuniza completamente o argumento contra a crítica? Infelizmente, ela só mostra que a falha principal não reside onde a objeção da substituição a localizou. Claramente, as premissas principais aqui são P2* e P3. A primeira diz que nenhuma sentença verdadeira sobre 1984 exclui a sobrevivência de Swinburne em 1985; a última diz que essa sobrevivência é impossível se não houver uma alma. Se essas sentenças nos forem apresentadas em separado, podemos nos sentir forçados a dizer: "Claro, não há razão (lógica) pela qual as sentenças que só tratam de 1984 devam excluir sentenças sobre 1985! Claro, não há nenhuma maneira de se sobreviver à destruição completa e instantânea de um corpo se não se tem uma alma!" A questão essencial aqui é se as modalidades subjacentes a essas intuições são as mesmas. Parece que a modalidade que nos motiva a aceitar P3 é uma modalidade metafísica bastante forte que encerra em si alguns pressupostos metafísicos, ao passo que aquela que nos força a acreditar em P2* parece definitivamente mais fraca (será que uma modalidade que faz com que seja impossível sobreviver em 1985, caso você não tivesse uma alma em 1984, faz você pensar que nenhuma sentença verdadeira sobre 1984 exclui a sua sobrevivência em 1985?).

O próprio Swinburne (*Evolution*, 314) admite apenas um tipo de possibilidade e identifica de modo explícito o metafísico e o lógico. Entretanto, o mero fato de Swinburne não aceitar essa distinção não implica que nós mesmos não façamos qualquer distinção entre os tipos de modalidades envolvidas na avaliação intuitiva de P2* e P3. E, de fato, se a fizermos, não só teremos uma explicação sobre o aspecto inicial convincente do argumento (não notamos que nossas intuições empregam duas modalidades diferentes), mas também o argumento em si não pode ser interpretado como um argumento sólido.

25
Dois Argumentos a favor da Inocuidade da Morte

Epicuro e o Argumento "A Morte Nada é para Nós"

Steven Luper

Epicuro. "Letter to Menoeceus", *in Greek and Roman Philosophy after Aristotle*, organizado por Jason Saunders, 49-52. Nova York: The Free Press, 1966.

Epicuro (341-270 a.C.) é famoso principalmente por argumentar que a morte nada é para nós. Essa posição ainda é discutida hoje, em parte porque não fica imediatamente claro se o argumento é válido e em parte porque as implicações de sua conclusão seriam importantes. Por exemplo, parece decorrer daí que não temos motivo para evitar a morte e também que, se salvamos pessoas da morte, não estamos lhes fazendo bem algum. Se a morte não é ruim para nós, parece, viver não é bom para nós.

Epicuro apresenta esse argumento no decurso da defesa de uma tese mais substancial, a saber, que ninguém pode atingir, e depois manter, a *ataraxia*, ou equanimidade perfeita. A conquista da completa equanimidade exige que nos situemos de modo a nada nos fazer mal, de maneira que nada tenhamos a temer. Como a morte parece de fato nos causar mal, sendo algo temido por qualquer pessoa sensata, Epicuro precisava explicar por que não é esse o caso.

Seu argumento é encontrado na seguinte passagem, tirada de "Carta a Meneceu":

> A morte [...], o mais terrível de todos os males, nada é para nós, pois quando somos, a morte ainda não veio e, quando a morte vem, não somos mais. (50)

Infelizmente, não fica claro se esse argumento cumpre o que Epicuro pretendia. O problema é que o termo "morte" pode significar pelo menos duas coisas diferentes. Primeiro, pode significar um acontecimento: o deixar de viver. Chame isso de "morrer". Segundo, pode significar um estado de coisas: o estado de coisas em que nos encontramos como resultado de deixar de viver. Chame isso de "morte". Tanto o morrer quanto a morte parecem nos fazer mal e, portanto, ambos ameaçam a nossa equanimidade. Mas o argumento de Epicuro mostra, no melhor dos casos, que a morte nada é para nós.

Esse argumento é dirigido mais à morte do que ao morrer, mas é possível substituir 'morrer" por "morte".

P1. Não somos afetados por um acontecimento ou por um estado de coisas antes que ele aconteça.

P2. A morte é um acontecimento ou um estado de coisas.

C1. A morte não nos afeta antes que aconteça (instanciação, P1, P2).

P3. Se a morte nos afeta enquanto estamos vivos, ela nos afeta antes de acontecer.

C2. A morte não nos afeta enquanto estamos vivos (*modus tollens*, P3, C1).

P4. Se a morte nos afeta quando estamos mortos, ela nos afeta quando não existimos.

P5. Não somos afetados por nada quando não existimos.

C3. Não somos afetados pela morte quando não existimos (instanciação, P5).

C4. A morte não nos afeta quando estamos mortos (*modus tollens*, P4, C3).

C5. Não é o caso que a morte nos afete enquanto estamos vivos ou quando estamos mortos (conjunção, C2, C4).

P6. Se a morte nos afeta, ela nos afeta enquanto estamos vivos ou quando estamos mortos.

C6. A morte não nos afeta (*modus tollens*, P6, C5).

P7. O que não nos afeta nada é para nós.

C7. A morte nada é para nós (*modus ponens*, P7, C6).

É possível substituir "morte" por "morrer" neste argumento, mas o argumento resultante seria claramente falho. O problema, claro, é P6, que pode facilmente ser contestado com a alegação de que morrer pode nos afetar enquanto estamos morrendo.

Lucrécio e o Argumento da Simetria

Nicolas Bommarito

Lucrécio. *On the Nature of Things*, traduzido por Martin Ferguson Smith. Indianápolis: Hackett, 2001.

Kaufman, Frederick. "Death and Deprivation; or Why Lucretius' Symmetry Argument Fails." *Australasian Journal of Philosophy* 74, 2 (1996): 305-12.

Nagel, Thomas. "Death" *in Mortal Questions*. Cambridge: Cambridge University Press, 1997.

Warren, James. *Facing Death*. Oxford: Oxford University Press, 2004.

Os argumentos da simetria pretendem mostrar que o medo da morte é irracional recorrendo a similaridades entre o tempo antes do nascimento e o tempo depois da morte. Esse tipo de argumento tem sua origem na filosofia de Epicuro (341-270 a.C.), mas seu enunciado mais famoso está no épico filosófico de Lucrécio (c.99 a.C. – c.55 d.C.) *De Rerum Natura* (*Sobre a Natureza das Coisas*). É vasto o alcance desse poema, que trata de física, metafísica, psicologia e outras áreas. O enunciado mais claro do argumento da simetria está quase no final do livro III:

> Lembre-se agora e considere como as eras de eternidade que decorreram antes do nosso nascimento foram nada para nós. Aqui, então, é um espelho em que a natureza nos mostra o tempo a vir depois da nossa morte. Vê algo de terrível nele? Percebe alguma coisa sombria? Ele não parece mais sereno do que o mais profundo sono? (Lucrécio III, 972-75)

O argumento estabelece uma similaridade entre a não existência pré--natal e a não existência pós-morte: ambas são simplesmente estados em que não existimos. Observa então que não tememos o tempo anterior ao nascimento, em que não existimos. Assim, o tempo depois da morte justifica uma atitude similar. É importante lembrar que o argumento se refere a medo da morte (o estado de não existência) e não ao medo de morrer (o processo de deixar a existência).

Há várias críticas a esse tipo de argumento. Thomas Nagel sugere que a não existência pós-morte é privação de um modo que a não existência pré-natal não é: quem morre é despojado da vida de um modo que os que ainda não foram concebidos não são. Alguém cujo relógio acabou de ser roubado não está no mesmo estado de alguém que nunca teve um relógio: são ambos sem relógio, mas um deles perdeu alguma coisa. Pode-se pensar também que o próprio medo tem um aspecto temporal e que é essencialmente voltado para o futuro, de modo que é natural ter medo de perder o emprego na semana que vem, mas não de ter perdido o emprego na semana passada.

Outra reação ao argumento é admitir a simetria, mas usar como premissa o medo da morte, e não a falta de medo do tempo antes de existirmos. Outra maneira de ter uma atitude semelhante com relação aos dois estados é temer tanto o tempo antes de existirmos quanto o tempo depois da morte.

P1. O estado pré-natal é um tipo de não existência.

P2. O estado pós-morte é um tipo de não existência.

C1. Os estados pré-natal e pós-morte são relevantemente similares: ambos são estados de não existência (conjunção, P1, P2).

P3. Se os estados são relevantemente similares, então justificam atitudes similares.

C2. Os estados pré-natal e pós-morte justificam atitudes similares (*modus ponens*, C1, P3).

P4. O estado pré-natal não justifica o medo.

C3. A não existência pós-morte não justifica o medo (instanciação, C2, P4).

26
A Existência das Formas: O Argumento de Platão a partir da Possibilidade de Conhecimento

Jurgis (George) Brakas

Platão. *The Collected Dialogues of Plato*, organizado por Edith Hamilton e Huntington Cairns. Nova York: Bollington Foundation, 1963.

Cornford, F. M. *The Republic of Plato*. Oxford: Oxford University Press, 1941.

Ross, William David. *Plato's Theory of Ideas*. Oxford: Clarendon Press, 1951.

A existência das Formas está no centro da filosofia de Platão. Elimine-as e nada restaria de uma filosofia que pudesse ser razoavelmente chamada de platônica. Para o leigo (para não mencionar muitos filósofos), elas são de fato criaturas estranhas. Isso exige que qualquer discussão sobre elas procure não apenas esclarecer como devem ser essas Formas mas também por que devemos acreditar que existem. Platão apresenta diversos argumentos a favor da sua existência, mas o mais importante é talvez o que podemos chamar de "argumento a partir da possibilidade de conhecimento". Suas premissas podem ser encontradas em vários de seus diálogos. O argumento, naturalmente, é o produto de suas próprias convicções apaixonadas e da influência de seus predecessores sobre o seu pensamento.

Profundamente influenciado por Sócrates, herdou dele o amor pela sabedoria, o amor pelo conhecimento genuíno, com seu correspondente desprezo pelas pretensões a ele — incluindo o relativismo e o subjetivismo de alguns pensadores seus contemporâneos, os sofistas. Percebeu também que precisava contestar a visão de dois outros pensadores importantes, Heráclito e Parmênides — Heráclito alega que nada é, só o vir a ser, Parmênides (nº 14) alega que a mudança não existe, só o que não muda (um certo Um). Se — como Platão acreditava juntamente com Heráclito — tudo neste mundo está mudando constantemente de todas as maneiras, constantemente "morfoseando", nunca permanecendo o que é, como é possível para nós "captar" qualquer coisa, saber o que uma coisa é? Quando você pensa que a captou, ela já escorregou das suas mãos.

Conhecer alguma coisa deve ser então conhecer alguma coisa que não muda, alguma coisa que sempre permanece o que é (alguma coisa parmenidiana). Só uma tal coisa pode ser conhecida e só uma tal coisa — aqui Platão concorda com Parmênides — é realmente real. Como tais coisas não existem neste mundo, têm que existir numa dimensão não espacial e não temporal — e constituir essa dimensão. São o que Platão chama de "Formas". (Observe que a estrutura do argumento de Platão não é que as Formas existem porque o conhecimento existe, mas que o conhecimento existe porque as Formas existem. O conhecimento não é a fonte da existência das Formas, mas o contrário: a existência das Formas torna possível a existência do conhecimento. O argumento de Platão, portanto, não é epistêmico: é ontológico.) Elas são perfeitas, eternas, a fonte da existência deste mundo e muitas outras coisas também, mas Platão dá outras razões para o fato de terem esses atributos.

[Sócrates pergunta a Crátilo] Diga-me se há ou não uma beleza ou bem absolutos, ou qualquer outra existência absoluta? Certamente, Sócrates, penso que há. Então vamos buscar a verdadeira beleza, não perguntando se um rosto é belo nem qualquer coisa desse tipo, pois todas as coisas parecem estar em fluxo, mas perguntando se a verdadeira beleza não é sempre bela. Certamente [...]. Então como pode isso ser uma coisa real, que nunca está no mesmo estado? [...] Não pode. Nem pode ser conhecida por alguém porque, no momento em que o observador se aproxima, ela se torna outra e de outra natureza, de modo que não podemos mais conhecer sua natureza ou estado. [...]. Nem podemos dizer com justeza [...] que existe algum conhecimento se tudo está num estado de transição e não há nada permanecendo. Pois o conhecimento também não pode continuar a ser conhecimento a menos que continue sempre a permanecer e a existir. Mas se a própria natureza do conhecimento muda, no momento em que o conhecimento ocorre não haverá conhecimento, e se a transição está sempre em curso, haverá sempre nenhum conhecimento. (*Cratylus*, citado em Ross, 439C-440C; tradução de Ross levemente modificada remetendo-se à de Jowett em *The Collected Dialogues*)

Na *República*, Platão apresenta o mesmo argumento de forma mais explícita — ou, se preferir, uma versão diferente do mesmo argumento de forma mais explícita.

[Dirigindo-se a Glauco, Sócrates pergunta] [Se] um homem acredita na existência de coisas belas, mas não na Beleza em si [...], ele não estará vivendo num sonho? [...] Compare-o ao homem que sustenta que existe tal coisa, a Beleza em si, e que consegue discernir essa essência e também as coisas que participam do seu caráter, sem nunca confundir uma com a outra — será ele um sonhador ou estará vivendo num estado desperto? Ele está muito desperto. Então podemos dizer que ele sabe, enquanto o outro tem apenas uma crença em aparências; e podemos chamar seus estados mentais de conhecimento e crença? Certamente. [...] Quando um homem sabe, não deve haver alguma coisa que ele sabe? [...] Deve. Alguma coisa real ou irreal? Alguma coisa real. Como poderia uma coisa irreal ser conhecida? [...] Então, se o real é o objeto do conhecimento, o objeto da crença tem que ser outro que não o real. Sim. Poderá ser o irreal? Ou é este um objeto impossível mesmo para a crença? Considere: se um homem tem uma crença, deve haver alguma coisa diante da sua mente; ele não pode acreditar em nada, pode? Não. [...] Então, aquilo em que acredita não pode ser real e nem mesmo irreal. Verdadeiro. [...] Parece então que o que resta a ser descoberto é aquele objeto que se pode dizer que é e que não é, e não pode ser propriamente chamado de real nem de puramente irreal. Se ele puder ser encontrado, poderemos chamá-lo com justeza de objeto da crença. [...] (Platão, *República*, 476-C-479A; tradução de Cornford)

Sócrates identifica então esse objeto como o mundo em que vivemos, um mundo a que ele antes se referiu implicitamente como um mundo de aparências. Embora aqui uma das premissas operacionais não seja que todas as coisas deste mundo estão em fluxo constante, mas sim que não são nem totalmente reais, nem totalmente irreais, não é ir longe demais argumentar que elas não são nem totalmente reais nem totalmente irreais porque estão em fluxo constante. Se é esse o caso, então o argumento é fundamentalmente o mesmo que o apresentado em *Crátilo*; se não, é outra versão dele. No último caso, a premissa 4 teria que ser modificada, assim como o enunciado de todas as linhas que se referem a ela.

P1. O conhecimento é possível.

P2. O conhecimento é conhecimento de algum objeto. Ou seja, se um determinado conhecimento (putativo) não tem um objeto, então esse conhecimento (putativo) não existe.

P3. Todo conhecimento é estável (ao contrário da opinião). Ou seja, todos os conhecimentos são estáveis: não mudam, sendo uma coisa num momento, outra coisa em outro momento.

P4. Se o objeto do conhecimento pudesse mudar (por exemplo, se a beleza, o objeto que conheço, pudesse se tornar alguma coisa outra que a beleza), então o conhecimento desse objeto não seria estável (meu conhecimento da beleza não seria estável).

P5. Todas as coisas deste mundo, como diz Heráclito, estão em constante fluxo. Ou seja, todas as coisas deste mundo são coisas que estão sempre mudando de todas as maneiras, ou, todas as coisas deste mundo não são coisas que sejam estáveis.

P6. Alguns objetos de conhecimento existem entre as coisas deste mundo (suposição de *reductio*).

    C1. Alguns objetos de conhecimento mudam: não são estáveis (silogismo, P5, P6).

    C2. Algumas partes do conhecimento não são estáveis (*modus ponens*, P4, C1).

    C3. Todo conhecimento (ao contrário da opinião) é estável e algumas partes do conhecimento não são estáveis (conjunção, P3, C2).

    C4. Nenhum objeto de conhecimento existe entre as coisas deste mundo (*reductio*, P6-C3).

P7. Se os objetos de conhecimento não existem neste mundo e nem em outro, então não existem objetos de conhecimento.

P8. Os objetos de conhecimento não existem em outro mundo (suposição de prova indireta).

C5. Os objetos de conhecimento não existem neste mundo, e os objetos de conhecimento não existem em outro mundo (conjunção, C4, P8).

C6. Os objetos de conhecimento não existem (*modus ponens*, P7, C5).

C7. O conhecimento não é possível (*modus ponens*, P2, C6).

C8. O conhecimento é possível, e o conhecimento não é possível (conjunção, P1, C7).

C9. Os objetos de conhecimento — chamados "Formas" — não existem em outro mundo (*reductio*, P6-C8).

27
Platão, Aristóteles e
o Argumento do Terceiro Homem

Jurgis (George) Brakas

Aristóteles. *Peri Ideon (On Ideas)*, in *Aristotle Fagmenta Selecta*, organizado por William D. Ross. Oxford, 1963: 84.21-85.6.

Fine, Gail. "Owen, Aristotle and the Third Man." *Phronesis* 27 (1982): 13--33.

Lewis, Frank A. "On Plato's Third Man Argument and the 'Platonism' of Aristotle", *in How Things Are*, organizado por J. Bogen e J. McQuire, 133-74. Dordrecht: Reidel, 1985.

Platão. *Plato: Parmenides*, traduzido por R. E. Allen. New Haven, CT: Yale University Press, 1998.

Strang, Colin. "Plato and the Third Man." *Proceedings of the Aristotelian Society*, vol. 1 (1963): 147-64.

Muitos estudiosos acreditam que o Argumento do Terceiro Homem (ATH) é um dos argumentos mais fortes contra a existência das Formas de Platão, sendo que muitos sustentam que ele é bem-sucedido. Ele existe em duas versões. Uma, preservada apenas num comentário de Alexandre de Afrodísias sobre a *Metafísica de Aristóteles*, usa a Forma Homem como exemplo; a outra — apresentada primeiro pelo próprio Platão — usa a Forma Grande. A diferença entre as versões é significativa porque a primeira usa Formas de entidades ou substâncias como exemplo, enquanto a segunda usa atributos ou propriedades.

Ambas as versões usam apenas três premissas maiores (além de cinco que muita gente acharia incontestáveis) para gerar um regresso que é vicioso. Para qualquer grupo de coisas a que o mesmo "nome" (palavra) possa ser legitimamente atribuído, existe uma Forma com o mesmo "nome", em virtude do que esse "nome" só pode ser legitimamente atribuído a elas. (Isso pode ser chamado de "suposição de existência" ou "suposição um sobre muitos".) Essa Forma não é um membro do grupo de coisas do qual é a Forma. (Isso é em geral chamado de "suposição de não identidade".) Finalmente, essa forma pode ser predicada de si mesma. (Isso é em geral chamado de "suposição de autopredicação". Cabe observar que tanto a formulação dessa premissa quanto o seu nome são enganosos. Não é a mesma forma que é predicada de si mesma, mas outra Forma com o mesmo nome da primeira, sendo que o mesmo se aplica à medida que o regresso prossegue.) Como um regresso infinito é impossível (com o que concordam Platão e Aristóteles), uma ou mais das três premissas maiores têm que ser falsas, se considerarmos incontestáveis as cinco adicionais. O problema é que é extremamente difícil, se não impossível, entender como Platão poderia abandonar uma dessas premissas e ficar sem nada que lembre sua filosofia.

A controvérsia envolve as duas versões. Os estudiosos as interpretam de maneira diferente e, enquanto alguns consideram que uma delas ou as duas são bem-sucedidas, outros são de outra opinião (ver Strang, Fine e Lewis).

> O terceiro homem é demonstrado também do seguinte modo. Se a coisa que é predicada de algum grupo de coisas é também outra coisa além das coisas das quais é predicada, tendo sido separada delas (é justamente isso que pensam ter demonstrado os que defendem as Formas: de fato, segundo eles existe um homem em si — porque o homem que é verdadeiramente predicado dos muitos homens individuais não coincide com os homens individuais) — pois bem, se é assim, haverá um terceiro homem. Porque se a coisa predicada é diferente das coisas das quais é predicada e existe por si só, e homem é predicado seja dos homens individuais seja da Forma, haverá um terceiro homem além dos homens individuais e da Forma. E assim haverá também um quarto: predicado deste [homem] — ou seja, a Forma — e dos [homens] individuais, e também um quinto e assim ao infinito. (Aristóteles, 84.21-85.6; tradução do autor)

P1. Se existe um grupo de coisas (homens individuais[1] por exemplo) a cujos membros o mesmo nome ("homem") pode ser corretamente aplicado, então existe uma Forma (Homem ou homem em si mesmo) em virtude da qual esse nome pode ser verdadeiramente aplicado a eles (suposição da existência ou um sobre muitos).

P2. Se existe uma Forma (Homem) em virtude da qual o mesmo nome pode ser corretamente aplicado a um grupo de coisas (homens individuais), então a Forma em virtude da qual o mesmo nome pode ser corretamente aplicado a esse grupo não é incluída nele (suposição da não identidade).

P3. Se o mesmo nome ("homem") pode ser corretamente aplicado a cada membro de um grupo de coisas (homens individuais), então o nome que pode ser corretamente aplicado a cada membro desse grupo pode também ser corretamente aplicado à Forma em virtude da qual esse nome pode ser aplicado a cada membro desse grupo (suposição de autopredicação).

P4. Existe um grupo de coisas (por ex., homens) a cujos membros o nome "homem" pode ser corretamente aplicado.

C1. Existe uma Forma, Homem (em virtude da qual "homem" pode ser corretamente aplicado a cada membro do grupo de homens individuais) (*modus ponens*, P1, P4).

C2. A Forma Homem não está incluída no grupo de homens individuais (*modus ponens*, P2, C1).

C3. O nome "homem" pode ser corretamente aplicado à Forma Homem. Ou seja, a Forma Homem é [um][2] homem (*modus ponens*, P3, P4).

P5. A Forma (Homem), em virtude da qual o mesmo nome ("homem") pode ser aplicado a um grupo de coisas (homens individuais), é acrescentada a esse grupo.

P6. Se a Forma (Homem), em virtude da qual o mesmo nome ("homem") pode ser aplicado a um grupo de coisas (homens individuais), é acrescentada a esse grupo, então a Forma e esse grupo constituem um novo grupo.

---

1. "Homens" e "homem" são usados num sentido neutro.
2. O artigo "um" está entre chaves porque o artigo indefinido não existe no grego antigo. Dependendo do contexto, o mesmo conjunto de palavras pode ser traduzido como "Homem é um homem" ou "Homem é homem". Claramente, o argumento não vinga se "autopredicação" for compreendida no sentido de "Homem é homem".

C4. Homem e o grupo de homens individuais constituem um novo e diferente grupo (*modus ponens*, P6, P5).

C5. O nome "homem" pode ser corretamente aplicado a Homem e a cada um dos homens individuais. Em outras palavras, existe um grupo de coisas (Homem e os homens individuais) a cujos membros o mesmo nome ("homem") pode ser corretamente aplicado (conjunção, C3, P4).

C6. Existe outro Homem (O Terceiro Homem)[3] (em virtude do qual "homem" pode ser corretamente aplicado a cada membro desse novo grupo) (*modus ponens*, P1, C5).

P7. Se existe um terceiro Homem, então existe também um quarto Homem (pelo mesmo raciocínio pelo qual o terceiro Homem existe: P1-C6).

C7. Existe um quarto Homem (*modus ponens*, P7, C6).

P8. Se existe um quarto Homem, então existe um número infinito de Formas.

C8. Existe um número infinito dessas Formas (*modus ponens*, P8, C7).

P9. Se existe um número infinito de Formas, então é possível um regresso infinito.

C9. Um regresso infinito é possível (*modus ponens*, P9, C8).

P10. Um regresso infinito não é possível.

C10. Um regresso infinito é possível e um regresso infinito não é possível (conjunção, C9, P10).

C11. Uma ou mais de P1, P2, P3, P4, P5, P6, P7, P8, P9 ou P10 são falsas (*reductio*, P1-C10).

Platão apresenta o que pode ser chamado de versão de "autocaracterização" do ATH em *Parmênides*. Parmênides está questionando Sócrates:

> "Quando a pluralidade de coisas te parecem grandes, talvez te pareça, a ti que as olhas todas, haver uma certa ideia uma e a mesma em todas; donde acreditas o grande ser um."
>
> "Dizes a verdade", disse ele.

---

3. Embora essa Forma não seja a terceira Forma Homem a aparecer, ela é o terceiro homem a aparecer se tomarmos qualquer um dos homens individuais como o primeiro homem — como faz Aristóteles.

"Mas... e quanto ao grande mesmo e às outras coisas grandes? Se olhares da mesma maneira, com a alma, para todos esses, não aparecerá, de novo, um grande, um, em virtude do qual todas aquelas coisas aparecem como grandes?"

"Parece que sim."

"Portanto, uma outra forma de grandeza aparecerá, surgindo ao lado da grandeza mesma e das coisas que dela participam. E, sobre todas essas, aparecerá de novo outra, de modo a, em virtude dela, todas essas parecerem grandes. E não mais será uma cada uma das tuas formas, mas ilimitadas em quantidade." (Platão, 132a-b; tradução de R. E. Allen)

Ao reconstruir esse argumento, usei coisas belas e suas Formas correspondentes em vez de "grandes" e suas Formas. Isso deve tornar o argumento de Platão mais "fácil", sem distorcê-lo em nada.

P1. Se existe um grupo de coisas (coisas belas individuais, por exemplo) a cujos membros o mesmo nome ("belo") pode ser corretamente aplicado, então existe uma Forma (o belo em si ou Beleza) em virtude da qual esse nome pode ser corretamente aplicado a eles (suposição um sobre muitos ou de existência).

P2. Se existe uma Forma (Beleza) em virtude da qual o mesmo nome pode ser corretamente aplicado a um grupo de coisas (coisas belas individuais), então a Forma em virtude da qual o mesmo nome pode ser corretamente aplicado a esse grupo não está incluída nele (suposição de não identidade).

P3. Se o mesmo nome ("belo") pode ser corretamente aplicado a cada membro de um grupo de coisas (coisas belas individuais), então o nome que pode ser corretamente aplicado a cada membro desse grupo pode também ser corretamente aplicado à Forma em virtude da qual esse nome pode ser aplicado a cada membro desse grupo (suposição da autopredicação).

P4. Existe um grupo de coisas (coisas belas individuais, por exemplo) a cujos membros o nome ("belo") pode ser corretamente aplicado.

C1. Existe uma Forma, Beleza (em virtude da qual "belo" pode ser corretamente aplicado a cada membro do grupo de coisas belas individuais) (*modus ponens*, 1, 4).

C2. A Forma Beleza não está incluída no grupo de homens individuais (*modus ponens*, P2, C1).

C3. O nome "belo" pode ser corretamente aplicado à Forma Beleza. Ou seja, a Forma Beleza é bela (*modus ponens*, P3, P4).

P5. A Forma (Beleza) em virtude da qual o mesmo nome ("belo") pode ser aplicado a um grupo de coisas (coisas belas individuais) é acrescentada a esse grupo.

P6. Se a Forma (Beleza) em virtude da qual o mesmo nome ("belo") pode ser aplicado a um grupo de coisas (coisas belas individuais) é acrescentada a esse grupo, então a Forma e esse grupo constituem um novo grupo diferente.

C4. A Beleza e o grupo de coisas belas individuais constituem um novo grupo diferente (*modus ponens*, P6, P5).

C5. O nome "belo" pode ser corretamente aplicado a Beleza e a cada uma das coisas belas individuais. Em outras palavras, existe um grupo de coisas (Beleza e coisas belas individuais) a cujos membros o mesmo nome ("belo") pode ser corretamente aplicado (conjunção, C3, P4).

C6. Existe outra Beleza (A Terceira Beleza) (em virtude da qual "belo" pode ser corretamente aplicado a cada membro desse novo grupo) (*modus ponens*, P1, C5).

P7. Se existe uma terceira Beleza, então existe também uma quarta Beleza (pelo mesmo raciocínio de que existe a terceira Beleza: P1-C6).

C7. Uma quarta Beleza existe (*modus ponens*, P7, C6).

P8. Se existe uma quarta Beleza, então existe um número infinito dessas Formas.

C8. Existe um número infinito dessas Formas (*modus ponens*, P8, C7).

P9. Se existe um número infinito de Formas, então é possível um regresso infinito.

C9. É possível um regresso infinito (*modus ponens*, C8, P7).

P10. Um regresso infinitino não é possível.

C10. É possível um regresso infinito e não é possível um regresso infinito (conjunção, C9, P10).

C11. Uma ou mais de P1, P2, P3, P4, P5, P6, P7, P8, P9 ou P10 são falsas (*reductio*, P1-C10).

28
Monismo Lógico

Luis Estrada-González[1]

Beall, J. C. e Restall, Greg. *Logical Pluralism*. Oxford: Oxford University Press, 2006.

Haack, Susan. *Philosophy of Logics*. Cambridge, RU: Cambridge University Press, 1978.

Priest, Graham. *Doubt Truth to Be a Liar*. Oxford: Oxford University Press, 2006.

Read, Stephen. "Monism: The One True Logic", *in A Logical Approach to Philosophy*, organizado por David DeVidi e Tim Kenyon, 193-209. Dordrecht: Springer, 2006.

Monismo lógico é a visão de que há apenas uma lógica correta ou, alternativamente, a visão de que há apenas uma relação de consequência genuína, apenas uma resposta certa à pergunta relativa a se e por que um dado argumento é válido, apenas uma coleção de inferências (ou verdades lógicas) válidas ou apenas uma maneira certa de raciocinar. A lógica está no centro da filosofia e de muitas buscas teóricas e práticas, que ocorrem por meio de argumento, inferência e sua avaliação. Assim, o problema de saber se há apenas uma lógica correta é central na filosofia e de crucial importância para a filosofia e outras atividades.

Há um argumento simples a favor do monismo lógico, apresentado, entre outros, por Graham Priest e supostamente derivado da noção pré-teórica de validade — uma inferência é válida se e apenas se quando suas premissas forem verdadeiras, a conclusão também será. Ele trabalha com uma noção ampla de lógica no sentido de estar disposto a aceitar que os recursos inferenciais para determinados casos ou domínios, acrescidos de princípios específicos a esses domínios, contam como lógica. No entanto,

---

1. Agradecimentos a Axel Barceló, John Corcoran, Claudia Olmedo-García, Agustín Rayo e Stephen Read pelos comentários valiosos sobre versões anteriores deste texto. Desnecessário dizer, sou o único responsável pelos erros que permanecerem.

diz que há uma só lógica verdadeira, uma lógica cujas inferências são válidas em todos os domínios e que carece de princípios dependendo do domínio específico.

Alguns lógicos pluralistas procuram se esquivar desse argumento monista alegando que a quantificação "todos os casos (domínios)" não é absoluta, devendo ser interpretada como "todos os casos (domínios) de um tipo". Por exemplo, a lógica de predicados clássica derivaria da visão de casos como mundos consistentes e completos, enquanto a lógica construtiva ocorreria quando os casos são considerados como construções, justificativas ou corpos de informação possivelmente incompletos, e a lógica de relevância ocorreria quando os casos são vistos como maneiras incompletas ou inconsistentes (ou ambas) do mundo ser ou não. Assim, haveria diferentes coleções de inferências válidas em todos os casos, pois seriam válidas em todos os casos, mas de tipos diferentes.

Essa réplica pluralista não parece ser boa, pois então "todos os casos" não significa "todos os casos" e torna a lógica dependente do conteúdo ou de particularidades do caso em consideração, o que vai contra a generalidade e a neutralidade de tópicos esperada da lógica. Além disso, as inferências válidas em todos os (diferentes tipos de) casos seriam consideradas como as realmente válidas, pois são de fato válidas em todos os casos, não variam de um caso para o outro e se sustentam independentemente das particularidades de cada caso.

Outra opção pluralista, ainda não bem desenvolvida, é atacar o problema de frente, tomar a noção pré-teórica de validade pelo que ela parece ser e procurar mostrar que ela pode ser inaplicável. O monista lógico pressupõe que a coleção de inferências válidas, definidas como inferências que se sustentam em todos os casos, não é vazia. Vimos no parágrafo anterior que um monista lógico pode insistir na existência de uma única lógica verdadeira alegando que as inferências que são válidas em todos os casos de todos os tipos são as verdadeiras inferências válidas. Esse raciocínio repousa na terceira premissa abaixo. Mas e se ela for falsa? Ou seja, e se não houver inferências válidas em todos os casos (de todos os tipos)? Nesse caso, não haveria lógica? Alguns argumentos de trivialistas e possibilistas parecem sugerir que não há inferência que se sustente em todos os casos. No entanto, daí não decorre a inexistência de qualquer lógica. Mesmo que não houvesse inferências válidas em todos eles, os casos precisariam de inferências especiais como padrões inferenciais para regular neles o raciocínio correto. Para complicar as coisas, a premissa 3 requer um número "suficiente" de inferências válidas, pois mesmo que a coleção de inferências válidas não fosse vazia — se consistisse, digamos, de apenas uma ou poucas inferências — seria inútil na prática chamar de "lógica" um número tão pequeno de inferências válidas. No entanto, quanto maior a coleção de inferências, mais provável é que não se sustentem em todos os casos.

Parece então que é melhor caracterizar a lógica como um recurso inferencial e restringir explicitamente o quantificador universal da noção de validade:

Uma inferência $X \vdash Y$ é k-válida se e apenas se ela se sustentar em todos os k-casos. Assim, essa noção de validade é compatível tanto com a existência de uma lógica verdadeira (já que não impede a não vacuidade do caso de todos os casos) quanto com a ideia de que a lógica pode ser um dispositivo inferencial para domínios específicos.

Priest rejeita a ideia de que, na prática, todo princípio de inferência — ou pelo menos um número deles que permita falar de um vácuo lógico — falha em alguma situação. Seu argumento, a premissa 3, é que, à medida que os significados de conectividade estejam fixados, há alguns princípios que não podem falhar. Mas a discussão dessa réplica nos levaria para muito longe da nossa presente preocupação, já que introduz o problema do sentido de conectividade lógica.

As réplicas pluralistas consideradas até agora procuram fornecer uma interpretação especial da expressão "todos os casos (ou domínios)" ou tentam oferecer razões para se rejeitar a premissa 3. Há mais um modo de questionar o monismo lógico, não necessariamente incompatível com os anteriores, que tem sido mencionado recentemente na literatura especializada. Consiste em questionar as premissas 1 e 2, ou seja, questionar pelo menos a singularidade das noções pré-teóricas quando se trata de se sustentar em um caso e de validade. Por exemplo, as seguintes caracterizações de validade acabam sendo equivalentes na lógica clássica, que tem apenas dois valores de verdade, nitidamente separados (verdadeiro e falso), mas em geral não são:

V1. Uma inferência X⊢Y é válida se e apenas se em todos os casos em que X é verdadeiro, Y também for verdadeiro.

V2. Uma inferência X⊢Y é válida se e apenas se em todos os casos em que X não é falso, Y for verdadeiro.

V3. Uma inferência X⊢Y é válida se e apenas se em todos os casos em que X é verdadeiro, Y não for falso.

Essas diferentes noções de validade podem dar origem a diferentes coleções e inferências válidas e a uma pluralidade de lógicas com propriedades muito diferentes. Essa última estratégia pluralista tem por certo suas deficiências, mas para discuti-la em detalhes é necessário introduzir outras observações técnicas e valores de verdade e as maneiras pelas quais as coleções de valores de verdade podem ser divididas. No entanto, espero que esta breve nota ajude quem pretende abraçar o fascinante problema de se há apenas uma lógica correta.

Priest expressa seu monismo lógico nos seguintes termos:

Será que a mesma teoria lógica pode ser aplicada em todos os domínios ou será que diferentes domínios exigem diferentes lógicas? [...] Mesmo que os modos de inferência legítima variem de domínio a domínio, deve haver um núcleo comum determinado pela interseção sintática de todos eles. Em virtude da tradição da lógica ser neutra em termos de domínio, ela tem bons motivos para ser chamada de *a* lógica correta. Mas se essa alegação for rejeitada, até os localistas devem reconhecer a significância desse núcleo. Apesar do fato de haver domínios relativamente independentes sobre os quais raciocinamos, dado dois domínios quaisquer, é sempre possível que nos seja exigido raciocinar *através* dos domínios. (Priest, 174s; itálicos no original)

Apresento aqui uma versão do argumento usando inferências válidas, mas ela pode ser facilmente transformada num argumento sobre verdades lógicas. "X⊢Y" é lido como "Y é inferido de X". Uso também a palavra "caso", mas você pode ler "domínio" se preferir.

P1. Uma inferência X⊢Y se sustenta num caso se e apenas se, nesse caso se X for verdadeira, então Y é verdadeira (a noção pré-teórica de se sustentar num caso).

P2. Uma inferência X⊢Y é válida se e apenas se ela se sustentar em todos os casos (a noção pré-teórica de validade).

P2'. X⊢Y não é válida se e apenas se não se sustentar em todos os casos (contraposição, P2).

P3. Há pelo menos uma coleção de (suficientes) inferências que se sustentam em todos os casos (existência de uma lógica).

P4. Se duas coleções de todas as inferências que se sustentam em todos os casos forem diferentes, então há pelo menos uma inferência X⊢Y tal que pertence a uma coleção, mas não à outra (extensionalidade de coleções).

P5. Há pelo menos duas coleções diferentes de todas as inferências que se sustentam em todos os casos (pluralismo lógico, hipótese a ser reduzida).

C1. Como são coleções diferentes de inferências válidas, há uma inferência X⊢Y que pertence a uma das coleções, mas não à outra (*modus ponens*, P4, P5).

C2. Se X⊢Y é uma inferência válida, então ela se sustenta em todos os casos (equivalência, simplificação, P2).

C3. Se X⊢Y não é uma inferência válida, então ela não se sustenta em todos os casos (equivalência, simplificação, P2').

C4. X⊢Y se sustenta em todos os casos (*modus ponens*, C1, C2).

C5. X⊢Y não se sustenta em todos os casos (*modus ponens*, C1, C3).

C6. X⊢Y se sustenta em todos os casos e X⊢Y não se sustenta em todos os casos (conjunção, C4, C5).

C7. Não há nem mesmo duas coleções de inferências que sejam diferentes e se sustentem em todos os casos (*reductio*, P5-C6).

C8. Há exatamente uma coleção de inferências que se sustenta em todos os casos (silogismo disjuntivo, P3, C7).

29
O Paradoxo da Maximalidade

Nicola Ciprotti

Adams, Robert. "Theories of Actuality", *Noûs 8* (1974): 211-31. Reimpresso *in The Possible and the Actual. Readings in the Metaphysics of Modality*, organizado por Michael Loux, 190-209. Ithaca, NY: Cornell University Press, 1979. (Todas as referências subsequentes são a essa edição.)

Chihara, Charles. *The Worlds of Possibility: Modal Realism and the Semantics of Modal Logic*. Oxford: Clarendon Press, 1998.

Davies, Martin. *Meaning, Quantification, Necessity: Themes in Philosophical Logic*. Londres: Routledge & Kegan Paul, 1981.

Divers, John. *Possible Worlds*. Londres: Routledge, 2002.

Grim, Patrick. *The Incomplete Universe. Totality, Knowledge, and Truth*. Cambridge, MA: The MIT Press, 1991.

O nome sugerido para o argumento a seguir, "o paradoxo da maximalidade", é provisório. Na verdade, não há presentemente um consenso sobre qual seria o nome mais adequado: aliás, não há nem mesmo um consenso sobre quem o formulou primeiro. É de Robert Adams o crédito de tê-lo primeiro mencionado num texto impresso, enquanto a primeira formulação detalhada é atribuída a Martin Davies.

Tais incertezas sobre nome e origem têm possivelmente relação com o fato de o paradoxo da maximalidade ser na verdade uma família de argumentos fortemente relacionados, mas no entanto distintos. Porque, enquanto cada argumento depende de um corpo comum de princípios, ou seja, de fatos bem estabelecidos da teoria dos conjuntos-padrão, ocorre no entanto que os alvos evidentes do paradoxo da maximalidade podem diferir, e realmente diferem. O que é comum a cada argumento e, portanto, aquilo em que o paradoxo da maximalidade essencialmente consiste, é atingir uma *reductio* da hipótese de que existe um conjunto A de algum tipo, ou seja, um conjunto-totalidade. No entanto, pode haver diferentes argumentos no estilo do paradoxo da maximalidade contra a existência de totalidades distintas na teoria dos conjuntos (ou similares), como, por exemplo, o conjunto de todos os mundos possíveis, o conjunto de todas as verdades ou o conjunto de todos os estados de coisas (o fato do paradoxo da maximalidade ameaçar ou não a existência dos membros de tais conjuntos, e não apenas os próprios conjuntos, é uma questão que vamos abordar brevemente).

A seguir, vamos nos concentrar no esboço original do paradoxo da maximalidade de Adams, como foi depois rigorosamente estruturado por John Divers. Essa versão do paradoxo da maximalidade enfoca especificamente uma concepção específica de mundos possíveis como "histórias", ou seja, conjuntos peculiares de proposições. No entanto, depois de algumas modificações devidas, o argumento adquire um alcance mais amplo, de modo a se aplicar a totalidades semelhantes a conjuntos, incluindo elementos diferentes de mundos possíveis.

Segundo um bom número de filósofos (nº 99), há entidades abstratas de vários tipos. Entre elas, conjuntos, números, estados de coisas, proposições e propriedades, para nomear apenas as mais mencionadas. Muitos filósofos que acreditam em objetos abstratos incluem entre eles os mundos possíveis. Em particular, a sugestão é que os mundos possíveis podem ser analisados como "histórias", ou seja, conjuntos de proposições que são coleções ao mesmo tempo (i) consistentes e (ii) maximais.

De maneira genérica, um conjunto A é consistente se e apenas se é possível que seus membros sejam conjuntamente verdadeiros (ou conjuntamente válidos); um conjunto A é maximal se e apenas se, para toda proposição p, ou A inclui p ou inclui a contradição de p. Essas duas condições parecem constitutivas da noção de um mundo possível: um mundo possível tem que ser possível, ou seja, uma entidade livre de contradição; um mundo possível tem que ser maximal, ou seja, uma maneira alternativa completa de como as coisas poderiam ser ou de como foram — completa até os mínimos detalhes.

Assim, segundo essa concepção, a definição explícita de "mundo possível" é a seguinte:

(DF) w é um mundo possível =$_{df}$w é um conjunto A de proposições tais que: (i) para toda proposição *p*, ou *p* é um elemento A ou *p* não é um elemento A (condição de maximalidade); (ii) a conjunção dos membros de A é consistente (condição de consistência).

A principal vantagem de (DF) é que, através dela, a existência de mundos possíveis se torna compatível com uma ontologia que pretere a quantificação em prol de objetos não reais, vistos em geral como *entia non grata*. Em se tratando de conjuntos de proposições, alega-se que nada além de objetos abstratos que existam realmente — na verdade, conjuntos e proposições — é necessário para acomodar mundos possíveis numa respeitável ontologia realista, ou seja, livre de meras *possibilia*. (DF), portanto, faz surgir o paradoxo da maximalidade.

> Notoriamente, o desenvolvimento de uma teoria lógica de proposições que seja satisfatória [...] é também prejudicado por problemas formais e ameaças de paradoxo. Uma dessas ameaças em especial diz respeito à [...] teoria [de mundos possíveis como conjuntos maximais de proposições]. A teoria parece implicar que há conjuntos consistentes compostos de um membro de cada par de proposições mutuamente contraditórias. Além disso, segue-se da teoria, com a suposição de que cada mundo possível é real em si mesmo, que cada história, *s*, tem entre seus membros a proposição de que todos os membros de *s* são verdadeiros. Aqui, estamos oscilando à beira de um paradoxo [...]. Isso pode gerar a suspeita de que [...] a teoria pode não ser formulada com precisão sem engendrar algum análogo dos paradoxos semânticos. (Adams, 207-08)

O ponto de Adams é o seguinte. Se w é um mundo possível, ou seja, um conjunto consistente maximal de proposições (vamos chamá-lo de "S"), então o conjunto S tem que ter um tamanho — no jargão da teoria dos conjuntos, uma cardinalidade. Qual é a cardinalidade de S? Segundo a teoria-padrão dos conjuntos, o conjunto potência de S — ou seja, o conjunto cujos membros são todos os subconjuntos de S — tem uma cardinalidade que é maior do que a de S. Segue-se que para cada membro B do conjunto potência, há a proposição de que B é um conjunto (aliás, isso

147

é verdade). De acordo com isso, há um conjunto consistente de proposições que tem uma cardinalidade maior do que a de S, que era supostamente um conjunto consistente maximal — *reductio*. Assim, partimos da suposição de que w era um objeto maximalmente abrangente, um objeto "do qual nada maior pode ser concebido", e acabamos com um objeto maior do que w. (Tomar a união de S e B como o verdadeiro conjunto consistente maximal não resolve, já que, segundo a teoria-padrão dos conjuntos, há um conjunto cuja cardinalidade é maior do que a união de S e B.) Esse é o paradoxo da maximalidade.

Como já foi sugerido, o paradoxo da maximalidade tem possivelmente mais força: enquanto o caso abaixo se preocupa apenas com mundos possíveis como conjuntos consistentes maximais de proposições, argumentos estruturalmente idênticos podem ser construídos para questionar a existência de outras totalidades semelhantes a conjuntos. Na verdade, logo que uma dada totalidade é construída segundo a teoria dos conjuntos, segue-se, pelo Teorema de Cantor, que uma tal totalidade não pode existir. Assim, foram montados argumentos paralelos para provar, por exemplo, que: (i) não há um conjunto de todas as verdades (Grim); e (ii) não há um conjunto de todos os possíveis estados de coisas (Chihara).

Observe que, estritamente falando, os argumentos no estilo do paradoxo da maximalidade não excluem a (possibilidade da) existência dos membros envolvidos. Por exemplo, quanto aos mundos possíveis como conjuntos consistentes maximais de proposições, sua não existência se segue do paradoxo da maximalidade só se for incluída a premissa de que, para cada mundo possível, há necessariamente um conjunto consistente maximal de proposições. Em outras palavras, a conclusão mais forte — ou seja, a não existência dos próprios mundos — seguir-se-ia apenas se fosse assumido o princípio de que, para cada domínio de discurso, os objetos desse domínio formam necessariamente um conjunto ou algum objeto semelhante a um conjunto. A menos que isso seja aceito, uma saída possível do paradoxo da maximalidade é tratar os mundos possíveis não como conjuntos, mas como classes propriamente ditas, ou seja, tais que não possam por sua vez ser membros de uma coleção mais inclusiva. Os argumentos no estilo do paradoxo da maximalidade não podem excluir por si sós a (possibilidade da) existência de domínios totalmente inclusivos de discurso de um determinado tipo (por ex., o domínio de todos os mundos possíveis, o domínio de todos os objetos existentes, o domínio de todas as verdades etc.), desde que tais domínios sejam (tratados como) não conjuntos. O que os argumentos no estilo do paradoxo da maximalidade de fato excluem é a existência de um conjunto (ou entidade semelhante a um conjunto) do qual são membros todos os objetos do domínio de discurso em questão. No entanto, observe finalmente que quando se trata de mundos possíveis, a saída sugerida não é livre de problemas porque parece enfraquecer o princípio da semântica de mundos possíveis, ou seja, que um conjunto W de mundos possíveis é ao mesmo tempo matematicamente bem definido e administrável. Essa estratégia exigiria de nós uma robusta revisão de nossas visões a respeito do que constitui um sistema semântico aplicado aceitável, como a semântica de mundos possíveis.

O conjunto potência de A, simbolizado como $\wp(A)$, é o conjunto de todos os subconjuntos de um conjunto A. Assim, $\wp(A)$ é abreviatura de $\{B \mid B \subseteq A\}$. $\wp(A)$ terá 2^n membros se A tiver n membros.

(Exemplo: suponha que $A = \{1, 2, 3\}$. Então, $\wp(A) = \{A, \{1, 2\}, \{1, 3\}, \{2, 3\}, \{1\}, \{2\}, \{3\}, \varnothing\}$.)

Teorema (o chamado "Teorema de Cantor", TC): Para qualquer conjunto A, todo subconjunto de A é menor do que $\wp(A)$. (Ênfase em "todo" porque todo conjunto A é um subconjunto de si mesmo.)

A Proposição Suposição, PS: para cada conjunto A, que é um membro de $\wp(A)$, existe uma proposição p que é sobre esse conjunto, ou seja, a proposição de que A_i é um conjunto; se $A_i \neq A_j$, então a proposição de que A_i é um conjunto e que A_j é um conjunto são proposições diferentes.

P1. Há um conjunto S maximal consistente de proposições (suposição para *reductio*).

P2. Para cada conjunto S_i que seja membro de $\wp(S)$, há a proposição p de que S_i é um conjunto (Proposição Suposição).

P3. Para cada p, ou p é um elemento de S ou p não é um elemento de S (definição de condição de maximalidade).

P4. S inclui pelo menos tantas proposições quantos são os elementos em $\wp(S)$ (P2, P3).

P5. S é um subconjunto de S (teoria-padrão dos conjuntos).

P6. S tem um subconjunto que é pelo menos tão grande quanto $\wp(S)$ (P4, P5).

P7. S não tem um subconjunto tão grande quanto $\wp(S)$ [TC].

C1. Não há um conjunto S maximal consistente de proposições (*reductio*, P1-P7).

30

Um Argumento a favor do Livre-Arbítrio

Gerald Harrison

Clarke, Randolph. "Toward a Credible Agent-Causal Account of Free Will." *Noûs 27* (1993): 191-203.

van Inwagen, Peter. *An Essay on Free Will*. Oxford: Oxford University Press, 1983.

___. "How to Think about the Problem of Free Will." *Journal of Ethics 12* (2008): 327-41.

Reid, Thomas. *Essays on the Active Powers of the Human Mind*. Cambridge, MA: The MIT Press, 1969.

Strawson, Peter F. "Freedom and Resentment." *Proceedings of the British Academy 48* (1962): 1-25.

Para alguns filósofos, nossas decisões são livres apenas se forem sem causa. Para outros, a causação é necessária para impedir que nossas decisões sejam descontroladas. Para alguns, a causação precisa ser indeterminística. Para outros, ela precisa ser determinista. Para outros ainda, nem uma coisa e nem a outra importa.

No entanto, há uma concordância quase unânime de que o livre-arbítrio é necessário para estabelecer responsabilidade moral. Ou seja, o livre-arbítrio é necessário para nos fazer merecedores de louvor, censura, recompensa ou punição por nossos atos, e para que sejam válidas as chamadas "atitudes reativas", como ressentimento, culpa e perdão.

Essa área comum entre contestantes fornece a base para um argumento positivo a favor do livre-arbítrio. Versões desse argumento (que não têm um nome específico) foram apresentadas por Thomas Reid, Randolph Clarke, Peter van Inwagen (*Essay*) e Peter Strawson, entre outros.

Assim como é amplamente aceito que a responsabilidade moral exige livre-arbítrio, é também amplamente aceito que somos moralmente responsáveis por pelo menos parte do que fazemos durante parte do tempo. Para Reid, foi fundamental o princípio de que "alguns aspectos da conduta humana mereçam louvor e outros censura" (361). Segundo Peter Strawson, o nosso compromisso com a responsabilidade moral é tão profundamente enraizado que é simplesmente inconcebível que possamos abrir mão dele, e assim a realidade da responsabilidade moral estabelece uma condição-limite para onde pode levar um argumento racional.

Se a nossa responsabilidade moral está além de qualquer dúvida razoável, então tem que estar além de qualquer dúvida razoável que temos livre-arbítrio, já que o primeiro pressupõe o último. Assim, temos o nosso argumento positivo a favor do livre-arbítrio.

Nem todo mundo aceita esse argumento. Uma minoria significativa de filósofos nega que sejamos moralmente responsáveis. Há, afinal, fortes argumentos a favor do livre-arbítrio ser incompatível com o determinismo e a favor de ele ser incompatível com o indeterminismo. Tais argumentos podem ser usados para levantar dúvidas sobre se temos livre-arbítrio, e assim para levantar dúvidas sobre responsabilidade moral.

Para a maioria, no entanto, a crença de que somos moralmente responsáveis tem maior plausibilidade inicial do que qualquer uma das premissas de um argumento que leve à negação do livre-arbítrio. Assim, a responsabilidade moral fornece o melhor argumento positivo para pensar que temos livre-arbítrio.

Há, além do mais, argumentos aparentemente irrefutáveis que, se forem corretos, demonstram que a existência de responsabilidade moral acarreta a existência de livre-arbítrio e, portanto, se o livre-arbítrio não existe, a responsabilidade moral também não existe. Mas é evidente que a responsabilidade moral existe: se não houvesse tal coisa como a responsabilidade moral, nada seria culpa de ninguém e é evidente que há estados de coisas para os quais podemos apontar e dizer corretamente para certas pessoas: é culpa *sua*. (van Inwagen, "How to Think")

P1. Se somos moralmente responsáveis, então temos livre-arbítrio.
P2. Somos moralmente responsáveis.
    C1. Temos livre-arbítrio (*modus ponens*, P1, P2).

31
A Refutação de Frankfurt do Princípio das Possibilidades Alternativas

Gerald Harrison

Frankfurt, Harry. "Alternate Possibilities and Moral Responsibility." *Journal of Philosophy* 45 (1969): 829-39.

Fischer, John M. "Frankfurt-Style Compatibilism", *in Free Will*, organizado por Gary Watson, 190-211. Oxford: Oxford University Press, 2003.

Widerker, David e McKenna, Michael (orgs.). *Moral Responsibility and Alternative Possibilities.* Farnham, RU: Ashgate, 2006.

Endossado por Aristóteles, Hume, Kant e muitos outros, o "Princípio das Possibilidades Alternativas" (PPA para abreviar) afirma:

PPA: Uma pessoa é moralmente responsável pelo que fez só se pudesse ter agido diferentemente.

Historicamente, O PPA tem sido um dos caminhos mais usados para o "incompatibilismo" a respeito de responsabilidade moral (incompatibilismo é a visão de que responsabilidade moral e determinismo causal — a tese de que há apenas um futuro compatível com o passado e com as leis da natureza — são incompatíveis). Afinal, se o determinismo for verdade, há um sentido em que ninguém poderia ter agido diferentemente. Os "compatibilistas" (os que acreditam que o determinismo e a responsabilidade moral são compatíveis) contestam esse argumento alegando que o PPA deve ser objeto de uma controversa interpretação "condicional", segundo a qual um agente poderia ter agido de outro modo se o desejasse.

Mas em 1969, o filósofo Harry Frankfurt criou um argumento para refutar o PPA. Frankfurt argumentou ser possível que as circunstâncias fossem tais que a pessoa não poderia ter agido de outro modo, sendo mesmo assim moralmente responsável por seu ato. A característica principal do que é agora conhecido como "caso no estilo Frankfurt" é que um dispositivo de intervenção não intervém num processo que leva a uma ação, mas o teria feito se o agente estivesse prestes a decidir diferentemente. A presença do mecanismo de intervenção exclui a possibilidade de o agente decidir diferentemente mas, como o mecanismo de intervenção não desempenha papel algum nas deliberações do agente e na sua ação subsequente, parece claro que o agente é responsável moralmente por sua ação: portanto, o PPA está refutado.

Mas ao refutar o PPA, o argumento de Frankfurt fecha um dos principais caminhos para o incompatibilismo e permite que os compatibilistas ignorem o debate sobre a correta interpretação do PPA.

O argumento de Frankfurt continua sendo o foco de um debate considerável, com os detratores argumentando que é impossível construir um caso no estilo Frankfurt em que todas as possibilidades alternativas relevantes tenham sido riscadas.

> Suponha que alguém, Black digamos, queira que Jones realize uma certa ação. Black está determinado a fazer tudo o que for preciso para conseguir o que deseja, mas prefere não mostrar suas cartas desnecessariamente. Então, espera até que Jones esteja prestes a decidir o que fazer e nada faz a menos que fique claro para ele (Black é um excelente juiz dessas coisas) que Jones vai decidir fazer alguma coisa que não é o que ele quer que ele faça. Se ficar claro que Jones vai decidir fazer outra coisa, Black toma medidas efetivas para garantir que Jones decida fazer, e que efetivamente faça, o que deseja que ele faça. Seja quais forem as inclinações e preferências iniciais de Jones, Black vai conseguir o que deseja [...].
>
> Agora, suponha que Black nunca precise mostrar suas cartas porque Jones, por suas próprias razões, decide realizar, e efetivamente realiza, a ação que Black quer que ele realize. Nesse caso, parece claro, Jones arcará com a mesma responsabilidade moral com que arcaria se Black não estivesse pronto para tomar medidas para garantir que ele o fizesse. (Frankfurt, 835-36)

P1. Um agente é moralmente responsável pelo que fez só se pudesse ter agido diferentemente (PPA).

P2. Se o PPA é verdadeiro, então um caso do estilo Frankfurt absolverá seu sujeito de responsabilidade moral.

P3. Os casos no estilo Frankfurt não absolvem seus sujeitos de responsabilidade moral

C1. PPA é falso (*modus tollens*, P2, P3).

32

Van Inwagen e o Argumento da Consequência contra o Compatibilismo

Grant Sterling

---

van Inwagen, Peter. *An Essay on Free Will*. Oxford: Clarendon Press, 1983.

Entre os argumentos recentes no debate sobre livre-arbítrio e determinismo, um dos mais famosos é o argumento da consequência de Peter van Inwagen, que pretende mostrar que o compatibilismo é falso. O compatibilismo é a visão de que todas as nossas ações poderiam ser totalmente determinadas pelas leis da física mas que, ao mesmo tempo, poderíamos ter livre-arbítrio no sentido necessário para a responsabilidade moral. Van Inwagen introduz a essência desse argumento perto do início do seu livro sobre livre-arbítrio e depois oferece três versões técnicas detalhadas dele. Incluímos aqui apenas a versão simples e a primeira formalização técnica (que pretende mostrar que, sob o determinismo, nunca agiríamos de nenhuma outra maneira que não seja a maneira pela qual agimos).

Se o determinismo é verdadeiro, então os nossos atos são consequências das leis da natureza e de acontecimentos do passado remoto. Mas não compete a nós o que aconteceu antes de nascermos, e nem compete a nós quais são as leis da natureza. Portanto, as consequências dessas coisas (incluindo os nossos atos presentes) não nos competem. (16)

Considere qualquer ato que (logicamente) alguém possa ter realizado. Se ficar estabelecido que esse ato é incompatível com o estado do mundo antes do nascimento dessa pessoa, considerado juntamente com as leis da natureza, segue-se então que essa pessoa não poderia ter realizado esse ato. Além disso, se o determinismo é verdadeiro, então qualquer desvio do curso real de acontecimentos seria incompatível com qualquer estado de mundo passado, considerado juntamente com as leis da natureza. Portanto, se o determinismo é verdadeiro, nunca esteve em meu poder me desviar do curso real de acontecimentos que constituiu a minha história. (75)

P1. Se o determinismo é verdadeiro, então os nossos atos são consequências das leis da natureza e dos acontecimentos do passado remoto.

P2. As leis da natureza e os acontecimentos do passado remoto não nos competem.

P3. Se alguma coisa não nos compete, então suas consequências não nos competem.

C1. Se as leis da natureza e os acontecimentos do passado remoto não nos competem, então suas consequências não nos competem (substituição, P2, P3).

C2. As consequências das leis da natureza e dos acontecimentos do passado remoto não nos competem (*modus ponens*, P2, C1).

C3. Se o determinismo é verdadeiro, então os nossos atos não nos competem (dentro do nosso controle e capacidade) (substituição, C2, P1).

P4. Se os nossos atos não nos competem, então não somos responsáveis por eles.

C4. Se o determinismo é verdadeiro, não somos responsáveis por nenhum dos nossos atos (silogismo hipotético, C3, P4).

A Primeira Formalização de Van Inwagen

Definições:

Que "U" seja uma descrição completa do estado do universo neste momento.

Que "U – 1" seja uma descrição completa do estado do universo no dia anterior ao nascimento de uma pessoa "X".

Que "A" seja uma ação que X *não* realizou.

Que "L" seja as leis da natureza.

P1. X não pode mudar U − 1 (ninguém pode mudar o estado passado do universo antes do próprio nascimento).

P2. X não pode mudar L (ninguém pode mudar as leis da natureza).

P3. Se o determinismo é verdadeiro, então {(U − 1 mais L) acarreta U} (segue-se do conceito de determinismo).

P4. Se X tivesse feito A, então não U (A é uma ação que não ocorreu, de modo que, se tivesse ocorrido, o universo não seria exatamente o mesmo que é agora).

    C1. Se X tivesse feito A, X poderia ter tornado U falso (segue-se semanticamente de P4).

    C2. Se X pode ter tornado U falso, então X pode ter tornado (U − 1 mais L) falso (transposição, P3).

    C3. Se X pode ter tornado (U − 1 mais L) falso, então X pode ter tornado L falso (De Morgan, C2, P1, e silogismo disjuntivo).

    C4. X não poderia ter tornado L falso (P2).

    C5. X não poderia fazer A (*modus tollens*, C3, C4, e uma série de silogismos hipotéticos implícitos).

33
Fatalismo

Fernando Migura e Agustin Arrieta

Aquino, Tomás. *Summa Theologiae*, traduzido pelos padres da Província Dominicana Inglesa, *The Summa Theologiae*, 2ª ed. rev., 22 vols. Londres: Burnes, Oates & Washbourne, 1912-1936. Reimpresso em 5 vols., Westminster: Christian Classics, 1981. E-text em HTML disponível em www.newadvent.org/summa.

Aristóteles. *Aristotle Categories and De Interpretatione*, traduzido com notas e glossário por J. L. Ackrill. Oxford: Clarendon Press, 1961.

Agostinho, Santo. *On Free Choices of the Will*, traduzido, com introdução, por Thomas Williams. Indianápolis: Hackett, 1993.

Rice, Hugh. "Fatalism." *The Stanford Encyclopedia of Philosophy* (outono de 2009), organizado por Edward N. Zalta, disponível em http://plato.stanford.edu/archives/fall2009/entries/fatalism

---

Segundo a doutrina filosófica chamada "fatalismo", tudo o que acontece o faz inevitavelmente. Suponha que alguma coisa vai acontecer amanhã: digamos que vai chover. Se é verdade agora que amanhã vai chover, então não pode ser verdade que amanhã não vai chover, portanto, é necessário chover amanhã. Por outro lado, se é falso agora que amanhã vai chover, então não pode ser verdade que vai chover amanhã, então, é impossível chover amanhã, ou seja, é necessário que não chova amanhã. Como o mesmo raciocínio pode ser aplicado a qualquer evento, tudo o que acontece o faz necessariamente e inevitavelmente.

Vamos examinar a estrutura do argumento a partir do qual o fatalismo é concluído. Que p seja: "Vai chover amanhã" (ou qualquer frase declarativa que descreva um acontecimento que você acha que pode acontecer amanhã). Então, o argumento tem a seguinte estrutura:

P1. Se é verdade agora que p, então necessariamente p.
P2. Se é verdade agora que não p, então necessariamente não p.
P3. É verdade agora que p ou é verdade agora que não p.

C1. Necessariamente *p* ou necessariamente não *p* (dilema construtivo, P1, P2, P3).

Esse argumento é frágil porque fica claro que a conclusão é falsa, mas não fica claro onde está o erro. A solução clássica tem a ver com uma conhecida ambiguidade (anfibologia) associada a frases condicionais da forma: "Se X, então necessariamente Y". Isso pode ser interpretado como (a) "É uma verdade necessária que se X, então Y" ou como (b) "Se X, então é uma verdade necessária que Y". Por um lado, se as premissas 1 e 2 forem lidas como (a), elas são claramente verdadeiras mas, então, a conclusão não se segue das premissas. Por outro lado, se as premissas 1 e 2 são interpretadas como (b), a conclusão se segue delas, mas elas pressupõem o fatalismo. Então, ou o argumento não é logicamente válido ou incorre em petição de princípio.

A primeira e mais conhecida versão argumentativa do fatalismo pode ser encontrada no argumento da batalha naval formulado por Aristóteles no Capítulo IX de *Da Interpretação* (*Peri Hermeneias*, também *De Interpretatione*):

> Na verdade, se toda afirmação ou negação é verdadeira ou falsa, todas necessariamente também são o caso ou não são o caso. Se, pois, alguém afirma que algo será e outro, por sua vez, não afirma o mesmo, é evidentemente necessário que um deles diz a verdade, já que toda afirmação é verdadeira ou falsa. De fato, ambas não serão o caso simultaneamente em tais circunstâncias. [...] Portanto, nada não é nem virá a ser, nem será nem não será, por acaso ou indeterminadamente, mas tudo advém por necessidade sem qualquer indeterminação (de modo que ou quem afirma ou quem nega diz a verdade).
>
> Digo, por exemplo, ser necessário que haja ou não haja uma batalha naval amanhã, mas não é necessário nem que haja uma batalha naval amanhã nem que não haja, não obstante, ser necessário que haja ou que não haja uma batalha naval. (Aristóteles *Da Interpretação*, IX 18a34, 19a23)

Mas há também outras formulações conhecidas, atribuídas a Santo Agostinho e a Tomás de Aquino, relacionadas ao problema associado do livre-arbítrio. Em *Sobre a Livre Escolha da Vontade* (Livro Três), Santo Agostinho considera um argumento que poderia ser parafraseado como se segue:

> Se Deus sabe com antecipação que o Papa Bento XVI pecará amanhã, então o Papa Bento XVI pecará necessariamente amanhã. Deus sabe com antecipação que o Papa Bento XVI pecará amanhã. Então, o Papa Bento XVI pecará necessariamente amanhã.

Outro exemplo é a discussão de Tomás de Aquino sobre o argumento de que a Providência de Deus (*Summa Theologiae*, Primeira Parte, Questão 22) implica o fatalismo. O argumento é construído a partir de uma suposição como esta: durante a Criação, Deus previu tudo, incluindo, por exemplo, o fato de o Papa Bento XVI pecar amanhã. Então, o Papa Bento XVI pecará necessariamente amanhã.

Supondo que aquilo que Deus sabe ou prevê é sempre verdade, essas versões de argumentos do fatalismo são analisadas essencialmente da mesma maneira. Os dois argumentos contam como *modus ponens*: "Se X, então necessariamente Y, e X, então necessariamente Y". Em ambos os casos, o ponto principal tem a ver com a interpretação correta da frase condicional devidamente compreendida como "É necessariamente verdade que X, então Y".

Vamos considerar um exemplo mais familiar:

> (e) "Se eu sei que George Clooney é solteiro, então necessariamente George Clooney não é casado".

Como sei que George Clooney continua sendo até hoje (1º de setembro de 2010) o solteiro mais famoso de Hollywood, se não interpreto corretamente a condicional, posso concluir por *modus ponens*: "Necessariamente, George Clooney não é casado". Mas essa conclusão seria equivalente a dizer: "Não há circunstâncias possíveis em que George Clooney esteja casado", de modo que não há uma conclusão forte justificada pelas premissas. Obviamente, a interpretação correta de (e) é: "Necessariamente, se sei que George Clooney é solteiro, então George Clooney não é casado".

Uma das consequências práticas mais conhecidas do fatalismo tem a ver com a inutilidade de se tomar decisões. Quando alguém aceita o fatalismo, porque se daria ao trabalho de tomar decisões se o desenlace já está determinado? Essa consequência direta do fatalismo é ilustrada com clareza no famoso "argumento da preguiça". Por exemplo, se você está doente agora, é verdade agora que você vai se recuperar ou é verdade agora que você vai morrer. Em qualquer caso, pela aplicação direta do argumento do fatalismo, você necessariamente se recupera da doença ou necessariamente morre por causa dela. Então, para que chamar o médico ou fazer qualquer outra coisa? (Como é fácil ver, esse argumento também tem a forma de um dilema.)

Aristóteles estava totalmente ciente dessa consequência do fatalismo quando disse que se tudo é ou acontece por necessidade, não há necessidade de deliberar ou de se dar ao trabalho de pensar que, se fizermos isso, aquilo acontecerá, mas se não fizermos, aquilo não acontecerá (ver *Da Interpretação*, IX 18b26).

34
O Argumento de Sartre a favor da Liberdade

Jeffrey Gordon

Sartre, Jean-Paul. *Being and Nothingness*, traduzido por Hazel Barnes. Nova York: Philosophical Library, 1956.

O argumento de Sartre a favor da liberdade é único na história da filosofia porque trata a liberdade como característica essencial da consciência humana e não como uma propriedade ou capacidade da consciência ou da mente. Em uma das famosas formulações de Sartre, "o homem é liberdade", a ideia é que a consciência não tem propriedade alguma, que nada mais é do que uma relação com as coisas reais existentes, e que se relaciona com essas coisas definindo sua significância. A pessoa consciente tem que interpretar a significância da coisa existente; tem que construir um mundo coerente a partir do que é dado. O dado não tem significado em si mesmo; qualquer sentido que venha a ter deriva da interpretação do agente. Para que um dado estado de coisas funcione como a causa da minha conduta, tenho primeiro que conferir a esse estado de coisas um certo sentido, o que por sua vez informa aquela situação com seu poder de causar. Então, eu sou a fonte e sua eficácia causal. Mas o determinismo exige que a natureza e o poder avassalador da causa existam por si mesmos, independentemente de qualquer característica da entidade subjacente ao processo causa-efeito. Como essa condição necessária do determinismo nunca é satisfeita pela consciência, o determinismo é inaplicável à condição humana. A experiência não pode ser causada. Experimentar é apropriar-se do dado, interiorizá-lo, torná-lo seu. Em virtude da relação entre consciência e o dado, minha liberdade de escolha é inescapável. Sartre conclui então: "O homem está condenado a ser livre" (439).

Suponha que um menino nasça na pobreza, ou seja, a condição socioeconômica de sua família é muito abaixo da média. (A ideia de pobreza, carregada de conotações de desvalor, já pressupõe uma interpretação.) Na tentativa de explicar a determinação extraordinária que ele mostrará depois, podemos muito bem citar essas circunstâncias de início de vida como formativas — na verdade, como determinativas. Mas Sartre insiste que uma tal explicação é enganadora. A pobreza não teria tido esse efeito se o menino não tivesse entendido a condição como vergonhosa. Se ele a tivesse visto como fonte de uma forte dependência mútua na família, com os consequentes vínculos de solidariedade, a determinação para enriquecer poderia muito bem ter lhe parecido uma busca vazia. A alegação de Sartre é que uma dada circunstância socioeconômica tem que aguardar a interpretação da consciência antes de poder funcionar como causa. As circunstâncias de vida não podem impor um efeito sem o consentimento da consciência. Sempre ter que interpretar o dado, sempre ter que forjar a partir do dado um motivo e uma causa, essa é a inescapável condição da consciência. Como fonte não causada de suas próprias ações, o ser humano é irremediavelmente livre.

Nenhum estado factual, seja ele qual for (a estrutura política e econômica da sociedade, o "estado" psicológico etc.) é capaz por si só de motivar qualquer ato que seja. Porque um ato é a projeção de [consciência] em direção ao que não é, e o que é não pode de modo algum determinar por si só o que não é. [...] Isso implica para a consciência a possibilidade permanente de efetuar uma ruptura com o próprio passado, de se livrar do seu passado de modo a ser capaz de considerá-lo à luz de um não ser e, assim, de ser capaz de lhe atribuir o significado que ele tem em termos do projeto de um significado que ele *não tem*. Sob nenhuma circunstância pode o passado produzir por si só um ato [...]. Na verdade, logo que alguém atribui à consciência esse poder negativo, com respeito ao mundo e a si mesma [...], temos que reconhecer que a condição indispensável e fundamental de todas as ações é a liberdade do agente. (436)

P1. Para que um dado estado de coisas cause deterministicamente uma ação humana, a eficácia causal desse estado de coisas teria que derivar exclusivamente de características desse estado de coisas.

P2. Um dado estado de coisas não tem significado em si mesmo.

P3. Se um dado estado de coisas não tem significado em si mesmo, então seu significado tem que lhe ser conferido pela pessoa que o experimenta.

C1. O significado de um dado estado de coisas tem que lhe ser conferido pela pessoa que o experimenta (*modus ponens*, P2, P3).

P4. O significado de um estado de coisas é a fonte do seu poder de motivar (ou causar) a ação.

P5. Se o significado de um estado de coisas é a fonte do seu poder de motivar (ou causar) a ação, então, no caso de uma ação humana, a eficácia causal do estado de coisas não deriva exclusivamente de características desse estado de coisas.

C2. No caso de uma ação humana, a eficácia causal do estado de coisas não deriva exclusivamente de características desse estado de coisas (*modus ponens*, P4, P5).

C3. Nenhum estado de coisas pode causar deterministicamente uma ação humana (*modus tollens*, P1, C3).

P6. Nenhum estado de coisas pode causar deterministicamente uma ação humana, então nossas ações são livres.

C4. Os seres humanos são inescapavelmente livres (*modus ponens*, C3, P6).

Parte III
EPISTEMOLOGIA

35
Os Argumentos dos Cogitos de Descartes e Agostinho

O Cogito de Descartes

Joyce Lazier

Descartes, René. *Meditations*, organizado por David B. Manley e Charles S. Taylor, traduzido por John Veitch, disponível em www.wright.edu/cola/descartes/index.html (acessado em junho de 2010).

Como o argumento de Descartes, "Eu penso, logo, eu sou", apresentado na Segunda Meditação, é muitas vezes tomado como o fundamento do idealismo e também como a fonte do problema mente-corpo, ele é um argumento filosófico de máxima importância. As *Meditações* são escritas num estilo "fluxo de consciência" e os argumentos são difíceis de acompanhar numa leitura linear. Quando postos em forma de premissa e conclusão, fica mais fácil enxergar tanto o argumento quanto algumas de suas falhas. Depois que Descartes desconsidera Deus como fonte de seus pensamentos no primeiro argumento, a hipótese do "enganador" no quinto argumento é a falha mais óbvia, já que contradiz a lógica apresentada no primeiro argumento. Se acreditamos no primeiro argumento, que Descartes é capaz de produzir ele mesmo seus pensamentos, de modo que não precisa presumir um Deus, então podemos pensar que Descartes é capaz de produzir o próprio engano, de modo a não precisar de um enganador. Então, ou o demônio mau pode ser descartado como causa do engano de Descartes, juntamente com Deus como fonte de seus pensamentos, ou pode-se considerar que Deus existe juntamente com o enganador. Além disso, além do engano, que nós mesmos podemos causar, não temos evidências do enganador e, portanto, boas razões para duvidar (pelos padrões de conhecimento do próprio Descartes) de tal hipótese e descartá-la. Outra falha que aparece depois da reconstrução é um equívoco com "existe" e também com "eu". O mais interessante é que essa formulação mostra que a típica interpretação do argumento "eu penso, logo, eu sou" é ampla demais em dois sentidos. Primeiro, como mostra o argumento, ele alega saber que existe quando está pensando, o que abre a possibilidade de não saber que existe quando não está pensando. Segundo, o "sou" em "eu penso, logo, eu sou" sugere a existência do "eu" independente do pensamento. Mas o argumento de Descartes não fornece esse "eu": só prova o pensamento. Seu argumento prova, no máximo, que "o pensamento existe".

Mas que sei eu, se não há nenhuma outra coisa diferente das que acabo de julgar incertas, da qual não se possa ter a menor dúvida? Não haverá algum Deus, ou alguma outra potência, que me ponha no espírito tais pensamentos? Isso não é necessário, pois talvez seja eu capaz de produzi-los por mim mesmo. Eu então, pelo menos, não serei alguma coisa? Mas já neguei que tivesse qualquer sentido ou qualquer corpo. Hesito, no entanto, pois que se segue daí? Serei de tal modo dependente do corpo e dos sentidos que não possa existir sem eles? Mas eu me persuadi de que nada existia no mundo, que não havia nenhum céu, nenhuma terra, espíritos alguns, nem corpos alguns; não me persuadi também, portanto, de que eu não existia? Certamente não, eu existia sem dúvida, se é que eu me persuadi, ou, apenas, pensei alguma coisa. Mas há algum, não sei qual, enganador mui poderoso e mui ardiloso que emprega toda a sua indústria em enganar-me sempre. Não há, pois, dúvida alguma de que sou, se ele me engana; e por mais que me engane, não poderá jamais fazer com que eu nada seja, enquanto eu pensar ser alguma coisa. De sorte que, após ter pensado bastante nisto e de ter examinado cuidadosamente todas as coisas, cumpre enfim concluir e ter por constante que esta proposição, eu sou, eu existo, é necessariamente verdadeira todas as vezes que a enuncio ou que a concebo em meu espírito. (segunda meditação, capítulo 4)

P1. Ou Deus faz ou eu faço com que os pensamentos surjam em minha mente.

P2. Se posso produzir eu mesmo os pensamentos, não preciso supor um tal Deus.

P3. Posso produzir eu mesmo os pensamentos.

C1. Não preciso supor Deus (*modus ponens*, P2, P3).

P4. Se posso eu mesmo produzir pensamentos, então sou alguma coisa.

P5. Posso produzir eu mesmo pensamentos.

C2. Sou alguma coisa (*modus ponens*, P4, P5).

P6. Estava persuadido de que nada havia no mundo.

P7. Se estou persuadido, então eu existia.

P8. Eu estava persuadido.

C3. Eu existia (*modus ponens*, P7, P8).

P9. Há um demônio mau que está constantemente me enganando, dizendo-me que sou alguma coisa.

P10. Se sou enganado, então estou consciente de que sou alguma coisa.

P11. Sou enganado.

C4. Estou consciente de que sou alguma coisa (*modus ponens*, P10, P11).

P12. Se estou consciente de que sou alguma coisa, então não posso ser nada.

P13. Estou consciente de que sou alguma coisa.

C5. Não sou *nada* (*modus ponens*, P12, P13).

P14. Se não sou *nada*, então existo.

P15. Não sou *nada*.

C6. Eu existo (*modus ponens*, P14, P15).

O Argumento "Si Fallor, sum" de Agostinho (Se me engano, existo)

Brett Gaul

Agostinho. *The City of God against the Pagans*, organizado e traduzido por R. W. Dyson. Cambridge, RU: Cambridge University Press, 1998.

Descartes, René. *The Philosophical Writings of Descartes*, traduzido por John Cottingham, Robert Stoothoff e Dugald Murdoch. Cambridge, RU: Cambridge University Press, 1999.

Menn. Stephen. *Descartes and Augustine*. Cambridge, RU: Cambridge University Press, 1998.

Santo Agostinho de Hipona (354-430) ocupa um lugar interessante na história da filosofia. Bispo da Igreja Católica Romana, Agostinho é uma das principais figuras responsáveis pela incorporação de elementos da filosofia grega e romana ao cristianismo, e suas ideias ainda exercem uma forte influência na filosofia cristã. Em *A Cidade de Deus*, seu trabalho mais longo e possivelmente o mais importante, Agostinho defende o cristianismo contra as críticas dos incrédulos e exibe seu considerável conhecimento do pensamento clássico. Uma das muitas visões clássicas que Agostinho aborda é o ceticismo — a crença de que o conhecimento genuíno não é possível. Agostinho defende a possibilidade de conhecimento genuíno argumentando que não pode estar errado sobre a própria existência ("*Si fallor, sum*"). O argumento é significativo porque precede em cerca de 1.200 anos os mais famosos argumentos de Descartes — "*Je pense, donc je suis*, em francês, e "*Cogito, ergo sum*", em latim —, apresentados no *Discurso do Método* e *Princípios de Filosofia*, respectivamente. Embora não seja claro se Descartes baseia suas versões do argumento no de Agostinho, sabemos pela própria correspondência de Descartes que ele leu Agostinho.

> É, no entanto, sem qualquer representação ilusória de imagens ou fantasmas que estou totalmente certo de que existo, e que conheço esse fato e o adoro. No que diz respeito a essas verdades, não temo de maneira alguma os argumentos dos Acadêmicos quando dizem: E se você estiver enganado? Porque, se eu estiver enganado, eu existo. Quem não existe não pode obviamente estar enganado; e assim, se estou enganado, então, justamente por isso, eu existo. E já que, se estou enganado, é certo que existo, como posso estar enganado ao supor que existo? Assim, já que eu teria que existir mesmo que estivesse enganado, é indubitável que não estou enganado ao saber que existo. (Agostinho, 484)

P1. Se posso considerar se estou ou não enganado sobre a minha própria existência, então sei que existo porque a capacidade de considerar alguma coisa é uma condição suficiente para a existência.

P2. Posso considerar se estou ou não enganado sobre minha própria existência.

C1. Sei que eu existo (*modus ponens*, P1, P2).

Alternativamente:

P1. Se não existo, então não posso considerar se estou ou não errado sobre minha própria existência porque a existência é uma condição necessária para a capacidade de considerar qualquer coisa.

P2. Posso considerar se estou errado sobre minha própria existência.

C1. Eu existo (*modus tollens*, P1, P2).

36
O Argumento Cartesiano do Sonho e o Ceticismo Diante do Mundo Externo

Stephen Hetherington

Descartes, René. "Meditation I", *in Meditations on First Philosophy, in The Philosophical Works of Descartes*, vol. I, organizado e traduzido por E. S. Haldane e G. R. T. Ross. Cambridge, RU: Cambridge University Press, 1911.

___. *Discourse on the Method, in The Philosophical Works of Descartes*, vol. I, organizado e traduzido por E. S. Haldane e G. R. T. Ross. Cambridge, RU: Cambridge University Press, 1911.

Sosa, Ernst. *A Virtue Epistemology*. Oxford: Clarendon Press, 2009.

Stroud, Barry. *The Significance of Philosophical Scepticism*. Oxford: Clarendon Press, 1984.

Wilson, M. D. *Descartes*. Londres: Routledge & Kegan Paul, 1978.

Descartes não foi o primeiro a se preocupar com o sonho e a fazer referência a ele como questão epistemológica. Mas ele tornou essa preocupação especialmente famosa. Ela acabou se transformando num argumento — geralmente considerado cartesiano, pelo menos em espírito — que muitos epistemologistas acham que precisa ser derrubado para que seja possível o conhecimento do mundo exterior. (O uso que Descartes fez dessa preocupação ajudou até a definir a categoria de conhecimento do mundo exterior. Tal conhecimento equivale, no tratamento que dá a ele, a conhecimento do mundo físico.) Embora nem sempre do modo sugestivo senão elíptico usado por Descartes, o argumento cético é rotineiramente ensinado em cursos introdutórios à filosofia — em cursos gerais, assim como em cursos de metafísica e epistemologia.

Esse argumento é epistemológico, de um modo cético. Ele contesta a tese — que para a maioria é uma suposição inquestionada — de que as pessoas conseguem ter algum conhecimento de um mundo físico, incluindo seus próprios aspectos físicos. O argumento é em geral denominado "cartesiano" em homenagem a René Descartes (1596-1650), embora uma versão muito anterior tenha sido apresentada por Sócrates no diálogo *Teeteto*, de Platão (em 158-a-e). A versão de Descartes tem sido a versão historicamente influente. Apresentada em 1641 em *Meditações sobre Filosofia Primeira* ("Meditação I"), foi um momento dramático da mais celebrada expressão e exploração filosófica da dúvida sustentada. Esses pensamentos céticos de Descartes — seguidos imediatamente em *Meditações* por tentativas de resolvê-los — foram centrais na formação da filosofia moderna, sem falar da epistemologia moderna.

Desde então, o argumento teve uma formulação mais completa na epistemologia contemporânea, adquirindo o *status* de uma forma paradigmática da contestação cética. Sempre que epistemologistas contemporâneos procuram neutralizar o pensamento cético, este pensamento cético em particular — o argumento cartesiano do sonho a favor do ceticismo diante do mundo externo — serve muitas vezes como alvo representativo. Isso ocorre em parte porque o conhecimento do mundo físico é algo que as pessoas parecem ter e usar de forma manifesta e frequente.

A importância do argumento cartesiano se deve também a suas aparentes ramificações metafísicas. Ele reflete ou sugere a possibilidade de as pessoas viverem apenas como coisas pensantes — em seus mundos "interiores" de pensamentos e aparentes sensações, sem saber se há além disso algum mundo "exterior".

O argumento de Descartes alcança esse estágio recorrendo à possibilidade de alguma coisa — o sonho — que nos impressione como sendo um tipo de experiência vívida, ainda que enganosa. Acreditamos que, enquanto sonhamos, podemos nos enganar e pensar que estamos realmente vivenciando o mundo físico como ele é. O argumento cético nos desafia a saber que isso não está acontecendo, mesmo pensando que estamos realmente do o mundo físico. Se não sabemos que isso não está acontecendo, será que sabemos que o mundo é como nos parece ser? A conclusão cética é que não sabemos, mesmo quando tudo nos parece normal.

Esse argumento inspirou muitas tentativas de refutação porque a maioria dos epistemologistas não é cética. Mesmo assim, muitos o tratam como um modo importante de nos desafiar, não para provar que temos conhecimento do mundo físico, mas para explicar como temos um tal conhecimento. Parece que dependemos apenas de nossas experiências sensoriais. Mas, será que elas são adequadas, já que podem ser imitadas no sonho?

Todavia, devo me lembrar que sou homem e, consequentemente, que tenho o costume de dormir e de representar, em meus sonhos, as mesmas coisas, ou algumas vezes menos verossímeis, que esses insensatos em vigília. Quantas vezes ocorreu-me sonhar, durante a noite, que estava neste lugar, que estava vestido, que estava junto ao fogo, embora estivesse inteiramente nu dentro de meu leito? Parece-me agora que não é com olhos adormecidos que contemplo este papel; que esta cabeça que eu mexo não está dormente; que é com desígnio e propósito deliberado que estendo esta mão e que a sinto; o que ocorre no sono não parece ser tão claro nem tão distinto quanto tudo isso. Mas, pensando cuidadosamente nisso, lembro-me de ter sido muitas vezes enganado, quando dormia, por semelhantes ilusões. E, detendo-me neste pensamento, vejo tão manifestamente que não há quaisquer indícios concludentes, nem marcas assaz certas por onde se possa distinguir nitidamente a vigília do sono, que me sinto inteiramente pasmado: e meu pasmo é tal que é quase capaz de me persuadir de que estou dormindo. (Descartes Meditação I, 145-46)

Termos técnicos usados no argumento a seguir:

Experiência: uma ocorrência no interior da cognição ou da consciência de alguém.

Experiência sensorial: uma experiência que resulta do uso de um ou mais sentidos da pessoa (visão, audição etc.).

Conteúdo (de uma experiência): os detalhes de como (de acordo com a experiência) é a realidade sob algum aspecto; como, sob algum aspecto, a experiência retrata o mundo como sendo.

Conclusivo: racionalmente conclusivo: excluindo todas as possíveis dúvidas racionais sobre a precisão do conteúdo em questão.

Certeza: certeza racional: tendo excluído todas as possíveis dúvidas racionais sobre a precisão do conteúdo em questão.

P1. Considere ao acaso qualquer experiência real ou possível (chame-a de E) que pareça uma experiência sensorial do mundo físico.

P2. Qualquer experiência real ou possível que pareça uma experiência sensorial do mundo físico tem um conteúdo na medida em que o mundo físico é tal-e-tal em algum aspecto mais ou menos específico.

C1. E tem um conteúdo na medida em que o mundo físico é tal-e-tal em algum aspecto mais ou menos específico (instanciação, P2).

P3. Qualquer experiência efetiva ou possível que pareça ser uma experiência sensorial do mundo físico, se tem um conteúdo no sentido de que o mundo físico é tal-e-tal sob algum aspecto mais ou menos específico, não inclui então nenhum outro conteúdo.

C2. Se E tem um conteúdo no sentido de que o mundo físico é tal-e-tal sob algum aspecto mais ou menos específico, então E não inclui nenhum outro conteúdo (instanciação, P3).

C3. E não inclui nenhum outro conteúdo (*modus ponens*, C1, C2).

P4. Qualquer experiência efetiva ou possível que pareça ser uma experiência sensorial do mundo físico, se não inclui nenhum outro conteúdo, então não inclui em particular nenhuma outra marca ou identificação conclusiva de não ser uma instância de sonho.

C4. Se E não inclui nenhum outro conteúdo, então E não inclui em particular nenhuma marca ou indicação conclusiva de não ser uma instância de sonho (instanciação, P4).

C5. Em particular, E não inclui nenhuma outra marca ou indicação conclusiva de não ser uma instância de sonho (*modus ponens*, C3, C4).

P5. Qualquer experiência efetiva ou possível que pareça ser uma experiência sensorial do mundo físico, se não inclui em particular nenhuma marca ou indicação de não ser uma instância de sonho, então não fornece evidências conclusivas de não ser uma instância de sonho.

C6. Se, em particular, E não inclui nenhuma outra marca ou indicação conclusivas de não ser uma instância de sonho, então E não fornece evidências conclusivas de não ser uma instância de sonho (instanciação, P5).

C7. E não fornece nenhuma evidência conclusiva de não ser uma instância de sonho (*modus ponens*, C5, C6).

P6. Qualquer experiência efetiva ou possível que pareça ser uma experiência sensorial do mundo físico, se não fornece evidências conclusivas de não ser uma instância de sonho, então a pessoa que está ou estaria tendo a experiência não sabe com certeza se ela não é uma instância de sonho.

C8. Se E não fornece evidências conclusivas de não ser uma instância de sonho, então a pessoa que está ou que estaria tendo E não sabe com certeza se ela não é uma instância de sonho (instanciação, P6).

C8. A pessoa que está ou que estaria tendo E não sabe com certeza se ela não é uma instância de sonho (*modus ponens*, C7, C8).

P7. Qualquer experiência efetiva ou possível que pareça ser uma experiência sensorial do mundo físico, se a pessoa que a tem ou teria não sabe com certeza se ela não é uma instância de sonho, então ela não sabe se ela não é uma instância de sonho.

C9. Se a pessoa que está ou estaria tendo E não sabe com certeza se ela não é uma instância de sonho, então ela não sabe se E não é uma instância de sonho (instanciação, P7).

C10. A pessoa que está ou estaria tendo E não sabe se ela não é uma instância de sonho (*modus ponens*, C8, C9).

P8. Qualquer experiência efetiva ou possível que pareça ser uma experiência sensorial do mundo físico, se a pessoa que a está ou estaria tendo não sabe se ela não é uma instância de sonho, então ela não sabe se é uma experiência sensorial do mundo físico.

C11. Se a pessoa que está ou estaria tendo E não sabe se ela não é uma instância de sonho, então não sabe se E é uma experiência sensorial do mundo físico (instanciação, P8).

C12. A pessoa que está ou estaria tendo E não sabe se ela é uma experiência sensorial do mundo físico (*modus ponens*, C10, C11).

P9. No caso de qualquer experiência efetiva ou possível que pareça ser uma experiência sensorial do mundo físico, se a pessoa que está ou que estaria tendo a experiência não sabe se ela é uma experiência sensorial do mundo físico, então ela não está lhe fornecendo nenhum conhecimento do mundo físico.

C13. Se a pessoa que está ou que estaria tendo a experiência E não sabe se ela é uma experiência sensorial do mundo físico, então E não está lhe fornecendo nenhum conhecimento do mundo físico (instanciação, P9).

C14. E não fornece nenhum conhecimento do mundo físico para a pessoa que está tendo a experiência E (*modus ponens*, C12, C13).

C15. Qualquer experiência efetiva ou possível que pareça ser uma experiência sensorial do mundo físico não fornece nenhum conhecimento do mundo físico para a pessoa que está tendo a experiência (generalização universal, P1, C14).

C16. Nenhuma experiência efetiva ou possível que pareça ser uma experiência sensorial do mundo físico fornece conhecimento do mundo físico para a pessoa que está tendo a experiência (negação-quantificador, C15).

P10. Se nenhuma experiência efetiva ou possível que pareça ser uma experiência sensorial do mundo físico fornece conhecimento do mundo físico para a pessoa que está tendo a experiência, então o conhecimento do mundo físico é impossível.

C17. O conhecimento do mundo físico é impossível (*modus ponens*, C16, P10).

37
O Argumento da Transparência da Experiência

Carlos Mario Muñoz-Suárez

Block, Ned. "Mental Paint and Mental Latex", *in Philosophical Issues 7, Perception*, organizado por E. Villanueva, 19-49. Atascadero, CA: Ridgeview, 1996.

Dretske, Fred. *Naturalizing the Mind*. Cambridge, MA: The MIT Press, 1995.

Harman, Gilbert. "The Intrinsic Quality of Experience", *in Philosophical Perspectives* 4, Action Theory and Philosophy of Mind, organizado por J. Tomberlin, 53-79. Atascadero, CA: Ridgeview, 1990.

___. "Explaining Objective Color in Terms of Subjective Reactions", *in Philosophical Issues* 7, Perception, organizado por E. Villanueva, 1-17. Atascadero, CA: Ridgeview, 1996.

Kind, Amy. "What's so Transparent about Transparency?", *Philosophical Studies* nº 115 (2003): 225-44.

Moore, G. E. "The Refutation of Idealism." *Mind*, Nova Série 12, 48 (1903): 433-53.

Robinson, Howard. *Perception*. Londres: Routledge, 1994.

Russell, Bertrand. *The Problems of Philosophy*. Oxford: Oxford University Press, 1980.

Shoemaker, Sydney. "Color, Subjective Relations and Qualia", *in Philosophical Issues 7, Perception*, organizado por E. Villanueva, 55-66. Atascadero, CA: Ridgeview, 1996.

Tye, Michael. *Ten Problems of Consciousness*. Cambridge, MA: The MIT Press, 1995.

____. *Consciousness, Color and Content*. Cambridge, MA: The MIT Press, 2000.

Esse é um dos principais argumentos na filosofia da percepção e na epistemologia. Foi canonicamente apresentado por G. E. Moore. Esse argumento contesta a tese de que, quando temos sensações, estamos diretamente conscientes dos aspectos das sensações ou experiências. Torna-se explícita uma intuição do senso comum sobre o que parece ser diáfano ao se ter sensações, ou seja, as relações de consciência sensorial — nas palavras de Moore: "em relação ao que todas as sensações são iguais" (444). No geral, o argumento é sobre o que está epistemicamente disponível quando temos sensações.

Em princípio, esse é um argumento epistêmico, mas tem conclusões metafísicas dependendo da estrutura teórica. Em geral, o argumento da transparência da experiência (doravante ATE) é muitas vezes entendido como contrário à redução dos conteúdos das sensações (cores, digamos) a uma espécie de "véu da percepção" ou "coloração mental" (Harman, "Intrinsic Quality" e "Explaining") — em outras palavras, no empirismo de Berkeley, alguma coisa que constitui o próprio mundo externo. Outros filósofos têm criticado essa conclusão (ver Block).

A intuição que gera o ATE foi delineada por Moore como se segue: quando "tentamos fixar a atenção na consciência e ver distintamente o que ela é, ela parece desaparecer: é como se tivéssemos diante de nós um mero vazio. Quando tentamos introspectar a sensação de azul, tudo o que conseguimos ver é o azul: o outro elemento é como se fosse diáfano" (Moore 450). Essa citação é muitas vezes usada para sustentar o seguinte: (a) uma inferência epistemológica: só por ter sensações, não conseguimos introspectar relações de consciência sensorial; assim, ficamos diretamente conscientes daquilo a que se referem as nossas sensações, como por exemplo a cor verde (Tye *Ten Problems*, 30). (b) Uma inferência metafísica: só por ter sensações, *nunca* conseguimos introspectar relações de consciência sensorial ou aspectos das próprias sensações; assim, não há intermediários perceptuais. O consequente de (a) não é necessariamente o consequente de (b), apesar de o antecedente ser o mesmo. Esclarecer as relações entre tal antecedente e tais consequentes é a questão central do debate (ver Dretske, Harman "Explaining", Block e Shoemaker). O antecedente não foi definido por Moore. Devo retornar a essa questão mais adiante.

A estrutura abstrata do raciocínio por trás do ATE é a seguinte:

P1. [Premissa do Conteúdo:] Se um sujeito, S, tem uma sensação, v, v é uma sensação de x.

P2. [Premissa da Transparência]: Ao ter v, S tem apenas conhecimento direto de y.

C1. [Conclusão epistemológica] S é diretamente consciente de y.

C2. [Conclusão metafísica]

(Se $v = y$ ou ($y = P$ e Pv)) Há entidades do tipo y entre S e x.

(Se $v \neq y$ ou ($y = P$ e $\vdash Pv$)) Não há entidades do tipo y entre S e x.

O ATE não conclui que a transparência é verdadeira, mas a toma como premissa. O argumento tem *ab initio* duas interpretações plausíveis, dependendo do caráter metafísico e do papel atribuído àquilo a que se refere a sensação: (i) Versão do conteúdo forte: o que figura como conteúdo de uma sensação é um item independente do sujeito e suas propriedades. (ii) Versão do conteúdo fraco: o que figura como conteúdo de uma sensação é uma entidade dependente do sujeito (por ex., propriedades sensoriais, *qualia* e assim por diante). Os filósofos que endossam (i) recorrem a ATE para justificar relações objetivas (físicas) entre sensações e entidades físicas externas, independentes da mente (Harman "Intrinsic", Dretske e Tye *Consciousness*). Da mesma forma, os filósofos que endossam (ii) recorrem a ATE para justificar relações (mentais) entre sensações e entidades dependentes da mente (Robinson IX par. 3). Além disso, "transparência" tem *ab initio* duas interpretações plausíveis dependendo do papel epistêmico atribuído às sensações (ver Kind): (i*) Transparência forte: ao ter uma sensação, V, a pessoa não consegue introspectar aspectos de v, mas apenas aquilo a que v se refere. (ii*) Transparência fraca: ao ter uma sensação, V, a pessoa consegue introspectar algum aspecto de V. A última foi a versão endossada por Moore e a primeira é a antecedente da inferência epistemológica e da inferência metafísica.

(i) e (i*) podem ser juntados, gerando uma versão de ATE que motiva o realismo direto. Chamemos essa versão de ATE forte: por ter uma sensação, V, a pessoa não consegue introspectar aspectos de V mas apenas a entidade independente do sujeito a que v se refere (Tye *Consciousness* e Harman "Intrinsic", 39). Isso pode ser sintetizado como se segue:

P1. Se um sujeito, S, tem a sensação, V, então V é uma sensação de uma entidade independente do sujeito, X (versão do conteúdo forte).

P2. Por ter V, S não consegue introspectar aspectos de V, mas apenas aquilo a que V se refere (transparência forte).

C1. Não há intermediários perceptuais entre S e X (inferência metafísica*).

Da mesma forma, (ii) e (ii*) podem ser juntados, e obtemos uma versão de ATE que motiva o idealismo. O ATE fraco sustenta que, por ter uma sensação, V, a pessoa está sensorialmente consciente de uma entidade dependente da mente e consegue introspectar aspectos de V. O argumento seria como se segue:

P1. Se um sujeito, S, tem a sensação, V, então V é uma sensação de uma entidade dependente do sujeito, Z (versão do conteúdo fraco).

P2. Por ter V, S não consegue introspectar aspectos de V, mas apenas aquilo a que V se refere, ou seja, Z (transparência forte).

C1. Não há intermediários perceptuais entre S e Z (inferência metafísica**).

Há outra versão sobre conteúdo; é uma versão da versão do conteúdo fraco. Vamos chamá-la de versão "conteúdo-propriedade" (iii): o que aparece como conteúdo de uma sensação são propriedades dependentes do sujeito (cores, digamos) que parecem ser instanciadas em entidades independentes do sujeito (mesas, digamos). Essa versão pode ser juntada à da transparência fraca. Obtemos uma terceira versão de ATE: vamos chamá-la de ATE dos "dados sensoriais".

P1. Se um sujeito, S, tem a sensação, V, então V é uma sensação de uma propriedade dependente do sujeito, Q, que parece ser instanciada num particular dependente da mente, X (versão conteúdo-propriedade).

P2. Por ter uma sensação, V, S pode introspectar Q (Transparência Fraca).

C1. Há intermediários perceptuais entre S e X.

O ATE dos dados sensoriais difere do ATE fraco, já que o primeiro especifica que os intermediários perceptuais só podem ser propriedades sensoriais, digamos *qualia*, e não entidades físicas concretas (ver Russell). O debate sobre transparência e compreensão correta do conteúdo das sensações está longe de ser resolvido: no entanto, há muitas teorias detalhadas procurando fazer isso.

38

O Argumento do Regresso a favor do Ceticismo

Scott Aikin

Sexto Empírico. *Outlines of Scepticism*. Traduzido por Julia Annas e Jonathan Barnes. Cambridge, RU: Cambridge University Press, 2000.

Oakley, I. T. "An Argument for Scepticism Concerning Justified Beliefs." *American Philosophical Quarterly*, 13, 3 (1976): 221-28.

Cling, Andrew. "Reasons, Regresses and Tragedy." *American Philosophical Quarterly*, 46, 2 (2009): 333-46.

O pensamento que serve de base ao argumento do regresso é familiar a qualquer um que já conversou com uma criança curiosa: "Por quê?" é sempre uma boa pergunta. Como a pergunta pode ser feita depois de qualquer resposta, logo emerge um padrão recursivo. Por exemplo: "Coma os legumes". "Por quê?" "Porque fazem bem." "Por quê?" "Porque são bons para a saúde." E assim vai. Traduzido para um contexto epistemológico, o problema do regresso surge devido a uma exigência simples: para sustentar razoavelmente uma convicção, você tem que ser capaz de responder satisfatoriamente uma pergunta "por quê?" com outra convicção ou grupo de convicções razoavelmente sustentadas. Isso, é claro, pede outra pergunta "por quê?", que exige outra resposta satisfatória e justificadamente sustentada. E assim se desenrola o regresso (nº 49). Parece que a exigência de continuar até o infinito é excessiva, que as respostas que entram num círculo são viciosas e que sempre que alguém diz que não precisa dar mais respostas, não está agindo razoavelmente. O ceticismo parece se seguir daí — se não podemos dar uma sustentação adequada a nossas alegações, não sabemos se são verdadeiras.

Sexto Empírico formulou classicamente o problema do regresso em *Esboços Pirrônicos* como a coordenação de cinco "modos", ou estratégias, de argumento cético. Dois desses modos, às vezes chamados de "modos materiais", desafiam quem acredita em alguma coisa a defendê-la. São os modos da relatividade e da disputa. Quando alguém começa a defender uma convicção, há apenas três opções para o argumento continuar: um (i) regresso vicioso, como Sexto chama "*ad infinitum*", (ii) um círculo vicioso, que Sexto chama de "reciprocidade" ou (iii) uma asserção dogmática sem sustentação, que Sexto chama de "hipótese". Esses três modos do argumento são chamados de "modos formais" ou "o trilema".

> De acordo com o modo que deriva da disputa, descobrimos que aquela dissensão indecidível sobre a questão proposta ocorreu tanto na vida comum como entre os filósofos. Por causa disso, não conseguimos nem escolher nem excluir coisa alguma, e acabamos numa suspensão do julgamento. No modo que deriva do infinito regresso, dizemos que o que é apresentado como fonte de convicção para a questão proposta precisa de outra fonte, que por sua vez precisa de outra e assim *ad infinitum*, de modo que não temos um ponto de partida para estabelecer seja o que for, seguindo-se a suspensão do julgamento. No modo que deriva da relatividade, [...] o objeto existente parece ser relativo ao julgamento do sujeito e às coisas observadas juntamente com ele, mas suspendemos o julgamento sobre como ele é em sua natureza. Temos o modo derivado da hipótese que vem dos dogmatistas: ser lançado de volta *ad infinitum*, começar a partir de alguma coisa que eles não estabelecem mas que dizem aceitar sem prova alguma, em virtude de uma concessão. O modo recíproco ocorre quando o que deveria ser confirmatório do objeto sob investigação depende do objeto sob investigação para se tornar convincente; então, incapazes de usar qualquer um dos dois para estabelecer o outro, suspendemos o julgamento sobre ambos. (Empírico PH I.165-69)

Dados os problemas estruturais que vêm com o saber, somos forçados a suspender o julgamento sobre as nossas convicções, em geral porque não são justificadas. A justificação é estruturalmente contestada e, como consequência, uma coisa que não podemos ter. Segue-se então o ceticismo geral sobre o conhecimento. As premissas do argumento são todas inerentemente plausíveis. O princípio de justificação inferencial é uma coisa que acompanha o convicto responsável — se você acredita em alguma coisa, deve ser capaz de explicar por quê, ou seja, deve ser capaz de apresentar uma razão que conte a favor da verdade de sua convicção. Isso é simplesmente ser responsável por suas crenças. A responsabilidade se repete porque as razões que apresentamos devem também passar pelo teste. E as cadeias de razões são apenas parte do que é ser um ser racional – apresentamos histórias que justificam o que fazemos, o que dizemos e aquilo em que acreditamos. Sem essas histórias, é difícil nos ver como responsáveis, razoáveis ou racionais.

O princípio de justificação não circular vem de um pensamento argumentativo informal; os argumentos que têm suas conclusões atuando nas premissas fracassam porque são viciosos. O raciocínio tem que ser uma espécie de progresso, em que chegamos a algum lugar, aumentamos o nosso conhecimento, resolvemos desacordos e respondemos a perguntas. Aceitando nossas conclusões no início e apresentando as histórias que as justificam à sua própria luz, somos no máximo consistentes, mas é só isso que podemos dizer a favor do raciocínio.

Segundo o princípio de justificação finita, séries infinitas de razões não podem ser completadas por criaturas finitas como nós. Não temos um tempo infinito e nem razões infinitas para as nossas convicções — a nossa mente é limitada apenas às coisas que experimentamos, pensamos e aprendemos. Além disso, parece, como Sexto observa anteriormente, mesmo que houvesse cadeias infinitas de razões, não sabemos ao certo como o raciocínio sobre uma cadeia de razões poderia começar ou terminar.

Os corolários de justificadores não justificados e de finalizadores decorrentes não justificados são contrapositivos do princípio de justificação inferencial e do corolário de justificação recursiva. A exigência de justificação inferencial é que (em jargão da epistemologia), se S tem uma convicção justificada de que p, S tem uma convicção justificada de que q que justifica p. O corolário é que, sem uma convicção justificada de que q justifique p, S não tem uma convicção justificada de que p. Não há justificadores não justificados.

O trilema é que, quando uma cadeia de razões começa a ser estendida, há apenas três opções: ela se interrompe (a) com uma convicção ou outra, sem mais sustentação, (b) volta em círculo sobre si mesma ou (c) continua até o infinito. Na medida em que pensamos que as razões têm que vir em cadeias recursivas, essas três são as únicas opções.

Apesar do fato de cada premissa do argumento ser individualmente atraente, juntas elas levam a uma conclusão pouco atraente, ou seja, que não temos justificativa alguma para nenhuma das nossas convicções. Essa conclusão inaceitável forçou muita gente a voltar às premissas do argumento com um olhar mais crítico. Uma das premissas, se de fato sabemos alguma coisa, tem que ser falsa. O projeto do anticeticismo, à luz do problema do regresso, consiste em defender a falsidade de pelo menos uma das premissas.

A mais antiga e mais usada estratégia anticética é chamada de "fundacionalismo". O fundacionalista sustenta que a premissa 1 é falsa ou, pelo menos, que não há exceções notáveis. Há algumas convicções que se sustentam sozinhas e que podem servir como fundamento para outras convicções. Vamos chamar essas convicções com justificação autônoma de "convicções básicas". O fundacionalista aceita que as razões vêm em cadeias mas, se as razões são justificantes, essas cadeias de razões terminam sempre com convicções que são justificadas independentemente de outras razões. Tome três exemplos: suas convicções (i) de que você existe, (ii) de que tem um livro à sua frente e (iii) de que $2 + 2 = 4$. Cada uma dessas convicções é justificada porque você vê que são verdadeiras. Você, ao acreditar, (i) fornece a razão para a sua verdade (que não pode ser falsa se você acredita nela). Sua experiência visual deste livro à sua frente lhe dá uma razão para acreditar (ii) e você não precisa de outras razões para isso. Os seus conceitos de adição, igualdade, dois e quatro lhe dão a compreensão para fazer as coisas de modo a não precisar de qualquer outra razão para acreditar (iii) além dessa compreensão. Convicções como essas são finalizadoras do regresso.

O "coerentista" aceita o princípio de justificação inferencial e sustenta que apenas convicções justificadas podem justificar convicções. No entanto, o coerentista nega o princípio da não circularidade da justificação. As histórias justificantes vêm como pacotes, à medida que acreditamos razoavelmente nas coisas quando elas se encaixam com outras coisas em que acreditamos. E uma vez que esses sistemas de crenças estejam funcionando, as crenças dentro deles se sustentam mutuamente. Por exemplo, você acredita que há forças físicas, como a gravidade. Acredita também que uma bola de boliche que caia sobre um frágil rato de porcelana o esmagará. Acredita também que, na última vez que deixou cair suas chaves, elas caíram no chão. Essas convicções todas andam juntas e funcionam, com muitas outras, como um sistema para que você entenda suas experiências passadas e faça previsões sobre as futuras. A justificação emerge desses sistemas de crenças interdependentes e que se sustentam mutuamente.

O "contextualista", assim como o fundacionalista, sustenta que há exceções ao princípio de justificação inferencial. No entanto, as convicções que não precisam de mais razões dependem do tipo de pergunta que as nossas justificações pretendem responder. Por exemplo, se você está tentando decidir se vai a Las Vegas nas férias, pode ser razoável duvidar da exatidão das informações do ano passado sobre preço de hotéis. Então, você pode procurar uma fonte mais recente. Mas você não vai se perguntar se os hotéis aceitam dólares americanos ou se você vai ser atendido em inglês. Mas se estiver pensando em ir para Monte Carlo (em Mônaco), além de buscar informações melhores sobre preços de hotéis, é bom verificar de que tipo de moeda vai precisar e se é melhor fazer um curso rápido de francês. Dependendo do que está em questão, nem vale a pena fazer certas perguntas, cujas respostas são razoavelmente presumidas no contexto. Mas em outras ocasiões vale a pena fazer essas mesmas perguntas porque não é possível presumir razoavelmente as respostas.

O "infinitismo" é um incremento recente em epistemologia, já que faz mais de 2 mil anos que as pessoas pensam no problema do regresso, mas faz só aproximadamente dez anos que essa visão foi apresentada com detalhes. O infinitista nega o princípio da justificação finita. E assim, sustenta que só uma série infinita de razões pode produzir uma convicção justificada. O pensamento básico é que a pessoa que realmente conhece alguma coisa pode responder às perguntas "por que" até que elas se esgotem. E, em princípio, não há nenhuma razão para que essas perguntas terminem. Essa é por certo uma tarefa pesada e aparentemente complicada, já que nunca apresentamos argumentos assim tão longos. Mas o infinitista sustenta que não é preciso apresentar esses argumentos, mas simplesmente ser capaz de apresentá-los à medida que forem exigidos por questionadores críticos. Questionadores persistentes são cansativos, mas são úteis porque nos fazem sondar as profundezas das nossas razões. Eles podem quebrar algumas regras de contexto ao questionar coisas que normalmente não questionamos, mas é assim que realmente ficamos sabendo — podemos responder a perguntas que de outra forma diríamos que estão implícitas.

O sucesso do argumento do regresso a favor do ceticismo depende desses quatro programas anticéticos estarem corretos ao negar ou modificar as premissas do argumento. Se esses programas anticéticos estiverem corretos, têm que conseguir responder a algumas perguntas simples. A pergunta para o fundacionalista é se, ao argumentar que há convicções básicas que encerram o regresso, o fundacionalista não continuou na verdade o regresso. Isso é às vezes chamado de "problema do metarregresso" pelo fundacionalismo. A pergunta para o contextualista é se esses sistemas de crenças que se sustentam mutuamente têm alguma coisa a ver com a verdade, já que parece que os sistemas de crenças malucas (por ex., teorias da conspiração) são coerentes e funcionam de modo semelhante, embora estejam terrivelmente errados. Isso é chamado de "problemas dos sistemas alternados" pelo coerentismo. A pergunta para o contextualista é se uma suposição contextualmente apropriada equivale a uma justificação — certamente alguns contextos são definidos pelo fato de as pessoas fazerem suposições dentro deles, mas isso não significa que tenham conhecimento. Isso é chamado de "problema da credulidade" pelos contextualistas. A pergunta para o infinitista é se o infinitismo seria simplesmente outra forma de ceticismo, já que parece que ninguém tem realmente uma série infinita de razões justificantes, de modo que ninguém sabe realmente alguma coisa. Isso é chamado de "problema do criptoceticismo" pelos infinitistas. O cético quanto ao regresso é, por falta de um termo melhor, cético quanto à possibilidade de respostas adequadas para essas contestações.

P1. Para alguém sustentar uma convicção de maneira razoável (ou justificada), tem que fazê-lo sobre a base justificante de outra convicção justificada.

P2. Se alguém sustenta razoavelmente uma convicção, deve então sustentar razoavelmente outra convicção para justificar a primeira, e uma terceira para sustentar a segunda, e mais uma quarta para sustentar a terceira e assim por diante. Isso será chamado de "cadeia de razões".

C1. Para alguém sustentar razoavelmente uma convicção, tem que ter uma cadeia de razões justificantes (silogismo hipotético, P1, P2).

P3. Para alguém sustentar razoavelmente uma convicção, isso não pode ser com base numa cadeia circular de razões.

P4. Para alguém sustentar razoavelmente uma convicção, isso não pode ser com base numa cadeia infinita de razões.

P5. Quem sustenta uma convicção com base numa convicção sem justificação não sustenta razoavelmente a primeira convicção.

C2. Ninguém que use cadeias de razões que terminem em convicções não justificadas está justificado (generalização universal, P2, P5).

P6. As cadeias de razões ou são (a) circulares ou (b) terminam com convicções não justificadas ou (c) são infinitas.

C3. Porque qualquer cadeia de razões ou (a) avança em círculo, ou (b) termina com um compromisso não justificado ou (c) continua até o infinito (instanciação, P6).

C4. Não há uma convicção que justifique ser sustentada por alguém (trilema destrutivo, P3, P4, P6).

39
Os Argumentos Anticéticos de Moore

Matthew Frise

Moore, G. E. "Four Forms of Scepticism" e "Proof of an External World", *in Epistemology: An Anthology*, organizado por Ernest Sosa, Jaegwon Kim e Matthew McGrath, 24-8. Malden, MA: Blackwell, 2000.

Reid, Thomas. *Philosophical Works*. Hildesheim: Olms, 1983.

O ceticismo acerca do mundo externo — a visão de que não sabemos se existe alguma coisa fora da nossa mente — tem sido uma questão central da epistemologia. G. E. Moore, um dos mais influentes filósofos analíticos do século XX, popularizou dois tipos de argumentos contra o ceticismo que fazem referência a alegações do senso comum, como "sei que isso é um lápis" ou "essa é minha mão". A estratégia do primeiro tipo de argumento é observar que as alegações do senso comum são mais seguras do que as suposições do cético (pelo menos algumas delas). A conclusão não é que o conhecimento do senso comum desminta o ceticismo, mas que o conhecimento do senso comum não corre o risco de ser enfraquecido pelo ceticismo. A estratégia do segundo tipo de argumento é citar coisas do mundo exterior que claramente sabemos que existem, demonstrando assim conhecimento de que o próprio mundo exterior existe. Um argumento desse tipo é formalmente válido mas, para muitos, ele não chega a refutar o ceticismo porque "incorre em petição de princípio"; o conhecimento de suas premissas pressupõe o conhecimento de sua conclusão. Abaixo, apresentamos o esqueleto desses dois tipos de argumento, tornando explícito o raciocínio e a conclusão de cada um.

> No entanto, o que eu quero finalmente enfatizar é o seguinte: a visão de Russell de que não sei por certo se isso é um lápis ou se você é cons-

ciente, repousa, se estou correto, em não menos do que quatro suposições distintas: (1) que não sei essas coisas imediatamente; (2) que elas não se seguem logicamente de qualquer coisa ou coisas que sei imediatamente; (3) que *se* (1) e (2) são verdade, minha crença nisso ou conhecimento disso deve ser "baseada num argumento analógico ou indutivo"; e (4) que aquilo que é assim fundamentado não pode ser *conhecimento certo*. E o que não consigo deixar de me perguntar é o seguinte: será que achar que essas quatro suposições são verdadeiras é tão seguro quanto eu saber que isso é um lápis e que você é consciente? Não posso deixar de responder: a mim parece mais certo eu saber que isso é um lápis e que você é consciente do que achar que qualquer uma dessas suposições é verdadeira, que dirá as quatro. Ou seja, como eu disse, concordo com Russell que (1), (2) e (3) *são* verdadeiras; mesmo assim, a respeito de nenhuma delas eu tenho tanta certeza quanto tenho de saber que isso é um lápis. Mais ainda: não penso que seja racional ter certeza acerca de qualquer uma dessas proposições como de saber que isso é um lápis. (Moore, 28)

P1. As suposições do cético implicam que proposições como "sei que isso é um lápis" são falsas.

P2. Se uma proposição A é mais evidente do que uma proposição B, B não pode provar a falsidade de A.

P3. "Sei que isso é um lápis" é mais verdadeira do que qualquer uma das suposições do cético.

C1. As suposições do cético não podem provar a falsidade de "sei que isso é um lápis" (*modus ponens*, P2, P3).

Posso provar agora, por exemplo, que existem duas mãos humanas. Como? Erguendo as duas mãos e dizendo, ao fazer um certo gesto com a mão direita, "está é uma mão" e acrescentando, ao fazer um certo gesto com a esquerda, "e esta é a outra". (Moore, 24)

P1. Esta é uma mão, esta é a outra.

P2. Se mãos existem, então objetos externos existem.

C1. Objetos externos existem (*modus ponens*, P1, P2).

40
O Paradoxo do Preconceito

Deborah Heikes

Antony, Louise. "Quine as Feminist", *in* A *Mind of One's Own*, organizado por Louise M. Antony e Charlotte Witt, 110-53. Boulder, CO: Westview, 2002.

Heikes, Deborah. "The Bias Paradox: Why It's Not Just for Feminists Anymore." *Synthese* 138, 3 (2004): 315-35.

O paradoxo do preconceito vem de argumentos que rejeitam ou revisam decisivamente as concepções cartesianas de pura objetividade e imparcialidade. Tais concepções nos exigem ir além da particularidade e da contingência para adquirir um conhecimento que seja livre de preconceito. Os filósofos feministas têm em geral a preocupação de não rejeitar noções de objetividade que requeiram essa completa eliminação da subjetividade. Como regra, os feministas acreditam que a subjetividade nunca pode ser inteiramente eliminada. No entanto, essa rejeição de uma noção de pura neutralidade (não subjetiva) levou ao dilema que Louise Antony chama de "paradoxo do preconceito".

Para os feministas, dois compromissos fundamentais dão origem ao dilema que parece exigir um compromisso ou com o objetivismo ou com o relativismo. O primeiro desses compromissos é a rejeição explícita do conceito de objetividade imparcial, e o segundo é o desejo de afirmar a realidade e a injustiça da opressão das mulheres. O problema é que, na ausência de imparcialidade (pelo menos como um ideal) parece haver falta de critérios normativos e consistentes para avaliar convicções através de diferentes perspectivas epistêmicas. Ao mesmo tempo, os filósofos feministas rejeitam quase que com unanimidade a possibilidade de imparcialidade. O dilema, como Louise Antony o apresenta, é o seguinte: ou endossamos o ideal de objetividade de modo a poder fornecer uma base para avaliar o preconceito ou paramos de criticar o preconceito (ou seja, paramos de distinguir entre preconceitos "bons" e "maus"), já que não há um padrão para avaliar preconceitos concorrentes.

Embora a tensão seja tratada mais diretamente em discussões da epistemologia feminista naturalizada e da filosofia feminista da ciência, o paradoxo do preconceito não é meramente um problema para feministas. Qualquer visão que rejeite os ideais cartesianos de pura objetividade e neutralidade de valor acabará sendo forçada a enfrentar o dilema que resulta aparentemente do paradoxo, ou seja, ou endossamos a pura imparcialidade ou aceitamos um relativismo "vale tudo". O problema, é claro, é que muitas visões filosóficas negam que a pura imparcialidade possa ser atingida, e muitas argumentam que isso nem mesmo é útil como ideal. No entanto, a alternativa é considerar que quase todas as alegações de conhecimento são tão boas como qualquer outra — quase ninguém deseja adotar essa visão. Por isso, nós nos deparamos com o paradoxo do preconceito.

> Segundo muitos filósofos feministas, a falha do ideal de imparcialidade é supostamente o fato de o próprio ideal ser preconceituoso: os críticos afirmam ou que o conceito de "objetividade" serve para articular um ponto de vista masculino ou patriarcal [...] ou que tem a função ideológica de proteger os direitos dos que estão no poder, especialmente os homens. Mas como é possível criticar a parcialidade do conceito de objetividade sem pressupor o valor sob esse ataque? Falando cruamente: se achamos que não é bom ser imparcial, então como podemos objetar ao fato de os homens serem *parciais*? (Antony, 114)

P1. A imparcialidade é inatingível como ideal de prática epistêmica.

P2. Se a imparcialidade é inatingível como ideal de prática epistêmica, então todas as práticas epistêmicas são preconceituosas.

    C1. Todas as práticas epistêmicas são preconceituosas (*modus ponens*, P1, P2).

P3. Se todas as práticas epistêmicas são preconceituosas, não pode haver critérios imparciais para avaliar o valor epistêmico dos preconceitos.

    C2. Não pode haver critérios imparciais para avaliar o valor epistêmico dos preconceitos (*modus ponens*, C1, P3).

P4. Se não há critérios para avaliar o valor epistêmico dos preconceitos, então todos os preconceitos são iguais.

C3. Todos os preconceitos são iguais (*modus ponens*, C2, P4).

Paradoxo do preconceito genérico:

P1. O ideal de imparcialidade deve ser rejeitado.

P2. Se rejeitamos o ideal de imparcialidade, não pode haver um procedimento justificado para fazer uma distinção normativa entre visões epistêmicas concorrentes.

C1. Não pode haver um procedimento justificado para fazer uma distinção normativa entre visões epistêmicas concorrentes (*modus ponens*, P1, P2).

P3. Se não há um procedimento justificado para fazer uma distinção normativa entre visões epistêmicas concorrentes, então todas as visões são epistemicamente iguais.

C2. Todas as visões são epistemicamente iguais (*modus ponens*, C1, P3).

41
O Argumento de Gettier contra a Definição Tradicional de Conhecimento

John M. DePoe[1]

Gettier, Edmund. "Is Justified True Belief Knowledge?" *Analysis* 23 (1963): 121-23.

O problema de Gettier tem chamado a atenção de epistemologistas desde que Edmund Gettier (1927-) publicou seu artigo de três páginas em 1963. O objetivo do argumento de Gettier é mostrar que o conceito de conhecimento não pode ser definido como crença verdadeira justificada, sendo que Gettier procura contestar a definição tradicional de conhecimento mostrando que há contraexemplos para ela. Se a definição tradicional de conhecimento estiver correta, então não é possível que alguém tenha uma crença verdadeira justificada que não seja conhecimento (P1). Como a definição implica que todas as instâncias de conhecimento são crenças verdadeiras justificadas e vice-versa, para refutar a análise tradicional, Gettier precisava fornecer um exemplo de uma crença verdadeira justificada que ninguém considerasse como um exemplo de conhecimento.

Para compreender o contraexemplo de Gettier, é importante ver primeiro como os defensores da definição tradicional compreendem crença justificada. A análise correta de justificação é uma questão de grande controvérsia mas, como tentativa preliminar, vamos considerar alguém que tem uma crença justificada como alguém que tem alguma evidência ou boas razões para pensar que essa crença é verdadeira ou que pode ser verdadeira. É importante observar que, no caso de uma crença justificada, as boas razões de quem a tem não precisam necessariamente

---

1. O autor deseja agradecer a Michael O'Rouke (Universidade de Idaho).

garantir que a crença seja verdadeira. Por exemplo, alguém pode acreditar justificadamente que está vendo uma zebra com base na evidência de uma experiência sensorial de um equino listado de branco e preto, e essa crença seria justificada mesmo que o animal não fosse uma zebra, mas uma mula muito bem pintada. Consequentemente, para que uma crença seja justificada, não é necessário que seja verdadeira. Como (P2) afirma, é possível que alguém acredite justificadamente numa proposição falsa.

A parte seguinte do contraexemplo de Gettier parte do princípio expresso por (P3): se alguém está justificado em acreditar em uma proposição, então está justificado (pelo menos no mesmo grau) em acreditar em qualquer proposição que possa deduzir com competência da original. Já que o raciocínio dedutivo realizado com competência preserva infalivelmente a verdade, a justificação não diminui através da inferência dedutiva. Isso pode ser ilustrado por uma variação de um dos exemplos de Gettier. Imagine um caso em que um amigo de confiança, o senhor Nogot, fornece evidências suficientemente fortes para seu amigo Jackson acreditar justificadamente que ele (Nogot) é dono de um Ford. Por exemplo, imagine que Nogot, além do seu testemunho sempre confiável, mostre a Jackson o certificado de propriedade, leve Jackson para um passeio no Ford, sendo que Jackson não tem razão alguma para duvidar do seu testemunho e nem das outras evidências que ele tem para sustentar a proposição de que Nogot é dono de um Ford. Agora, Nogot não tem um Ford (sem o conhecimento de Jackson), o que não impede que Jackson esteja justificado em acreditar que Nogot tem um Ford, já que, de acordo com (P2), é possível que uma pessoa acredite justificadamente numa proposição falsa. E quanto à parte relevante a (P3) — suponha que, enquanto pondera na sala sobre sua crença justificada (de que Nogot tem um Ford) com Nogot, Jackson raciocine dedutivamente que, se Nogot tem um Ford, alguém naquela sala tem um Ford. Então, conclui Jackson, alguém naquela sala tem um Ford. Com base em (P3), Jackson está no mínimo justificado em acreditar que alguém naquela sala tem um Ford, já que aceita a proposição de que Nogot tem um Ford, tendo deduzido a primeira da última, enunciada em (C1).

A última alegação necessária para se aceitar o contraexemplo de Gettier é enunciada em (P4): Se uma pessoa está justificada em acreditar numa proposição que seja verdadeira por acidente ou sorte, então sua crença verdadeira justificada não é conhecimento. Já foi estipulado que Nogot não tem um Ford. Agora, vamos supor que, no momento em que Jackson passa dedutivamente da proposição de que Nogot tem um Ford à proposição de que alguém naquela sala tem um Ford, o Senhor Havit esteja por acaso na sala. Havit — uma pessoa que Jackson nem conhece e não tem justificação alguma para acreditar que tipo de carro possui — está sentado em silêncio no canto da sala e por acaso tem um Ford. Então, resulta que a crença de Jackson de que alguém naquela sala tem um Ford é ao mesmo tempo justificada e verdadeira. Lembre-se que é justificada porque ele a deduziu de uma proposição em que acreditava justificadamente. E é verdadeira, já que Havit tem um Ford e está na sala. Mas como Jackson não tem crença alguma a respeito de Havit, a verdade de sua crença justificada parece ser acidental. Afinal, Jackson acreditaria que alguém na sala tem um Ford mesmo que Havit não estivesse lá. Então, parece que a crença justificada de Jackson é verdadeira por sorte ou acidente. Em outras palavras, o fato de a crença ser verdadeira não tem nada a ver com a justificação de Jackson para sustentá-la. Por essa razão, seria errado aceitar que a crença verdadeira justificada de Jackson (de que alguém na sala tem um Ford) conta como conhecimento.

Como a crença de Jackson de que alguém naquela sala tem um Ford é uma crença verdadeira justificada (C2) e é totalmente errado achar que ela conta como conhecimento, o argumento de Gettier é amplamente aceito para demonstrar por que o conhecimento não pode ser definido como crença verdadeira justificada (C3).

> Esses [...] exemplos mostram que a definição (a) [o conhecimento é uma crença verdadeira justificada] não estabelece uma condição suficiente para alguém conhecer uma dada proposição. (Gettier, 123)

P1. Se conhecimento é crença verdadeira justificada, então não é possível que uma pessoa tenha uma crença verdadeira justificada que não seja conhecimento.

P2. Uma pessoa pode estar justificada em acreditar numa proposição falsa.

P3. Se uma pessoa está justificada em acreditar em alguma proposição, então está justificada (pelo menos no mesmo grau) em acreditar em qualquer proposição que deduza com competência da original.

C1. Uma pessoa está justificada (pelo menos no mesmo grau) em acreditar em qualquer proposição que deduza com competência da original (*modus ponens*, P2, P3).

P4. Se uma pessoa está justificada em acreditar numa proposição que seja verdadeira por acidente ou sorte, então sua crença verdadeira justificada não é conhecimento.

P5. Jackson está justificado em acreditar que alguém na sala tem um Ford, o que é verdade por acidente ou sorte.

C2. É possível uma pessoa ter uma crença verdadeira justificada que não seja conhecimento (*modus ponens*, P4, P5).

C3. Não é o caso que o conhecimento seja uma crença verdadeira justificada (*modus tollens*, P1, C2).

42

O Argumento de Putnam contra o Imperialismo Cultural

Maria Caamaño

Putnam, Hilary. "Why Reason Can't Be Naturalized", *in Epistemology: An Anthology*, organizado por Ernest Sosa, Jaegwon Kim e Mathew McGrath, 314-24. Malden, MA: Blackwell, 1999.

Putnam introduz esse argumento no contexto de criticar as diferentes tentativas de naturalizar a razão reduzindo-a aos padrões aceitos pela cultura. Segundo Putnam, a razão sempre resulta de um equilíbrio entre imanência à cultura e à tradição e transcendência a elas. A primeira estaria manifesta na herança cultural em que qualquer raciocínio ocorre; a segunda aparece claramente na nossa capacidade de criticar essa herança. Tanto o relativismo cultural quanto o imperialismo cultural romperiam o equilíbrio acima como resultado de sua ênfase na imanência. No entanto, os fatos relacionados ao lado transcendente da razão são precisamente os que mostrariam a autorrefutabilidade das duas visões. O relativismo cultural precisaria fazer, inconsistentemente, uma suposição transcendente a respeito da simetria da situação epistêmica entre diferentes culturas. O imperialismo cultural, por outro lado, exigiria de nós um acordo imanente que é contestado pela experiência. Então, enquanto o argumento a favor do relativismo cultural se revela analiticamente falho, o que sustenta o imperialismo cultural se mostra empiricamente falho. Nesse contexto, Putnam formula seu argumento contra o imperialismo cultural e aponta em seguida dois de seus aspectos mais importantes: primeiro, seu caráter contingente, já que a solidez do argumento depende do fato contingente de as pessoas discordarem sobre alguma coisa — ou seja, sobre o fato de a verdade depender de padrões culturais (P2 abaixo); e segundo, sua extensibilidade a todas as teorias que equacionam a verdade ou afirmabilidade correta com aquilo a respeito do que as pessoas concordam (concordariam). Assim, a importância do argumento não repousa apenas na refutação do imperialismo cultural, mas também na refutação mais geral de qualquer definição de verdade em termos de uma (possível) concordância entre pessoas. O argumento segue uma estratégia de *reductio ad absurdum* ao aplicar reflexivamente a exigência estabelecida no princípio de imperialismo cultural ao próprio princípio, mostrando assim que a suposição viola a própria exigência que estabelece. Finalmente, um objetivo mais geral do argumento de Putnam consiste em sustentar a visão de que a moderna cultura europeia e americana não tem "normas" que decidam questões filosóficas, como aconteceria em culturas totalitárias ou teocráticas.

> "Um enunciado é verdadeiro (corretamente afirmável) só se for afirmável segundo as normas da moderna cultura europeia e americana" não é em si mesmo nem afirmável nem refutável de um modo que exija a aceitação de todos os que não se desviam das normas da moderna cultura europeia e americana. Então, se esse enunciado é verdadeiro, segue-se que não é verdadeiro CQD. (Putnam, 319)

P1. Um enunciado P é verdadeiro (corretamente afirmável) só se for afirmável segundo as normas da moderna cultura europeia e americana (suposição de *reductio*).

   C1. Se "um enunciado é verdadeiro (corretamente afirmável) só se for afirmável segundo as normas da moderna cultura europeia e americana", é verdadeiro (corretamente afirmável), então ele é afirmável segundo as normas da moderna cultura europeia e americana (substituição de "P" por "um enunciado é verdadeiro (corretamente afirmável) só se for afirmável segundo as normas da moderna cultura europeia e americana" em P1).

P2. "Um enunciado é verdadeiro (corretamente afirmável) só se for afirmável segundo as normas da moderna cultura europeia e americana" não é afirmável segundo as normas da moderna cultura europeia e americana.

   C2. "Um enunciado é verdadeiro (corretamente afirmável) só se for afirmável segundo as normas da moderna cultura europeia e americana" não é verdadeiro, ou seja, corretamente afirmável (*modus tollens*, C1, P2).

C3. Um enunciado é verdadeiro (corretamente afirmável) só se for afirmável segundo as normas da moderna cultura europeia e americana e não é o caso que um enunciado seja verdadeiro (corretamente afirmável) só se for afirmável segundo as normas da moderna cultura europeia e americana (conjunção, P1, C2).

C4. Não é caso que um enunciado seja verdadeiro (corretamente afirmável) só se for afirmável segundo as normas da moderna cultura europeia e americana (*reductio*, P1-C3).

Extensão do Argumento de Putnam

Para fechar a discussão de Putnam sobre o seu próprio argumento, pode ser interessante mostrar como ele se estende a argumentos que equacionam verdade com aquilo a respeito do que as pessoas concordariam. Vamos ver como a refutação funcionaria nesse caso:

P1. Um enunciado é verdadeiro (corretamente afirmável) só se todo mundo concordar com ele (suposição de *reductio*).

C1. Se "um enunciado é verdadeiro (corretamente afirmável) só se todo mundo concordar com ele" é verdadeiro, então todo mundo concorda com ele (substituição de "P" por "um enunciado é verdadeiro (corretamente afirmável) só se todo mundo concordar com ele" em P1).

P2. Nem todo mundo concorda que "um enunciado é verdadeiro (corretamente afirmável) só se todo mundo concordar com ele".

C2. "Um enunciado é verdadeiro (corretamente afirmável) só se todo mundo concordar com ele" não é verdadeiro, ou seja, corretamente afirmável (*modus tollens*, C1, P2).

C3. Um enunciado é verdadeiro (corretamente afirmável) só se todo mundo concordar com ele e não é o caso que um enunciado seja verdadeiro (corretamente afirmável) só se todo mundo concordar com ele (conjunção, P1, C2).

C4. Não é o caso que um enunciado seja verdadeiro (corretamente afirmável) só se todo mundo concordar com ele (*reductio*, P1-C3).

43
Davidson sobre a Própria Ideia de um Esquema Conceitual

George Wrisley

Davidson, Donald. "On the Very Idea of a Conceptual Scheme." *Proceedings and Addresses of the American Philosophical Association* 47 (1974): 5-20; reimpresso *in* Davidson (2001).

Davidson, Donald. *Inquiries into Truth and Interpretation*, 2ª edição. Oxford: Clarendon Press, 2001.

Case, Jennifer. "On the Right Idea of a Conceptual Scheme." *Southern Journal of Philosophy* 35 (1997): 1-18.

Malpas, Jeff. "Donald Davidson." *The Stanford Encyclopedia of Philosophy* (edição do outono de 2009), organizado por Edward N. Zalta, disponível em http://plato.stanford.edu/archives/fall2009/entries/davidson

---

Uma das preocupações filosóficas centrais de Immanuel Kant (1724- -1804) é a relação entre mente e mundo. Ele inverteu a ideia de que, ao conhecer o mundo, a mente procura espelhar um mundo "independente da mente", alegando que o mundo em que vivemos está necessariamente em conformidade com certas categorias da mente. Enquanto essas categorias são essencialmente universais para Kant, filósofos posteriores substituíram a ideia de mundo em conformidade com certas categorias da mente pela ideia de mundo em conformidade com categorias linguísticas ou conceituais. Essa mudança abriu espaço para a ideia de um relativismo conceitual/linguístico muito forte, em que ou o conteúdo da experiência ou o próprio mundo se dá em relação a estruturas ou esquemas conceituais – cuja ideia central é que diferentes esquemas conceituais resultam em mundos diferentes.

Donald Davidson (1917-2003) argumenta que o relativismo conceitual é incoerente porque a própria ideia de um esquema conceitual é incoerente. Davidson chega a essas conclusões argumentando que a ideia de um esquema conceitual depende da noção de falha de tradução entre esquemas diferentes. Segundo Davidson, uma falha de tradução, total ou parcial, não faz sentido e, assim, não faz sentido falar de diferentes esquemas conceituais. Como não faz sentido falar de diferentes esquemas conceituais, ele alega que não faz sentido falar de haver apenas um esquema conceitual.

O argumento de Davidson contra a inteligibilidade da ideia de um esquema conceitual e a possibilidade de relativismo conceitual é importante dadas suas implicações para a nossa maneira de conhecer o mundo, para a relação entre nós e o mundo e para a relação entre linguagem e mundo. Porque, se ele estiver certo, então não há dualismo de esquema conceitual e conteúdo (mundo/experiência) e fica ainda mais difícil aceitar a ideia de que definições radicalmente diferentes do que existe e de como o mundo é podem ser todas verdadeiras, e as formas de ceticismo que dependem do dualismo de esquema e conteúdo também são postas em questão.

> Podemos aceitar a doutrina que associa a posse de uma língua com a posse de um esquema conceitual. A relação pode ser a seguinte: onde os esquemas conceituais diferem, as linguagens também diferem. Mas falantes de linguagens diferentes podem compartilhar um esquema conceitual contanto que haja como traduzir uma língua para a outra. Estudar os critérios de tradução é, portanto, uma forma de focalizar critérios de identidade para esquemas conceituais. [...]
>
> Considero dois tipos de casos que se pode esperar que ocorram: falhas completas e parciais de traduzibilidade. Haveria uma falha completa se nenhuma extensão significativa de sentenças em uma língua pudesse ser traduzida para a outra; haveria falha parcial se alguma extensão pudesse ser traduzida e outra não. [...] Minha estratégia será argumentar que uma falha total não faz sentido e então examinar mais brevemente casos de falha parcial. [...]
>
> [A respeito de falhas parciais], quando outros pensam diferentemente de nós, nenhum princípio geral, ou apelo à evidência, pode nos forçar a decidir que a diferença reside em nossas crenças e não em nossos conceitos.
>
> Devemos concluir, eu penso, que a tentativa de dar um significado sólido à ideia de relativismo conceitual e, portanto, à ideia de esque-

ma conceitual, não tem melhor resultado quando se baseia em falha parcial de tradução do que quando se baseia em falha total. (Davidson *Inquiries*, 197)

Tanto a versão mais curta (Parte I) quanto a versão mais longa (Parte II) consiste em três argumentos: (1) um argumento contra a ideia de falha completa de tradução; (2) um argumento contra falha parcial de tradução; e (3) um argumento final que parte de (1) e (2) para concluir que a própria ideia de um esquema conceitual é ininteligível e não falsa, que há apenas um esquema conceitual ou que poderia haver diferentes esquemas conceituais.

Parte I: Versão mais Curta (Deixa as Premissas-Chave sem Sustentação)

P1. Se a ideia de diferentes esquemas conceituais é inteligível, então faz sentido uma diferença em esquemas conceituais que consista em falha completa de tradução entre esquemas, *ou* Se a ideia de diferentes esquemas conceituais é inteligível, então faz sentido uma diferença em esquemas conceituais que consista em falha parcial de tradução entre esquemas.

P2. Se a ideia de falha completa de tradução como forma de individuar esquemas conceituais faz sentido, então faz sentido a ideia do esquema que organiza o conteúdo, *ou* Se a ideia de falha completa de tradução faz sentido, então faz sentido a ideia do esquema que se ajusta ao conteúdo.

P3. Não faz sentido a ideia do esquema que organiza o conteúdo e nem a ideia do esquema que se ajusta ao conteúdo.

C1. Não faz sentido a ideia de falha completa de tradução como forma de individuar esquemas conceituais (dilema destrutivo, P2, P3).

P4. Se a ideia de falha parcial de tradução como forma de individuar esquemas conceituais faz sentido, então há uma evidência ou um princípio geral que pode determinar se nosso desacordo com os que operam com um esquema deliberadamente diferente a respeito da verdade de sentenças X, Y, Z é uma diferença de esquema ou uma diferença de crença.

P5. Não há nenhum princípio geral e nenhuma evidência que possa determinar se o nosso desacordo com os que operam com um esquema deliberadamente diferente a respeito da verdade de sentenças X, Y, Z é uma diferença de esquema ou uma diferença de crença.

C2. Não faz sentido a ideia de falha parcial de tradução como forma de individuar esquemas conceituais (*modus tollens*, P4, P5).

C3. A ideia de diferentes esquemas conceituais não é inteligível (dilema destrutivo P1, C1, C2).

P6. Se há apenas um esquema conceitual, então é falso que haja diferentes esquemas conceituais.

P7. Se a ideia de diferentes esquemas conceituais não é inteligível, então não é falso que haja diferentes esquemas conceituais.

P8. Não é falso que haja diferentes esquemas conceituais (*modus ponens*, C3, P7).

P9. Não há apenas um esquema conceitual (*modus ponens*, P6, P8).

P10. Se a ideia de diferentes esquemas conceituais não é inteligível e não há apenas um esquema conceitual, então a própria ideia de um esquema conceitual é ininteligível.

C4. Portanto, a própria ideia de esquema conceitual é ininteligível (*modus ponens*, P10, C3, P9).

Parte II: Versão Detalhada

P1. Se a ideia de diferentes esquemas conceituais é ininteligível, então faz sentido uma diferença em esquemas conceituais que consista em falha completa de tradução entre esquemas, *ou* Se a ideia de diferentes esquemas conceituais é ininteligível, então faz sentido uma diferença em esquemas conceituais que consista em falha parcial de tradução entre esquemas.

Falha Completa de Tradução

P2. Vamos considerar a possibilidade de falha completa de tradução entre línguas.

P3. Um esquema conceitual implica um dualismo de esquema e conteúdo (não interpretado). O esquema é o aparato conceitual de uma língua, onde uma língua é formada por sentenças consideradas verdadeiras. O conteúdo é o mundo/realidade ou a experiência/evidência entendidos como não interpretados, ou seja, uma coisa neutra com que o esquema está em relação.

P4. Se a ideia de falha completa de tradução como forma de individuar esquemas conceituais faz sentido, então faz sentido a ideia do esquema que organiza o conteúdo, *ou* Se a ideia de falha completa de tradução como forma de individuar esquemas conceituais faz sentido, então faz sentido a ideia do esquema se ajustar ao conteúdo.

P5. Se faz sentido que o esquema organiza o conteúdo, então o conteúdo é um objeto não individuado, ou se o esquema organiza o conteúdo, então o conteúdo consiste de partes.

P6. Um objeto não individuado não pode ser organizado.

P7. O conteúdo não pode consistir em partes antes de ser organizado pelo esquema, já que é supostamente o esquema que organiza o conteúdo em partes.

C1. Não faz sentido a ideia de um esquema organizar o conteúdo (dilema destrutivo, P5, P6, P7).

P8. Considere a possibilidade de o esquema se ajustar ao conteúdo. Dizer que um esquema se ajusta ao conteúdo significa apenas que é sustentado pela evidência, o que significa simplesmente que o esquema é verdadeiro (ou verdadeiro o suficiente para não permitir o erro).

P9. Conforme P8, isso significa que um esquema X será diferente de, por exemplo, o da língua inglesa se e apenas se X for (em grande parte) verdadeiro, mas intraduzível para o inglês.

P10. No entanto, não podemos separar dessa forma os conceitos de verdade e tradução. Eis por que, segundo Davidson:

P11a. Segundo o trabalho de Alfred Tarski sobre o conceito de verdade (e o trabalho de Tarski nos dá a melhor compreensão de verdade), as verdadeiras sentenças de uma língua devem ser conformes à Convenção T de Tarski: para cada sentença s de (da língua) L, pode ser proposto um teorema da forma "s é verdadeira se e apenas se p", em que "s" é substituída por uma descrição de s e "p" pela própria s se L for inglês, e por uma tradução de s para o inglês se L não for inglês. Um exemplo usando inglês e alemão: "'*Es schneit*' é verdadeira se e apenas se estiver nevando". Todas as sentenças verdadeiras de uma língua conformes à Convenção T constituem uma "teoria da verdade" para aquela língua.

P11b. No caso que estamos considerando, X é um esquema conceitual diferente do inglês, o que significa que (a) X é verdadeiro, mas intraduzível.

Mas (b) se X é verdadeiro, então pode ser proposta uma teoria da verdade para X. E (c) se pode ser proposta uma teoria da verdade para X, então, pela Convenção T, podem ser propostas traduções de sentenças de X para o inglês. No entanto, pela suposição de que X é um esquema conceitual diferente do inglês, suas sentenças são intraduzíveis para o inglês.

P11c. Não faz sentido a alegação de que X é verdadeiro (duas instâncias de *modus tollens* a partir de 11b, começando com (c) e (a) e então a negação do antecedente de (c) juntamente com (b)).

P12. Não faz sentido a ideia de que um esquema se ajusta ao conteúdo porque, se um esquema se ajustar ao conteúdo, então ele é verdadeiro e intraduzível para outra língua. Mas, por P11c, não faz sentido a ideia de uma língua verdadeira e intraduzível.

C2. Não faz sentido a ideia de falha completa de tradução como forma de individuar esquemas conceituais (dilema destrutivo P4, C1, P12).

Falha Parcial de Tradução

P13. Vamos considerar a possibilidade de falha parcial de tradução entre línguas. Duas línguas que tenham falha parcial de tradução terão diferentes esquemas na medida em que têm partes que não são intertraduzíveis.

P14. A maneira adequada de abordar a tradução de uma língua desconhecida para uma língua conhecida é interpretando as vocalizações dos falantes da língua desconhecida do ponto de vista dos falantes da língua conhecida. Essa interpretação consiste em formar hipóteses do que significam as vocalizações dos falantes.

P15. A formação de tais hipóteses requer atribuições de significado e crença. Ao interpretar, sabemos o que as vocalizações de uma pessoa significam com relação ao que sabemos a respeito do que ela acredita num determinado contexto. Por exemplo, se um falante vocaliza "hartchep" logo depois de um trovão, nossa hipótese de que "hartchep" significa trovão consiste em atribuir a crença de que o som que ocorreu era trovão para o falante. Se pensássemos que o falante acreditava que o som fosse uma explosão (mesmo que soubéssemos que era um trovão), provavelmente não formaríamos a hipótese de que "hartchep" significa trovão.

P16. Suponha que, mesmo quando não podemos saber o que um falante quer dizer ou no que acredita, podemos saber se o falante considera verdadeira uma vocalização em particular.

P17. Para facilitar a possibilidade de interpretação, devemos empregar o princípio da caridade e supor que as crenças das pessoas que estamos interpretando são verdadeiras na maior parte das vezes (a nosso ver).

P18. Se é razoável supor que haverá sentenças vocalizadas pelos falantes da língua X que esses falantes rejeitam como verdades, e que vamos interpretar essas sentenças rejeitadas, então, dependendo da evidência disponível, vamos traduzi-las para sentenças que aceitamos ou para sentenças que rejeitamos.

P19. Se a evidência disponível para interpretar as sentenças rejeitadas de X nos leva a traduzi-las para sentenças que aceitamos como verdadeiras, isso pode significar que nossos esquemas diferem nesse ponto ou que nossas crenças diferem.

P20. Se estamos numa posição em que podemos levar os nossos esquemas ou as nossas crenças a diferirem num determinado ponto, então não há um princípio geral nem evidências que possam possivelmente determinar se essa é uma diferença de esquema ou uma diferença de crença.

P21. Se não há nem um princípio geral nem evidências que possam possivelmente determinar se essa é uma diferença de esquema ou uma diferença de crença, talvez nunca estejamos em posição de julgar se os falantes de X têm conceitos ou crenças radicalmente diferentes dos nossos.

P22. Se é possível que nunca estejamos em posição de julgar se os falantes de X têm conceitos ou crenças radicalmente diferentes dos nossos, então não faz sentido a ideia de haver falha parcial de tradução.

P23. É razoável supor que haverá sentenças vocalizadas por falantes da língua X que tais falantes rejeitam como verdades, e que vamos interpretar essas sentenças rejeitadas.

C3. Não faz sentido a ideia de falha parcial de tradução (silogismo hipotético de P18-P22, e *modus ponens*, P22, P23).

A Ininteligibilidade da Própria Ideia de Esquema Conceitual

C4. A ideia de diferentes esquemas conceituais não é inteligível (dilema destrutivo, P1, C2, C4).

P24. Se há apenas um esquema conceitual, então é falso que haja diferentes esquemas conceituais.

P25. Se a ideia de diferentes esquemas conceituais não é inteligível, então não é falso que haja diferentes esquemas conceituais.

P26. Não é falso que haja diferentes esquemas conceituais (*modus ponens*, C4, P25).

P27. Não há apenas um esquema conceitual (*modus tollens*, P24, P26).

P28. Se a ideia de diferentes esquemas conceituais não é inteligível e não há apenas um esquema conceitual, então a própria ideia de esquema conceitual é ininteligível.

P29. A ideia de diferentes esquemas conceituais não é inteligível e não há apenas um esquema conceitual (conjunção, P27, C4).

C4. A própria ideia de esquema conceitual é ininteligível (*modus ponens*, P28, P29).

44

Quine e os Dois Dogmas do Empirismo

Robert Sinclair

Quine, W. V. "Two Dogmas of Empiricism", *in From a Logical Point of View*, 20-46. Cambridge, MA: Harvard University Press, 1981. Publicado originalmente em *Philosophical Review* 60 (1951): 20-43.

Hylton, Peter. *Quine*. Nova York: Routledge, 2007.
Kemp, Gary. *Quine: A Guide for the Perplexed*. Nova York: Continuum, 2006.
Russell, Gillian. "The Analytic/Synthetic Distinction." *Philosophy Compass* 2 (2007): 712-29.

Parece haver uma diferença intuitiva entre estas duas alegações:

1. Todos os solteiros não são casados.
2. Todos os solteiros têm menos de 4 metros de altura.

Embora esses dois enunciados sejam verdadeiros, a maneira pela qual são considerados verdadeiros destaca o que muitos filósofos têm visto como diferença significativa. O primeiro é uma verdade "analítica", cuja verdade é determinada apenas por meio do significado dos termos envolvidos e independentemente de qualquer fato empírico. A segunda verdade "sintética" é verdadeira por causa de fatos empíricos sobre o mundo. No famoso artigo "Dois Dogmas do Empirismo", W. V. Quine declara que o uso dessa distinção no empirismo moderno é um dogma sem sustentação, argumentando ainda que o que chama de "reducionismo", a visão de que enunciados teóricos podem ser logicamente reduzidos a enunciados sobre a experiência, é um segundo dogma que deve também ser rejeitado. Essas críticas são dirigidas à visão de Rudolf Carnap, C. I.

Lewis e outros que usam a analiticidade para descrever os elementos *a priori* do conhecimento humano e, mais especificamente, defendem sua importância na compreensão da linguagem da ciência.

Em "Dois Dogmas", a principal preocupação de Quine é explicar a distinção em questão, e ele argumenta que não há uma divisão nítida entre verdades analíticas e verdades sintéticas. Seu argumento tem sido descrito como análogo ao tipo que se pode encontrar nas ciências físicas (Kemp, 19-20). Um cientista pode rejeitar um tipo de fenômeno físico porque ele não pode ser explicado de um modo que não pressuponha sua existência. Pode-se argumentar ainda que a evidência citada em apoio a tal fenômeno pode ser explicada de outras maneiras. Em geral, é esse tipo de atitude que informa a estrutura do argumento de Quine, em que ele começa avaliando algumas tentativas para explicar o conceito de analiticidade e considera todas elas pouco informativas. Aqui, ele apela ao que tem sido chamado de "argumento da circularidade", em que a analiticidade é definida em termos de igualdade de significado ou sinonímia (Russell, 718).

Duas expressões são sinônimas quando as sentenças que as contêm continuam sendo verdadeiras quando uma é substituída pela outra, o que é aqui descrito como intercambialidade *salva veritate*. Quando aplicada a declarações de necessidade em inglês, essa visão parece funcionar, já que a sentença "Necessariamente, todo homem não casado é não casado" e "Necessariamente, todo solteiro é não casado" é um caso em que a verdade é preservada quando substituímos "homem não casado" por "solteiro", e esses termos são também sinônimos. O problema é que tais sentenças são entendidas como verdadeiras em virtude de serem analíticas. A tentativa de explicar a analiticidade apelando para a sinonímia é, portanto, circular.

Quine critica o segundo dogma do reducionismo alegando que as sentenças teóricas têm conexões com a experiência apenas como corpo coletivo e não quando isoladas umas das outras. Isso impede então o tipo de redução fenomenalista da ciência à experiência defendida por empiristas lógicos. Além disso, isso nos impede de definir enunciados sintéticos como verdadeiros quando confirmados por séries de experiências e verdades analíticas, como aqueles confirmados por qualquer experiência. Como cada uma dessas tentativas de explicar a verdade analítica se revela ineficaz, Quine alega que é razoável concluir que a própria distinção é um dogma não empírico. Na última seção do artigo, ele esboça sua visão alternativa de empirismo, muitas vezes descrita como "holismo epistemológico", que é desenvolvida em trabalhos posteriores. Aqui, ele indica como a alegada necessidade *a priori* da matemática e da lógica pode ser explicada por seu profundo entrincheiramento no interior de nosso dominante sistema de compromissos teóricos e não por um apelo à analiticidade. Esse entrincheiramento profundo é o que explica a nossa relutância para revisar tais verdades. Quine chegaria a enfatizar que a principal questão que envolve a distinção analítico-sintética tem menos a ver com a viabilidade de seu delineamento nítido (ele depois sugere e endossa sua própria maneira de determinar a diferença) do que. com sua significância epistemológica geral. Aqui, ele alega que essa distinção não tem importância real para nos ajudar a compreender a estrutura do conhecimento humano (Hylton, 68-80).

Muitos filósofos influenciados pelo empirismo lógico e sua concepção específica de filosofia científica consideram algum tipo de distinção analítico-sintética como central na compreensão de verdades *a priori*. Depois das famosas críticas de Quine, ficou cada vez mais difícil supor que algum tipo dessa distinção seja viável. Isso levou também a uma mudança fundamental na concepção de filosofia e prática filosófica. O uso que Carnap faz dessa distinção analítico-sintética sustenta que a filosofia se interessa pela estrutura lógica da linguagem científica e é distinta da ciência empírica. As críticas de Quine envolvendo a analiticidade refutam também essa visão de filosofia ao rejeitar qualquer diferença nítida entre filosofia e ciência empírica. O resultado foi a visão naturalista de filosofia sustentada por Quine, que concebe as buscas filosóficas como contínuas às encontradas nas ciências empíricas.

Houve muitas respostas críticas ao argumento da circularidade contra a analiticidade, apresentado por Quine, assim como várias tentativas de ressuscitar concepções alternativas de analiticidade. Foi sugerido recentemente que inovações da teoria do significado ofereçem sustentação para uma explicação da verdade analítica em termos de significado (Russell, 712-29).

No trabalho formal e informal, então, vemos que definição [...] depende de relações anteriores de sinonímia. Reconhecendo então que a notação de definição não tem a chave para sinonímia e analiticidade, vamos olhar mais a fundo a sinonímia e não falar mais sobre definição [...] temos que reconhecer que a intercambialidade *salva veritate*, se construída com relação a uma linguagem extensional, não é uma condição suficiente de sinonímia cognitiva no sentido necessário para derivar analiticidade. [...] Se uma língua contém o advérbio de intenção "necessariamente" [...] então a intercabialidade *salva veritate* nessa língua não fornece uma condição necessária de sinonímia cognitiva; mas tal língua é ininteligível só na medida em que a noção de analiticidade é compreendida de antemão [...]. O dogma de reducionismo, mesmo em sua forma atenuada, é intimamente ligado ao outro dogma — de que há uma separação entre analítico e sintético [...] o primeiro dogma sustenta claramente o outro desta maneira: na medida em que é considerado significante falar da confirmação e da informação de um enunciado, parece significante falar também de um tipo limitante de enunciado que é vagamente confirmado, *ipso facto*, apesar de tudo; e esse enunciado é analítico [...]. Minha presente sugestão é que é bobagem, e a raiz de muita bobagem, falar de um componente linguístico e de um componente factual na verdade de qualquer enunciado individual. Tomada coletivamente, a ciência tem uma dupla dependência da linguagem e da experiência; mas essa dualidade não é significativamente rastreável até os enunciados da ciência tomados um a um. (Quine 27, 31, 41-2)

P1. As verdades analíticas são definidas como verdadeiras em virtude do significado de seus termos e independentemente do fato empírico.

P2. Significado não deve ser confundido com referência (por ex., "criatura com coração" e "criatura com rins" se referem à mesma classe de objetos, mas as expressões diferem em significado).

P3. Não há necessidade de recorrer a um conjunto especial de coisas chamadas "significados" para explicar essa diferença, já que é possível mostrar que o conceito de significado é teoricamente adequado quando nos concentramos em casos de igualdade de significado ou sinonímia (quando dizemos que x e y são iguais em significado). Se continuamos a usar o conceito de "significado" para definir analiticidade, devemos então recorrer à sinonímia entre termos.

C1. Podemos agora definir verdades analíticas como verdades atingidas pela substituição de sinônimos por sinônimos ("Nenhum solteiro é casado" se transforma na verdade lógica "Nenhum homem não casado é casado" quando substituímos "solteiro" por "homem não casado") (*modus ponens*, P1, P3).

P4. Se a verdade por igualdade de significado (C1) depende da nossa compreensão de verdade por significado, que repousa numa compreensão anterior de "significado", então essa explicação de analiticidade pelo uso da sinonímia não é mais clara do que o nosso ponto de partida.

C2. Essa explicação de analiticidade pelo uso da sinonímia não é mais clara do que o nosso ponto de partida (*modus ponens*, C1, P4).

P5. E se entendermos que sinonímia envolve a definição de termos?

P6. Se entendermos que sinonímia envolve a definição de termos, isso oferece apenas a informação de que um termo significa o mesmo que outros, mas nenhuma outra indicação daquilo em que consiste a sinonímia ou a igualdade de significado.

C3. Sinonímia definida como definição não ajuda a explicar a analiticidade (*modus ponens*, P5, P6).

P7. E se tomarmos duas frases como sinônimas quando as sentenças que as contêm permanecerem verdadeiras quando uma é substituída pela outra?

P8. Se tomarmos duas frases ou expressões como sinônimas quando as sentenças que as contêm permanecem verdadeiras quando uma é substituída pela outra, então em línguas extensionais, em que substituir expressões coextensivas preserva o valor-verdade, a intercambialidade não nos dá igualdade de significado (por ex., substituir "criatura com coração" por "criatura com rins" preserva o valor-verdade, mas não podemos dizer que essas expressões têm o mesmo significado).

C4. Em línguas extensionais, a intercambialidade não nos dá igualdade de significado e não ajuda a entender a analiticidade (*modus ponens*, P7, P8).

P9. No entanto, o inglês não é extensional e, em línguas não extensionais, a intercambialidade *salva veritate* é o critério correto para a sinonímia; ou seja, preserva a igualdade de significado (por ex., "Necessariamente, todo homem não casado é não casado" e "Necessariamente, todo solteiro é não casado" é um caso em que o valor-verdade é preservado quando trocamos "homem não casado" por "solteiro", e são também sinônimos).

P10. Mas declarações de necessidade desse tipo são consideradas verdadeiras precisamente porque a declaração em questão ("todo homem não casado é não casado") já é considerada analítica. Dessa forma, a intercambialidade *salva veritate* fornece a explicação correta de sinonímia, mas só por já se basear na inteligibilidade da analiticidade. Isso é circular, e assim a verdade analítica continua não elucidada.

P11. Se o inglês não é extensional (P9), e as declarações de necessidade são consideradas analíticas (P10), então essa visão de sinonímia não explica a analiticidade.

C5. Essa visão de sinonímia não explica então a analiticidade (*modus ponens*, P11, conjunção, P9, P10).

P11. O reducionismo alega que qualquer enunciado não analítico significante é equivalente a um enunciado sobre experiência sensorial. O significado de um enunciado é assim diretamente ligado a um conjunto de experiências sensoriais.

P12. Dada essa visão, podemos definir verdades analíticas como enunciados confirmados por cada experiência ou, em outras palavras, como enunciados sem conteúdo empírico ou informação.

P13. No entanto, o projeto reducionista não pode ser completado por causa de considerações holísticas que impedem uma redução simples de sentenças teóricas a experiências sensoriais específicas.

P14. Mas se o reducionismo é insustentável, não podemos atribuir um conteúdo empírico específico a sentenças individuas ou determinar quando uma sentença é analítica no sentido de ser confirmada por qualquer experiência que seja.

C6. Não há então como usar o reducionismo para explicar os enunciados que dependem da experiência sensorial para confirmação e os que não dependem, ou seja, as verdades analíticas. O reducionismo não consegue então esclarecer a distinção entre enunciados analíticos e sintéticos (*modus ponens*, P13, P14).

C7. Uma consideração dessas várias propostas para explicar verdades analíticas revela que todas deixam a desejar. Não temos razão para sustentar uma distinção firme ou a forma de reducionismo muitas vezes usada para apoiá-la. Ambas são dogmas do empirismo moderno, que deveriam ser rejeitados (conjunção, C2, C3, C4, C5, C6).

45
Hume e o Problema da Indução

Nota do editor: Incluímos duas versões do argumento de Hume a respeito da indução para destacar abordagens diferentes à questão seminal.

O Problema da Indução em Hume

James E. Taylor

Hume, David. *An Enquiry Concerning Human Understanding*. Indianápolis: Hackett, 1993.

O argumento de Hume a favor do ceticismo a respeito da indução pressupõe sua distinção entre "relações de ideias", que são intuitivamente ou demonstrativamente incontestáveis porque suas negações são contraditórias (por ex., "Todos os solteiros não são casados") e "questões de fato e existência", que não são incontestáveis porque suas negações são possivelmente verdadeiras (por ex., "O sol vai nascer amanhã"). Hume sustenta que todas as nossas crenças a respeito de questões de fato e existência são baseadas no testemunho presente dos sentidos, nas lembranças do que vivenciamos com base nos sentidos, ou no raciocínio sobre relações de causa e efeito com base em crenças oriundas dos sentidos e da memória. Por exemplo, inferimos que um amigo está num lugar distante porque uma carta que está agora diante de nós indica que foi enviada desse lugar pelo nosso amigo; inferimos então uma causa presentemente não observada a partir de um efeito dessa causa presentemente observado. Mais genericamente, inferimos, a partir de relações de causa e efeito que observamos no passado, que causas semelhantes terão efeitos semelhantes no futuro. Então, segundo Hume, o fundamento de todo o nosso raciocínio sobre questões de fato e existência é a experiência. Mas Hume argumenta que esse tipo de inferência a partir da experiência não se baseia em nenhum raciocínio ulterior. A maneira pela qual essa alegação costuma ser colocada hoje em dia é que não há justificativa racional para inferências indutivas. Se essa alegação é verdadeira, então ninguém pode ter uma justificativa racional para acreditar em nada além do que está observando no momento e, se é esse o caso, não há justificativa racional para nenhuma teoria da ciência empírica. Como Hume foi o primeiro filósofo a fazer essa alegação e a argumentar a seu favor, o problema enfrentado pelos filósofos que a contestam é chamado de "O Problema da Indução em Hume". Embora tenham sido feitas muitas tentativas para resolver esse problema, nenhuma delas é considerada bem-sucedida. Assim, o problema da indução em Hume continua a ser um tópico central da conversa filosófica.

Todos os raciocínios dividem-se em duas classes: raciocínios demonstrativos, que se referem às relações de ideias, e os raciocínios morais (ou prováveis) que se referem às questões de fato e de existência. Parece evidente que os últimos não englobam argumentos demonstrativos, pois não é contraditório o fato de que o curso da natureza pode modificar-se e que um objeto, aparentemente semelhante aos já observados, possa ser acompanhado de efeitos diferentes ou contrários. Não posso conceber clara e distintamente que um corpo que tomba das nuvens — semelhante em todos os aspectos ao da neve — tenha, todavia, sabor de sal e queime como o fogo? Há proposição mais inteligível do que esta: todas as árvores florescerão em dezembro-janeiro e definharão em maio-junho? Portanto, considera-se inteligível toda proposição concebida distintamente e sem contradição e, por conseguinte, jamais sua falsidade é mostrada por argumento demonstrativo ou raciocínio abstrato *a priori*.

Entretanto, se os argumentos nos levarem a confiar na experiência e fazê-la padrão de nosso juízo futuro, deveremos considerá-los apenas prováveis, isto é, referentes às questões de fato e de existência real, de acordo com a divisão acima mencionada. Mas, se nossa explicação desta classe de raciocínio é considerada sólida e satisfatória, verificaremos que de fato não existe tal tipo de argumento. Temos dito que todos os argumentos referentes à existência se fundam na relação de causa e efeito; que nosso conhecimento daquela relação provém inteiramente da experiência; e que todas as nossas conclusões experimentais decorrem da suposição de que o futuro estará em conformidade com o passado. Portanto, tentar provar a última conjectura, por argumentos prováveis, por argumentos referentes à existência, consiste, certamente, em girar num círculo e dar por admitido o que precisamente se problematiza. (IV.ii)

Um exemplo de inferência indutiva empregado por Hume (que pode representar todas as inferências indutivas) é a inferência de (a) "Todo o pão que comi me alimentou" para (b) "O pão que vou comer vai me alimentar". Vou me referir a esse exemplo na reconstrução do argumento de Hume a favor da alegação de que nenhuma inferência tem um fundamento racional.

P1. Se a inferência (indutiva) de (a) para (b) tem um fundamento racional, então deve ser baseada na intuição, num raciocínio que é baseado na intuição (raciocínio "demonstrativo" ou dedutivo) ou num raciocínio que é baseado na observação direta (raciocínio "experimental" ou indutivo).

P2. A inferência (indutiva) de (a) para (b) não é baseada na intuição, raciocínio que é baseado na intuição, ou raciocínio que é baseado na observação direta.

C1. A inferência (indutiva) de (a) para (b) não tem um fundamento racional (*modus tollens*, P1, P2).

Argumento a favor de P2:

P3. A conexão entre (a) e (b) da inferência do exemplo não é intuitiva (ou seja, não é autoevidente que se (a) é verdadeiro, então (b) é verdadeiro).

P4. A inferência de (a) para (b) não é baseada em raciocínio demonstrativo (porque o raciocínio demonstrativo pode apenas estabelecer alegações que não são possivelmente falsas e a alegação de que se (a) é verdadeiro, então (b) é verdadeiro é possivelmente falsa).

P5. A inferência de (a) para (b) não é baseada em raciocínio experimental (porque todo raciocínio experimental pressupõe que causas semelhantes têm efeitos semelhantes e a inferência em questão é uma instância dessa mesma pressuposição, então um argumento (indutivo) experimental a favor dessa inferência seria circular).

C2. P2 é verdadeiro: a inferência (indutiva) de (a) para (b) não é baseada na intuição, num raciocínio baseado na intuição ou num raciocínio baseado em observação direta (conjunção, P3, P4, P5; De Morgan).

O Argumento Negativo de Hume Acerca da Indução

Stefanie Rocknak

Hume, David. *A Treatise of Human Nature*, organizado por D. F e M. J. Norton. Oxford: Oxford University Press, 2002.

Arnold, N. Scott. "Hume's Skepticism about Inductive Inferences." *Journal of the History of Philosophy* 21, 1 (1983): 31-55.

Baier, Annette. *A Progress of Sentiments*. Cambridge, MA: Harvard University Press, 1991.

Beauchamp, Tom e Rosenberg, Alexander. *Hume and the Problem of Causation*. Oxford: Oxford University Press, 1981.

Broughton, J. "Hume's Skepticism about Causal Inferences." *Pacific Philosophical Quarterly* 64 (1983): 3-18.

Garrett, Don. *Cognition and Commitment in Hume's Philosophy*. Oxford: Oxford University Press, 1997.

Immerwahr, John. "The Failure of Hume's Treatise." *Hume Studies* 3, 2 (1977): 57-71.

Loeb, L. E. *Stability and Justification in Hume's Treatise*. Oxford: Oxford University Press, 2002.

Owen, David. *Hume's Reason*. Oxford: Oxford University Press, 1999.

Passmore, John. *Hume's Intentions*. Cambridge, RU: Cambridge University Press, 1952/1968.

Schmitt, F. E. *Knowledge and Belief*. Londres: Routledge, 1992.

Smith, Norman K. *The Philosophy of David Hume: A Critical Study of its Origins and Central Doctrines*. Nova York: Macmillan, 1941.

Stove, D. C. *Probability and Hume's Inductive Skepticism*. Oxford: Oxford University Press, 1973.

Strawson, P. F. *Introduction to Logical Theory*. Londres: Methuen, 1952.

De onde vem a necessidade que parece acompanhar as inferências causais? "Por que concluímos que [...] determinadas causas devem *necessariamente* ter determinados efeitos?" (Hume, 1.3.2.15) Em 1.3.6 do *Tratado*, Hume considera a possibilidade de essa necessidade ser uma função da razão. No entanto, acaba recusando essa possibilidade, uma recusa que consiste no argumento "negativo" de Hume acerca da indução. Esse argumento recebeu, e continua a receber, uma tremenda atenção. Como podem as inferências causais ser justificadas se não são justificadas pela razão? Se acreditamos que p causa q, não é a razão que nos permite concluir com alguma segurança — ou seja, com alguma necessidade — que q sempre que vemos p?

As respostas a essas perguntas são muitas, mas podem ser divididas em quatro grupos. (1) Alguns alegam que o argumento negativo de Hume mostra que ele pensava que inferências indutivas são inúteis. Na verdade, Hume era um "dedutivista" enrustido, na medida em que pretendia mostrar que qualquer método que não se baseie em princípios *a priori* é inútil (por ex., Stove). (2) Outros alegam que o argumento negativo de Hume pretende apenas mostrar que não podemos usar raciocínio demonstrativo para justificar inferências indutivas, mas parece que podemos justificá-las com razão provável (por ex., Beauchamp e Rosenberg, Arnold, Broughton e Baier). (3) Outros argumentam que a noção de Hume de justificação (a respeito de crenças em geral, incluindo crenças em inferências causais) deve ser compreendida em dois estágios no Livro I do *Tratado*. No primeiro, Hume esboça uma teoria da justificação. No segundo (especialmente em 1.4.7), ele a rejeita (por ex., Passmore, Immerwahr, Schmitt e Loeb). (4) Finalmente, há os que alegam que não é preciso "justificação" alguma para inferências causais. De fato, pedir uma justificação equivale a uma necessidade equivocada de explicação epistêmica; até certo ponto, é isso que mostra o argumento negativo. Em vez disso, temos que dar uma explicação psicológica descritiva, já que essa explicação consiste na explicação positiva de Hume sobre a indução; ver, por exemplo, *Tratado* 1.3.14, "da ideia de conexão necessária" (por ex., Strawson, Garrett e Owen).

Nos argumentos que regem nosso raciocínio demonstrativo e provável, Hume entende que o princípio de uniformidade é justificado, respectivamente, pelo raciocínio demonstrativo e pelo raciocínio provável e depois mostra, respectivamente, por que essas suposições são incorretas. No argumento conclusivo, ele mostra que isso significa que o princípio de uniformidade não é justificado pela razão, como também não é a necessidade que obtém de nossas inferências causais uma função de razão.

Para isso, recorre às premissas estabelecidas na introdução e às conclusões estabelecidas nos argumentos que excluem o raciocínio demonstrativo e o raciocínio provável.

> [Temos agora que] descobrir a natureza dessa conexão necessária, o que torna tão essencial uma parte da [relação de causa e efeito] [...]. Como parece que a transição de uma impressão presente para a lembrança, ou dos sentidos para a ideia de um objeto, chamamos de causa e efeito, é baseada na experiência passada, e na nossa lembrança de sua conjunção constante, a pergunta seguinte é se a experiência produz a ideia por meio da compreensão ou da imaginação; se somos determinados pela razão a fazer a transição ou por uma certa associação de percepções. Se é a razão que nos determina, segue-se a partir desse princípio que instâncias das quais não tivemos experiência alguma devem lembrar aquelas de que tivemos experiência, e que o curso da natureza continua sempre uniformemente o mesmo. Assim, para esclarecer essa questão, vamos considerar todos os argumentos sobre os quais uma tal proposição supostamente se baseia e como estes devem ser derivados ou do conhecimento ou da probabilidade, vamos dirigir o olhar para cada um desses graus de evidência e ver se proporcionam alguma conclusão justa dessa natureza. (Hume, 1.3.6.3, 1.3.6.4)

P1. Quando a mente faz o que parece ser uma transição necessária de uma impressão presente, ou da lembrança de uma impressão, para uma dada ideia, chamamos essa transição de "causa e efeito". A questão é: em que se baseia essa transição aparentemente necessária? Do que é ela uma função: da compreensão (ou seja, razão) ou da imaginação?

P2. Se a razão nos determina a fazer essas transições causais, então esse raciocínio tem que se dar a partir do princípio de que instâncias (por ex., associações particulares de dois objetos quaisquer) que ocorreram no passado continuarão a ocorrer como tais no futuro (princípio da uniformidade).

P3. Se a necessidade causal é uma função da razão, como essa razão é baseada no princípio de uniformidade, então o princípio de uniformidade deve, de algum modo ou de outro, ser *justificado*; deve também ser "baseado" na razão. Em forma simbólica, temos $(N \supset P) \supset J$, onde "N" representa "a necessidade causal é uma função da razão", "P" um princípio da uniformidade e "J" "o princípio da uniformidade é justificado pela razão".

P4. Há apenas dois tipos de raciocínio que podem justificar um princípio, incluindo o princípio de uniformidade: (a) "conhecimento" (raciocínio demonstrativo) ou (b) raciocínio "provável".

P5. Suponha que o princípio de uniformidade seja justificado pelo raciocínio demonstrativo.

P6. Se o princípio de uniformidade é justificado pelo raciocínio demonstrativo — em outras palavras, é uma instância de raciocínio demonstrativo — então o princípio de uniformidade não pode ser imaginado de outra forma.

P7. Podemos imaginar que a natureza não continuará uniformemente no futuro, imaginando simultaneamente que a natureza continuou sempre a mesma no passado, sem nos contradizer.

C1. O princípio de uniformidade não está provado; ou seja, justificado pelo raciocínio demonstrativo (*modus tollens*, P6, P7).

P8. O princípio de uniformidade é justificado pelo raciocínio provável (suposição de *reductio*).

P9. Raciocínio provável é na verdade raciocínio causal, desde que nos dois casos somos automaticamente levados a pensar numa ideia ao vivenciar uma impressão ou ao lembrar de uma impressão.

P10. Se o raciocínio em questão é uma instância de raciocínio causal, então tal raciocínio é justificado pelo princípio de uniformidade.

C2. O raciocínio provável é justificado pelo princípio de uniformidade (*modus ponens*, P9, P10).

C3. O princípio de uniformidade é justificado por raciocínio provável (ou seja, raciocínio causal) e justifica o raciocínio provável (ou seja, raciocínio causal) (conjunção, P7, C2).

C4. O princípio de uniformidade não é justificado pelo raciocínio provável (*reductio*, P7-C3).

C5. O princípio de uniformidade não é justificado pelo raciocínio demonstrativo e nem pelo provável (conjunção, C1, C4).

P11. Se o princípio de uniformidade não é justificado nem pelo raciocínio demonstrativo e nem pelo provável, então temos que rejeitar a alegação de que o princípio de uniformidade é justificado pela razão.

C6. Temos que rejeitar a alegação de que o princípio de uniformidade é justificado pela razão (*modus ponens*, C5, P11).

P12. Se devemos rejeitar a alegação de que o princípio de uniformidade é justificado pela razão, então devemos rejeitar a alegação de que a necessidade que parece acompanhar as relações causais seja uma função da razão.

C7. Temos que rejeitar a alegação de que a necessidade que parece acompanhar as relações causais seja uma função da razão (*modus ponens*, P12, C6).

46
Argumento por Analogia em Tales e Anaxímenes

Giannis Stamatellos

Aristóteles. *On the Heavens*, traduzido por W. K. C. Guthrie. Cambridge, MA: Harvard University Press, 1939.

Barnes, Jonathan. *The Presocratic Philosophers*. Londres: Routledge, 1979.

Diels, Hermann. *Die Fragmente der Varsokratiker*, 6ª edição, revisado com acréscimos e índice por W. Kranz. Berlim: Weidmann, 1951-52. (DK).

Kirk, Geoffrey Stephen, Raven, John Earl e Schofield, Malcolm. *The Presocratic Philosophers*. Cambridge, RU: Cambridge University Press, 1983.

Lloyd, Geoffrey Ernest Richard. *Polarity and Analogy: Two Types of Argumentation in Early Greek Thought*. Bristol: Bristol Classical Press, 1992.

Pachenko, Dmitri. "Thales and the Origin of Theoretical Reasoning." *Configurations* 3 (1993): 387-484.

Wright, M. R. *The Presocratics*. Bristol: Bristol Classical Press, 1985.

Se x é P e Q, e y é P, inferimos que y é também Q.

Um argumento por analogia se baseia na inferência indutiva. Argumentar por analogia é argumentar que como as coisas são semelhantes ou iguais em certos aspectos, são semelhantes ou iguais em outros. Um argumento analógico é baseado em similaridades hipotéticas entre casos distintos: em outras palavras, como as coisas são semelhantes em certos casos semelhantes ou identificados, são semelhantes também em alguns outros casos não observados ou não identificados.

Um argumento por analogia não é dedutivamente válido. É considerado uma forma fraca de argumentação devido à suposição arbitrária de similaridade entre as coisas. No entanto, a analogia não é usada apenas em casos literais mas também em casos de metáfora e com propósitos explanatórios. Além disso, um argumento por analogia é considerado um acompanhamento indispensável do pensamento científico na medida em que a indução forma o método científico básico.

Na antiga filosofia grega, a analogia é um padrão de pensamento subjacente às primeiras tentativas de explicação do cosmos. Isso é encontrado inicialmente nos pensadores milésios Tales (c. 585 a.C.) e Anaxímenes (c. 546 a.C.) Tales argumenta que "assim como um pedaço de madeira flutua numa lagoa, a terra toda flutua na água" (DK 11A14; cf., DK11A12). Segundo Aristóteles:

> Outros dizem que a terra repousa sobre a água. Pois essa é a mais antiga explicação que recebemos, que dizem ter sido apresentada por Tales de Mileto, que ela se mantém no lugar por flutuar como um pedaço de madeira ou alguma outra coisa (pois nada disso repousa por natureza no ar, mas na água) — como se o mesmo argumento não se aplicasse à água que sustenta a terra como à própria terra. (Aristóteles B13, 294a28)

O raciocínio indutivo de Tales reflete um argumento por analogia: se duas coisas têm determinadas propriedades em comum em pequena escala, então têm as mesmas propriedades em comum em escala cósmica:

> Pequena escala: um pedaço de madeira flutua numa lagoa.
> Grande escala: A Terra flutua no *Ókeanós*.

Da mesma forma, Anaxímenes faz uma analogia entre a alma humana e o cosmos:

> Assim como a alma, que é ar, nos mantém, assim o sopro e o ar envolvem o mundo todo. (DK, 13B2)

Anaxímenes apresenta um argumento por analogia:

> Pequena escala: a alma humana (respiração humana) mantém o organismo individual (microcosmo).
> Grande escala: a alma do cosmos (respiração universal) envolve e mantém o universo inteiro.

A analogia como padrão de pensamento parece ser a base do pensamento indutivo de Anaxímenes, usada com propósitos retóricos, metafóricos e explanatórios. Isso fica evidente em alguns de seus testemunhos e fragmentos (*Die Fragmente der Vorsokratiker*):

As estrelas se movem em torno da terra, assim como um turbante se enrola em torno da cabeça. [A7]
O universo gira como a mó de um moinho. [A12]
As estrelas ficam fixas no cristalino à maneira de unhas. [A14]
O sol é chato como uma folha. [A15]

Nos exemplos acima, a analogia é usada por Anaxímenes para explicar o macrocosmo por meio da observação comum. Os argumentos por analogia de Tales e Anaxímenes são considerados como uma das primeiras incidências de raciocínio indutivo. A relação entre microcosmo (pequena escala) e macrocosmo (grande escala) reflete a perícia matemática e o hilozoísmo de Tales (por ex., medições das pirâmides e previsões dos eclipses), assim como as descobertas cosmológicas e a filosofia natural de Anaxímenes. A argumentação por analogia da antiga filosofia grega, como forma de indução, marca o início do pensamento e da explicação científica.

47

Quine e a Epistemologia Naturalizada

Robert Sinclair

Quine, W. V. "Epistemology Naturalized", *in Ontological Relativity and Other Essays*, 69-90. Nova York: Columbia University Press, 1969.

Gregory, Paul. *Quine's Naturalism: Language, Theory and the Knowing Subject.* Nova York: Continuum, 2008.
Roth, Paul. "The Epistemology of 'Epistemology Naturalized'." *Dialectica* 53 (1999): 87-109.

No influente artigo "Epistemologia Naturalizada", W. V. Quine argumenta que os problemas encontrados na história do empirismo moderno deveriam nos levar a repensar os objetivos gerais da epistemologia contemporânea. Mais especificamente, oferece uma reconstrução histórica do empirismo pós-humano, destacando onde as tentativas de sustentar ou de justificar o nosso conhecimento do mundo pela experiência sensorial redundam em problemas insuperáveis e sugerindo ainda a necessidade de localizar as bases do conhecimento dentro da própria ciência. Segundo ele, a epistemologia deve então ser "naturalizada" no sentido de se tornar um projeto específico em que os filósofos têm que usar os recursos da ciência para explicar, descrever e justificar o nosso conhecimento do mundo.

Seu argumento básico recorre à analogia entre investigações dos fundamentos do conhecimento matemático e a tentativa empirista de fornecer um fundamento sensorial para o conhecimento científico. O projeto em filosofia da matemática, que é o foco de Quine, é conhecido como "logicismo", segundo o qual as verdades matemáticas podem ser definidas em termos de uma linguagem lógica mais básica. Aqui, no que Quine chama de lado "conceitual", os conceitos matemáticos podem ser reescritos e, nesse sentido, reduzidos ao que era visto como um vocabulário lógico mais exato e obviamente verdadeiro. Isso ajudaria também a abordar a preocupação "doutrinal" com a justificação das verdades matemáticas, já que estas podem ser reenunciadas como verdades lógicas básicas, com um grau semelhante de certeza lógica. Infelizmente, esse projeto não pode ser completado, já que a redução proposta de conceitos matemáticos exige a teoria dos conjuntos, que contém os próprios paradoxos lógicos e não tem a mesma obviedade ou certeza que se deveria ter na lógica. Além disso, os famosos teoremas da incompletude de Gödel enfraquecem a pretensão teórica, já que demonstram que não é possível a expressão lógica de todas as verdades matemáticas.

Com isso como pano de fundo, Quine continua a desenvolver sua analogia entre logicismo e empirismo. Como no logicismo, a tentativa empirista de validar verdades científicas no âmbito da experiência sensorial contém um lado conceitual concentrado em definir conceitos em termos sensoriais e um lado doutrinal que procura justificar as verdades da natureza por meio da experiência sensorial. No entanto, esses dois objetivos não podem ser atingidos. O lado conceitual falha por causa do "holismo", a visão de que termos e sentenças têm implicações para a experiência só por meio de suas interconexões e nunca por si mesmos isoladamente. Isso sugere que, em geral, nenhum conceito ou alegação teórica tem as próprias consequências para a experiência, e que nenhum enunciado ou conceito isolado pode ser reduzido ao próprio elemento específico da experiência, ou a ele atribuído.

A pretensão doutrinal falha por causa daquilo que Quine chama de "problema de Hume", em que até mesmo simples alegações gerais sobre a nossa experiência das coisas alegam muito mais do que qualquer experiência empírica que pudéssemos ter para justificá-las. Então, o empirismo sofre de incompletude, de maneira análoga ao logicismo na filosofia da matemática. Mas é importante notar que, para Quine, a epistemologia do conhecimento empírico não se sai pior do que o conhecimento matemático (ver Roth, 96). Estudos em matemática baixaram seus padrões epistêmicos de maneira proveitosa e, dada essa analogia, o empirismo pode fazer a mesma coisa. Isso significa abandonar a tentativa de reconstruir logicamente a ciência a partir da experiência, algo que Quine admite ser epistemologicamente mais adequado, e buscar em vez disso a validação para o conhecimento científico nos métodos da ciência.

O argumento de Quine é assim um convite para reconsiderarmos como fica a epistemologia empirista quando adotamos uma visão holística do conhecimento humano e aceitamos que isso enfraquece a redução empirista do conhecimento à experiência, considerando ainda que a ciência fornece os melhores recursos que restam para abordar questões justificatórias na epistemologia (ver Roth, 96-100). Dentro dessas limitações, ele enfatiza a importância de usar os métodos da ciência para justificar verdades científicas e desenvolver explicações dos mecanismos causais responsáveis pela criação de teorias científicas.

A influência desse argumento pode ser medida em termos de duas respostas contrastantes, uma positiva e a outra crítica. Com relação à primeira, a reconstrução da epistemologia, sugerida por Quine, gerou numerosas tentativas de oferecer definições de conhecimento humano empiricamente informadas. Tais visões recorrem a uma variedade de ciências diferentes como a neurociência, a psicologia e a biologia evolutiva. Na área da filosofia da ciência, têm sido usadas também a história e a sociologia. Mais genericamente, o naturalismo filosófico de Quine, em que a filosofia deve ser concebida como parte da ciência empírica, influenciou o desenvolvimento do trabalho em filosofia da mente, linguagem, ética e outras áreas. A segunda resposta, mais crítica, alega que a naturalização da epistemologia sugerida por Quine resulta na simples recusa dos objetivos centrais da epistemologia. Aqui, a atenção se concentra principalmente na aparente rejeição dos objetivos normativos de justificação, por parte de Quine, levando ao que muitos veem como uma mudança radical do assunto. O resultado da chamada "interpretação da substituição", em que se considera que Quine defende a substituição da epistemologia normativa — que procura avaliar de maneira crítica e racional a base evidencial de nossas crenças — por uma descrição psicológica dos processos causais da aquisição de crenças (Gregory, 85-121).

Estudos recentes sugerem que essa leitura crítica é equivocada e enfatizam ainda que, no geral, a proposta de Quine não procura eliminar tais preocupações normativas, mas explica como a epistemologia pode permanecer normativa à luz das falhas do empirismo e do processo contínuo da ciência.

Resta um pensamento útil, com respeito à epistemologia em geral, nessa dualidade de estrutura, que foi especialmente conspícua nos fundamentos da matemática. Refiro-me à bifurcação numa teoria de conceitos, ou significado, e numa teoria de doutrina, ou verdade; pois isso se aplica à epistemologia do conhecimento natural não menos do que aos fundamentos da matemática. O paralelo é como se segue. Assim como a matemática deve ser reduzida à lógica, ou à lógica e à teoria dos conjuntos, assim o conhecimento natural deve ser baseado de algum modo na experiência sensorial. Isso significa explicar a noção de corpo em termos sensoriais; eis o lado conceitual. E significa justificar o nosso conhecimento das verdades da natureza em termos sensoriais; eis o lado doutrinal da bifurcação. [...] Os filósofos desistiram com razão de traduzir tudo em termos observacionais ou lógico-matemáticos. Desistiram disso mesmo sem ter reconhecido, como razão dessa irredutibilidade, que os enunciados não têm em geral seu próprio pacote de consequências empíricas. E alguns filósofos viram nessa irredutibilidade a falência da epistemologia [...] Mas acho agora mais proveitoso dizer que a epistemologia ainda continua, num novo cenário e numa condição mais clara. A epistemologia, ou coisa parecida, se encaixa como capítulo da psicologia e, assim, da ciência natural. Estuda um fenômeno natural, ou seja, um assunto físico humano. A esse assunto humano é atribuído um certo *input* experimentalmente controlado — certos padrões de irradiação em frequências variadas, por exemplo — e na plenitude do tempo o assunto fornece como *output* uma descrição dos três mundos externos tridimensionais e de sua história. A relação entre o parco *input* e o *output* torrencial é uma relação que somos motivados a estudar mais ou menos pelas mesmas razões que sempre motivaram a epistemologia; ou seja, para ver como a evidência se relaciona à teoria e como uma teoria da natureza transcende qualquer evidência disponível. (Quine 71, 82-3)

P1. Há paralelos importantes entre estudos dos fundamentos da ciência natural e estudos dos fundamentos da matemática que podem ajudar a iluminar a epistemologia do conhecimento empírico.

P2. O projeto logicista de reconstruir procedimentos lógicos para a codificação de verdades matemáticas continha dois elementos: um elemento conceitual, que definia noções matemáticas em termos de lógica, e um doutrinal, que derivava verdades matemáticas usando técnicas lógicas.

C1. A tentativa empirista de fornecer uma avaliação ou derivação de verdades científicas com base na experiência sensorial contém os mesmos traços gerais: um lado conceitual preocupado com a definição de conceitos em termos sensoriais e um lado doutrinal voltado para a justificação de verdades da natureza em termos sensoriais (analogia, P1, P2).

P3. Para ter sucesso, o programa empirista precisa abordar:

A exigência conceitual de mostrar como conceitos teóricos (por ex., corpo) podem ser definidos em termos de experiência sensorial.

A exigência doutrinal de mostrar como as generalizações ou leis científicas podem ser derivadas da experiência sensorial.

P4. (A) não é viável porque conceitos e sentenças têm consequências experienciais só como corpo coletivo, e não isolados uns dos outros (holismo). (B) não é viável porque até mesmo as mais simples generalizações baseadas na experiência superam a evidência empírica (problema de Hume).

C2. Nenhum fundamento filosófico independente para a ciência está então disponível no empirismo (*modus tollens*, P3, P4).

P5. Não há melhores padrões de justificação disponíveis entre derivação formal e os padrões da própria ciência empírica (hipótese escalar de Quine; ver Roth 98).

P6. Se o empirismo não pode implementar com sucesso seu projeto fundacionalista e não há padrões justificatórios melhores do que os encontrados na ciência, então a epistemologia deveria recorrer à ciência para justificar práticas e resultados científicos.

P7. Nenhum fundamento filosófico independente para a ciência está disponível dentro do empirismo, assim como não há melhores padrões de justificação entre derivação formal e os padrões da própria ciência empírica (conjunção, C2, P5).

C3. A epistemologia se torna uma ciência autoaplicada em que usamos os métodos da ciência para justificar as verdades científicas e desenvolver uma explicação dos mecanismos causais responsáveis pelo desenvolvimento das teorias científicas. Em suma, a epistemologia deve ser naturalizada (*modus ponens*, P6, P7).

48
Sellars e o Mito do Dado

Willem A. deVries

Sellars, Wilfrid. "Empiricism and the Philosophy of Mind", *in Minnesota Studies in the Philosophy of Science*, vol. I, organizado por Herbert Feigl e Michael Scriven, 253-329. Mineápolis: University of Minnesota Press, 1956. (EPM) Reimpresso com notas de rodapé adicionais *in Science, Perception and Reality*. Londres: Routledge & Kegan Paul, 1963; reeditado pela Ridgeview Publishing Company em 1991. (SPR) Publicado separadamente como *Empiricism and the Philosophy of Mind: With an Introduction by Richard Rorty and a Study Guide by Robert Brandom*, organizado por Robert Brandom. Cambridge, MA: Harvard University Press, 1997. Reimpresso também em W. deVries e T. Triplett, *Knowledge, Mind, and the Given: A Reading of Sellars' "Empiricism and the Philosophy of Mind*." Cambridge, MA: Hackett, 2000. (KMG).

Alston, William P. "What's Wrong With Immediate Knowledge?" *Synthese 55* (1983): 73-96. Reimpresso *in Epistemic Justification: Essays in the Theory of Knowledge*. Ithaca, NY: Cornell University Press, 1989.

___. "Sellars and the 'Mith of the Given'", 1998. http://www.ditext.com/alston/alston2.html (acessado em 27 de julho de 2010).

Meyers, R. G. "Sellars's Rejection of Foundations." *Philosophical Studies 39* (1981): 61-78.

O conhecimento tem uma estrutura: há relações de dependência entre os estados cognitivos de uma pessoa (e de uma comunidade). Contestações céticas surgem com facilidade; por exemplo, se cada peça de conhecimento depende das outras, como adquirimos a nossa primeira peça de conhecimento (nº 38)? Muitos filósofos sustentam que o conhecimento tem uma estrutura hierárquica não muito diferente da estrutura de uma casa bem construída. Deve haver alguns estados cognitivos que estejam em contato direto com a realidade, formando uma fundação firme que sustente o resto do nosso conhecimento. Por razões óbvias, isso tem sido chamado de "visão fundacionalista" da estrutura do conhecimento. Os filósofos interpretam essa metáfora por meio de dois requisitos para o conhecimento, como se segue. (1) Deve haver estados cognitivos que sejam básicos no sentido de terem algum *status* epistêmico positivo independentemente de suas relações epistêmicas com quaisquer outros estados cognitivos. Vamos chamar a isso de Requisito de Independência Epistêmica (RIE). São condições epistêmicas positivas: ser uma instância de conhecimento, ser justificado ou garantido, ou (mais fracamente) ter alguma suposição a seu favor. (Muitos alegam que cognições básicas precisam ter uma garantia epistêmica *incontestável* — certeza, incorrigibilidade ou mesmo infalibilidade.) As relações epistêmicas incluem implicações dedutivas e indutivas. (2) Todo estado cognitivo não básico com *status* epistêmico positivo tem esse *status* só por causa das relações epistêmicas que mantém, de maneira direta ou indireta, com estados cognitivos básicos. Assim, os estados básicos fornecem o suporte fundamental para o resto do nosso conhecimento. Chame isso de Requisito de Eficácia Epistêmica (REE). Chame esses estados cognitivos básicos — ou seja, independentes e eficazes — de "dados". Muitos filósofos acreditam que deve haver tais dados para que exista conhecimento.

Juntos, os requisitos RIE e REE impõem limitações ao que poderia fazer o papel de conhecimento básico. Tradicionalmente, os filósofos exigem que o conhecimento básico tenha uma garantia incontestável. Embora Sellars fosse um falibilista e acreditasse que qualquer estado cognitivo pode ser contestado, seu argumento contra o dado, ao contrário de algumas interpretações, não se preocupa com a questão. Se não há fundamentos, temos que nos preocupar com a força da garantia fundamental.

Uma estrutura fundacionista tem sido atribuída ao conhecimento lógico e matemático, que é formal e *a priori*, assim como ao conhecimento empírico. Durante milênios, a geometria euclidiana, que começa com definições e axiomas e deduz numerosos teoremas através de longas cadeias de raciocínio, proporcionou uma estrutura fundacionista paradigmática. Mas nenhum axioma — verdades gerais autoevidentes — parece adequado para fornecer a base do conhecimento empírico. Em vez disso, a suposição mais comum é que determinadas verdades podem ser conhecidas por meio da experiência direta e fornecer a base para todo conhecimento empírico. Assim, a experiência forneceria estados cognitivos epistemicamente independentes e estados cognitivos eficazes, que formam o fundamento do conhecimento empírico. O empirismo alega que todo conhecimento substantivo repousa sobre a experiência.

O argumento de Sellars contra o dado nega não apenas que deva haver um dado, mas que possa haver um dado no sentido definido. É então um ataque à descrição fundamentalista do conhecimento, especialmente à sua versão empírica. O argumento alega que nada satisfaz ao mesmo tempo RIE e REE. Para satisfazer REE, uma cognição básica tem que ser capaz de participar de relações inferenciais com outras cognições; precisa ter forma proposicional e ser avaliável sob a óptica da verdade. Para satisfazer RIE, essa cognição proposicionalmente estruturada precisa ter seu *status* epistêmico, independentemente de conexões inferenciais com outras cognições. Nenhum estado cognitivo satisfaz os dois requisitos.

Muitos filósofos acreditam em estados cognitivos autoevidentes que sejam epistemicamente independentes. Os axiomas matemáticos são tradicionalmente considerados autoevidentes, mas será autoevidente uma proposição empírica? Segundo Sellars, os candidatos comuns a conhecimento empírico básico (conhecimento de dados dos sentidos, conhecimento de aparências etc.) pressupõem outro conhecimento por parte do conhecedor e, assim, não satisfazem RIE. Argumenta que tais estados contam como estados cognitivos só por causa de suas relações epistêmicas com outros estados cognitivos. Como ele argumenta por casos, não fica claro se outros candidatos podem passar no teste do RIE. Por exemplo, alguns alegam que o externalismo escapa da sua crítica porque o *status* epistêmico dos estados cognitivos básicos é determinado unicamente por seu *status* causal, satisfazendo RIE (ver Meyers). O simples fato de supor que haja (muito menos que deva haver) estados cognitivos Epistemicamente Independentes põe em questão seu argumento. Uma resolução final dessa disputa exige uma teoria positiva das condições suficientes para a atribuição de um estado epistêmico positivo (ver Alston). Sellars oferece uma, mas ela vai além da crítica do dado. No mínimo, a crítica do dado feita por Sellars transfere o ônus da prova para os que acreditam em estados cognitivos epistemicamente independentes. Eles nos devem uma boa teoria de tais estados e de por que têm o próprio *status* epistêmico.

Alguns fundacionistas acreditam que os estados cognitivos básicos não são proposicionalmente estruturados, mas casos de conhecimento direto de um objeto — o que Russell chamava de "conhecimento por contato". Tais estados violam REE: como poderia um tal conhecimento justificar mais conhecimento? Se John conhece O, algum objeto O, nenhuma proposição parece ser atribuída a John só por causa disso.

Se o argumento de Sellars funciona, o conhecimento não pode ser adquirido incrementalmente a partir de encontros iniciais com o mundo em experiências que já sejam estados cognitivos completos. O *status* epistêmico de nossas percepções e introspecções lhes pertence porque elas participam de um sistema complexo de estados cognitivos que se apoiam mutuamente e que mediam nosso engajamento prático com o mundo à nossa volta — embora Sellars também rejeite o coerentismo comum. O argumento não é uma refutação definitiva da visão fundamentalista do conhecimento, mas uma contestação significativa dessa visão. O argumento de Sellars, em combinação com o argumento de Quine e Davidson, entre outros, deixou o fundamentalismo na defensiva desde a metade do século XX.

O argumento de Sellars influenciou uma grande variedade de filósofos do século XX, incluindo Richard Rorty, Paul e Patricia Churchland, Laurence Bonjour, David Rosenthal, Jay Rosenberg, John McDowell e Robert Brandom.

> Se rejeito a estrutura do empirismo tradicional, não quero com isso dizer que o conhecimento empírico não tenha fundamento. Porque colocar as coisas dessa maneira é sugerir que ele é realmente um "suposto conhecimento empírico" e colocá-lo numa caixa com rumores e embustes. Há claramente algum ponto na visão do conhecimento humano como algo que repousa num nível de proposições — relatos da observação — que não repousa sobre outra proposição da mesma forma que as outras proposições nele repousam. Por outro lado, quero insistir que a metáfora de "fundamento" é enganadora porque nos impede de ver que, se há uma dimensão lógica em que outras proposições empíricas

repousam em relatos da observação, há outra dimensão lógica em que os últimos repousam nas primeiras.

Acima de tudo, a visão é enganadora por causa de seu caráter estático. Parece que somos forçados a escolher entre a visão de um elefante que repousa sobre uma tartaruga (o que sustenta a tartaruga?) e a visão da grande serpente hegeliana do conhecimento com a cauda na boca (onde ela começa?). Nenhuma das duas serve. Porque o conhecimento empírico, como sua extensão sofisticada, a ciência, é racional, não porque tem um fundamento, mas porque é uma iniciativa autocorretora que pode pôr em risco qualquer alegação, mas não todas ao mesmo tempo. (EPM VIII, par. 38, *in* SPR, 170; *in* KMG, 250)

A doutrina do dado exige que, para qualquer conhecimento empírico P, algum conhecimento epistemicamente independente G seja epistemicamente eficaz a respeito de P.

P1. Se X não pode servir como razão para Y, então X não pode ser epistemicamente eficaz a respeito de Y.

P2. Se X não pode servir como premissa num argumento a favor de Y, então X não pode servir como razão para Y.

P3. Se X é não proposicional, então X não pode servir como premissa num argumento.

P4. Se X é não proposicional, então X não pode servir como razão para Y (silogismo hipotético, P3, P2).

    C1. Se X é não proposicional, então X não pode servir como razão para Y (silogismo hipotético, P1, P4).

P5. Se X não pode ser epistemicamente eficaz a respeito de Y, então o não proposicional não pode servir como dado.

    C2. O não proposicional não pode servir como dado (*modus ponens*, C1, P5).

P6. Nenhum estado mental inferencialmente adquirido, proposicionalmente estruturado, é epistemicamente independente.

P7. O *status* epistêmico de estados cognitivos não inferencialmente adquiridos, proposicionalmente estruturados, pressupõe a posse, pelo sujeito de outro conhecimento empírico, de verdades empíricas tanto específicas quanto gerais.

P8. Se o conhecimento empírico não inferencialmente adquirido pressupõe a posse pelo sujeito de outro conhecimento empírico, então os estados cognitivos inferencialmente adquiridos, proposicionalmente estruturados, não são epistemicamente independentes.

C3. Estados cognitivos não inferencialmente adquiridos, proposicionalmente estruturados, não são epistemicamente independentes (*modus ponens*, P7, P8).

P8. Qualquer cognição proposicional, empírica, é adquirida, ou inferencialmente ou não inferencialmente.

C4. Uma cognição proposicionalmente estruturada, seja inferencialmente ou não inferencialmente adquirida, nunca é epistemicamente independente e não pode servir como dado (conjunção, P6, C3).

P9. Toda cognição ou é proposicionalmente estruturada ou não é.

C5. Nem as proposições proposicionais nem as não proposicionais podem servir como dado (conjunção, C2, C4).

P10. Se nem as cognições proposicionais nem as não proposicionais podem servir como dado, então é razoável acreditar que nenhum item de conhecimento empírico pode servir como a função de um dado.

C6. É razoável acreditar que nenhum item de conhecimento empírico pode servir como a função de um dado (*modus ponens*, C5, P10).

49
Sellars e o "Mito Ryleano"

Willem A. deVries

Sellars, Wilfrid. "Empiricism and the Philosophy of Mind", *in Minnesota Studies in the Philosophy of Science*, vol. I, organizado por Herbert Feigl e Michael Scriven, 253-329. Mineápolis: University of Minnesota Press, 1956. (EPM) Reimpresso com notas de rodapé adicionais em *Science, Perception and Reality*. Londres: Routledge & Kegan Paul, 1963; reeditado pela Ridgeview Publishing Company em 1991. (SPR) Publicado separadamente como *Empiricism and the Philosophy of Mind: With an Introduction by Richard Rorty and a Study Guide by Robert Brandom*, organizado por Robert Brandom. Cambridge, MA: Harvard University Press, 1997. Reimpresso também *in* W. deVries e T. Triplett, *Knowledge, Mind, and the Given: A Reading of Sellars' "Empiricism and the Philosophy of Mind"*. Cambridge, MA: Hackett, 2000. (KMG).

___. "Intentionality and the Mental", uma correspondência com Roderick Chisholm, *in Minnesota Studies in The Philosophy of Science*, vol. II, organizado por Herbert Feigl, Michael Scriven e Grover Maxwell, 507-39. Mineápolis: University of Minnesota Press, 1957. Reimpresso *in Intentionality, Mind and Language*, organizado por Ausonio Marras, Chicago: University of Illinois Press, 1972.

Marras, Ausonio. "On Sellars' Linguistic Theory of Conceptual Activity." *Canadian Journal of Philosophy* 2 (1973): 471-83.

___. "Reply to Sellars." *Canadian Journal of Philosophy* 2 (1973): 495-501.

___. "Sellars on Thought and Language." *Nous* 7 (1973): 152-63.

___. "Sellars' Behaviourism: A Reply to Fred Wilson." *Philosophical Studies* 30 (1976): 413-18.

___. "The Behaviourist Foundation of Sellars' Semantics." *Dialogue* (Canadá) 16 (1977): 664-75.

Perner, Josef. *Understanding the Representational Mind*. Cambridge, MA: The MIT Press, 1991.

Triplett, Timm e deVries, Willem. "Is Sellars's Rylean Hypothesis Plausible? A Dialogue", *in The Self-Correcting Enterprise: Essays on Wilfrid Sellars*, Poznan Studies in the Philosophy of the Science and the Humanities, vol. 9, organizado por Michael P. Wolf, 85-114. Nova York: Rodopi, 2006.

Wellman, Henry M. *The Child's Theory of Mind*. Cambridge, MA: The MIT Press, 1990.

A tradição cartesiana ensina que as pessoas têm um conhecimento direto, privilegiado, dos próprios estados mentais, e que tal conhecimento tem a mais alta garantia epistêmica. Por exemplo, o argumento da cera, na segunda meditação de Descartes, conclui que ele conhece os próprios estados mentais "primeiro e melhor". Assume-se em geral que os conceitos empregados em tal conhecimento sejam inatos ou derivados por abstração da ocorrência desses estados mentais. Isso é crucial para teorias que consideram *básico* o conhecimento de nossos próprios estados mentais subjetivos, pois o fundamento do nosso conhecimento tem que ser independente de todo conhecimento. Assim, de acordo com tais teorias fundacionistas, tanto o conhecimento de estados mentais específicos quanto o conhecimento dos conceitos empregados no conhecimento de estados mentais específicos são "dados". [Ver o argumento de que o dado é um mito (nº 48).]

Antes, em "Empirismo da Filosofia da Mente", Sellars ataca a ideia de que pode haver um dado no sentido exigido pela tradição cartesiana, mas essa crítica não seria muito convincente sem uma explicação alternativa de como adquirimos conceitos do mental e de por que o conhecimento dos próprios estados mentais é imediato e privilegiado. Assim, Sellars precisa estabelecer a existência de uma alternativa coerente para a visão tradicional de que os conceitos mentalistas são dados, ou de maneira inata ou abstraídos diretamente de estados mentais. Esse é o ponto do Mito Ryleano. O Mito Ryleano e a crítica do Mito do Dado reforçam um ao outro, fortalecendo a conclusão de que nem mesmo o conhecimento de estados mentais subjetivos é dado.

Os conceitos do mental, portanto, são fundamentalmente diferentes, em espécie ou modo de aquisição e aplicação, de outros conceitos empíricos. A psicologia do início do século XX (nº 93) procurou legitimar a investigação empírica da mente fazendo da psicologia uma ciência do comportamento e evitando a necessidade de falar de estados interiores, subjetivos. Mas, na época do ensaio de Sellars, reconhecia-se cada vez mais que uma abordagem estreitamente behaviorista da mente, tanto em filosofia quanto em psicologia, era inadequada. O Mito Ryleano de Sellars mostra que são possíveis conceitos empíricos e intersubjetivos, de estados subjetivos, argumentando que são como conceitos teóricos. Nesse caso, o mental está tão aberto à investigação empírica intersubjetiva quanto qualquer outro domínio do mundo empírico. Além disso, se os nossos conceitos do mental são conceitos empíricos adquiridos por meio da teoria da postulação, como são os conceitos de micro-objetos inobserváveis postulados nas ciências naturais, então há poucos motivos para pensar que se aplicam a objetos de um tipo totalmente diferente de outros objetos naturais. Isso elimina uma motivação para o dualismo cartesiano.

A abordagem de Sellars aos conceitos mentalistas tem sido importante para a ciência cognitiva, já que legitima uma abordagem à mente que, embora naturalista, respeita a interioridade dos estados mentais. Na verdade, inspirou a abordagem "teoria da teoria" à psicologia popular, um programa de pesquisa em ciência cognitiva que desenvolve a ideia de que, na primeira infância, adquirimos e aprendemos a aplicar uma estrutura conceitual que nos permite interpretar o comportamento de outras pessoas (ver Perner e Wellman).

O argumento de Sellars toma a forma de um experimento mental. Ele nos pede para imaginar uma comunidade que não tem conceitos de estados psicológicos interiores, embora tenha uma linguagem completa para descrever e explicar o comportamento humano, além de capacidade metalinguística para descrever e prescrever comportamentos linguísticos. Uma tal comunidade, argumenta Sellars, pode aumentar seus recursos explanatórios estendendo seu sistema linguístico/conceitual por meio da postulação de estados inobserváveis interiores a cada pessoa. Além disso, há um motivo para postular dois tipos diferentes de estados interiores: um deles — os pensamentos — tem propriedades modeladas segundo propriedades semânticas de acontecimentos linguísticos manifestos, enquanto o outro — impressões sensoriais — tem propriedades modeladas segundo as propriedades dos objetos perceptíveis. Se a história de Sellars é coerente, então a visão tradicional, de que os conceitos e o conhecimento do mental são simplesmente dados, não é compulsória.

Segundo as principais objeções ao Mito Ryleano de Sellars, a situação descrita em seu experimento mental não é nem incoerente (Marras) nem empiricamente implausível a ponto de não merecer uma consideração séria (Chisholm, Triplett). Pode realmente haver pessoas com uma rica linguagem física e também uma metalinguagem, mas sem qualquer concepção de estados psicológicos interiores, pensamentos e impressões sensoriais?

> [Podemos] caracterizar a linguagem ryleana original, em que eles se descrevem e a seus compatriotas não apenas como uma linguagem behaviorista, mas como uma linguagem behaviorista restrita ao vocabulário não teórico de uma psicologia behaviorista. Suponha agora que, na tentativa de explicar o fato de que seus compatriotas se comportam de maneira inteligente, não apenas quando sua conduta está encadeada numa série de episódios verbais manifestos — ou seja, quando "falam o que pensam" — mas também quando nenhum *output* verbal detectável está presente, Jones desenvolva uma teoria segundo a qual elocuções manifestas não passam do ápice de um processo que começa com certos episódios interiores. E vamos supor que seu modelo para esses episódios que iniciam os eventos que culminam em comportamento verbal manifesto seja o do próprio comportamento verbal manifesto. Em outras palavras, usando a linguagem do modelo, a teoria mantém que o comportamento verbal manifesto é o ápice de um processo que começa com o "discurso interior". (EPM par. 56, *in* SPR, 186: *in* KMG, 266-67)

P1. Os conceitos de estados mentais podem ser adquiridos só de maneira inata ou por acesso direto e privilegiado à experiência imediata de estados mentais, dados pela intuição direta (suposição de *reductio*).

P2. Considere uma comunidade de behavioristas com uma linguagem intersubjetivamente disponível que contenha também, além de conceitos no nível do objeto, conceitos semânticos (*ergo* metalinguísticos). Uma tal comunidade não teria conceitos do psicológico.

P3. Essa comunidade teria acesso apenas a recursos do behaviorismo estrito para explicar o comportamento humano.

P4. Os recursos do behaviorismo estrito não são suficientes para explicar todo o comportamento humano.

P5. Se essa comunidade tivesse acesso apenas a recursos do behaviorismo estrito para explicar o comportamento humano, então ela se veria diante de enigmas substanciais a respeito de várias formas de comportamento humano.

C1. Essa comunidade se veria, então, diante de enigmas substanciais a respeito de várias formas de comportamento humano (*modus ponens*, P4, P5).

P6. Essa comunidade enriqueceria seus recursos explanatórios usando a metodologia científica postulacional.

P7. Se essa comunidade pode enriquecer seus recursos explanatórios usando a metodologia científica postulacional, usando elocuções como modelo, essa técnica pode gerar conceitos de episódios interiores, semelhantes ao discurso, que causam algumas das enigmáticas formas de comportamento e, na verdade, causam também os episódios linguísticos manifestos que lhes servem de modelo.

C2. Usando elocuções como modelo, essa técnica pode gerar conceitos de episódios interiores, semelhantes ao discurso, que causam algumas das enigmáticas formas de comportamento. Na verdade, pode causar também os episódios linguísticos manifestos que lhes servem de modelo (*modus ponens*, P6, P7).

P8. Se outros comportamentos enigmáticos precisam ser explicados, então a aplicação da metodologia científica postulacional normal, usando objetos perceptíveis como modelo, pode gerar conceitos de estados interiores qualitativos, que estão normalmente presentes quando percebemos o objeto perceptível que é o seu modelo, mas que podem estar presentes em nós quando o objeto externo está ausente.

P9. Se (P6) essa comunidade pode enriquecer seus recursos explanatórios usando a metodologia científica postulacional e usando elocuções como modelo, se essa técnica pode gerar conceitos de episódios interiores, semelhantes ao discurso (C2), que causam algumas das formas enigmáticas de comportamento e causam também os episódios linguísticos manifestos que lhes servem de modelo, e (P8) se a aplicação da metodologia científica postulacional normal pode explicar outros comportamentos enigmáticos, então é possível (e não no sentido de simples possibilidade lógica, mas no sentido de que há uma história coerente com alguma plausibilidade empírica) que nossos conceitos do psicológico sejam adquiridos de maneiras empíricas perfeitamente normais e intersubjetivamente disponíveis.

C3. É possível (e não no sentido de simples possibilidade lógica, mas no sentido de que há uma história coerente com alguma plausibilidade empírica) que nossos conceitos do psicológico sejam adquiridos de maneiras empíricas perfeitamente normais e intersubjetivamente disponíveis (*modus ponens*, P9, conjunção, P6, C2, P8).

P10. Não é o caso que conceitos de estados mentais possam ser adquiridos apenas de maneira inata ou por acesso direto e privilegiado a uma abstração vinda da experiência imediata de estados mentais dados por intuição direta (*reductio*, P1-P9).

50
Aristóteles e o Argumento para Acabar com Todos os Argumentos

Toni Vogel Carey

Aristóteles. *Metaphysics*, traduzido por W. D. Ross. Oxford: Clarendon Press, 1908.

Friedman, Milton. *Essays in Positive Economics*. Chicago: University of Chicago Press, 1953.

Mill, John Stuart. "A System of Logic: Ratiocinative and Inductive", *in Collected Works of John Stuart Mill*, vols. VII e VIII, organizado por J. Robson. Toronto: Toronto University Press, 1973.

Parsons, Charles. "Reason and Intuition", *Synthese* 125 (2000): 299-315.

Esse argumento, que vem de Aristóteles, é um dos mais fundamentais na história do pensamento. É também um dos mais abreviados, o que faz com que seja fácil examiná-lo. Na *Metafísica*, Aristóteles diz simplesmente:

> É impossível haver demonstração de absolutamente tudo: [pois então] haveria um regresso ao infinito, de modo que nem assim há demonstração. (1006a, 8-10)

Esta é uma versão resumida do argumento *reductio ad infinitum* de Aristóteles, aí implícito:

P1. Para qualquer p, se p é uma proposição, então razões podem ser apresentadas a favor/contra p.

P2. p é uma proposição.

    C1. Podem ser apresentadas razões a favor/contra p (*modus ponens*, P1, P2).

P3. q e r são razões a favor/contra p.

P4. Se q e r são proposições, então podem ser apresentadas razões a favor/contra q e r.

P5. q é uma proposição.

  C2. Podem ser apresentadas razões a favor/contra q (*modus ponens*, P1, P5).

P6. s e t são razões a favor/contra q.

P7. Se s e t são proposições, então podem ser apresentadas razões a favor/contra s e t.

P8. s é uma proposição.

  C3. Podem ser apresentadas razões a favor/contra s (*modus ponens* P1, P8).

P9. u e v são razões a favor/contra s.

P10. Se u e v são proposições, podem ser apresentadas razões a favor/contra u e v.

P11. u é uma proposição.

  C4. Podem ser apresentadas razões a favor/contra u (*modus ponens*, P1, P11).

E assim continua *ad infinitum* (omitindo r, t e v por questões de brevidade).

Se pedirmos razões a favor/contra cada proposição, ficaremos a um processo infindável de justificação, incapazes de afirmar qualquer coisa que seja. Como disse Charles Parsons, filósofo da lógica e da matemática, "a batata quente tem que parar na mão de alguém" ("*The buck has to stop somewhere*").

É claro que esse argumento não nos impede de apresentar razões a favor de muitas proposições, na verdade da maioria. E mesmo quando não podemos apresentar razões a favor de uma proposição, isso não significa que seja injustificado acreditar nela. Algumas proposições podem ser autoevidentes – compreendidas intuitivamente, como "evidentes sem prova ou argumentação", para citar o *Webster's Ninth*. É assim que Aristóteles via a lei lógica da não contradição e como outros veem certas leis morais, como a de honrar uma promessa. A famosa Declaração da Independência dos Estados Unidos começa assim: "Consideramos estas verdades como autoevidentes".

No entanto, embora a "batata quente tenha que parar na mão de alguém", ela nem sempre para no mesmo lugar. Podemos aceitar a verdade de uma proposição de maneira apenas condicional, só como hipótese de um argumento. Podemos também aceitar que p seja verdadeira num argumento e falsa em outro. Como o economista teórico Milton Friedman observa em *Essays in Positive Economics*, "não há inconsistência em considerar a mesma firma como competitiva no caso de um problema e monopolista no caso de outro, assim como não há inconsistência em considerar a mesma marca de giz como uma linha euclidiana no caso de um problema, uma superfície euclidiana no caso de outro e um sólido euclidiano no caso de um terceiro" (36).

No entanto, é importante saber que proposição(ões) estamos tomando como dada(as). Muitas vezes, desconhecemos nossas premissas subjacentes ou achamos que são óbvias demais para serem mencionadas. Mas casamentos, amizades e alianças políticas podem acabar mal só por causa de desacordos não enunciados a respeito de "quem fica com a batata quente".

Consideramos algumas verdades como mais autoevidentes do que outras, não apenas em termos do argumento, mas sem qualificação. Cientistas trabalham com o pressuposto de que as leis que valem hoje para o universo continuarão a valer amanhã. E o fato de que "a batata quente tem que parar na mão de alguém" é ainda mais fundacional do que esse princípio de indução. Filósofos admitem tradicionalmente que há algumas verdades necessárias; ou seja, proposições que não poderiam, em nenhum mundo possível, ser falsas. Nesse caso, o argumento aristotélico que estamos considerando seria uma delas.

Por outro lado, em "Dois Dogmas do Empirismo", o filósofo W. V. Quine apresenta a ideia de que as chamadas verdades necessárias são apenas proposições que hesitamos em abandonar (nº 44). Para muitos, a existência e benevolência de Deus é uma crença que se apegar quando o resto falha. Para Quine, nenhum enunciado, nem mesmo uma lei da lógica está "imune à revisão".

O argumento que estamos considerando é importante porque mostra que há limitações para qualquer argumentação, o que vai contra a crença de que o exercício da argumentação pode, em princípio, decidir qualquer disputa. Se "a batata quente tem que parar na mão de alguém", então até em lógica o apelo final não é à razão dedutiva ou indutiva, mas a alguma coisa mais próxima à intuição. Aristóteles não teve problemas para aceitar isso; aliás, Einstein também não. Mas John Stuart Mill e outros transformaram "intuição" num termo de má reputação — não obstante a afirmação de Mill em *Um Sistema de Lógica* de que "verdades conhecidas pela intuição são as premissas originais das quais todas as outras são inferidas" (par. 4).

O problema da intuição é que, em geral, as pessoas não querem aceitar qualquer contestação, por mais justificada que seja, às suas crenças intuitivas mais arraigadas, tornando inútil, senão impossível, qualquer discussão, o que pode levar a formas nocivas de fanatismo. O fato de alguém basear uma crença na intuição nada faz para garantir sua verdade. Mas por mais falíveis e perigosas que possam ser as crenças intuitivas, não se segue daí que a intuição deva ser simplesmente desacreditada. Como observa George Bealer no verbete sobre "intuição" no Suplemento da *Encyclopedia of Philosophy* [*Enciclopédia de Filosofia*], a percepção também é falível (às vezes até mesmo perigosa), mas ninguém acha que devemos desconsiderá-la. Pelo contrário, "ver para crer" é um truísmo.

A inferência lógica válida é segura, embora o apelo à intuição acarrete algum risco. Mas o que o argumento de Aristóteles mostra é que a própria inferência lógica válida repousa em proposições (axiomas) cuja verdade aceitamos intuitivamente; é aí forçosamente que fica a "batata quente".

Parte IV
ÉTICA

51
A Justiça Traz Felicidade na
República de Platão

Joshua I. Weinstein

Platão. *Republic*, traduzido por G. M. A. Grube e C. D. C. Reeve. Indianápolis: Hackett, 1992.

Cooper, John. "Plato's Theory of Human Motivation." *History of Philosophy Quarterly* 1 (1984): 3-21.

Korsgaard, Christine. "Self-Constitution in the Ethics of Plato and Kant." *Journal of Ethics* nº 3 (1999): 1-29.

Sachs, David. "A Fallacy in Plato's Republic." *Philosophical Review* 72 (1963): 141-58.

Santas, Gerasimos. *Understanding Plato's Republic*. Oxford: Wiley-Blackwell, 2010.

Em suas mais de 300 páginas, a *República* de Platão trata de quase todos os tópicos sob o sol: tirania e democracia, feminismo e aborto, Homero e carpintaria, escalas musicais e geometria sólida, imortalidade e vida após a morte, por que nos odiamos quando pomos tudo a perder. Mas todas essas questões surgem no contexto da resposta a uma grande pergunta: como devemos viver? Qual é o melhor tipo de vida? Em especial, por que devemos viver uma vida de justiça se os maus parecem se sair melhor?

A principal alegação no diálogo é que a justiça é uma excelência ou virtude (*aretê*) que traz *eudaimonia*, uma integração de felicidade, sucesso e contentamento; só vive bem quem é justo. Na visão de Platão, a justiça é fundada na composição da alma ou psique da pessoa, já que só se pode esperar um comportamento adequado de pessoas cujas prioridades sejam retas. Além disso, somente pessoas assim podem viver a vida em sua plenitude.

A significância desse argumento vai além do fato de a *República* ser um dos textos mais influentes da história da filosofia. Argumentos desse tipo ficam mais importantes à medida que a pessoa começa a duvidar que Deus recompensa os bons e pune os maus. Esse argumento tem muitos sucessores no mundo antigo e tem sido retomado de várias maneiras no pensamento contemporâneo. (Para uma introdução mais completa à *República* e ao seu principal argumento, ver Santas. Para um uso contemporâneo da estratégia de a *República*, ver Korsgaard.)

O esquema básico do argumento é apresentado por Sócrates no final do Livro 1, quando introduz o conceito de *ergon*, a atividade, o trabalho ou a função que tipifica uma coisa:

> Pois bem! Poderiam os olhos desempenhar bem a sua função se não possuíssem a virtude que lhes é própria ou se, em lugar dessa virtude, possuíssem o vício contrário?
>
> Como poderiam? Queres, por acaso, dizer a cegueira, em vez da vista? [...]
>
> Posto isto, os ouvidos, sendo privados da sua virtude própria, desempenharão mal a sua função?
>
> Sem dúvida. [...]
>
> Então, analisa agora isto: a alma não possui uma função que nada, a não ser ela, poderia desempenhar, como vigiar, comandar, deliberar e o resto? Podemos atribuir estas funções a outra coisa que não à alma e não temos o direito de dizer que elas lhe são peculiares?
>
> Não podemos atribuí-las a nenhuma outra coisa.
>
> E a vida? Não afirmaremos que é uma função da alma?
>
> Com certeza.
>
> Portanto, afirmaremos que a alma também possui a sua virtude própria?
>
> Afirmaremos.
>
> Então, Trasímaco, a alma executará bem essas funções se for privada da sua virtude própria? Ou será impossível?
>
> Será impossível.
>
> Em decorrência disso, é obrigatório que uma alma má comande e vigie mal e que uma alma boa faça bem tudo isso.
>
> É obrigatório.
>
> Ora, não concluímos que a justiça é uma virtude e a injustiça, um vício da alma?

Concluímos.

Por conseguinte, a alma justa e o homem justo viverão bem e o injusto, mal?

Assim parece, de acordo com o teu raciocínio.

Então, aquele que vive bem é feliz e afortunado e o que vive mal, o contrário.

Não há dúvida.

Portanto, o justo é feliz e o injusto, infeliz.

Que seja!

E não é vantajoso ser infeliz, mas ser feliz.

Sem dúvida.

Por conseguinte, divino Trasímaco, jamais a injustiça é mais vantajosa do que a justiça. (Platão, 353b-354a)

P1. Todas as coisas realizam bem sua atividade ou função (*ergon*) se e apenas se tiverem sua virtude e excelência (*aretê*).

P2. A atividade da alma é viver; ou seja, vivemos por meio da alma.

   C1. Vivemos bem se e apenas se tivermos a virtude da alma (instanciação, P1).

P3. A justiça é a virtude da alma.

   C2. Vivemos bem se e apenas se formos justos (substituição, P3 para C1).

P4. Quem vive bem é feliz; quem vive mal é miserável.

   C3. A pessoa justa vive feliz, a injusta vive miseravelmente (substituição, P4 para C2).

Esse resumo leva ao corpo principal do diálogo, que elabora, esclarece e defende essas premissas e conclusões (entre muitas outras coisas!). Até mesmo a aparentemente inócua P4 é submetida a um exame (578a-592b). Embora caiba alguma reflexão sobre P2 (vivemos realmente só por meio da alma e não por meio do corpo?), a principal dificuldade nesse argumento é claramente P3: por que a *justiça* é a virtude específica da alma? Grande parte de a *República* é dedicada a explicar e a defender essa premissa.

A defesa de P3 é baseada na análise da psique ou alma humana. Em particular, o ser humano é mostrado cheio de habilidades e impulsos conflitantes, de modo que a pessoa só fica "unificada" se ordená-los e integrá-los. Assim, por exemplo, podemos sentir sede no corpo e ao mesmo tempo saber (digamos, por intermédio de um médico) que seria ruim beber (439a-d). Conflitos como esse precisam ser resolvidos pelo princípio de que cada parte de nós faz o que deve e não se imiscui na atividade das outras partes. Decidir é tarefa da razão, não da sede. Esse princípio permite a autounificação e a saúde psíquica e, quando é identificado como justiça, P3 começa a melhorar:

> Mesmo que alguém tenha todo tipo de comida e bebida, muito dinheiro e todo tipo de poder para governar, não parece valer a pena viver quando a natureza do corpo está arruinada. Então, mesmo que alguém possa fazer tudo o que desejar [...], como pode valer a pena viver quando a alma – aquilo por meio do que se vive – está arruinada e tumultuada? (Platão, 445a)

A versão mais completa do argumento, como aparece no Livro 4 (434d-445b), pode ser analisada da seguinte maneira:

P1'. A atividade da alma é viver.
P2'. Viver consiste em subatividades potencialmente contraditórias.
  C1'. A alma realiza atividades potencialmente contraditórias (substituição, P2' para P1').
P3'. Tudo o que realiza atividades potencialmente contraditórias é composto de partes.
  C2'. A alma é composta de partes (instanciação, P3').
P4'. Tudo o que é composto de partes realiza bem sua atividade se e apenas se cada uma de suas partes realizar, e realizar apenas, a própria atividade.
  C3'. A alma realiza bem suas atividades se e apenas se cada uma de suas partes realizar, e realizar apenas, a própria atividade (instanciação, P4').
P5'. Justiça é fazer o que nos é próprio, e não fazer o que não nos é próprio.
  C4'. A alma realiza bem sua atividade se e apenas se for justa (substituição, P5' para C3').
  C5'. Vivemos bem se e apenas se formos justos (substituição, P1' para C4').
P6'. Quem vive bem é feliz, quem vive mal é miserável.

C6'. A pessoa justa vive feliz, a injusta vive miseravelmente (substituição, P6' para C5').

Essa versão do argumento é muito mais vigorosa e atraente do que a original. A variedade de impulsos que pretende integrar inclui de tudo, do desejo de doces e parceiros atraentes, à necessidade competitiva de ter sucesso e ser respeitado (especialmente conforme as expectativas dos pais) e ao desejo de superar a perplexidade, escapar da própria ignorância e contemplar a eternidade.

Mas essa versão também tem problemas que continuam a ser calorosamente debatidos até hoje. P3' e a inferência C2' são defendidas num argumento complexo e controverso baseado no princípio de que nada pode fazer ou sofrer uma coisa e o seu oposto, ao mesmo tempo e no mesmo sentido (436b-441c). Esse subargumento é notável por ser provavelmente o primeiro uso documentado do princípio da não contradição. Platão argumenta também que o número de atividades — e, portanto, de partes da alma — é exatamente *três*: sustento pelos apetites; controle e estabilidade pela parte animada; e orientação pela deliberação e razão. (Cooper é um bom lugar para começar a examinar essa tripartição da alma.) C4' também provocou discussões, já que parece depender de um equívoco sobre o significado de a alma ser "justa". Será que alguém pode ser justo porque todas as suas partes psíquicas funcionam adequadamente e em conjunto, mesmo quando sai para roubar e trapacear? Ou será que Sócrates está certo ao afirmar que isso é impossível? (Ver Sacks).

Será que viver bem e tratar corretamente os outros depende de "justiça na alma", ou seja, minimizar o desacordo interior e ficar "em sintonia" consigo mesmo? Os psicanalistas freudianos e as escolas ocidentais de yoga ou meditação derivam parte do seu apelo de argumentos semelhantes: "Você não pode viver bem sem ser uma pessoa autêntica e honesta". "Um ladrão nunca dorme direito." "Você precisa encontrar a paz interior e estar unificado." A versão de Platão não é apenas a mais antiga e mais enraizada da cultura ocidental, mas a *República* inclui uma explicação detalhada de como a filosofia, a política e o prazer se encaixam numa única coisa que é "viver bem a própria vida atingindo a harmonia psíquica" — ou seja, justiça.

52
Aristóteles e
o Argumento da Função

Sean McAleer[1]

Aristóteles. *Aristotle: Nicomachean Ethics*, traduzido por Terence Irwin. Indianápolis: Hackett, 1999.

A *Ética a Nicômaco* de Aristóteles (384-322 a.C.) é influente ainda hoje, especialmente entre defensores da ética da virtude (*grosso modo*, a visão de que a filosofia moral deve enfocar principalmente as virtudes, e não os deveres, direitos ou boas consequências). O Argumento da Função — assim chamado porque se baseia na noção de função ou atividade característica de cada coisa — é central no primeiro dos dez livros de *Ética a Nicômaco*; nos outros nove livros, Aristóteles elabora sua conclusão investigando seus termos-chave (alma, virtude etc.). O Argumento da Função trata da natureza da felicidade (*eudaimonia*), que para Aristóteles significa não um estado psicológico momentâneo, mas uma vida de florescimento ou bem-estar. Todos nós queremos ser felizes, pensa Aristóteles; a felicidade é o bem final que buscamos, a razão suprema de outras escolhas e cuja escolha não se deve a nenhuma outra coisa. Mas essas características formais da felicidade não nos dão um alvo claro a mirar na condução da nossa vida. A tarefa do Argumento da Função, uma tentativa ambiciosa e influente de chegar às verdades morais considerando a natureza humana, é fornecer esse alvo; conclui bravamente que os seres humanos não podem ser felizes sem serem virtuosos.

Um pouco mais de base conceitual pode ajudar. Para Aristóteles, a essência de uma coisa não é aquilo de que é feita, seu DNA ou estrutura química, mas as atividades que tipicamente realiza e os fins que tipicamen-

---

1. A realização deste capítulo teve o apoio da Universidade de Wisconsin — Eau Claire Faculty Sabbatical Leave Program, pelo que o autor é muito grato.

te persegue: em outras palavras, sua função (*ergon*). Esse órgão é um coração porque sua função é bombear o sangue, enquanto aquele órgão é um rim porque sua função é limpar o sangue. Quando sabemos a função de uma coisa, temos um padrão para avaliá-la: uma coisa é boa quando realiza bem sua função — quando atinge o bem que tipicamente procura. Por exemplo, como a função de uma faca é cortar, uma boa faca corta bem. Uma virtude ou excelência (*aretê*) é a condição ou estado que permite a uma coisa realizar bem a sua função. Assim, a virtude de uma faca é a afiação, já que estar afiada é o que permite a uma faca cortar bem. Aristóteles pega essas ideias sobre a função de artefatos e órgãos, e as aplica aos seres humanos. Argumenta que os seres humanos têm uma função característica, "a atividade da alma de acordo com razões" — que chamaremos simplesmente de "racionalidade", lembrando que ela tem aspectos práticos (orientados à ação) e teóricos. Como para seres humanos o bem é a felicidade, e a função humana é a racionalidade, Aristóteles conclui que felicidade é racionalidade de acordo com a virtude — embora admita que fatores externos além do nosso controle possam determinar se florescemos ou não.

A alegação de Aristóteles de que a racionalidade é a função humana é controversa. Alguns filósofos acham que os seres humanos são por demais complexos para ter uma única função característica; outros duvidam de que a função seja a racionalidade. É bom também que os leitores fiquem atentos aos muitos sentidos que "bom" e "mau" podem ter: um sentido teológico, em que um bem é um fim ou objetivo buscado ou desejado; um sentido utilitário, em que uma coisa é boa para alguém; um sentido avaliativo, em que uma coisa é boa quando realiza bem a sua função; um sentido moral, que vai além da mera eficiência funcional.

> A observação de que o bem supremo é a felicidade é aparentemente algo com que todos concordam, mas ainda precisamos de uma definição mais clara do que é o bem supremo. Talvez a encontremos se tomarmos primeiro a função do ser humano. Pois assim como o bem — isto é, fazer bem, para um flautista, um escultor e qualquer artista e, em geral, para tudo o que tem uma função ou ação característica — parece depender da função, o mesmo parece valer para o ser humano, desde que o ser humano tenha alguma função...

Agora, dizemos que a função de um tipo de coisa — de um tocador de lira, por exemplo — é igual em espécie à função de um indivíduo excelente desse mesmo tipo — de um excelente tocador de lira, por exemplo. E o mesmo vale sem qualificações em todos os casos, se acrescentarmos à função a realização superior de acordo com a virtude; pois a função de um tocador de lira é tocar a lira, e a função de um bom tocador de lira é tocá-la bem. Além disso, supomos que a função humana seja um certo tipo de vida, e supomos que essa vida seja atividade e ações da alma, que envolvem a razão; então, a função do homem excelente é fazer isso bem e belamente.

Agora, cada função é bem realizada ao ser realizada de acordo com a virtude própria desse tipo de coisa. Então, o bem humano seria atividade da alma de acordo com a virtude e, se há mais de uma virtude, com a melhor e mais completa entre elas. (I.7: 1097b23-1098a18)

P1. Para os membros de uma espécie, o bem é realizar bem a função característica da espécie.

P2. Realizar bem a função característica da própria espécie é realizá-la de acordo com a(s) virtude(s) relevante(s).

C1. Para os membros de qualquer espécie, o bem é realizar sua função característica de acordo com a(s) virtude(s) relevante(s) (transitividade de identidade, P1, P2).

P3. A função característica dos seres humanos é a racionalidade.

C2. Para os seres humanos, bem é racionalidade de acordo com virtude (substituição, C1, P3).

P4. Felicidade é um bem para os seres humanos.

C3. Felicidade é racionalidade de acordo com virtude (transitividade de identidade, C2, P4).

53

O Argumento de Aristóteles de que os Bens são Irredutíveis

Jurgis (George) Brakas

Aristóteles. *Nicomachean Ethics*, traduzido por W. D. Ross, revisado por J. O. Urmson e organizado por Jonathan Barnes. Princeton, NJ: Princeton University Press, 1984.

Brakas, Jurgis. *Philosophiegeschicte und logische Analyse/Logical Analysis and History of Philosophy*, VI (2003): 23-74.

Em geral, os filósofos que procuram descobrir a natureza do bem pressupõem que o bem é uma coisa — certamente quando buscam o bem para os seres humanos, se não o bem em geral. Essa é uma suposição muito natural. Quando dizemos "a saúde é um bem" (ou um valor), "a fortuna é um bem" e "minha vida é um bem", é razoável pensar que "bem" (ou "um valor") significa a mesma coisa em todas essas alegações. No entanto, Aristóteles discorda. Ao discutir o bem para a humanidade em *Ética a Nicômaco*, ele passa de repente a uma discussão sobre o bem em geral e argumenta que ele não pode ser uma só coisa. Em outras palavras, para Aristóteles, os sentidos do bem — ou "valor" — são irredutíveis (nº 60). Seu alvo aqui não é apenas seu professor, Platão, que acreditava que o bem é uma coisa única (a Forma do bem) mas, mais genericamente, qualquer um que acredite que o bem é uma coisa única (seja o que for). Muitos diriam que esse é um resultado muito indesejável, pois significa que os bens são por natureza "fragmentados", sendo impossível colocá-los numa hierarquia derivada de forma congruente do bem fundamental.

A estratégia básica de Aristóteles é argumentar que os bens se encaixam em todas as suas categorias de ser — ou seja, substância (ou "o que"), qualidade, quantidade e o resto porque "o bem" significa alguma coisa em todas elas. Se os bens realmente se encaixam em todas as categorias, então não podem ser reduzidos a uma só coisa, já que elas não têm nada em comum. Por exemplo, embora ser humano e boi possam ser reduzidos a animal (uma substância) e azul e amarelo a cor (uma qualidade), ser humano e azul não podem ser reduzidos a uma só coisa porque não têm um gênero em comum. Isso traz apenas um problema: por que Aristóteles acredita que existem bens em todas as categorias se "o bem" significa alguma coisa em todas elas? Podemos fazer com que qualquer palavra signifique o que bem entendermos, mas isso não quer dizer que o que ela significa existe — nas categorias ou seja onde for. No entanto, pode-se argumentar que "o bem" que Aristóteles tem em mente, que significa alguma coisa em todas as categorias, é aquele que significa bens reais, não aparentes — usando aqui seu método de *endoxa* (interpretado de certa maneira), um método que lhe permite separar a opinião do conhecimento e o aparente do real.

A interpretação aqui apresentada é uma nova interpretação da passagem em que Aristóteles apresenta esse argumento. Essa passagem tem sido muito resistente a interpretações satisfatórias, desafiando os esforços de estudiosos por mais de um século (ver Brakas).

> Como "o bem" é dito significando alguma coisa de tantas maneiras quanto "ser" [é] {pois é dito significando coisas na [categoria de] "o que" (por exemplo, deus — ou seja, a mente) e na [categoria de] qualidade (as virtudes) e na [categoria de] quantidade (moderada [-quantia]) e na [categoria de] relativo (o útil) e na [categoria de] tempo ([o] tempo-oportuno) e na [categoria de] lugar ([uma] morada) e outras coisas como essas}, fica claro que não pode ser um universal comum — ou seja, uma única coisa; pois [então] não seria dito significando coisas em todas as categorias mas em uma só. (Aristóteles A6: 109a23-9; tradução do autor)

Para ser justo com Aristóteles, devo acrescentar que ele não fica satisfeito com essa conclusão negativa. Depois de discutir cinco ou seis argumentos para provar que o bem não pode ser uma única coisa, ele pergunta, ainda no mesmo capítulo:

Mas o que, então, significa ["o bem"]?[1] Não é certamente como as coisas que têm o mesmo nome por acaso. Mas será que absolutamente todos os bens pertencem a uma única classe pelo menos por serem [derivados] de uma única coisa ou [por serem] relativos a uma única coisa? Ou [será que pertencem a uma única classe] mais por analogia (pois como a visão está no corpo, a razão está na mente e assim por diante em outros casos)? (Aristóteles, 1096b26-9; tradução do autor)

Ele põe de lado tais perguntas "por ora", já que afirmações exatas sobre elas "seriam mais apropriadas para outro ramo da filosofia" (Aristóteles, 1096b30-1). Essa promessa, infelizmente, não é cumprida — pelo menos nas obras existentes. Mesmo assim, acredito que pode ser feita uma reconstrução plausível de suas respostas a essas perguntas. No entanto, nenhuma foi publicada até hoje.

P1. "O bem" significa coisas em todas as categorias do ser.
P2. Se "o bem" significa coisas em todas as categorias do ser, então existem bens em todas as categorias do ser.
C1. Existem bens em todas as categorias do ser (*modus ponens*, P2, P1).
P3. Se existem bens em todas as categorias do ser, então os bens não podem ser reduzidos a algum universal comum a todos os bens.
C2. Bens não podem ser reduzidos a algum universal comum a todos os bens (*modus ponens*, P3, C1)
P4. Se bens não podem ser reduzidos a algum universal comum a todos os bens, então o bem não é uma única coisa.
C3. O bem não é uma única coisa (*modus ponens*, P4, C2).

---

1. Literalmente: "Mas como, então, ele é dito significando alguma coisa?"

54
O Argumento de Aristóteles a favor do Perfeccionismo

Eric J. Silverman

Aristóteles. *Nicomachean Ethics*, traduzido por Martin Ostwald. Upper Saddle River, NJ: Prentice Hall, 1999.

Anscombe, G. E. M. "Modern Moral Philosophy." *Philosophy* 33, 24 (1958): 1-19.

Aquino, Tomás de. *Treatise on Happiness*, traduzido por John A. Oesterle. South Bend, IN: University of Notre Dame Press, 1983.

Broadie, Sarah. *Ethic with Aristotle*. Oxford: Oxford University Press, 1993.

Cahn, Steven M. e Vitrano, Christine. *Happiness: Classic and Contemporary Readings in Philosophy*. Oxford: Oxford University Press, 2008.

Uma questão há muito tempo discutida em ética diz respeito à natureza do bem supremo para a humanidade. Em outras palavras, qual é a melhor vida possível que alguém pode levar? Considera-se em geral que o bem supremo seja a "felicidade" ou "a vida feliz". Vários dos filósofos da antiga Grécia defendiam uma visão chamada "perfeccionismo", segundo a qual o exercício constante da virtude moral e intelectual constitui a melhor vida possível para a humanidade. A *Ética a Nicômaco* de Aristóteles oferece o mais influente dos argumentos antigos que defendem que a vida de virtude, em vez da vida de prazer, fortuna, honra ou divertimento, é o bem supremo da humanidade. As visões perfeccionistas de Aristóteles influenciaram a ética de teístas medievais como Tomás de Aquino e Moisés Maimônides. Embora suas visões sejam menos influentes na era moderna, algumas delas foram reintroduzidas quando "Filosofia Moral Moderna", de G. E. M. Anscombe, inaugurou o movimento contemporâneo da ética da virtude.

O argumento de Aristóteles a favor do perfeccionismo é baseado numa descrição controversa da natureza humana. Como tem uma visão teológica do universo, ele alega que todas as coisas – incluindo os seres humanos – têm uma função ou propósito supremo pelo qual existem. A terminologia aristotélica se refere a esse propósito supremo como "causa final". Assim, ele argumenta que o supremo bem para a humanidade é atingir esse propósito supremo. Estabelece dois critérios para reconhecer o bem supremo para a humanidade: ele tem que ser desejado como um fim em si mesmo e não como um meio para outro bem, e tem que ser suficiente em si mesmo para tornar a vida boa. Finalmente, alega que a vida virtuosa realiza o propósito supremo da humanidade ao atualizar o potencial intelectual e moral característico da nossa espécie. De acordo com isso, ele argumenta que a vida virtuosa preenche o critério de felicidade melhor do que outros estilos de vida.

Como há evidentemente vários fins, e como escolhemos alguns deles – por exemplo, fortuna, flautas e instrumentos em geral – como meio para fazer alguma outra coisa, é óbvio que nem todos os fins são finais. O bem mais alto, por outro lado, tem que ser alguma coisa final. Então, se houver apenas um bem final, esse será o bem que buscamos. Se houver vários, será o mais final e perfeito deles. Consideramos o que é perseguido como fim em si mesmo mais final do que um fim que é perseguido por alguma outra coisa; e o que nunca é escolhido como meio para alguma outra coisa consideramos mais final do que aquilo que é escolhido ao mesmo tempo como um fim em si mesmo e como meio para outra coisa. O que é sempre escolhido como fim em si mesmo e nunca como meio para outra coisa é considerado final num sentido não qualificado. Essa descrição parece se aplicar à felicidade mais do que a qualquer outra coisa: pois sempre escolhemos a felicidade como um fim em si mesmo e nunca por alguma outra coisa. Distinção, prazer, inteligência e todas as virtudes, escolhemos em parte por elas mesmas – pois escolheríamos cada uma delas mesmo que nenhuma outra vantagem delas resultasse – mas também as escolhemos em parte pela felicidade, porque supomos que é por meio delas que seremos felizes. Por outro lado, ninguém escolhe a felicidade por distinção, prazer e coisas assim, e nem como um meio para qualquer outra coisa.

Chegamos à mesma conclusão quando abordamos a questão do ponto de vista da autossuficiência. Pois o bem final e perfeito parece ser autossuficiente. (Aristóteles, 1097a26-1097b8)

P1. Há um bem supremo para a humanidade, visto em geral como a felicidade.

P2. Se um bem é desejado como um fim em si mesmo e é suficiente para tornar a vida boa, então esse bem constitui felicidade.

P3. A vida virtuosa realiza a função de um ser humano ao atualizar o pleno potencial dessa pessoa.

P4. Se algum bem realiza a função de um ser humano atualizando o pleno potencial dessa pessoa, então esse bem é desejado como um fim em si mesmo.

    C1. A vida virtuosa é desejada pelos seres humanos como um fim em si mesma (*modus ponens*, P3, P4).

P5. Se algum bem realiza a função de um ser humano, então é suficiente para tornar boa a vida dessa pessoa.

    C2. A vida virtuosa é suficiente para tornar boa a vida de um ser humano (*modus ponens*, P3, P5).

    C3. A vida virtuosa é desejada como um fim em si mesma e é suficiente para tornar a vida boa (conjunção, C1, C2).

    C4. A vida virtuosa constitui a felicidade, o bem supremo para a humanidade (*modus ponens*, P2, C3).

55
Imperativo Categórico como Fonte de Moralidade

Joyce Lazier

Kant, Immanuel. *The Metaphysics of Morals*, traduzido por Mary Gregor. Nova York: Cambridge University Press, 1991.

A teoria ética deontológica de Kant repousa sobre dois pressupostos usados para deduzir o imperativo categórico. O primeiro é que a moralidade é para todos, ou o que é errado para alguém fazer é errado para todos. O segundo é que a moralidade é baseada na razão e não na experiência. Combinando esses dois pressupostos, Kant chega ao imperativo categórico. A reconstrução a seguir dos argumentos de Kant a favor do imperativo categórico traz à tona dois problemas maiores. Primeiro, o uso da disjunção abre o argumento de Kant à falácia do médio excluído e, segundo, a reconstrução torna mais aparente como Kant depende da teologia. Hoje em dia, não são muitos os pensadores que acreditam que tudo tem um fim específico, definido e exclusivo. Os argumentos são tirados de *Metafísica dos Costumes*, partes 216, 222 e 225.

Mas é diferente com os ensinamentos de moralidade. Eles valem para todos, sem levar em conta suas inclinações, meramente porque e na medida em que é livre e tem razão prática. Ele não deriva instrução em suas leis observando a si mesmo e a sua natureza animal ou percebendo as maneiras do mundo, o que acontece e como os homens se comportam (embora a palavra alemã *Sitten*, como a latina *mores*, signifique apenas maneiras e costumes). Em vez disso, a razão determina como os homens devem agir, mesmo que nenhum exemplo disso possa ser encontrado e não leva em conta as vantagens que podemos assim obter, o que só a experiência poderia nos ensinar. Pois embora a razão nos permita buscar vantagem de todas as maneiras possíveis para nós e possa até nos prometer, conforme o testemunho da experiência, que teremos provavelmente mais vantagem no geral obedecendo aos seus comandos em vez de transgredi-los, especialmente se a obediência é acompanhada de prudência, ainda assim a autoridade de seus preceitos como comandos não é baseada nessas considerações. Em vez disso, ela as usa (como conselheiros) só como contrapeso contra induções ao contrário, para compensar antecipadamente o erro de balanças tendenciosas em avaliações práticas, e só então garantir que o peso de uma base *a priori* de uma razão prática pura fará a balança oscilar a favor da autoridade dos seus preceitos. (216)

Um imperativo é uma regra prática pela qual uma ação em si mesma contingente é tornada necessária. Um imperativo difere de uma lei prática na medida em que uma lei representa de fato uma ação como necessária, mas não leva em conta se essa ação já é inerente, por uma necessidade interior, ao sujeito agente (como num ser divino) ou se é contingente (como num homem); pois quando o caso é o primeiro, não há imperativo. Por isso, um imperativo é uma regra cuja representação torna necessária uma ação que seja subjetivamente contingente e que represente assim o sujeito como alguém que precise ser constrangido (obrigado) a se conformar com a regra. Um imperativo categórico (incondicional) é um imperativo que representa uma ação como objetivamente necessária e a torna necessária não indiretamente, pela representação de algum fim que possa ser obtido pela ação, mas por meio da mera representação dessa ação em si mesma (sua forma), e portanto diretamente. Nenhuma outra doutrina prática pode fornecer exemplos de tais imperativos além da que prescreve obrigação (a doutrina dos costumes). Todos os outros imperativos são técnicos e, todos eles, condicionais. A base da possibilidade do imperativo categórico é a seguinte: eles não se referem a nenhuma outra propriedade de escolha (pela qual algum propósito possa lhe ser atribuído) que não seja simplesmente a sua liberdade (222)

O imperativo categórico, que como tal afirma apenas o que é obrigação, é: age segundo uma máxima que possa valer também como lei universal. Assim, você tem que considerar primeiro suas ações em termos de seus princípios subjetivos; mas só dessa forma você pode saber se esse princípio se mantém também objetivamente: quando, por meio da razão, você o submete ao teste de se conceber propondo uma lei universal por meio dele, ele se qualifica para uma tal proposição de uma lei universal. (225)

P1. Um ser humano é livre e tem razão prática.

P2. Ou a razão prática ou a experiência usa percepções das maneiras do mundo e das ações dos seres humanos como fontes de suas leis.

P3. A razão prática não usa as maneiras do mundo e das ações dos seres humanos como fontes de suas leis.

C1. A experiência usa percepções das maneiras do mundo e das ações dos seres humanos como fontes de suas leis (silogismo disjuntivo, P2, P3).

P4. Ou a razão prática ou a experiência nos ensina como agir dadas as vantagens que podemos obter.

P5. A razão prática não nos ensina como agir dadas as vantagens que podemos obter.

C2. A experiência nos ensina como agir dadas as vantagens que podemos obter (silogismo disjuntivo, P4, P5).

P6. Ou a razão prática ou a experiência baseia a autoridade dos seus preceitos no quanto de vantagens podemos obter.

P7. A razão prática não usa vantagens percebidas como a base da autoridade de seus comandos.

C3. A experiência usa vantagens percebidas como a base da autoridade de seus comandos (silogismo disjuntivo, P6, P10).

P8. Ou a experiência ou fundamentos *a priori* são a fonte de autoridade da razão prática.

P9. A experiência não é a fonte de autoridade da razão prática.

C4. Fundamentos *a priori* são a fonte de autoridade da razão prática (silogismo disjuntivo, P8, P9).

P10. Se a fonte de autoridade da razão prática é *a priori*, então ela comanda a todos sem levar em conta as inclinações de cada um.

P11. A fonte de autoridade da razão prática é *a priori* (C4).

C5. A razão prática comanda a todos sem levar em conta as inclinações de cada um (*modus ponens*, P10, P11).

P12. Ou a moralidade vem da experiência ou vem da razão prática.

P13. Os ensinamentos de moralidade não vêm da experiência.

C6. Os ensinamentos de moralidade vêm da razão prática (silogismo disjuntivo, P12, P13).

P14. Se a razão prática é a fonte dos comandos da moralidade, então a moralidade comanda a todos sem levar em conta as inclinações de cada um.

P15. A razão prática é a fonte dos comandos da moralidade.

C7. Os ensinamentos de moralidade comandam a todos sem levar em conta as inclinações de cada um (*modus ponens*, P14, P15).

P16. Se uma lei representa uma ação como necessária, então não é uma lei prática.

P17. Os imperativos são leis que representam uma ação como necessária.

C8. Os imperativos não são leis práticas (*modus ponens*, P16, P17).

P18. Se alguma coisa é um imperativo, então torna necessária uma ação.

P19. Se alguma coisa torna necessária uma ação, então tem que obrigar o sujeito a se conformar a essa regra.

C9. Se alguma coisa é um imperativo, então é uma regra que torna necessária uma ação obrigando o sujeito a se conformar a essa regra (silogismo hipotético, P18, P19).

P20. Se um imperativo é categórico, então representa uma ação como objetivamente necessária.

P21. Se uma ação é representada como objetivamente necessária, então não é por causa de algum fim que possa ser obtido.

C10. Se um imperativo é categórico, então não é por causa de algum fim que possa ser obtido (silogismo hipotético, P20, P21).

P22. Se um imperativo é categórico, então ele torna uma ação necessária diretamente por meio da representação da própria ação (sua forma).

P23. Se uma ação é tornada necessária diretamente por meio da representação da própria ação (sua forma), então ela é fundamentada em liberdade de escolha (e não num fim subjetivo).

C11. Se um imperativo é categórico, então é fundamentado em liberdade de escolha (e não num fim subjetivo) (silogismo hipotético, P22, P23).

P24. Se um imperativo é fundamentado em liberdade de escolha (e não em algum fim subjetivo), então a razão submete a máxima da ação concebendo-a como lei universal.

P25. Se a máxima da ação pode ser concebida como lei universal, então ela se mantém objetivamente.

C12. Se um imperativo é fundamentado em liberdade de escolha, então ele se mantém objetivamente (silogismo hipotético, P24, P25).

P26. Um imperativo categórico é fundamentado em liberdade de escolha.

C13. Um imperativo categórico se mantém objetivamente (*modus ponens*, C12, P26).

P27. Se um imperativo categórico se mantém objetivamente, então ele é a fonte da moralidade.

C14. Um imperativo categórico é a fonte da moralidade (*modus ponens*, P27, C13).

56
Kant sobre Por Que
a Autonomia Merece Respeito

Mark Piper

Guyer, Paul. "Kant on the Theory and Practice of Autonomy", *in Autonomy*, organizado por Ellen Frankel Paul, Fred D. Miller, Jr. e Jeffrey Paul, 70-98. Cambridge, RU: Cambridge University Press, 2003.

Kant, Immanuel. *Groundwork of the Metaphysics of Morals*, traduzido e organizado por Mary Gregor. Cambridge, RU: Cambridge University Press, 1998.

Segundo uma visão muito difundida, há algo importante a respeito da autonomia, em virtude do que ela merece um respeito especial. Muitas vezes, a alegação de que a autonomia merece respeito é usada com relação a escolhas autônomas ou atos de vontade específicos. Uma escolha autônoma não é uma escolha impensada ou improvisada; em vez disso, é uma escolha que expressa a natureza, a liberdade, as preferências ou os valores da pessoa — o "eu profundo" da pessoa — de maneira forte e significativa. Como tal, é uma escolha que parece, de acordo com muitos filósofos e não filósofos, gerar exigências especiais de respeito por parte dos outros. Essa noção do respeito especial devido à autonomia é pervasiva na cultura popular e no discurso filosófico. Tem aplicação em debates a respeito do fundamento da dignidade humana, do fundamento dos direitos humanos (incluindo a defesa de direitos especiais como o direito de livre discurso), dos limites da interferência intersubjetiva, em debates de ética médica (incluindo debates acerca de eutanásia e da relação médico-paciente), na justificação da educação liberal, na justificação do governo liberal e na justificação da iniquidade do paternalismo. A fonte clássica da visão de que a autonomia merece respeito especial é Immanuel Kant, e o que se segue é uma reconstrução dos principais aspectos do argumento de Kant a favor dessa alegação. Deve-se observar que a reconstrução desse argumento é, dado o estilo denso e por vezes labiríntico da escrita de Kant, uma tarefa difícil, exigindo às vezes que se leia entre as linhas ou que se forneça premissas que Kant não fornece explicitamente. A chave para o argumento é a insistência de Kant na ideia de que os únicos atos de vontade que merecem respeito são os verdadeiramente livres (segundo a compreensão kantiana de "liberdade"). Deve-se acrescentar rapidamente que Kant compreendia o conceito de "respeito" de maneira muito robusta: segundo ele, dizer que alguma coisa merece respeito é dizer que se trata de um objeto de estima verdadeira e adequada. Além disso, é importante observar que, para Kant, dizer que uma pessoa é livre é dizer que não é dominada pelas próprias inclinações e desejos, querendo e agindo de acordo com leis universais da razão. Finalmente, é preciso observar que, como Kant, muitos filósofos concordam que a autonomia merece respeito mas, ao contrário de Kant, discordam a respeito do que é fundamentalmente a autonomia. Mais especificamente, alguns filósofos alegam que é possível que atos de vontade autônomos contenham inclinações ou sejam baseados nelas.

Para o objeto concebido como efeito da ação que me proponho, posso verdadeiramente sentir inclinação, porém nunca respeito, precisamente porque ele é simplesmente um efeito, e não a atividade de uma vontade. Da mesma maneira, não posso ter respeito por uma inclinação em geral, seja ela minha ou de outrem; quando muito, posso aprová-la no primeiro caso, no segundo caso talvez até amá-la, isso é, considerá-la favorável a meu interesse. Só o que está ligado à minha vontade unicamente como princípio, e nunca como efeito, o que não serve a minha inclinação mas a domina, e ao menos a exclui totalmente da avaliação no ato de decidir, por conseguinte a simples lei por si mesma é que pode ser objeto de respeito e, portanto, ordem, para mim. (Kant AK 4:400)

P1. Se um ato de vontade é livre, então merece respeito.

P2. Se um ato de vontade não é livre, então não merece respeito.

P3. Se um ato de vontade depende de um objeto de desejo, então não é um ato de vontade livre.

P4. Se um ato de vontade não é de modo algum influenciado por um objeto de desejo, mas é exercido de acordo com sua própria lei, então é um ato de vontade livre.

P5. Uma inclinação depende de um objeto de desejo.

C1. As inclinações não são atos de vontade livres (*modus ponens*, P3, P5).

C2. As inclinações não merecem respeito (*modus ponens*, P2, C1).

P6. Um ato de vontade autônomo não é de modo algum influenciado por um objeto de desejo, mas é exercido de acordo com a própria lei.

C3. Os atos de vontade autônomos são atos de vontade livres (*modus ponens*, P4, P6).

C4. Os atos de vontade autônomos merecem respeito (*modus ponens*, P1, C3).

57
Mill e a Prova do Utilitarismo

A. T. Fyfe

Mill, John Stuart. "Of What Sort of Proof the Principle of Utility Is Susceptible", *in Utilitarianism*. Londres: Parker, Son, and Bourn, 1863.

___. "Excerpt from a Letter to Henry Jones", *in The Classical Utilitarians: Bentham and Mill*, organizado por John Troyer. Indianápolis: Hackett, 2003.

Millgram, Elijah. "Mill's Proof of the Principle of Utility." *Ethics* 110 (2000): 282-310.

Sayre-McCord, Geoffrey. "Mill's 'Proof' of the Principle of Utility: A More than Half-Hearted Defense." *Social Philosophy & Policy* 18, 2 (2001): 330-60.

O utilitarismo, como foi resumido por um dos seus principais proponentes, John Stuart Mill (1806-73), é a teoria moral segundo a qual "ações são corretas na medida em que tendem a promover felicidade, erradas na medida em que tendem a produzir o contrário da felicidade". Assim, vendo as coisas como Mill, Robin Hood não é imoral por roubar dos ricos e dar aos pobres porque, ao fazer isso, consegue produzir mais felicidade no mundo do que de outra maneira existiria. Do mesmo modo, se tenho riqueza em excesso, seria imoral para mim negar essa fortuna aos outros, para quem ela faria um bem maior. Se, por exemplo, estou pensando em comprar sapatos novos enquanto os que tenho agora são totalmente funcionais, melhor seria doar esse excesso de fortuna para combater a fome. Nos dois casos, Mill faria o agente em questão realizar a ação que mais reduzisse a infelicidade e promovesse a felicidade no mundo.

O utilitarismo é compreendido em geral como a combinação de duas teorias morais separadas. Primeiro, o utilitarismo é uma forma de "consequentalismo", já que sustenta que o certo e o errado de uma ação dependem apenas do bem ou do mal das consequências dessa ação. Segundo, o utilitarismo é uma forma de "welfarismo", já que sustenta que o bem ou o mal das consequências de uma ação dependem apenas da quantidade de felicidade ou infelicidade produzida pela ação (ou seja, o efeito da ação sobre o bem-estar das pessoas). Assim, qualquer argumento a favor do utilitarismo tem que se propor a provar não uma, mas duas alegações separadas: uma "teoria do certo" (ou seja, o que é certo e errado) consequentalista e uma "teoria do bem" (ou seja, o que é bom e ruim) welfarista.

Ao examinar o famoso argumento de J. S. Mill a favor do utilitarismo, fica claro que Mill simplesmente aceita como verdadeira uma teoria consequentalista do certo em vez de fornecer um argumento a seu favor. Como resultado, mesmo que seja bem-sucedido, o argumento de Mill provará apenas metade daquilo em que consiste o utilitarismo: uma teoria welfarista do valor. Numa leitura superficial do que diz Mill, vemos que o argumento começa com a alegação de que a única maneira de conseguir saber se alguma coisa é visível ou audível é ver ou ouvir essa coisa. Mill conclui então, por analogia, que a única maneira de provar que alguma coisa é desejável (ou seja, que vale a pena desejar; boa) é apelando ao que desejamos. Depois de usar essa analogia com audibilidade e visibilidade para estabelecer o único método para provar que alguma coisa é desejável, Mill argumenta que a felicidade é o único bem intrínsico na existência, já que (1) as pessoas realmente a desejam e (2) é a única coisa que as pessoas desejam por ela mesma. Com esse resultado em mãos, Mill conclui então seu argumento a favor do utilitarismo — ou ao menos o aspecto welfarista do utilitarismo — inferindo que como um aumento na felicidade de uma pessoa é bom para ela, um aumento na felicidade de todas as pessoas é bom para todos.

Esse é um argumento notoriamente ruim. Se essa leitura linear reflete precisamente o argumento que Mill pretende apresentar, então ele incorreu em vários erros elementares de lógica. Na primeira parte do argumento, Mill afirma que, como as pessoas desejam a felicidade, segue-se que a felicidade deve ser "desejável". No entanto, "desejável" tem dois significados possíveis, e Mill parece manter uma ambiguidade entre os dois. Como "audível" significa apenas "possível de ouvir" e "visível" significa apenas "possível de ver", para que essa analogia funcione, Mill tem que querer dizer "possível de desejar" quando fala de alguma coisa ser "desejável". No entanto, para provar que o que desejamos é bom, Mill deve querer dizer "digno de desejo" ou "bom". Embora seja possível que Mill não esteja confuso e nem mantendo uma ambiguidade entre esses dois sentidos de "desejável", isso significaria apenas que ele é culpado de cometer a "falácia naturalista"; ou seja, a falácia de inferir como as coisas deveriam ser meramente a partir de como as coisas realmente são (nesse caso, o que deveriam desejar a partir do que desejamos) ou a falácia de tentar definir um conceito moral com um conceito não moral (nesse caso, Mill estaria definindo "aquilo que vale a pena desejar" e "bom" como meramente "desejado").

Os aparentes erros lógicos de Mill continuam quando, no final do argumento, ele parece cometer a "falácia da composição". Alguém comete essa falácia sempre que tenta inferir alguma coisa sobre um todo simplesmente porque ela vale para as partes do todo. Por exemplo, eu seria culpado dessa falácia da composição se tentasse inferir que as mesas são invisíveis a olho nu simplesmente porque são feitas de átomos, sendo os átomos invisíveis a olho nu. Mill parece estar cometendo essa falácia quando infere que a felicidade geral é boa para o grupo de todas as pessoas a partir do fato de ter provado que a felicidade pessoal é boa para uma pessoa individual.

Estará correta essa leitura linear do argumento de Mill a favor do utilitarismo? Será que Mill realmente apresentou um argumento referente a uma metade do utilitarismo, permeado pelos mais simples erros de lógica? É improvável. Como resultado, os filósofos desenvolveram várias interpretações alternativas mais generosas numa tentativa de desvendar o que Mill realmente pretendia. Uma das maneiras possíveis de alterar para melhor a nossa interpretação do argumento de Mill é considerar sua analogia como uma tentativa de mostrar que o desejo funciona como um "indicador" ou "evidência" do que é bom. Por exemplo, quando alguém pensa que ouviu alguma coisa e não há motivo para supor que essa pessoa esteja equivocada, então é plausível concluir que há realmente um som. Nessa leitura do argumento de Mill, o desejo serve similarmente como indicador de alguma coisa merecedora de um desejo. Essa interpretação evita a confusão entre os dois sentidos de "desejável" e impede também que Mill seja vítima da falácia naturalista. Mais generosa, essa interpretação tem também a vantagem de ser adequada à atitude filosófica empírica de Mill.

Outra maneira de alterar para melhor a nossa interpretação do argumento de Mill é reinterpretar sua aparente perpetração da falácia da composição como um argumento a respeito de como o valor da felicidade para um indivíduo deve depender do seu valor intrínseco. Especificamente, podemos considerar que Mill argumenta que, se a felicidade é boa para um indivíduo, então a felicidade em si mesma deve ser boa. Mas se a felicidade em si mesma é boa e se é para julgar a correção moral de nossas ações pela quantidade de bem que elas produzem, então a correção das minhas ações dependeria não apenas de quanto da minha felicidade resulta delas, mas também de como minhas ações afetam a felicidade dos outros.

No entanto, isso não esgota as várias interpretações alternativas do argumento de Mill. Na verdade, as observações de Mill sobre a impossibilidade de fornecer uma prova de utilitarismo levaram alguns filósofos a concluir que Mill nunca pretendeu apresentar um argumento a favor do utilitarismo. É claro que, mesmo que o argumento de Mill a favor do utilitarismo seja bem-sucedido à luz de alguma interpretação (considerando que ele esteja mesmo apresentando um argumento), ele argumenta apenas a favor do aspecto welfarista do utilitarismo. Como observamos no início, o argumento de Mill não chega a abordar inteiramente o consequentalismo. Mill presume simplesmente que ele é "a doutrina de pessoas racionais de todas as escolas", que "a moralidade das ações depende das consequências que elas tendem a produzir". Isso vem se tornando cada vez mais desfavorável, já que muito da controvérsia acerca do utilitarismo diz respeito precisamente ao seu aspecto consequentalista, uma coisa que Mill considera tão incontroversa que nem chegou a apresentar um argumento a seu favor.

A única prova que pode ser oferecida de que um objeto é visível, é que as pessoas realmente o veem. A única prova de que um som é audível, é que as pessoas o ouvem: e assim é com as outras fontes da nossa experiência. Da mesma maneira, eu entendo, a única evidência que é possível produzir de que alguma coisa é desejável, é que as pessoas realmente a desejam. Se o fim que a doutrina utilitária se propõe não fosse, na teoria e na prática, reconhecido como um fim, nada poderia convencer alguém de que ele o fosse. Nenhuma razão pode ser dada de por que a felicidade geral é desejável, exceto que cada pessoa, à medida que acredita que ela seja possível, deseja a própria felicidade. Sendo isso um fato, temos não apenas toda a prova que o caso admite, mas toda que é possível pedir, de que a felicidade é um bem: que a felicidade de cada pessoa é um bem para essa pessoa e que a felicidade geral, portanto, é um bem para o agregado de todas as pessoas. A felicidade ganhou o título de um dos fins da conduta e, consequentemente, um dos critérios de moralidade. (Mill, "Of What Sort of Proof", 61)

Quanto à frase [...] quando disse que a felicidade geral é um bem para o agregado de todas as pessoas, não quis dizer que a felicidade de todo ser humano é um bem para todos os outros seres humanos, [...] nessa frase em particular, quis meramente argumentar que, como a felicidade de A é um bem, a de B é um bem, a de C é um bem etc., a soma de todos esses bens deve ser um bem. (Mill "Excerpt from a Letter", 270)

Argumento Genérico a favor do Utilitarismo Tradicional

P1. Teoria Consequentalista do Correto. Uma ação é correta para ser realizada por alguém se e apenas se, entre as ações disponíveis, ela é a ação que maximizaria o bem total sobre o mal na existência — de outra forma, a ação está errada.

P2. Teoria Welfarista do Bem. O único bem intrínseco é a felicidade de alguém, enquanto o único mal intrínseco é a infelicidade de alguém.

C1. Utilitarismo Tradicional. Uma ação é correta se e apenas se, entre as ações válidas, é a ação que maximizaria a felicidade total acima da infelicidade — de outra forma, a ação está errada (substituição, P1, P2).

A Prova do Utilitarismo de Mill (Interpretação Linear)

P1. A única prova de que um objeto é visível é que as pessoas realmente o veem.

P2. A única prova de que um som é audível é que as pessoas realmente o ouvem.

C1. A única prova de que uma coisa é desejável é que as pessoas realmente a desejam (inferência analógica, P1, P2).

P3. Se a única prova de que uma coisa é desejável é que as pessoas realmente a desejam e cada pessoa realmente deseja felicidade para si, então a felicidade de cada pessoa é desejável para ela.

P4. Cada pessoa realmente deseja felicidade para si.

C2. A única prova de que uma coisa é desejável é que as pessoas realmente a desejam e cada pessoa realmente deseja felicidade para si (conjunção, C1, P4).

C3. A felicidade de cada pessoa é desejável para ela (*modus ponens*, P3, C2).

C4. A felicidade geral é desejável para o agregado de todas as pessoas (falácia da composição, C3).

A Prova do Utilitarismo de Mill (Uma Interpretação Alternativa)

P1. A única prova de que uma coisa visível existe é que as pessoas realmente a veem, sem que haja razão para supor que estejam enganadas.

P2. A única prova de que um som audível existe é que as pessoas realmente o ouvem, sem que haja razão para supor que estejam enganadas.

C1. A única prova de que uma coisa desejável existe é que as pessoas realmente a desejam, sem que haja razão para supor que estejam enganadas (inferência analógica, P1, P2)

P3. Cada pessoa realmente deseja felicidade para si mesma, sem que haja razão para supor que esteja enganada.

C2. A felicidade de cada pessoa é desejável para ela (consequência semântica, C1, P3).

P4. Se a felicidade de cada pessoa é desejável para ela, então a felicidade é uma coisa desejável em si mesma.

P5. Se a felicidade é uma coisa desejável em si mesma, então a felicidade geral é desejável.

C3. Se a felicidade de cada pessoa é desejável para ela, então a felicidade geral é desejável (silogismo hipotético, P4, P5).

C4. A felicidade geral é desejável (*modus ponens*, C2, C3).

A Prova do Utilitarismo de Mill (Outra Interpretação Alternativa)

P1. Se todos desejam felicidade para si mesmos, então todos consideram a felicidade boa em si mesma e todos querem egoisticamente a felicidade para si mesmos.

P2. Todos desejam felicidade para si mesmos.

C1. Todos consideram a felicidade boa em si mesma e todos querem egoisticamente a felicidade para si mesmos (*modus ponens*, P1, P2).

C2. Todos consideram a felicidade boa em si mesma (simplificação, C1).

P3. Se todos consideram a felicidade boa em si mesma, então todos deveriam considerar boa a própria felicidade e a dos outros.

C3. Todos deveriam considerar boa a própria felicidade e a dos outros (*modus ponens*, C2, P3).

P4. Ninguém deseja nada além de felicidade para si mesmo e/ou para os outros.

P5. Se ninguém deseja nada além de felicidade para si mesmo e/ou para os outros, então ninguém deveria considerar bom nada além da própria felicidade ou da felicidade dos outros.

C4. Ninguém deveria considerar bom nada além da própria felicidade ou da felicidade dos outros (*modus ponens*, P4, P5).

C5. Todos deveriam considerar boa a própria felicidade e a dos outros, e ninguém deveria considerar bom nada além da própria felicidade ou da felicidade dos outros (conjunção, C3, C4).

58
A Objeção da Máquina de Experiências ao Hedonismo

Dan Weijers

Nozick, Robert. *Anarchy, State, and Utopia.* Nova York: Basic Books, 1974.

De Brigard, Filipe. "If You Like It, Does It Matter If It's Real?" *Philosophical Psychology* 23, 1 (2010): 43-57.

Kymlicka, Will. *Contemporary Political Philosophy: An Introduction.* Nova York: Oxford University Press, 1990.

Sobel, David. "Varieties of Hedonism." *Journal of Social Philosophy* 33, 2 (2002): 240-56.

O experimento mental de Robert Nozick, chamado Máquina de Experiências, descreve uma máquina fantástica que consegue simular qualquer tipo de experiência para qualquer um que se plugue a ela. Uma vida ligada a uma Máquina de Experiências poderia ser plena de experiências imensamente agradáveis; no entanto (como Nozick corretamente observa), a ideia de viver uma vida assim não agrada a quase ninguém.

Embora Nozick tenha imaginado originalmente a Máquina de Experiências para defender uma visão de como os animais devem ser tratados, ela foi rapidamente adotada por aqueles que queriam provar a falsidade do hedonismo como teoria do bom. Esse experimento mental é igualmente eficaz contra qualquer tipo de teoria que considere os aspectos interiores de nossas experiências como as únicas coisas de valor na vida, mas o hedonismo geralmente se destaca porque é o exemplo mais amplamente discutido desse tipo de teoria. O uso do experimento Máquina de Experiências com o propósito de desacreditar o hedonismo tem sido extremamente bem-sucedido. Na verdade, praticamente todos os que têm escrito sobre hedonismo desde meados da década de 1970 citam a Máquina de Experiências como uma (e muitas vezes a principal) objeção decisiva contra ele. O hedonismo assume muitas formas, mas todas as teorias hedonistas compartilham a alegação fundamental de que o prazer é a única coisa de valor intrínseco na vida, sendo a dor a única coisa de desvalor intrínseco. A Objeção da Máquina de Experiências ao Hedonismo foi (e ainda é) considerada decisiva porque a apreciação geral de que uma vida plugada a uma Máquina de Experiências não é atraente é considerada como razão suficiente para rejeitar essa alegação central.

Como no caso de muitos outros argumentos no campo da ética, a Objeção da Máquina de Experiências ao Hedonismo apresenta um experimento mental e pede que os leitores concordem com o julgamento do autor sobre ele. No caso da Objeção da Máquina de Experiências ao Hedonismo, quase todo mundo concorda que uma vida plugada a uma Máquina de Experiências não é algo que escolheríamos para nós. É preciso observar que essa concordância se dá a despeito das tentativas de Nozick de eliminar algumas das razões para não querermos nos plugar: ele permite por exemplo que aqueles que dependem de nós se pluguem também. Mesmo nas reproduções modernas da Objeção da Máquina de Experiências ao Hedonismo, que tendem a enfatizar mais do que Nozick que as experiências disponíveis na Máquina de Experiências seriam muito mais agradáveis e muito menos dolorosas do que as da vida real, quase ninguém admite ter vontade de se plugar a uma Máquina de Experiências.

A despeito da noção quase unânime de que se plugar a uma Máquina de Experiências seria um erro, há um desacordo substancial a respeito de por que achamos que a nossa vida presente é melhor do que uma vida na Máquina de Experiências. Muitos filósofos têm oferecido diferentes sugestões de por que não escolhemos e não devemos escolher uma vida na Máquina de Experiências. A argumentação de Nozick é que a vida plugada nos privaria da oportunidade de fazer e ser certas coisas (teríamos simplesmente a experiência interior de ser e fazer tais coisas). Alguns (por ex., De Brigard) sugerem que os sentimentos despertados pela ideia da Máquina de Experiências derivam de um medo subconsciente de mudança, como é demonstrado quando se reverte o experimento mental (imagine que você tem vivido o tempo todo uma vida da Máquina de

Experiências). Até que seja resolvida a discordância a respeito de por que quase todos consideram tão horrível uma vida plugada a uma Máquina de Experiências, não podemos saber com certeza se a premissa 3 do argumento (abaixo) é correta ou se a Objeção da Máquina de Experiências ao Hedonismo é tão decisiva como em geral se pensa.

Suponha que houvesse uma máquina de experiências que lhe desse qualquer experiência que desejasse. Neuropsicólogos de primeira linha estimulariam o seu cérebro de tal forma que você pensaria e se sentiria escrevendo um grande romance, fazendo um amigo ou lendo um livro interessante. O tempo todo você estaria flutuando num tanque, com eletrodos ligados ao cérebro. Você se plugaria a essa máquina pelo resto da vida, pré-programando suas experiências? Se estiver preocupado com a possibilidade de perder experiências desejáveis, podemos supor que as empresas desse ramo pesquisaram exaustivamente a vida de muitas outras pessoas. Para escolher, você contará com uma imensa biblioteca ou cardápio de tais experiências, podendo selecionar suas experiências para, digamos, seus próximos dois anos de vida. Depois de dois anos, você poderá passar dez minutos ou dez horas fora do tanque para selecionar experiências para os dois anos seguintes. É claro que, enquanto estiver no tanque, não saberá que está lá; você vai achar que está tudo acontecendo de verdade. Os outros também poderão se plugar para terem as experiências que quiserem, de modo que não há necessidade de ficar desplugado para cuidar deles. (Ignore problemas tais como quem vai operar a máquina se todo mundo estiver plugado.) Você se plugaria? *O que mais pode nos importar além de como sentimos a vida interiormente?* Não se deixe deter tampouco pelos poucos momentos de desconforto entre o momento em que decidiu e o momento em que é plugado. O que são alguns momentos de desconforto comparados a uma vida inteira de êxtase (se for isso que escolher) e afinal por que sentir desconforto se a sua decisão é a melhor? (Nozick, 42-3)

P1. Plugar-se a uma Máquina de Experiências tornaria o resto da sua vida muito mais agradável e menos doloroso do que seria de outra maneira (estipulado em experimento mental).

P2. Dada a escolha de se plugar a uma Máquina de Experiências pelo resto da vida, ignorando qualquer responsabilidade que possa ter para com os outros, você declinaria (apelo ao julgamento do leitor).

P3. Se, ignorando qualquer responsabilidade que possa ter para com os outros, você declinaria da chance de se plugar a uma Máquina de Experiências pelo resto da vida, então prazer e dor não são as únicas coisas de valor (ou desvalor) intrínseco na vida.

C1. Prazer e dor não são as únicas coisas de valor (ou desvalor) intrínseco na vida (*modus ponens*, P2, P3).

P4. Se o hedonismo é verdadeiro, então prazer e dor são as únicas coisas de valor (ou desvalor) intrínseco na vida.

C2. O hedonismo é falso (*modus tollens*, C1, P4).

59
O Argumento da Teoria do Erro

Robert L. Muhlnickel

Mackie, J. L. John. "A Refutation of Morals." *Australasian Journal of Philosophy* 24 (1946): 77-90. Reimpresso em *Twentieth Century Ethical Theory*, organizado por Steven Cahn, Jeram Haber e Joram Haber, 145-52. Upper Saddle River, NJ: Prentice-Hall, 1995.

___. *Ethics: Inventing Right and Wrong*. Harmondsworth: Penguin, 1977.

A metaética é a indagação filosófica sobre a natureza e o *status* da moralidade. Uma questão básica a respeito da natureza e do *status* da moralidade é determinar se as expressões de aprovação ou desaprovação moral são objetivas. Genericamente falando, o objetivismo moral é a visão de que as expressões morais (faladas, escritas ou pensadas) são julgamentos cognitivos, que são verdadeiros ou falsos graças à sua relação com fatos morais. O ceticismo moral é a visão de que não existem fatos morais. Muitos filósofos pensam que a moralidade do senso comum presume o objetivismo moral, e muitos filósofos defendem versões do objetivismo moral. A defesa do ceticismo moral implica demonstrar que a crença na existência de fatos morais é um erro, mesmo que a nossa linguagem comum presuma que existam. O objetivo de mostrar essa crença como um erro dá ao argumento o seu nome. O argumento da teoria do erro é um argumento "destrutivo": pretende mostrar que o objetivismo moral é falso. J. L. Mackie defende o argumento da teoria do erro, alegando que ele demonstra que o ceticismo moral é mais razoável do que o objetivismo moral.

O argumento da teoria do erro deriva C1 por *modus ponens* da premissa de que a moralidade do senso comum aceita e muitos filósofos morais defendem o objetivismo moral. Que C1 seja a crença presuntiva antecipa a objeção de que o argumento da teoria do erro ataca um espantalho. O objetivo destrutivo do argumento da teoria do erro é expresso por dois argumentos componentes: o argumento a partir da relatividade e o argumento a partir da estranheza.

O argumento que parte da relatividade vai de P3 a C2. P3 afirma o incontestável fato da relatividade moral: os julgamentos morais observados no comportamento, descritos em registros de deliberação e enunciados em códigos morais reconhecidos de diferentes sociedades e eras históricas, são diferentes e muitas vezes incompatíveis entre si. Os céticos morais e os objetivistas morais oferecem explicações diferentes da relatividade dos costumes. Os céticos morais argumentam que a relatividade moral é explicada pelo fato de que não há princípios morais objetivos; as pessoas avaliam os códigos morais com base na familiaridade com os códigos morais que aprendem em suas sociedades (P4 (i)). Os objetivistas morais argumentam que as diferenças factuais nas circunstâncias de diferentes sociedades resultam em diferentes aplicações de princípios morais objetivos. Essas aplicações diferentes produzem códigos morais distintos apesar da concordância a respeito dos princípios morais objetivos. (P4 (ii)).

Mackie sustenta a explicação (i) recorrendo a uma teoria sentimentalista das origens das expressões morais. Embora Mackie não considere seu argumento uma Inferência da Melhor Explicação, o arrazoado envolve a alegação comparativa de que a explicação cética aborda os fenômenos observados da expressão moral melhor do que a objetivista. A inferência dos argumentos da Melhor Explicação são comparações de duas ou mais explicações sobre fenômenos observados e avaliações de cada explicação, com base em padrões comuns. Os padrões comumente citados para comparar explicações são "maior simplicidade", "maior poder explicativo" e "mais coerência com outras hipóteses e fenômenos". Como há uma discussão entre os filósofos sobre as implicações da Inferência para a Melhor Explicação, o argumento abaixo inclui P6 e C2 e P6* e C2* para comparação. P6 e C2 produzem a alegação mais forte de que a explicação (i) mostra que a crença na existência de fatos morais objetivos é injustificada, e não apenas menos justificada do que a descrença na existência de fatos morais objetivos.

A objeção ao argumento que parte da relatividade a favor do objetivismo moral, embora malsucedida segundo Mackie, deixa o ceticismo moral em falta de mais argumentos. O argumento a partir da estranheza alega que há duas condições necessárias para a existência de fatos morais objetivos. A primeira condição é uma alegação sobre a ontologia de fatos morais. Os fatos morais putativos seriam um tipo de entidade ou relação diferente dos conhecidos pela observação e suposição, pela percepção comum e por métodos quase científicos. A segunda condição alega que a capacidade mental necessária para o conhecimento dos fatos morais seria algo especificamente moral. Tal capacidade seria diferente em espécie de outras capacidades mentais humanas. Como nem a condição necessária da existência de fatos morais objetivos é verdadeira, a antecedente da condicional em P7 é falsa por *modus tollens*.

O argumento da teoria do erro conclui em C4 conjuntando C3, que valores objetivos não existem, e C2, que a crença em fatos morais objetivos não é justificada. A conjunção (C4) é colocada na antecedente de uma condicional (P9) para argumentar que a crença presuntiva na existência de fatos morais objetivos é errônea. A crença presuntiva é o alvo do argumento da teoria do erro, e a combinação do argumento a partir da relatividade e do argumento a partir da estranheza, apresentada aqui, forma um argumento válido de que a crença presuntiva é errônea.

Mackie apresentou o argumento da teoria do erro pela primeira vez em 1946 em "A Refutation of Morals". Ele expandiu o argumento em *Ethics: Inventing Right and Wrong* (30-42). As seleções abaixo são deste último trabalho. Mackie afirma que é preciso um argumento da teoria do erro contra o objetivismo moral:

> Os conceitos morais tradicionais do homem comum assim como da principal linhagem de filósofos ocidentais são conceitos de valor objetivo. Mas é precisamente por essa razão que a análise linguística e conceitual não é suficiente. A pretensão à objetividade, por mais entranhada que esteja na nossa linguagem e no nosso pensamento, não valida a si mesma. Mas a negação de valores objetivos terá que ser proposta não como resultado de uma abordagem analítica, mas como uma "teoria do erro" e, embora a maioria das pessoas alegue implicitamente, ao fazer

julgamentos morais, que essa teoria aponta para algo objetivamente prescritivo, tais alegações são falsas. (*Ethics*, 35)

Segue-se o argumento a partir da relatividade:

> O argumento a partir da relatividade tem como premissa a conhecida variação em códigos morais de uma sociedade para a outra e de um período para o outro, e também as diferenças em crenças morais entre diferentes grupos e classes dentro de uma comunidade complexa. Tal variação é, em si mesma, meramente uma verdade da moralidade descritiva, um fato de antropologia que não desperta visões éticas de primeira ordem e nem de segunda ordem. No entanto, pode favorecer indiretamente um subjetivismo de segunda ordem: diferenças radicais entre percepções morais de primeira ordem tornam difícil tratar esses juízos como percepções de verdades objetivas. Mas não é a mera ocorrência de discordâncias que fala contra a objetividade de valores. [...] a discordância a respeito de códigos morais parece refletir a adesão e participação das pessoas em diferentes modos de vida. A conexão causal parece se dar principalmente ao contrário: as pessoas aprovam a monogamia porque participam de um modo de vida monogâmico e, não, participam de um modo de vida monogâmico porque aprovam a monogamia. (*Ethics*, 36)

Os defensores do objetivismo moral alegam que a relatividade moral é explicada pela aplicação de princípios morais objetivos a condições específicas e não pela não existência de princípios morais objetivos. "É fácil demonstrar", Mackie escreve, "que tais princípios gerais, combinados a diferentes circunstâncias concretas, a diferentes padrões sociais ou a preferências diferentes, produzirão diferentes regras morais específicas" (*Ethics*, 37). Esse argumento é falho, escreve Mackie:

> As pessoas julgam que algumas coisas são boas ou certas, e outras ruins ou erradas, não porque — ou de qualquer modo não apenas porque — exemplificam algum princípio geral para o qual pode ser reivindicado uma ampla aceitação implícita, mas porque algo a respeito dessas coisas lhes desperta imediatamente certas reações, embora desperte reações radicalmente e insoluvelmente diferentes em outras. (*Ethics*, 37)

O argumento a partir da estranheza:

> Se houvesse valores objetivos, haveria entidades, qualidades ou relações de um tipo muito estanho, totalmente diferente de qualquer outra coisa no universo. Da mesma forma, se tivéssemos conhecimento deles, teria que ser mediante uma faculdade especial de intuição ou percepção moral, totalmente diferente de nossas maneiras usuais de conhecer qualquer outra coisa. [...] Quando fazemos a inepta pergunta, como podemos ter conhecimento dessa prescritividade impositiva, da verdade dessas premissas distintamente éticas ou da cogência desse padrão de raciocínio distintamente ético, nenhuma das nossas definições comuns de introspecção ou percepção sensorial, nem a construção e confirmação de inferências ou hipóteses explanatórias e nem a combinação dessas coisas, forneceria uma resposta satisfatória; "um tipo especial de intuição" é uma resposta fraca, mas é aquela a que é obrigado a recorrer o objetivista inteligente. (*Ethics*, 38)

P1. Se a linguagem comum, a moralidade do senso comum e as teorias filosóficas indicam uma crença em fatos morais objetivos, há então uma crença presuntiva na existência de fatos morais objetivos.

P2. A linguagem comum, a moralidade do senso comum e as teorias filosóficas indicam uma crença na existência de fatos morais objetivos.

C1. Há uma crença presuntiva na existência de fatos morais objetivos (*modus ponens*, P1, P2).

P3. Há uma relatividade moral entre diferentes sociedades e eras históricas.

P4. A relatividade moral é explicada por uma das duas explicações, mas não pelas duas (i) ou (ii):

(i) As pessoas participam de diferentes modos de vida que as levam a acreditar que diferentes regras morais são corretas.

(ii) As pessoas aplicam princípios morais objetivos a diferentes circunstâncias.

P5. A explicação (i) é uma explicação da relatividade moral melhor do que a explicação (ii).

P6. Se (i) explica a relatividade moral melhor do que (ii), então a crença na existência de fatos morais objetivos não é justificada.

C2. A crença na existência de fatos morais objetivos não é justificada (*modus ponens*, P5, P6).

P7. Se há valores morais objetivos, então eles são entidades ou relações especificamente morais e sabemos de sua existência por uma capacidade cognitiva especificamente moral.

P8. Não há entidades ou relações especificamente morais, e não temos uma capacidade cognitiva especificamente moral.

C3. Não há valores morais objetivos (*modus tollens*, P7, P8).

C4. Não há valores morais objetivos e a crença na existência de fatos morais objetivos não é justificada (conjunção, C3, C2).

P9. Se não há valores morais objetivos e a crença na existência de fatos morais objetivos não é justificada, então a crença presuntiva na existência de fatos morais objetivos é um erro.

C5. A crença presuntiva na existência de fatos morais objetivos é um erro (*modus ponens*, C4, P9).

P6*. Se (i) explica a discordância moral melhor do que (ii), então a descrença na existência de fatos morais objetivos é mais bem justificada do que a crença na existência de fatos morais.

C2*. A descrença na existência de fatos morais objetivos é mais bem justificada do que a crença na existência de fatos morais (*modus ponens*, C2, P5).

60
Moore e o Argumento da Questão em Aberto

Bruno Verbeek

Moore, George E. *Principia Ethica*. Cambridge, RU: Cambridge University Press, 1903.

Frankena, W. K. "The Naturalistic Fallacy." *Mind* 48, 192 (1939): 464-77.
Miller, Alexander. *An Introduction to Contemporary Metaethics*. Cambridge, RU: Polity Press, 2003.

O Argumento da Questão em Aberto foi formulado pela primeira vez por G. E. Moore em *Principia Ethica* (1903). Ele marca o início de um ramo da teoria ética, agora chamado de metaética. Um dos problemas centrais em metaética — ou mesmo o problema central dessa subdisciplina — é uma análise dos termos e conceitos centrais da ética, tais como "dever" e "bem". Moore argumenta que a propriedade de bondade é indefinível. A razão, segundo Moore, é que bondade é uma propriedade simples, não analisável. As chamadas "definições reais" de "bem", que procuram definir "bem" em termos de uma espécie com características específicas, falharão. Qualquer um que pretenda apresentar uma definição de "bondade" está atribuindo a bondade a alguma coisa e não identificando o que é bondade. Os naturalistas morais — ou seja, os filósofos que acreditam que as propriedades morais existem e podem ser estudadas pelas ciências — são especialmente culpados dessa falácia: daí o nome "falácia naturalista". Como resultado, o argumento é tipicamente evocado para rejeitar o naturalismo moral. Mas Moore observou que os teístas que definem *bem* como o que Deus ordena tendem à mesma falácia. (Há um mal-entendido comum: pensar que a falácia naturalista é a inferência inválida de uma afirmação "deve" a partir de premissas factuais ["é"].)

O texto que Moore propõe para determinar se uma determinada tentativa de definir "bom" é correta e não uma atribuição disfarçada é o chamado "Argumento da Questão em Aberto". A ideia básica é que uma definição correta de um termo não pode ser reenunciada como questão sem revelar incompetência conceitual. Por exemplo, a definição de "solteiro" é "homem não casado em idade de casar". Se reformulo a definição na forma de uma questão em aberto ("Um solteiro é um homem não casado em idade de casar?"), isso mostra que não sei o que é um solteiro (ou "homem", ou "casado" etc.). No entanto, suponha que alguém ofereça a seguinte definição de "bom": "a propriedade a que nos referimos como 'bom' é a propriedade de ser agradável", ou "bom é agradável" para resumir. Reformular a definição na forma de uma questão em aberto — "Bom é agradável?" — não indica que não sei o que é "bom" ou "agradável". Trata-se de uma pergunta significativa. Isso demonstra, de acordo com Moore, que a definição proposta é (na melhor hipótese) uma atribuição de bondade a todas as coisas agradáveis.

> Meu ponto de vista é que "bom" é uma noção simples, assim como "amarelo" é uma noção simples; assim como você não consegue, por meio algum, explicar o que é amarelo para quem ainda não sabe, não consegue também explicar o que é "bom". Definições do tipo que estou pedindo, definições que descrevam a real natureza do objeto ou noção denotada por uma palavra, e que não nos digam simplesmente o que a palavra costuma significar, só são possíveis quando o objeto ou noção em questão é algo complexo. (Moore, 7)
>
> Quando um homem confunde dois objetos naturais, definindo um pelo outro, se, por exemplo, ele confunde, o que é o objeto natural, com "satisfeito" ou com "prazer" que são outros, então não há razão para chamar de falácia naturalista. Mas se ele confunde "bom", que não é, da mesma forma, um objeto natural, com qualquer objeto natural, então existe uma razão para chamá-lo uma falácia naturalista; isso sendo feito com repeito a "bom" marca-o como algo bem específico, e esse engano específico não recebe um nome porque é muito comum. (Moore, 13)

A forma geral do Argumento da Questão em Aberto é a seguinte:

P1. Suponha que o predicado "bom" seja sinônimo de um outro predicado N (por ex., "agradável").

P2. "X tem a propriedade N" significará "X é bom".

C1. Qualquer um que pergunte se um X com propriedade N é bom, revela *ipso facto* confusão conceitual. Não está ciente do que "bom" significa (simetria de identidade, P2).

P3. No entanto, para todo N é sempre uma questão em aberto se um X com propriedade N é bom. Trata-se de uma questão significativa que não demonstra confusão conceitual.

P4. Se para todo N é sempre uma questão em aberto se um X com propriedade N é bom, então "N" não pode ser sinônimo de "bom".

C2. "N" não pode ser sinônimo de "bom" (*modus ponens*, P3, P4).

P5. Se N não pode ser sinônimo de "bom", então só "bom" pode ser sinônimo de "bom": portanto, bom é um conceito simples (primitivo) e não pode ser definido.

C3. Só "bom" pode ser sinônimo de "bom": portanto, bom é um conceito simples (primitivo) e não pode ser definido (*modus ponens*, C2, P5).

O Argumento da Questão em Aberto é um argumento muito influente. Tem motivado diferentes teorias metaéticas, como não cognitivismo, intuicionismo e antirrelaísmo. Ainda figura com proeminência em quase todos os livros sobre metaética. No entanto, hoje em dia a opinião geral é que o argumento não funciona contra o naturalismo. Em primeiro lugar, porque faz uma distinção insuficiente entre naturalismo semântico ou conceitual (em que "bom" é definido em termos naturais) e naturalismo metafísico (em que "bom" é analisado como algo natural, assim como "água" é analisada como H_2O).

O Argumento da Questão em Aberto pode funcionar contra o primeiro tipo de naturalismo, mas não contra o segundo tipo, e este é o tipo de naturalismo que a maioria dos naturalistas éticos defende. Em segundo lugar, não é nada óbvio que alguém que reformule uma definição como pergunta seja conceitualmente confuso. Algumas definições corretas são extremamente complexas; por exemplo, "conhecimento é crença verdadeira justificada". Suponha que isso seja correto; mesmo assim não é óbvio para qualquer um que fale inglês com competência (Miller). Em terceiro lugar, num sentido profundo, o argumento incorre em petição de princípio contra o naturalista (Frankena).

61

Wolff e o Argumento a favor da Rejeição à Autoridade do Estado

Ben Saunders

Wolff, Robert Paul. *In Defense of Anarchism*. Nova York: Harper & Row, 1970.

Graham, Gordon. *The Case Against Democratic State: An Essay in Cultural Criticism*. Thorverton: Imprint Academic, 2002.

Reiman, Jeffrey H. *In Defense of Political Philosophy: A Reply to Robert Paul Wolff's in Defense of Anarchism*. Nova York: Harper & Row, 1972.

O anarquismo é tradicionalmente associado à ausência de cidadania ou resistência a leis coercitivas. Robert Paul Wolff defende o que é às vezes conhecido como "anarquismo filosófico". Essa não é uma visão sobre organizações políticas como tais, mas um argumento sobre os deveres do indivíduo. Wolff, recorrendo à ideia kantiana de autolegislação, argumenta que cada indivíduo tem o dever de ser autônomo (nº 55). A partir disso, segue-se que ninguém deve aceitar a autoridade dos outros, incluindo a do Estado.

Isso não significa que devemos desobedecer a todas as leis — na verdade, podemos muito bem agir de acordo com elas — mas não devemos nunca aquiescer. (Agir de acordo é apenas fazer o que a lei manda, por qualquer razão que seja, enquanto aquiescer é fazer determinada coisa porque a lei manda.) Ou seja, não devemos obedecer à lei sem questionar só porque é a lei, mas devemos sempre decidir por nós mesmos o que fazer. Um Estado de leis justo pode muito bem coincidir com o que devemos fazer, por motivos de moralidade ou prudência, enquanto a ameaça de punição nos dará outras razões para fazer o que a lei exige. Não há, no entanto, nenhuma diferença fundamental entre ser o Estado ou um amigo que nos diz para não roubar — nenhum dos dois casos nos dá a razão em questão.

O argumento parece válido, mas há alguns problemas com as premissas; em particular, especificar exatamente o que Wolff quer dizer com autonomia. Não é fácil descobrir uma interpretação consistente que explique ao mesmo tempo por que ela é importante a ponto de ser a obrigação principal do indivíduo e incompatível com a aceitação da autoridade. Mesmo que alguma coisa seja do nosso interesse, não supomos comumente que ela seja um dever para nós.

> A marca característica do Estado é a autoridade, o direito de governar. A primeira obrigação do homem é a autonomia, a recusa a ser governado. [...] Na medida em que um homem cumpra a sua obrigação de fazer de si mesmo o autor das suas decisões, irá resistir à pretensão do Estado a ter autoridade sobre ele. Ou seja, irá negar que tenha um dever de obedecer às leis do Estado simplesmente por serem leis. (Wolff, 18)

P1. Temos um interesse de ordem superior na autonomia.

P2. Se alguma coisa favorece nossos interesses de ordem superior, temos o dever de fazer tal coisa.

C1. Temos o dever de ser autônomos (*modus ponens*, P1, P2).

P3. Se temos o dever de ser autônomos, então a autonomia exige que decidamos nós mesmos o que devemos fazer.

C2. Devemos decidir nós mesmos o que fazer (*modus ponens*, C1, P3).

P4. Se aceitamos a autoridade dos outros, não somos autônomos.

C3. Não devemos aceitar a autoridade dos outros (*modus tollens*, C1, P4).

P5. Se aceitamos a autoridade da lei, então aceitamos a autoridade dos outros.

C4. Não devemos aceitar a autoridade da lei (*modus tollens*, C3, P5).

62

Nozick e o Argumento de que Tributação é Trabalho Forçado

Jason Waller

Nozick, Robert. *Anarchy, State, and Utopia*. Nova York: Basic Books, 1974.

Uma das questões mais controversas em debates contemporâneos sobre justiça distributiva diz respeito à redistribuição da riqueza. Será que o Estado deve tributar os cidadãos mais ricos para proporcionar benefícios (escolas, assistência à saúde, treinamento profissional, benefícios em dinheiro, subsídio de habitação etc.) para os mais pobres? A distinção tradicional entre "direita" e "esquerda" na política depende muito (mas não exclusivamente) dessa questão. Um dos argumentos libertários mais influentes a respeito da redistribuição da riqueza é apresentado por Robert Nozick, que argumenta que todas as formas de redistribuição são moralmente erradas. Sua estratégia geral é mostrar que a tributação é uma espécie de trabalho forçado (ou seja, escravidão). O argumento tem sido influente porque parece se basear numa definição incontroversa de trabalho forçado e na aparentemente inegável alegação de que todas as formas de trabalho forçado são imorais. Nozick conclui que quando o Estado redistribui a riqueza dos ricos para os pobres, os pobres estão na verdade escravizando injustamente os ricos. Essa forma de escravidão é bastante suave em comparação a formas passadas, mas (pelo menos segundo Nozick) igualmente imoral.

A tributação da renda gerada pelo trabalho está na mesma situação que o trabalho forçado. Algumas pessoas consideram essa alegação obviamente verdadeira: apossar-se dos ganhos de *n* horas de trabalho é a mesma coisa que tomar *n* horas da pessoa, tal como forçar alguém a trabalhar *n* horas para as finalidades de outrem. Já outros consideram tal alegação absurda. Mas mesmo estes, se são contra o trabalho forçado, seriam contra forçar *hippies* desempregados a trabalhar em benefício dos necessitados. E objetariam a forçar todas as pessoas a trabalhar cinco horas extras por semana para ajudar os carentes. (Nozick, 169)

P1. O trabalho forçado (ou seja, escravidão) ocorre sempre que alguém (i) tem que realizar algum trabalho sob ameaça de severa punição (dor, prisão, morte etc.), sendo que (ii) os benefícios desse trabalho vão para outra pessoa.

P2. Todas as formas de trabalho forçado são imorais.

P3. O Estado exige que todos os cidadãos que trabalham paguem certos impostos para beneficiar os necessitados, sob pena de enfrentar punições severas (ou seja, prisão).

P4. A é um cidadão que trabalha.

C1. Se o cidadão A não pagar impostos, receberá uma punição severa; ou seja, irá para a prisão (implicação material, P3).

P5. Se o cidadão A não fizer horas extras, não conseguirá pagar seus impostos.

C2. Se o cidadão A não fizer horas extras no seu emprego, receberá uma punição severa; ou seja, irá para a prisão (silogismo hipotético, C1, P5).

P6. O cidadão A não recebe benefícios pelas horas extras que fez para ganhar o dinheiro para pagar seus impostos porque esse dinheiro vai para os necessitados.

C3. Durante o tempo em que está ganhando o dinheiro necessário para pagar seus impostos, o cidadão A está (i) trabalhando sob ameaça de punições severas [por C2] e (ii) os benefícios de seu trabalho vão para outra pessoa, ou seja, o necessitado (conjunção, C2, P6).

C4. Durante o tempo em que está ganhando o dinheiro necessário para pagar seus impostos, o cidadão A está sendo submetido a trabalho forçado; ou seja, escravidão (*modus ponens*, P1, C3).

C5. Tributar o cidadão A para ajudar os necessitados é imoral (instanciação, P2, C4).

P7. Esse mesmo argumento vale para cada contribuinte.

C6. Todas as instâncias de tributação são imorais (instanciação, C5, P7).

63

A Caridade é Obrigatória

Joakim Sandberg

Singer, Peter. "Famine, Affluence, and Morality." *Philosophy and Public Affairs* 1 (1972): 229-43.
___. *Practical Ethics*, 2ª edição. Cambridge, RU: Cambridge University Press, 1993.
Sidgwick, Henry. *The Methods of Ethics*. Indianápolis: Hackett, 1981.
Unger, Peter. *Living High & Letting Die: Our Illusion of Innocence*. Nova York: Oxford University Press, 1996.

Muita gente acha que é bom ou caridoso dar dinheiro para agências de ajuda humanitária que fornecem comida ou abrigo para pessoas necessitadas, e assim tais agências são chamadas de instituições de caridade. Mas não seria na verdade um dever moral dar dinheiro a tais agências, ou seja, moralmente errado não fazê-lo? De acordo com o presente argumento, conhecidamente formulado por Peter Singer, pessoas relativamente afluentes de países desenvolvidos têm realmente o dever moral de dar uma parte significativa do seu dinheiro para agências de ajuda humanitária.

O argumento gira em torno do princípio aparentemente incontroverso (que pode ser encontrado já em Sidgwick, 253) que é errado não ajudar os outros quando ajudar é fácil e barato. Singer às vezes defende esse princípio por meio de um exemplo: não seria errado se recusar a salvar uma criança de se afogar numa lagoa, digamos, só porque não estamos dispostos a sujar a roupa? O argumento pode servir para exemplificar o raciocínio filosófico em sua forma mais interessante: ir de premissas aparentemente incontroversas para uma conclusão altamente controversa ou inesperada. A conclusão é controversa porque nos pede basicamente — em vez de gastar o nosso dinheiro com coisas de que não precisamos realmente (roupas bonitas, café, cerveja, CDs) — para dar a maior parte dele para pessoas em locais remotos do mundo. E não nos é permitido nem mesmo nos sentir bem por isso — o que vemos normalmente como caridade (e, portanto, acima de qualquer dever) é apenas moralmente obrigatório. Várias formulações levemente diferentes do argumento podem ser encontradas na literatura, mas nós o apresentamos em sua forma original. Todas as premissas abaixo foram examinadas pelos críticos na tentativa de neutralizar o argumento.

> Começo com o pressuposto de que sofrimento e morte por falta de comida, abrigo ou cuidados médicos são ruins. Acho que a maioria das pessoas concordará com isso, embora cada uma possa chegar à mesma visão por caminhos diferentes. [...] Meu outro ponto é o seguinte: se está em nosso poder impedir que alguma coisa ruim aconteça, sem com isso sacrificar alguma coisa de importância moral comparável, devemos moralmente fazê-lo. Com "sem sacrificar alguma coisa de valor moral comparável" quero dizer sem fazer com que uma coisa comparavelmente ruim aconteça, sem fazer alguma coisa que seja errada por si mesma ou sem deixar de promover algum bem moral, comparável em importância à coisa ruim que podemos evitar. Este princípio parece quase tão incontroverso quanto o último [... mas...] A aparência incontroversa do princípio ora enunciado é enganosa. Se ele fosse posto em prática [...] a nossa vida, a nossa sociedade e o nosso mundo seriam fundamentalmente mudados. [...] A distinção tradicional entre dever e caridade não pode ser traçada ou, pelo menos, não no lugar onde normalmente a traçamos. [...] Quando compramos roupas novas não para nos manter aquecidos, mas para parecer "bem-vestidos", não estamos satisfazendo nenhuma necessidade importante. Não estaríamos sacrificando nada de significativo se continuássemos a usar nossas velhas roupas e déssemos o dinheiro para aliviar a fome no mundo. Com isso, impediríamos que outra pessoa morresse de fome. Segue-se do que disse antes que devemos dar dinheiro em vez de gastá-lo em roupas de que não precisamos para nos manter aquecidos. Isso não é caridoso nem generoso. Nem é o tipo de ato que filósofos e teólogos têm chamado de "supererrogatório" — um ato que seria bom realizar, mas que não é errado não fazê-lo. Pelo contrário, devemos dar o dinheiro, e é errado não fazê-lo. (Singer, "Famine", 231-35).

P1. Sofrimento e morte por falta de comida, abrigo e cuidados médicos são ruins.

P2. Se está em nosso poder impedir que alguma coisa ruim aconteça, sem com isso sacrificar nada que seja de importância moral comparável, devemos moralmente fazê-lo.

C1. Se está em nosso poder evitar sofrimento e morte por falta de comida, abrigo e cuidados médicos, sem com isso sacrificar nada que seja de importância moral comparável, devemos moralmente fazê-lo (instanciação & *modus ponens*, P1, P2).

P3. Ao dar dinheiro para agências de ajuda humanitária, podemos evitar sofrimento e morte por falta de comida, abrigo e cuidados médicos.

C2. Se podemos dar dinheiro para agências de ajuda humanitária sem com isso sacrificar nada que seja de importância moral comparável (a sofrimento e morte por falta de comida, abrigo e cuidados médicos), devemos moralmente fazê-lo (instanciação e *modus ponens*, C1, P3).

P4. Podemos dar uma parte substancial de dinheiro deixando de comprar coisas de que não precisamos realmente; ou seja, sem sacrificar nada que seja de importância moral comparável a sofrimento e morte por falta de comida, abrigo e cuidados médicos.

C3. Devemos, moralmente, dar uma parte substancial do nosso dinheiro para agências de ajuda humanitária (*modus ponens*, C2, P4).

64
A Conclusão Repugnante

Joakim Sandberg

Parfit, Derek. *Reasons and Persons*. Oxford: Clarendon Press, 1984.

Ryberg, Jesper e Tännsjö, Torbjörn (orgs.). *The Repugnant Conclusion: Essays on Population Ethics*. Dordrecht: Kluwer, 2004.

Quando os filósofos pensam sobre as gerações futuras e no tipo de mundo que devemos tentar criar, ponderam às vezes questões da chamada ética populacional. Por exemplo: "Seria melhor se, no futuro, vivesse um número maior e não menor de pessoas?" e "Será que a resposta a essa pergunta envolve também quem essas pessoas são e/ou sua qualidade de vida?" O trabalho seminal nesse campo é *Razões e Pessoas*, de Derek Parfit, sendo o presente argumento seu indiscutível destaque. O argumento aborda o valor relativo da quantidade de vidas vividas *versus* a qualidade dessas vidas e uma posição aparentemente correta a respeito dessa questão — uma posição adotada pelos utilitaristas clássicos — é que se deve atribuir valor igual a quantidade e qualidade.

Os utilitaristas compõem tipicamente esses dois valores numa medida da utilidade geral, ou "quantidade do que quer que seja que torne a vida digna de ser vivida", numa população. No entanto, o argumento de Parfit contra essa visão assume a forma de uma *reductio ad absurdum*: se qualquer perda em qualidade de vida pode ser compensada por um aumento suficiente na quantidade de vidas vividas, então o melhor resultado poderia muito bem ser uma situação em que uma quantidade enorme de pessoas vivesse vidas que mal valessem a pena viver. É isso que Parfit chama de "Conclusão Repugnante". Muitas tentativas de contornar essa conclusão podem ser encontradas na literatura. No entanto, podemos observar que tem sido surpreendentemente difícil desenvolver uma teoria que evite essa conclusão e, ao mesmo tempo, não implique igualmente conclusões contraintuitivas. O campo da ética populacional continua a ser um desafio.

> Em B, vivem duas vezes mais pessoas do que em A, e essas pessoas vivem pior do que todo mundo em A. Mas a vida das que vivem em B, comparada com a das que vivem em A, vale mais do que 50% a pena viver. [...] Posso agora enunciar o [...] Princípio Total Impessoal: se as outras coisas são iguais, o melhor resultado é aquele em que há a maior quantidade do que torna a vida digna de ser vivida. [...] Z é uma população enorme cujos membros têm uma vida não muito acima do nível em que deixa de valer a pena vivê-la. [...] Na vida de cada um deles há muito pouca felicidade. Mas, se o número de membros for grande o suficiente, este é o resultado com a maior soma de felicidade. [...] O Princípio do Total Impessoal implica então a Conclusão Repugnante: para qualquer população possível de pelo menos dez bilhões de pessoas, todas com uma qualidade de vida muito alta, deve haver uma população imaginável muito maior cuja existência, se as outras coisas são iguais, seria melhor, embora seus membros tenham uma vida que mal vale a pena viver. Como o nome que escolhi sugere, considero essa conclusão muito difícil de aceitar. [...] Se estamos convencidos de que Z é pior que A, temos uma forte base para resistir a princípios que impliquem que Z é melhor. Temos uma forte base para resistir ao Princípio do Total Impessoal. (Parfit, 385-90)

P1. A "quantidade do que faz valer a pena viver a vida" numa dada população é uma função da quantidade de seus membros e de sua qualidade de vida.

P2. Podemos aumentar a quantidade do que faz valer a pena viver a vida numa dada população adicionando simplesmente pessoas cuja vida vale a pena viver.

P3. Se, numa população, um ou dois resultados de qualidade de vida são baixos, a quantidade do que faz valer a pena viver a vida pode mesmo assim ser maior se for adicionado um número suficiente de pessoas cuja vida vale a pena viver.

C1. Se A é uma população de pelo menos dez bilhões de pessoas com uma alta qualidade de vida, deve haver uma população imaginável muito maior, Z, onde a quantidade do que faz valer a pena viver a vida é maior mesmo que seus membros tenham uma vida que mal vale a pena viver (instanciação, P3).

P4. Se, sendo as outras coisas iguais, o melhor resultado é aquele em que há a maior quantidade do que faz valer a pena viver a vida, um resultado é melhor do que o outro se a quantidade do que faz valer a pena viver a vida é maior.

C2. Se, sendo as outras coisas iguais, o melhor resultado é aquele em que há a maior quantidade do que faz valer a pena viver a vida, Z seria melhor do que A (*modus ponens*, C1, P4).

P5. Z é pior do que A.

C3. Não é o caso que, sendo as outras coisas iguais, o melhor resultado seja aquele em que há a maior quantidade do que faz valer a pena viver a vida (*modus tollens*, C2, P5).

65
Taurek: os Números Não Contam

Ben Saunders

Taurek, John. "Should the Numbers Count?" *Philosophy and Public Affairs* 6 (1977): 293-316.

Parfit, Derek. "Innumerate Ethics." *Philosophy and Public Affairs* 7 (1978): 285-301.

Sidgwick, Henry. *The Methods of Ethics*. Indianápolis: Hackett, 1981.

Wasserman, David e Strudler, Alan. "Can a Nonconsequentialist Count Lives?" *Philosophy and Public Affairs* 31 (2003): 71-94.

Os consequencialistas acham que temos o dever moral de produzir os melhores resultados. No entanto, a ideia de melhor resultado geral envolve tipicamente a soma dos bons e dos maus efeitos distribuídos entre diferentes indivíduos. Assim, objeta-se com frequência que o consequencialismo é indiferente à especificidade das pessoas, ignorando a distribuição de consequências boas e más e implicando que uma grande perda para uma pessoa pode ser justificada por benefícios menores para muitas outras.

Os não consequencialistas argumentam em geral que não devemos nos engajar nessa agregação interpessoal — que não faz sentido falar do que é bom ou ruim do "ponto de vista do universo" (Sidgwick, 382). Às vezes, no entanto, rejeitar o consequencialismo pode levar a posições que entram em conflito com o senso comum. Nesse artigo muito discutido, Taurek rejeita a ideia de que a nossa obrigação de salvar cinco pessoas é maior do que a obrigação de salvar uma só, que ele chama de "David". Ele argumenta que, como não há uma perspectiva impessoal para julgar se um dos resultados é melhor do que o outro, podemos escolher o resultado que preferimos — no entanto, para quem tem uma preocupação igual por todos os envolvidos, ele sugere jogar uma moeda de modo que todo mundo tenha uma chance de 50% de sobreviver.

Nem todos os aspectos do argumento de Taurek são perfeitamente claros. Por exemplo, seus intérpretes discutem ainda se ele nega qualquer noção do que é impessoalmente melhor (até mesmo os chamados incrementos de Pareto: ou seja, os que são melhores para alguém e não são piores para ninguém) ou se nega apenas a inteligibilidade das alegações impessoais quando há um conflito de interesses entre duas partes. No entanto, muita tinta já foi gasta na tentativa de mostrar que os não consequencialistas podem contestar sua conclusão e justificar o salvamento de um grupo maior de pessoas sem recorrer a uma agregação moralmente suspeita.

> A alegação de que devemos salvar os muitos em vez dos poucos repousa sobre a alegação de que, sendo as outras coisas iguais, é pior que essas cinco pessoas morram do que morra só uma. É esse julgamento avaliativo que eu não posso aceitar. Não quero dizer que, nessa situação, seria pior que essas cinco pessoas morressem e David continuasse vivo do que seria se David morresse e essas cinco continuassem a viver. Não quero dizer isso a menos que esteja preparado para qualificar o que digo explicando para quem, por quem ou relativamente a que propósito isso seria pior. (Taurek, 303-04)

P1. Se consideramos um estado de coisas (impessoalmente) melhor do que outro, então devemos (moralmente) preferi-lo.

P2. Se não é o caso que David deva (moralmente) preferir morrer para que cinco outras pessoas possam ser salvas e não o contrário (elas morrerem para que ele possa ser salvo).

C1. Não é o caso que David deva morrer para que cinco outras pessoas possam ser salvas seja (impessoalmente) melhor do que o contrário (elas morrerem para que ele possa ser salvo) (*modus tollens*, P1, P2).

P3. Se um estado de coisas não é melhor do que outro, não precisamos produzi-lo.

C2. David não precisa produzir uma situação em que ele morre para que cinco outras pessoas possam ser salvas (*modus ponens*, C1, P3).

P4. Se é permissível que David escolha se salvar, é também permissível que alguma terceira parte salve David.

C3. É permissível que uma terceira parte salve David (*modus ponens*, C2, P4).

P5. Se é permissível salvar um em vez de cinco, não pode haver uma obrigação geral de salvar o número maior (em caso de conflito).

C4. Não há uma obrigação geral de salvar o número maior (em caso de conflito) (*modus ponens*, C3, P5).

66
Parfit e o Argumento do Nivelamento por Baixo contra o Igualitarismo

Ben Saunders

Parfit, Derek. "Equality or Priority?" *Ratio* 10 (1997): 202-21. Originalmente publicado em separado como "The 1991 Lindley Lecture". Lawrence: Departamento de Filosofia, Universidade de Kansas, 1995. Reimpresso *in The Ideal of Equality*, organizado por M. Clayton e A. Williams. Londres: Palgrave Macmillan, 2002.

Frankfurt, Harry. "Equality as a Moral Ideal." *Ethics* 98 (1987): 21-42.

Jerome, Jerome K. "The New Utopia", *in Cultural Notes* nº 14. Londres: Libertarian Alliance, 1987.

Temkin, Larry. *Inequality*. Oxford: Oxford University Press, 1993.

Hoje em dia, quase todo mundo afirma a igualdade moral das pessoas. Os igualitários sustentam que isso tem implicações para a justiça distributiva — que as condições materiais das pessoas deveriam ser igualadas, pelo menos desde que não sejam elas mesmas responsáveis por estarem em melhores ou piores condições do que os outros. Muitos filósofos investigaram a melhor maneira de interpretar esses compromissos igualitários; por exemplo, quais os bens que deveriam ser equalizados e se as pessoas deveriam receber iguais condições nos resultados finais ou simplesmente nas oportunidades. Alguns, no entanto, rejeitaram a ideia de que a igualdade por si só tenha qualquer importância moral. Harry Frankfurt, por exemplo, argumentou que tudo o que importa é que todos tenham o suficiente, citando o fato de que não sentimos a necessidade de redistribuir os bens dos bilionários para os milionários. Ele afirma que nossa preocupação não é realmente com a desigualdade, mas apenas com a pobreza.

Frankfurt mostra que nos preocupamos mesmo com a suficiência, talvez mais do que com a igualdade; todavia, esta não deixa de nos preo-

305

cupar também. Derek Parfit, no entanto, contribuiu com um famoso argumento mostrando que o compromisso com a igualdade tem consequências perversas e deve ser rejeitado. Segundo esse autor, qualquer pessoa comprometida com a igualdade deve pensar que é melhor – pelo menos no tocante a isto – nivelar todos por baixo (o chamado "nivelamento por baixo") do que aceitar uma desigualdade. Isso, no entanto, parece perverso se ninguém fica em melhor situação como resultado.

Vamos supor que achamos injusto que algumas pessoas nasçam com dois olhos saudáveis e outras com apenas um ou nenhum. Na ausência da tecnologia apropriada para realizar transplantes de olhos, não há o que fazer para melhorar a situação dos cegos. Assim, a única maneira de alcançar a igualdade entre os deficientes visuais e as pessoas que enxergam seria cegar todos os que enxergam (ver o conto de Jerome, "A Nova Utopia", que descreve um futuro distópico em que essas práticas são realizadas). Em termos numéricos, podemos dizer que os igualitários preferem um mundo onde haja quatro unidades de bem para todo mundo do que um mundo onde alguns tenham cinco e outros tenham sete unidades, pois, apesar das condições melhores destes últimos, existe a desigualdade.

Notemos que Parfit não está dizendo que os igualitários adotam essa linha de conduta no final das contas, já que a maioria aceita valores diferentes de igualdade e acha melhor que as pessoas enxerguem do que não enxerguem. O que ele está dizendo é que *na qualidade de* igualitários, eles se comprometem a aceitar que isso pode ser bom de alguma maneira – que há alguma razão para isso – o que ele acha absurdo. De que modo pode ser bom que, por hipótese, alguma coisa seja pior para alguns e não seja melhor para ninguém? (Temkin chama a premissa, a P5 abaixo, de que o mundo não pode ser melhor ou pior sem ser melhor ou pior para alguém, de "o Slogan" e argumenta fortemente contra ela.)

Embora muita gente não se preocupe absolutamente com as desigualdades materiais entre as pessoas, por maior que elas sejam, a visão positiva do próprio Parfit – que ele chama de "Visão da Prioridade" ou prioritarismo, efetivamente uma forma de utilitarismo ponderado – seria considerada por muitos como igualitária. Parfit pensa que é moralmente mais importante beneficiar quem esteja em pior condição. No entanto, essa visão não requer que façamos comparações entre diferentes pessoas ou postulemos que a igualdade em si tenha valor, mesmo que tenda a ter consequências equalizadoras (porque, onde podemos beneficiar uma entre duas pessoas, deveríamos beneficiar a que estiver pior até que sua situação melhore com relação à outra).

> Para igualitários verdadeiros, a igualdade tem valor intrínseco. [...] Na versão mais ampla dessa visão, qualquer desigualdade é ruim. É ruim, por exemplo, que algumas pessoas tenham boa visão e que outras sejam cegas. Teríamos então um motivo para, se pudéssemos, tirar um dos olhos dos que enxergam para doá-lo aos cegos [...] Suponhamos que aqueles que estão em melhor situação sofram algum infortúnio, de modo que fiquem tão mal quanto os outros. Como esses eventos eliminariam a desigualdade, eles deveriam ser de certo modo bem recebidos [...] mesmo que fossem piores para alguns e melhores para ninguém. Essa implicação parece absurda a muitos. Eu a chamo de Objeção do Nivelamento por Baixo. (Parfit *Idea*, 86, 97, 98)

P1. O igualitarismo implica que é *pro tanto* (em um sentido) bom eliminar a desigualdade.

P2. A desigualdade pode ser eliminada levando quem está pior para cima, e a desigualdade pode ser eliminada levando quem está melhor para baixo.

    C1. O igualitarismo implica que é bom *pro tanto* levar quem está pior para cima e que é bom *pro tanto* levar quem está melhor para baixo (conjunção, P1, P2).

    C2. O igualitarismo implica que é bom *pro tanto* levar quem está melhor para baixo (simplificação, C1).

P3. O simples fato de levar para baixo quem está melhor não deixa ninguém melhor.

P4. Se ninguém fica melhor, um estado de coisas não pode ser *pro tanto* melhor do que outro.

    C3. O simples fato de levar para baixo quem está melhor não pode ser *pro tanto* melhor (*modus ponens*, P3, P4).

P5. Se o igualitarismo for verdade, então é bom *pro tanto* levar para baixo quem está melhor.

    C4. O igualitarismo é falso (*modus tollens*, P5, C3).

67
Nozick e o Argumento de Wilt Chamberlain

Fabian Wendt[1]

Nozick, Robert. *Anarchy, State, and Utopia*. Nova York: Basic Books, 1974.

Cohen, Gerald. "Robert Nozick and Wilt Chamberlain: How Patterns Preserve Liberty", *in Self-Ownership, Freedom, and Equality*. Cambridge, RU: Cambridge University Press, 1995.

Feser, Edward. *On Nozick*. Belmont, CA: Wadsworth, 2003.

Kymlicka, Will. *Contemporary Political Philosophy*. Oxford: Oxford University Press, 1990/2001.

Wolff, Jonathan. *Robert Nozick: Property, Justice, and the Minimal State*. Cambridge, RU: Polity Press, 1991.

O argumento de Wilt Chamberlain, de Robert Nozick, é notório. É muito simples, e suas premissas parecem bastante razoáveis, mas sua conclusão é desconcertante: as teorias igualitárias (e outras parecidas) de justiça não são aceitáveis. Muitos filósofos estão convencidos de que há algo errado com o argumento, mas não é tão fácil encontrar sua falha. Nozick apresenta o argumento em *Anarquia, Estado e Utopia* depois de introduzir a própria teoria da justiça, a teoria da titularidade. Segundo essa teoria, é justa toda distribuição de propriedade advinda de transferências voluntárias e livres de propriedades adquiridas de forma justa. A teoria da titularidade é, na terminologia de Nozick, sem padrão; para que uma distribuição de propriedade seja justa, ela não tem que se adequar a nenhum padrão específico. A teoria da titularidade leva a uma posição libertária na filosofia política, considerando injustos os estados do bem-estar social (*welfare states*) redistributivos. Os igualitários, ao contrário, sustentam

---

1. Eu gostaria de agradecer a Ali Behboud e a Thomas Schramme pelos comentários sobre versões anteriores deste texto.

que um Estado justo tem que redistribuir a propriedade para alcançar um padrão distributivo igualitário na sociedade. O padrão igualitário pode assumir muitas formas diferentes. Uma teoria igualitária da justiça pode, por exemplo, visar à igualdade de oportunidades para o bem-estar ou, como na teoria da justiça de John Rawls, visar à igualdade de recursos exceto quando as desigualdades beneficiam os menos favorecidos.

O Argumento Wilt Chamberlain pretende mostrar que todas as teorias padronizadas da justiça, incluindo as teorias igualitárias como a subclasse mais importante, não são intuitivamente aceitáveis. O esquema básico do argumento é o que se segue. Em termos intuitivos, não é moralmente problemático transferir propriedades livremente para outras pessoas como, por exemplo, pagar Wilt Chamberlain para vê-lo jogar basquete. Mas a livre transferência de propriedade perturbará inevitavelmente qualquer padrão distributivo. A liberdade perturba os padrões, como diz o título do capítulo correspondente em *Anarquia, Estado e Utopia*. Se isso é certo, como poderia a justiça exigir que se mantenha uma distribuição padronizada de propriedade?

Se as teorias da justiça padronizadas não são de fato aceitáveis, então a teoria da titularidade de Nozick, não padronizada, constitui a alternativa óbvia. Mas talvez isso seja muito precipitado. Parece-me que o Argumento Wilt Chamberlain é mais atraente quando dirigido apenas contra teorias igualitárias e não contra qualquer forma de teoria padronizada. Em particular, a premissa P2 da versão formalizada abaixo é menos convincente se D_1 na premissa P1 não for especificado como padrão distributivo igualitário, mas como, por exemplo, um padrão distributivo segundo o qual ninguém deve descer abaixo de determinada linha-base de bem-estar. No entanto, uma refutação das teorias igualitárias da justiça também seria um resultado provocador. Então, é provável que os críticos igualitários do argumento tenham que rejeitar ou a premissa P3 ou a P4. Quem quiser uma versão menos limitada do argumento pode simplesmente substituir "igualitário" por "padronizado" em P1, e "princípio da igualdade" por "princípio padronizado".

Não está claro como os que sustentam concepções alternativas de justiça distributiva podem rejeitar a concepção da titularidade. Pois suponha que uma distribuição defendida por uma dessas concepções de não titularidade seja realizada. Vamos supor que seja a sua favorita e vamos chamá-la de distribuição D_1; talvez todos tenham uma cota igual, talvez as cotas variem de acordo com alguma dimensão que você aprova. Agora, suponha que Wilt Chamberlain esteja sendo muito requisitado por equipes de basquete por ser uma grande atração de bilheteria. (Suponha também que os contratos tenham validade de um ano, já que os jogadores têm passe livre.) Ele assina o seguinte tipo de contrato com uma delas: por cada jogo em casa, 25 centavos do preço de cada ingresso lhe caberá. (Ignoramos a questão de ele estar ou não "extorquindo" os donos do time, deixando que descubram por si mesmos.) A temporada começa e as pessoas assistem aos jogos alegremente; compram os ingressos, depositando a cada vez 25 centavos numa caixa especial com o nome de Chamberlain. Estão entusiasmadas para vê-lo jogar e acham que vale a pena o preço total do ingresso. Vamos supor que, numa temporada, um milhão de pessoas assistam aos jogos em casa e Wilt Chamberlain termine com US $250.000, uma soma muito maior do que a renda média e maior do que a de qualquer outra pessoa. Será que ele tem direito a esse rendimento? Será que essa nova distribuição D_2 é injusta? Se sim, por quê? [...] Se D_1 foi uma distribuição justa e as pessoas voluntariamente passaram de D_1 para D_2, transferindo parte das cotas que receberam em D_1 (de que serviriam, se nada fizessem com elas?), D_2 também não seria justo? (Nozick, 160-61)

P1. Uma sociedade é justa se e somente se, nela, a distribuição da propriedade tiver uma estrutura distributiva igualitária D_1 (suposição do Princípio da Igualdade).

P2. Quando as pessoas transferem livremente sua propriedade para outras pessoas, elas transformam a estrutura distributiva D_1 em uma nova estrutura distributiva.

P3. Não é injusto que as pessoas transfiram livremente sua propriedade para outras pessoas (Princípio da Liberdade).

P4. Qualquer estrutura distributiva que resulte de uma estrutura distributiva justa por meio de medidas não injustas é, ela também, justa (Princípio de Preservação).

   C1. Não é injusto que as pessoas transfiram livremente sua propriedade para outras pessoas e qualquer estrutura distributiva que resulte de uma estrutura distributiva justa por meio de medidas não injustas é, ela também, justa (conjunção, P3, P4).

P5. Se P2 é verdadeira, então a seguinte concreção de P2 também é verdadeira: se as pessoas partirem de uma estrutura distributiva justa como, presumivelmente, D_1 e depois transferirem livremente sua propriedade para Wilt Chamberlain, então a estrutura distributiva da sociedade terá mudado para uma nova estrutura distributiva D_2.

C2. Se as pessoas partirem de uma estrutura distributiva justa como, presumivelmente, D_1 e depois transferirem livremente sua propriedade para Wilt Chamberlain, então a estrutura distributiva da sociedade terá mudado para uma nova estrutura distributiva D_2 (*modus ponens*, P2, P5).

P6. Se C1 é verdadeira, então a seguinte condicional também é verdadeira: se as pessoas partem de uma estrutura distributiva justa como, presumivelmente, D_1 e então transferem livremente sua propriedade para Wilt Chamberlain, então a estrutura distributiva resultante será justa.

C3. Se as pessoas partem de uma estrutura distributiva justa como, presumivelmente, D_1 e então transferem livremente sua propriedade para Wilt Chamberlain, então a estrutura distributiva resultante será justa (*modus ponens*, C1, P6).

C4. Se as pessoas partem de uma estrutura distributiva justa como, presumivelmente, D_1 e depois transferem livremente sua propriedade para Wilt Chamberlain, então a estrutura distributiva da sociedade terá se transformado numa nova estrutura distributiva D_2 e se as pessoas partem de estrutura distributiva justa como, presumivelmente, D_1 e depois transferem livremente sua propriedade para Wilt Chamberlain, então a resultante estrutura distributiva será justa (conjunção, C2, C3).

P7. Se C4 é verdadeira, então D_2 é justa.

C5. D_2 é justa (*modus ponens*, C4, P7).

P8. Se P1 é verdadeira, então D_2 não é justa.

C6. D_2 não é justa (*modus ponens*, P1, P8).

C7. D_2 é justa e D_2 não é justa (conjunção, C5, C6).

C8. P1 (o Princípio da Igualdade) é falso (*reductio*, P1-C7).

68
Feminismo Liberal

Julinna C. Oxley

Okin, Susan Moller. *Justice, Gender, and the Family*. Nova York: Basic Books, 1989.

Mill, John Stuart. *The Subjection of Women*, organizado por Susan M. Okin, Indianápolis: Hackett, 1869/1988.

Wollstonecraft, Mary. *A Vindication of the Rights of Women*. Londres: Joseph Johnson, 1792/Londres: Penguin, 2004.

Formulado pela primeira vez no final do século XVIII, o feminismo liberal é uma filosofia política cujo objetivo expresso é libertar as mulheres dos papéis opressivos de gênero e alcançar a igualdade sexual (também chamado de justiça de gênero). Embora a situação social das mulheres mude de uma geração para a seguinte — em grande parte devido à influência de feministas liberais —, a mensagem do feminismo liberal continua a mesma: as mulheres, como seres humanos racionais, são merecedoras dos mesmos direitos sociais e políticos que os homens, e a justiça de gênero é alcançada pela modificação das atuais instituições sociais e sistemas políticos. A agenda política do feminismo liberal aborda as desigualdades do momento: as primeiras feministas liberais lutaram pelo direito de votar e pela igualdade de acesso à educação, enquanto as contemporâneas visam garantir a igualdade de oportunidades sociais, políticas e econômicas, a igualdade de direitos civis e a liberdade sexual.

Talvez o aspecto mais controverso do feminismo seja a alegação de que as mulheres são socialmente oprimidas, já que as mulheres ocidentais do século XXI não parecem ser oprimidas. No entanto, as feministas liberais contemporâneas afirmam que a sociedade é estruturada de forma a favorecer os homens. Muitas feministas liberais (como Mill no século XIX e Okin no século XX) argumentam que a principal fonte de subordinação da mulher é o seu papel social na família, e não apenas o papel biológico de reprodução ou a tendência masculina à violência sexual (outras explicações muito citadas de por que as mulheres são o sexo "fraco"). Como o feminismo liberal é a mais antiga versão do feminismo, ele é alvo de muitas críticas, especialmente por parte de outras feministas, segundo as quais as feministas liberais ignoram as diferenças de raça, *status* socioeconômico e orientação sexual, relevantes para uma avaliação precisa da situação das mulheres.

Embora o feminismo liberal seja um movimento político ativo com uma variedade de participantes, todas as feministas concordam que os objetivos do feminismo liberal permanecem irrealizados no mundo todo. Por essa razão, o feminismo liberal vai continuar a atrair partidários zelosos bem como detratores expressivos.

O casamento continua o ciclo de desigualdade posto em movimento pela expectativa do casamento e da consequente segregação sexual no local de trabalho. Em parte por causa dos pressupostos da sociedade sobre gênero, mas também porque as mulheres, ao entrar no casamento, tendem já a ser membros mais desfavorecidos da força de trabalho, as mulheres casadas tendem a começar com menos força na relação do que o marido [...] Em muitos casamentos, em parte por causa da discriminação no trabalho e da diferença salarial entre os sexos, as esposas (a despeito de ambições iniciais e mesmo quando trabalham em tempo integral) acabam achando que se beneficiam quando dão prioridade à carreira do marido. Portanto, têm pouco incentivo para questionar a divisão tradicional do trabalho doméstico. Isso, por sua vez, limita o seu envolvimento com o trabalho assalariado, além do incentivo e da força para desafiar a estrutura de gênero no local de trabalho. Experimentando frustração e falta de controle no trabalho, aquelas que se voltam para a domesticidade, embora muitas vezes se ressentindo da falta de respeito que nossa sociedade dedica às mães em tempo integral, acabam considerando os benefícios da vida doméstica maiores do que os custos.

Assim, as desigualdades entre os sexos no ambiente de trabalho e em casa tendem a se reforçar e a se exacerbar mutuamente. Não é necessário escolher entre duas explicações alternativas e rivais acerca das desigualdades entre homens e mulheres no local de trabalho [...]. Quando a importância central do casamento estruturado em gênero e a expectativa com relação a ele forem reconhecidas, essas explicações poderão ser vistas como razões complementares para a desigualdade das mulheres. *Um ciclo de decisões e de relações de poder permeia tanto a família quanto o local de trabalho, e as desigualdades de cada um reforçam as que já existem no outro.* É só com o reconhecimento dessa verdade que poderemos enfrentar as mudanças que precisam ocorrer para que as mulheres tenham uma oportunidade real de ser participantes iguais em ambas as esferas [...].

A família é a chave da identidade de gênero, reproduzindo-a de uma geração para a seguinte [...] a vida familiar como é praticada em nossa sociedade não é justa, seja para mulheres ou para crianças. Além disso, não favorece a criação de cidadãos com um forte senso de justiça. Apesar de toda a retórica sobre a igualdade entre os sexos, a divisão tradicional ou quase tradicional do trabalho familiar ainda prevalece [...]. Qualquer solução justa e equitativa para o problema urgente da vulnerabilidade das mulheres e das crianças deve incentivar e facilitar o compartilhamento igualitário por homens e mulheres do trabalho remunerado e não remunerado, do trabalho produtivo e reprodutivo [...]. Um futuro justo seria um futuro sem questões de gênero. (Okin, 146-71)

P1. Se uma sociedade é justa e equitativa para as mulheres, então homens e mulheres terão iguais direitos sociais, políticos e econômicos, assim como liberdades e oportunidades iguais.

P2. Mas em muitas sociedades ocidentais, homens e mulheres não têm iguais direitos sociais, políticos e econômicos, assim como não têm liberdades e oportunidades iguais.

C1. Muitas sociedades ocidentais não são justas e equitativas para as mulheres (*modus tollens*, P1, P2).

P3. Se uma sociedade é justa e equitativa para as mulheres, então não deve promover ou participar de práticas que contribuem para a opressão das mulheres.

P4. Se uma sociedade não promove ou participa de práticas que contribuem para a opressão das mulheres, então suas instituições sociais, políticas e legais devem ser modificadas de forma a erradicar características que contribuem para a opressão das mulheres.

C2. Se a sociedade pretende ser justa e equitativa para as mulheres, então as sociedades [ocidentais] que buscam a justiça de gênero deverão modificar as instituições sociais, políticas e legais e erradicar características que contribuem para a desvantagem das mulheres (silogismo hipotético, P3, P4).

A Natureza da Desvantagem e Opressão das Mulheres

P1. Se homens e mulheres não gastam a mesma quantidade de tempo realizando tarefas domésticas ou trabalho não remunerado em casa (incluindo cozinhar, limpar, criar os filhos etc.), então há uma distribuição desigual de trabalho na família.

P2. Numa família tradicional, homens e mulheres não gastam a mesma quantidade de tempo realizando trabalho não remunerado em casa — as mulheres realizam a maior parte das tarefas domésticas.

    C1. Há uma distribuição desigual do trabalho não remunerado na família tradicional (*modus ponens*, P1, P2).

P3. Se existe uma distribuição desigual do trabalho não remunerado na família, então a situação é injusta para as mulheres porque o trabalho é atribuído em virtude de características individuais inatas, e tem repercussões de longo prazo que tornam a mulher vulnerável.

    C2. A família tradicional é injusta com as mulheres porque o trabalho é atribuído em virtude de características individuais inatas, e tem repercussões de longo prazo que tornam a mulher vulnerável (*modus ponens*, P3, C1).

A Fonte da Desvantagem e Opressão das Mulheres

P2. (repetido): Em uma família tradicional, os homens e as mulheres não gastam a mesma quantidade de tempo realizando tarefas domésticas — as mulheres realizam a maior parte das tarefas domésticas.

P5. As mulheres realizam a maior parte das tarefas domésticas porque os homens esperam que as mulheres façam a maior parte do trabalho em casa e relutam em contribuir com o trabalho doméstico. Essas expectativas informam a "estrutura de gênero" da família (raciocínio causal para P2).

P6. Se as mulheres passam mais tempo trabalhando em casa do que os homens, então elas têm menos tempo para aproveitar as oportunidades de progredir no local de trabalho do que os homens.

    C3. As mulheres têm menos tempo e, assim, menos oportunidades de progredir no local de trabalho (*modus ponens*, P6, P2).

P7. Se as mulheres têm menos tempo e, portanto, menos oportunidades de progredir no local de trabalho do que os homens, elas não têm igualdade de oportunidade na vida social e política.

C4. As mulheres não têm igualdade de oportunidade na vida social e política (*modus ponens*, P7, C3).

P8. As mulheres terão igualdade de oportunidade na vida social e política somente se não realizarem a maior parte do trabalho não remunerado no lar (implícito por P5-C4).

P9. Para que as mulheres não realizem a maior parte do trabalho não remunerado no lar, os homens terão de ser responsáveis por pelo menos metade das tarefas domésticas (por definição).

C5. Se as tarefas domésticas são definidas pela "estrutura de gênero" da família, então os homens não são responsáveis por pelo menos metade delas (substituição, P5, P9).

C6. Quando os homens não são responsáveis por pelo menos metade das tarefas domésticas (a "estrutura de gênero" da família tradicional), então as mulheres não podem alcançar a igualdade de oportunidade na vida social e política (*modus ponens*, P5, C5).

A Conquista da Justiça de Gênero

P10. Os papéis de gênero, incluindo normas e expectativas a respeito dos papéis dos homens e das mulheres na família e na sociedade, são aprendidos na família.

P11. Se as crianças são criadas em famílias tradicionais "estruturadas por gênero", onde as mulheres não têm poder e independência, aprendem então que as desigualdades entre homens e mulheres são a norma e que podem ser esperadas na vida social (decorre de P10).

P12. Muitas crianças são atualmente criadas em famílias tradicionais "estruturadas por gênero", onde as mulheres são vulneráveis porque não têm poder e independência.

C7. Muitas crianças vão aprender que as desigualdades entre homens e mulheres são a norma, e que podem ser esperadas na vida social (*modus ponens*, P11, P12).

P13. Se muitas crianças vão aprender que as desigualdades entre homens e mulheres são a norma e que podem ser esperadas na vida social, quando crescerem e começarem suas próprias famílias, muitas pessoas vão perpetuar a ideia de que as desigualdades entre homens e mulheres são a norma e que esta pode ser esperada na vida social (ou seja, o ciclo de desigualdade).

C8. Quando elas crescerem e começarem suas próprias famílias, muitas pessoas vão perpetuar a ideia de que as desigualdades entre homens e mulheres são a norma e que isso pode ser esperado na vida social (ou seja, o ciclo de desigualdade) (*modus ponens*, P13, C7).

P14. Uma sociedade justa e equitativa procura erradicar as desigualdades em suas instituições, especialmente aquelas que perpetuam a desigualdade.

P15. Se a família é uma instituição social, então deve ser uma estrutura igualitária.

P16. Se a família deve ser uma estrutura igualitária, então homens e mulheres vão dividir igualmente o trabalho remunerado e o não remunerado, o trabalho produtivo e o reprodutivo.

C9. Se a família é uma instituição social, então homens e mulheres da família vão dividir igualmente o trabalho remunerado e não remunerado, o trabalho produtivo e o reprodutivo (silogismo hipotético, P15, P16).

P17. A família é uma instituição social.

C10. Uma sociedade justa vai incentivar e facilitar o compartilhamento igualitário de homens e mulheres no trabalho remunerado e não remunerado, no trabalho produtivo e reprodutivo (*modus ponens*, C9, P17).

P18. Se uma sociedade justa incentiva e facilita o compartilhamento igualitário por homens e mulheres do trabalho remunerado e não remunerado, do trabalho produtivo e reprodutivo, então chegará a isso eliminando os papéis tradicionais de gênero e as expectativas correspondentes a respeito do trabalho e da vida familiar.

C11. Uma sociedade justa vai eliminar papéis tradicionais de gênero e as expectativas correspondentes a respeito do trabalho e da vida familiar, aprovando, por exemplo, políticas sociais que facilitem a criação compartilhada dos filhos, reorganizando a vida profissional dos pais para tornar a criação dos filhos uma prioridade e instruindo as crianças sobre os problemas advindos dos estereótipos de gênero (*modus ponens*, P18, C10).

69
O *Status* Moral dos Animais dos Casos Marginais

Julia Tanner

Bernstein, Mark. "Marginal Cases and Moral Relevance." *Journal of Social Philosophy* 33, 4 (2002): 523-39.

Narveson, Jan. "Animal Rights." *Canadian Journal of Philosophy* VII (1977): 161-78.

Porfírio. *On Abstinence from Animal Food*, traduzido por Thomas Taylor. Londres: Centaur Press, 1965.

Singer, Peter. *Animal Liberation*. Londres: Pimlico, 1995.

É de grande importância saber se os animais têm *status* moral. Se os animais têm *status* moral, talvez seja errado usá-los como atualmente fazemos – caçando, criando gado, comendo-os e fazendo experimentos com eles. O argumento dos casos marginais nos oferece uma razão para pensar que alguns animais têm *status* moral igual aos dos seres humanos "marginais".

Muitos daqueles que negam que os animais têm *status* moral argumentam que o *status* moral depende de uma função racional ou da capacidade de usar a linguagem ou alguma outra capacidade/capacidades que apenas os seres humanos têm. Como há muitas dessas capacidades, usarei a capacidade X para representar todas elas.

Mas sujeitar o *status* moral a X (função racional ou qualquer outra capacidade que seja típica dos seres humanos adultos normais) é problemático. Nem todos os seres humanos têm X (nem todos os seres humanos são seres humanos adultos e normais). Há alguns seres humanos, conhecidos como seres humanos marginais, que não têm (ou não têm plenamente) X. Esses seres humanos são chamados de "casos marginais" porque são atípicos, uma vez que não têm a capacidade essencial X. De maneira geral, há três tipos de seres humanos marginais: pré-X – ainda têm que adquirir X, como as crianças; pós-X – perderam X devido a doenças, acidente ou velhice; e não X – não têm, nunca tiveram e nunca terão X.

Aqueles que argumentam que o *status* moral depende de X enfrentam, portanto, um dilema. Ou admitem que os seres humanos marginais carecem de *status* moral porque lhes falta X, ou devem reconhecer que o *status* moral depende de alguma outra coisa, e não de X (chamarei esta de "Z"). Mas alguns animais também têm Z. Assim, é preciso reconhecer que esses animais também (com Z) têm *status* moral. Este é o argumento dos casos marginais.

O argumento dos casos marginais tem raízes na antiga Grécia. Porfírio foi quem primeiro o formulou (III. 19). Mas o termo "argumento dos casos marginais" foi cunhado em época mais recente por Narveson (um oponente do argumento) (164). Peter Singer faz uma das primeiras formulações contemporâneas (ver abaixo). A versão de Singer é uma versão genérica do argumento.

> [O]s seres humanos não são iguais [...] se procurarmos alguma característica que todos eles possuem [... ela] deve ser uma espécie de mínimo denominador comum, tão baixa na escala que não falta a nenhum ser humano. O problema é que qualquer característica assim [...] possuída por todos os seres humanos não será possuída apenas por seres humanos. (Singer, 237)

P1. Se não há diferenças moralmente relevantes entre seres humanos marginais e alguns animais não humanos, então, se os seres humanos marginais têm *status* moral, alguns animais não humanos também o têm.

P2. Não há nenhuma diferença moralmente relevante entre seres humanos marginais e alguns animais não humanos.

    C1. Se os seres humanos marginais têm *status* moral, então alguns animais não humanos também o têm (*modus ponens*, P1, P2).

P3. Os seres humanos marginais têm *status* moral.

    C2. Alguns animais não humanos têm *status* moral (*modus ponens*, C1, P3).

70

O Argumento do Vegetarianismo Ético

Robert L. Muhlnickel

Bentham, Jeremy. *The Classical Utilitarians*, organizado por J. Troyer. Indianápolis: Hackett, 2003.

DeGrazia, David. *Taking Animals Seriously: Mental Life and Moral Status*. Cambridge, RU: Cambridge University Press, 1996.

Rachels, James. "The Basic Argument for Vegetarianism", *in The Legacy of Socrates*, organizado por S. Rachels, 3-15. Nova York: Columbia University Press, 2007.

Singer, Peter. "All Animals Are Equal." *Philosophical Exchange* 1, 5 (1974): 103-16. Reimpresso *in Unsanctifying Human Life*, organizado por H. Kuhse. Oxford: Blackwell, 2002.

___. *Animal Liberation*. Nova York: Harper Perennial, 2009.

A ética nas relações entre animais humanos e não humanos é um tema secundário na história da filosofia moral ocidental. Os filósofos têm-lhe dado mais atenção desde os anos 1970, quando o trabalho de Peter Singer motivou muita reflexão sobre os interesses dos animais não humanos. A alegação de Singer é que os mesmos interesses dos animais não humanos e humanos merecem o mesmo grau de consideração moral. Na época, ele forçava a analogia com movimentos de libertação, dizendo que o *status* moral era injustamente negado aos animais não humanos da mesma forma como havia sido negado às mulheres e às pessoas de cor. Mas os julgamentos de Singer sobre *status* social e as alegações de opressão contribuem menos para o seu mérito filosófico do que o impulso que deu à reconsideração dos critérios sobre o *status* moral básico. O argumento apresentado aqui tornam explícitas as alegações a respeito do *status* moral.

Este argumento teve mais influência entre não filósofos do que qualquer argumento filosófico dos últimos 50 anos, com as possíveis exceções de *Uma Teoria da Justiça* de John Rawls e *A Estrutura das Revoluções Cientí-*

ficas de Thomas Kuhn (nº 90). Embora o argumento conclua que o vegetarianismo é moralmente necessário, as considerações de suas premissas podem ser estendidas aos juízos morais sobre a utilização de animais não humanos em pesquisas, produção, entretenimento e companhia.

O argumento a favor do vegetarianismo ético começa por afirmar que a capacidade de sofrer é o fundamento da consideração moral básica. Um ser merece consideração moral básica se merecer consideração por si mesmo. Em contrapartida, algo merece uma consideração moral derivada se merecer consideração por alguma outra coisa. O argumento do vegetarianismo ético pretende mostrar que os animais não humanos merecem consideração moral básica.

Um ser merece consideração moral básica só no caso em que somos moralmente obrigados a levar em conta os seus interesses ao deliberar sobre o que fazer. A capacidade de sofrer coincide de forma geral com a sensibilidade, a suscetibilidade à dor, ao prazer, à frustração e à satisfação dos desejos. Qualquer coisa que merece consideração moral básica tem interesses próprios. Se for assim, qualquer ser que pode sofrer tem interesse em evitar o sofrimento. As coisas que não têm a capacidade de sofrer podem merecer consideração moral mesmo quando não merecem consideração por si mesmas.

Saber se um ser merece consideração moral é necessário, mas não suficiente para o juízo moral. Além disso, precisamos saber como os interesses dos vários seres se situam um em relação ao outro. O Princípio da Igual Consideração de Interesses é uma premissa independente que nos diz que os interesses em si mesmos são iguais, independentemente do tipo de ser que tem o interesse. Assim, o Princípio da Igual Consideração de Interesses afirma que o critério de consideração moral, a capacidade de sofrer, se aplica tanto aos animais não humanos quanto aos humanos. Assim, o mesmo sofrimento deve ter o mesmo peso na avaliação da correção ou incorreção de nossas ações, seja um animal humano ou não humano que experimenta esse sofrimento.

O argumento deriva C3 de P4 e P5, concluindo que causar sofrimento injustificado a um ser é moralmente errado. P6 e P7 aplicam o Princípio da Igual Consideração de Interesses, enunciado em P3, e C3 à ingestão de carne, concluindo que fazer isso é moralmente errado. As premissas introduzem as alegações fatuais de que a produção industrial de carne envolve confinar, matar e causar dor aos animais e que, ao comer carne, a pessoa participa dos atos de confinar, matar e causar dor.

A mais antiga formulação do argumento foi apresentada por Singer em "All Animals Are Equal", publicado em 1974 em *Philosophical Exchange*. Essa publicação não é amplamente disponível, mas o artigo é antologizado com frequência. A citação abaixo é de *Unsanctifying Human Life*, de Singer.

> Se um ser sofre, não pode haver justificativa moral para a recusa a levar em consideração esse sofrimento. Seja qual for a natureza do ser, o princípio da igualdade exige que seu sofrimento seja considerado de maneira igual a um sofrimento semelhante — uma vez que possam ser feitas comparações — de qualquer outro ser. Se um ser não é capaz de sofrer, de sentir prazer ou felicidade, não há nada a ser levado em conta. É por isso que o limite da senciência (usando o termo como uma abreviação conveniente, se não muito precisa, para a capacidade de sofrer ou sentir prazer ou felicidade) é a única fronteira defensável de preocupação com os interesses dos outros. Marcar essa fronteira por alguma característica como a inteligência ou a racionalidade seria marcá-la de forma arbitrária. Por que não escolher alguma outra característica, como a cor da pele?
>
> O racista viola os princípios da igualdade dando peso maior aos interesses de membros de sua própria raça, quando há conflito entre seus interesses e os interesses dos de outra raça. Da mesma forma, o especista permite que os interesses de sua própria espécie se sobreponham aos interesses maiores de membros de outras espécies. O padrão é o mesmo em cada caso. A maioria dos seres humanos é especista. Vou agora descrever brevemente algumas das práticas que mostram isso.
>
> Para a grande maioria dos seres humanos, especialmente em sociedades urbanas industrializadas, a forma mais direta de contato com membros de outras espécies é na hora das refeições: nós os comemos. Ao fazer isso, nós os tratamos apenas como meios para nossos fins. Consideramos sua vida e bem-estar como subordinados ao nosso gosto por um tipo especial de prato. Eu digo "gosto" deliberadamente — trata-se puramente de agradar nosso paladar. Não se pode defender a ingestão de carne em termos de satisfazer necessidades nutricionais, uma vez que

já está comprovado além de qualquer dúvida que podemos satisfazer nossa necessidade de proteína e outros nutrientes essenciais de modo muito mais eficiente com uma dieta que substitua a carne animal por soja, ou produtos derivados de soja e outros produtos vegetais altamente proteicos.

Não é apenas o ato de matar que indica o que estamos prontos a fazer com outras espécies para satisfazer os nossos gostos. O sofrimento que infligimos aos animais enquanto estão vivos é talvez uma indicação ainda mais clara do nosso especismo do que o fato de estarmos preparados para matá-los. (84-5)

P1. Se um ser pode sofrer, então os interesses desse ser merecem consideração moral.

P2. Se um ser não pode sofrer, então os interesses desse ser não merecem consideração moral.

    C1. Se os interesses de um ser merecem consideração moral, então esse ser pode sofrer (transposição, P2).

    C2. Os interesses de um ser merecem consideração moral se e somente se esse ser pode sofrer (equivalência material, P1, C1).

P3. Os mesmos interesses merecem a mesma consideração moral, independente do tipo de ser que é o portador do interesse (princípio da igual consideração dos interesses).

P4. Se alguém causa sofrimento a um ser sem justificativa adequada, viola então os interesses desse ser.

P5. Se alguém viola os interesses de um ser, então faz o que é moralmente errado.

    C3. Se alguém causa sofrimento a um ser sem justificativa adequada, faz então o que é moralmente errado (silogismo hipotético, P4, P5).

P6. Se P3, então, quem mata, confina ou causa dor a animais não humanos a fim de usá-los como alimento, os faz sofrer sem justificativa adequada.

P7. Se alguém come carne, participa então do ato de matar, confinar e causar dor aos animais não humanos, a fim de usá-los como alimento.

    C4. Se alguém come carne, causa sofrimento a animais não humanos sem justificativa adequada (silogismo hipotético, P6, P7).

    C5. Se alguém come carne, o que faz é moralmente errado (silogismo hipotético, C3, C4).

71
Thomson e o Violinista Famoso

Leslie Burkholder

Thomson, Judith Jarvis. "A Defense of Abortion." *Philosophy and Public Affairs* 1 (1971): 47-66.

"A Defense of Abortion." Disponível em http://en.wikipedia.org/wiki/A_Defense_of_Abortion (acessado em 20 de abril de 2011)

Há muitas fontes de oposição ao aborto. Às vezes, essa oposição é baseada no seguinte pensamento: o aborto resulta na morte do feto. Mas um feto é um ser humano ou pessoa e todos os seres humanos, não importa qual a sua idade, têm o direito moral à continuação da vida. Então um aborto infringe o direito à continuação da vida de uma pessoa, um ser humano. É claro que a mãe tem direitos também. Ela tem o direito de controlar o que é feito com e para seu próprio corpo. Fazer um aborto seria um exercício desse direito. Mas o direito à continuação da vida com certeza é mais importante do que o direito de qualquer pessoa de controlar o que é feito com seu corpo. Assim, mesmo que a mãe tenha esse direito, o seu exercício ou uso para a realização de um aborto viola, de modo injusto, o direito de outra pessoa — o feto — à continuação da vida. Isso significa que um aborto não pode ser feito. É eticamente inadmissível.

Segundo Judith Thomson, se esse argumento é dedutivamente sólido — se for dedutivamente válido com todas as premissas verdadeiras — então, no seguinte caso imaginário, seria moralmente inadmissível separar-se do violinista famoso.

Você acorda de manhã e se vê numa cama, costas nas costas com um violinista inconsciente. Um famoso violinista inconsciente. Descobriram que ele tem uma doença renal fatal, e a Sociedade dos Amantes da Música examinou todos os registros médicos disponíveis e descobriu que só você tem o tipo certo de sangue para ajudá-lo. Por isso, eles o sequestraram e, na noite passada, o sistema circulatório do violinista foi ligado ao seu, para que os seus rins sejam usados para extrair venenos do sangue dele, bem como do seu. O diretor do hospital diz a você: "Olha, nós sentimos muito que a Sociedade dos Amantes da Música tenha feito isso com você — nós nunca teríamos permitido isso, se soubéssemos. Mas já está feito e o violinista está agora plugado a você. Desplugar você resultaria na morte dele. Mas não se preocupe, é apenas por nove meses. Até lá ele estará recuperado da doença e poderá ser desplugado de você com segurança". É sua incumbência moral concordar com essa situação? Sem dúvida, seria uma grande bondade sua, se o fizesse. Mas você tem que consentir isso? E se não fossem nove meses, mas nove anos? Ou mais ainda? E se o diretor do hospital dissesse: "Azar. Eu entendo, mas agora você tem que ficar na cama, com o violinista plugado a você pelo resto da vida. Lembre-se. Todas as pessoas têm o direito à vida e os violinistas são pessoas. Admito o seu direito de escolher o que acontece com o seu corpo, mas o direito à vida prevalece sobre o seu direito de escolher o que acontece com seu corpo. Então você nunca poderá ser desplugado dele". Suponho que você ache isso ultrajante, o que sugere algo de errado com aquele argumento aparentemente plausível que mencionei há pouco. (Thomson, 48)

Thomson diz ainda que obviamente você não tem obrigação moral de ficar plugado ao violinista. O violinista é um ser humano, e por isso tem o direito à continuação da vida, assim como o feto. Mas isso não é suficiente para provar que você não pode se separar dele. Você pode ficar voluntariamente conectado e salvar a vida do violinista, mas não é eticamente obrigado a fazer isso.

P1. Todo aborto é um ato que resulta na morte de um feto.

P2. Todo ato que resulta na morte de um feto resulta na morte de um ser humano, uma pessoa.

P3. Qualquer ato que resulte na morte de um ser humano, uma pessoa, é uma violação do direito de uma pessoa, um ser humano, à continuação da vida.

C1. Se A é um aborto, então A resulta na morte de um feto (instanciação universal, P1).

C2. Se A resulta na morte de um feto, então A resulta na morte de um ser humano, uma pessoa (instanciação universal, P2).

C3. Se A resulta na morte de um ser humano, uma pessoa, então A é uma violação do direito de uma pessoa, um ser humano, à continuação da vida (instanciação universal, P3).

C4. Se A é um aborto, então A resulta na morte de um ser humano, uma pessoa (silogismo hipotético, C1, C2).

C5. Se A é um aborto, então A é uma violação do direito de uma pessoa, um ser humano, à continuação da vida (silogismo hipotético, C3, C4).

C6. Todos os abortos são uma violação do direito de pessoas, seres humanos, à continuação da vida (generalização universal, C5).

P4. Todos os abortos são exercícios do direito da mãe de controlar o próprio corpo.

P5. Todos os exercícios do direito da mãe de controlar o próprio corpo são exercícios do direito de uma pessoa de controlar o próprio corpo.

C7. Se A é um aborto, então A é uma violação do direito de uma pessoa, um ser humano, à continuação da vida (instanciação universal, C6).

C8. Se A é um aborto, então A é um exercício do direito da mãe de controlar o próprio corpo (instanciação universal, P4).

C9. Se A é um exercício do direito da mãe de controlar o próprio corpo, então A é um exercício do direito de uma pessoa de controlar o próprio corpo (instanciação universal, P5).

C10. Se A é um aborto, então A é um exercício do direito de uma pessoa de controlar o próprio corpo (silogismo hipotético, C8, C9).

C11. Não A é um aborto ou A é uma violação do direito de uma pessoa, um ser humano, à continuação da vida (implicação, C7).

C12. Não A é um aborto ou A é um exercício do direito de uma pessoa de controlar o próprio corpo (implicação material, C10).

C13. Ambos não A é um aborto ou A é uma violação do direito de uma pessoa de continuação da vida, e não A é um aborto ou A é um exercício do direito de uma pessoa de controlar seu próprio corpo (conjunção, C12, C11).

C14. Não A é um aborto ou A é uma violação do direito de uma pessoa, um ser humano, à continuação da vida e ao mesmo tempo A é um exercício do direito de uma pessoa de controlar o próprio corpo (distribuição, C13).

C15. Se A é um aborto, então A é uma violação do direito de uma pessoa, um ser humano, à continuação da vida e ao mesmo tempo

A é um exercício do direito de uma pessoa de controlar o próprio corpo (implicação material, C14).

P6. Todos os atos que são uma violação do direito de uma pessoa, um ser humano, à continuação da vida e um exercício do direito de uma pessoa de controlar o próprio corpo, são infrações abusivas do direito à continuação da vida de uma pessoa, um ser humano, e não podem ser feitos.

C16. Se A é uma violação do direito de uma pessoa, um ser humano, à continuação da vida e A é um exercício do direito de uma pessoa de controlar o próprio corpo, então A é uma violação abusiva do direito à continuação da vida de uma pessoa, um ser humano, e não pode ser feito (instanciação universal, P6).

C17. Se A é um aborto, então A é uma violação abusiva do direito de uma pessoa, um ser humano, à continuação da vida e não pode ser feito (silogismo hipotético, C15, C16).

C18. Nenhum aborto pode ser feito. Todos os abortos são eticamente inadmissíveis (generalização universal, C17).

O argumento de Thomson contra o argumento acima é válido em termos dedutivos. Então, se suas premissas são verdadeiras, a sua conclusão deve ser verdadeira. Isso quer dizer que o raciocínio contra o aborto — o raciocínio que diz que o aborto é imoral e não pode ser feito — seria infundado. Mas esse raciocínio é dedutivamente válido. Assim, se ambas as premissas do raciocínio de Thomson são verdadeiras, pelo menos uma das premissas do argumento contra o aborto é falsa. É muito fácil ver qual (ou quais) deve ser ela. É a premissa P6. O fato de você poder se desplugar, no caso imaginário do famoso violinista, mostra que a regra enunciada na P6 não é verdadeira — o direito à vida de uma pessoa nem sempre supera o direito de controlar o que é feito com o próprio corpo.

Nem todo mundo aceita que as premissas do argumento de Thomson sejam ambas verdadeiras. Alguns escritores pensam que você não pode se desplugar. Nesse caso, a premissa P2 do argumento de Thomson seria falsa. Outros dizem que a condicional da premissa P1 em seu raciocínio é falsa. O raciocínio contra o aborto é sólido, e ainda assim você pode se desplugar do violinista. Isso porque há uma diferença moralmente importante entre o caso de uma mãe abortar um feto dentro dela e você se desplugar do violinista.

P1. Se o raciocínio contrário ao aborto é válido em termos dedutivos, então você não pode se desplugar do violinista famoso.

P2. Você está autorizado a se desplugar do violinista, não está eticamente obrigado a permanecer plugado.

C. O raciocínio contrário ao aborto não é dedutivamente válido (*modus tollens*, P1, P2).

72
Marquis e a Imoralidade do Aborto

Leslie Burkholder

Marquis, Don. "Why Abortion Is Immoral." *The Journal of Philosophy* 86 (1989): 183-202.

Thomson, Judith Jarvis. "A Defense of Abortion." *Philosophy and Public Affairs* 1 (1971): 47-66.

De acordo com Don Marquis, os abortos são inadmissíveis por causa da seguinte linha de raciocínio. Às vezes matar um determinado adulto ou criança é errado, seriamente errado. Provavelmente, por exemplo, matar você, ou matar-me, ou matar o seu irmão caçula neste momento seria errado. O que torna o ato de matar tão errado, o que explica a sua iniquidade, é que ele causa a perda de todas as experiências, atividades, projetos e prazeres futuros que seriam vividos por você, por mim ou pelo seu irmão caçula, e essa perda é uma das maiores perdas que podem ser sofridas. Mas se essa explicação é correta, então qualquer coisa que cause a perda de todas as experiências, atividades, projetos e prazeres futuros está seriamente errada. O aborto de um feto saudável causa justamente essa perda. Ele causa a perda de todas as experiências, atividades, projetos e prazeres futuros que o feto teria se não fosse abortado. Portanto, o aborto não só é um erro ético, mas um erro grave.

O argumento de Marquis é dedutivamente válido. Isso significa que, se algo está errado com o raciocínio, uma ou mais de suas premissas devem ser falsas. Se todas elas são verdadeiras, a conclusão também tem que ser verdadeira. Uma premissa que parece falsa é a premissa 3. É uma condicional. Para ela ser falsa, bastaria o antecedente ser verdadeiro e o consequente, falso. O antecedente da premissa 3 é o consequente da premissa 2. Por isso, é fácil perceber que deve ser verdadeiro. E quanto ao consequente da premissa 3? Considere o capítulo deste volume que examina o caso do famoso violinista imaginário de Judy Thomson (nº 71).

329

Se você se desplugasse do violinista, acabaria com suas futuras experiências, atividades, projetos e prazeres. Mas é errado separar-se dele? Se não, o consequente da premissa 3 é falso.

> O que o torna falso? Eis uma coisa central: matar-nos nos priva do valor do nosso futuro. Priva-nos não só do que valorizamos agora e que teríamos, dadas as nossas predileções atuais, valorizado mais tarde, mas também do que chegássemos a valorizar um dia. (190)

P1. Matar esse determinado ser humano adulto ou criança seria um erro grave.

P2. O que torna isso tão errado é que causa a perda de todas as futuras experiências, atividades, projetos e prazeres desse indivíduo, e essa é uma das maiores perdas que podem ser sofridas.

    C1. Matar esse determinado ser humano adulto ou criança seria um erro grave e o que o torna tão errado é que causa a perda de todas as futuras experiências, atividades, projetos e prazeres desse indivíduo, e esta é uma das maiores perdas que podem ser sofridas (conjunção, P1, P2).

P3. Se matar esse determinado ser humano adulto ou criança seria um erro grave e o que o torna tão errado é que causa a perda de todas as futuras experiências, atividades, projetos e prazeres desse indivíduo, e essa é uma das maiores perdas que podem ser sofridas, então qualquer coisa que cause a qualquer indivíduo a perda de todas as futuras experiências, atividades, projetos e prazeres é um erro grave.

    C2. Qualquer coisa que cause a qualquer indivíduo a perda de todas as futuras experiências, atividades, projetos e prazeres é um erro grave (*modus ponens*, C1, P3).

P4. Todo aborto de qualquer feto saudável causa a perda de todas as suas experiências futuras, atividades, projetos e prazeres.

    C3. Se A causa ao indivíduo F a perda de todas as futuras experiências, atividades, projetos e prazeres, então A é um erro grave (instanciação particular, C2).

    C4. Se A é um aborto do feto saudável F, então A causa ao indivíduo F a perda de todas as futuras experiências, atividades, projetos e prazeres (instanciação particular, P4).

C5. Se A é um aborto do feto saudável F, então A é um erro grave (silogismo hipotético, C3, C4).

C6. Todo aborto de qualquer feto saudável é um erro grave (generalização universal, C5).

73
Tooley: Aborto e Infanticídio

Ben Saunders

Tooley, Michael. "Abortion and Infanticide." *Philosophy & Public Affairs* 2 (1972): 37-65.

___. *Abortion and Infanticide*. Oxford: Clarendon Press, 1983.

Thomson, Judith Jarvis. "A Defence of Abortion." *Philosophy & Public Affairs* 1 (1971): 47-66.

O aborto é, claramente, uma das questões éticas mais controversas enfrentadas pelos filósofos. A maioria se recusa a tomar uma posição a respeito do feto ser ou não uma pessoa. Thomson concede ao seu oponente que o feto é de fato uma pessoa, mas argumenta que o aborto é, mesmo assim, permitido, uma vez que não se deve exigir que alguém sofra grandes dificuldades durante nove meses a fim de manter outra pessoa viva.

Tooley argumenta que o feto não é uma pessoa nem uma criança pequena. O argumento depende da distinção entre "ser humano" (que é uma categoria biológica meramente descritiva) e "pessoa" (que depende de autoconsciência e implica o direito à vida). É possível que nem todas as pessoas sejam seres humanos — por exemplo, os chimpanzés e golfinhos podem ter direito à vida — e que nem todos os seres humanos sejam pessoas: por exemplo, aqueles em estado vegetativo persistente. Embora o feto ou bebê seja inegavelmente humano, Tooley argumenta que ele não adquire o direito à vida até que se torne autoconsciente. Antes desse ponto, é permissível matar a criança, mesmo depois de ela nascer. Tooley rejeita a ideia de que o simples fato de pertencer a uma espécie ou de nascer faça qualquer diferença no que diz respeito aos direitos de uma entidade. Argumenta também que a mera potencialidade de se tornar uma pessoa não é suficiente para fundamentar direitos, uma vez que seria permissível matar um gatinho no processo de se tornar uma pessoa, desde que isso fosse feito antes de ele realmente se tornar uma pessoa.

O argumento é importante porque tem implicações não apenas para o aborto, mas para outras áreas, como o tratamento dado aos animais. A conclusão é obviamente controversa, mas isso a torna ainda mais interessante se puder ser estabelecida a partir das premissas. Mas isso é incerto, uma vez que podemos questionar se a capacidade de desejar um objeto é, como sugere Tooley, uma condição necessária para o direito a esse objeto. Se não, ele só consegue demonstrar que os fetos e as crianças pequenas não satisfazem certas condições suficientes para o direito à vida (não são pessoas e o mero potencial de se tornar uma pessoa não é por si só suficiente para fundamentar o direito à vida), mas não que os fetos e as crianças pequenas não possam ter direito à vida por outras razões.

> Um organismo tem um sério direito à vida só se tiver o conceito de eu como sujeito contínuo de experiências e de outros estados mentais, e se acreditar que ele mesmo é essa entidade contínua [...] [Um] bebê recém-nascido não tem um conceito de eu contínuo mais do que um gatinho recém-nascido tem um tal conceito. Nesse caso, o infanticídio durante o intervalo de tempo logo após o nascimento deve ser moralmente aceitável. (Tooley "Abortion", 62-3)

P1. Se A tem um direito moralmente sério a X, então A deve ser capaz de querer X.

P2. Se A é capaz de querer X, então A deve ser capaz de compreender X.

    C1. Se A tem um sério direito moral a X, então A deve ser capaz de compreender X (silogismo hipotético, P1, P2).

P3. Fetos, bebês e animais jovens não conseguem compreender a própria continuidade como sujeitos de estados mentais.

    C2. Fetos, bebês e animais jovens não podem querer a própria continuidade como sujeitos de estados mentais (*modus tollens*, P2, P3).

    C3. Fetos, bebês e animais jovens não têm um direito moralmente sério de continuar como sujeitos de estados mentais (*modus tollens*, P1, C2).

P4. Se algo não tem um direito moral sério à vida, então não é errado matá-lo sem infligir dor.

    C4. Não é errado matar fetos, bebês e animais jovens sem infligir dor (*modus ponens*, C3, P4).

74
Rachels e a Eutanásia

Leslie Burkholder

Rachels, James. "Active and Passive Euthanasia." *New England Journal of Medicine* 292 (1975): 78-80.

Beauchamp, Tom L. "A Reply to Rachels on Active and Passive Euthanasia" *in Medical Responsibility*, organizado por Wade L. Robison e Michael S. Pritchard, 182-94. Clifton, NJ: The Humana Press, 1979.

Foot, Philippa. "Killing and Letting Die", *in Abortion: Moral and Legal Perspectives*, organizado por James L. Garfield e Paul Hennessey, 177-85. Amherst, MA: University of Massachusetts Press, 1984.

Perrett, Roy W. "Killing, Letting Die, and the Bare Difference Argument.", *Bioethics* 10 (1996): 131-39.

A eutanásia ativa acontece quando profissionais da área médica ou outro tipo de pessoa faz deliberadamente alguma coisa que cause a morte de alguém. A eutanásia passiva, por outro lado, ocorre quando alguém morre porque os profissionais da área médica ou outros não fizeram algo necessário para manter o paciente vivo. Isso pode incluir não iniciar um tratamento que impediria a morte da pessoa ou não continuar um procedimento ou tratamento que está mantendo viva uma pessoa ou animal.

Muitos profissionais da área médica e outros pensam que a eutanásia ativa, mesmo quando é feita a pedido da pessoa que morre, é errada em termos morais. Consideram também que a eutanásia passiva é moralmente certa, pelo menos quando é feita seguindo os desejos da pessoa que morre. Essa ideia da distinção ética entre os dois tipos se reflete na lei em muitos países. A lei criminaliza a eutanásia ativa, mas não considera um delito a eutanásia passiva quando a pessoa que morre não quer ser mantida viva. É correta essa ideia sobre a diferença ética entre a eutanásia ativa e passiva? De acordo com o argumento de Rachels, não.

Uma razão de muitas pessoas pensarem que há uma importante diferença moral entre eutanásia ativa e passiva é a suposição de que matar alguém é moralmente pior do que deixar alguém morrer. Mas será que é? Será que matar é em si mesmo pior do que deixar morrer? Para investigar essa questão, vamos considerar dois casos que podem ser considerados exatamente iguais, exceto que um envolve matar, ao passo que o outro envolve deixar alguém morrer. Então, pode-se perguntar se essa distinção faz alguma diferença para as avaliações morais. É importante que os casos sejam exatamente iguais, exceto por essa única diferença, pois, caso contrário, não se pode ter certeza de que é essa diferença e não alguma outra que explica qualquer variação nas avaliações dos dois casos. Então, vamos considerar este par de casos:

No primeiro, Smith pode ganhar uma grande herança se alguma coisa acontecer com seu primo de 6 anos. Uma noite, quando a criança está tomando banho, Smith se esgueira para dentro do banheiro, afoga a criança e depois providencia para que tudo pareça um acidente.

No segundo caso, Jones também pode ganhar se acontecer alguma coisa com seu primo de 6 anos. Assim como Smith, Jones entra no banheiro furtivamente, planejando afogar a criança na banheira. No entanto, assim que entra, vê a criança escorregar, bater a cabeça e cair de bruços na água. Satisfeito, Jones fica ali parado, pronto para pressionar a cabeça da criança sob a água se for necessário, mas não é. Depois de se debater um pouco, a criança se afoga sozinha, "acidentalmente", enquanto Jones observa e não faz nada.

Pois bem: Smith matou a criança enquanto Jones "apenas" a deixou morrer. Esta é a única diferença entre eles. Será que um dos dois se comportou melhor do ponto de vista moral? Se a diferença entre matar e deixar morrer fosse em si mesma uma questão moralmente importante, poderíamos dizer que o comportamento de Jones foi menos repreensível do que o de Smith. Mas será que cabe dizer isso? Acho que não. Em primeiro lugar, os dois homens agiram pelo mesmo motivo, o ganho pessoal, e ambos tinham exatamente o mesmo fim em vista quando agiram. Pode-se inferir da conduta de Smith que ele é um homem mau, embora essa suposição possa ser retirada ou modificada com o conhecimento de alguns outros fatos sobre ele — por exemplo, que ele está mentalmente perturbado. Mas não se pode inferir a mesma coisa sobre Jones a partir sua conduta? E as mesmas considerações adicionais também não seriam relevantes para modificar esse julgamento? Além disso, suponha que Jones alegasse em sua defesa: "Afinal, eu não fiz nada além de ficar ali e assistir a criança se afogar. Eu não o matei, eu só deixei que ele morresse". Mais uma vez, se deixar morrer fosse em si mesmo menos mau do que matar, essa defesa deveria ter pelo menos algum peso. Mas isso não acontece. Essa "defesa" só pode ser considerada como uma perversão grotesca do raciocínio moral. Moralmente falando, não é de modo algum uma defesa. [...] Eu argumentei que matar não é pior que deixar morrer; se minha argumentação for correta, segue-se que a eutanásia ativa não é em nada pior do que a eutanásia passiva. (Rachels, 78-80)

P1. Smith, que mata a criança, é exatamente como Jones, que a deixa morrer, exceto que Smith mata alguém e Jones permite que alguém morra.

P2. O que Smith fez é moralmente tão ruim quanto o que Jones fez.

P3. Se matar é em si mesmo moralmente pior do que deixar morrer, e matar a criança (Smith) é exatamente como deixar que a criança morra (Jones), exceto que Smith mata alguém e Jones permite que alguém morra, então o comportamento de Smith deve ser mais censurável do que o de Jones.

    C1. Matar não é em si mesmo moralmente pior do que deixar morrer e Smith matar a criança também não é exatamente como Jones deixar que a criança morra, exceto que Smith mata alguém e Jones permite que alguém morra (*modus tollens*, P2, P3).

    C2. Matar não é em si mesmo moralmente pior do que deixar morrer nem Smith ter matado a criança é exatamente como Jones ter deixado a criança morrer, exceto que Smith mata alguém e Jones permite que alguém morra (De Morgan, C1).

    C3. Smith matar a criança não é exatamente como Jones deixar que a criança morra, exceto que Smith mata alguém e Jones permite que alguém morra (dupla negação, P1).

    C4. Matar não é em si moralmente pior do que deixar morrer (silogismo disjuntivo, C2, C3).

P4. Se houver uma importante diferença moral entre a eutanásia ativa e passiva, então matar alguém é moralmente pior do que deixar alguém morrer.

    C5. A eutanásia ativa não é pior — eticamente falando — do que a eutanásia passiva (*modus tollens*, P4, C4).

Há alguma ambiguidade na forma como algumas partes do argumento são enunciadas. A formalização das afirmações numa linguagem da lógica quantificada de primeira ordem revelaria essas ambiguidades. Por exemplo, a conclusão final pode significar que a eutanásia ativa nunca é eticamente pior do que a eutanásia passiva, ou pode significar que a eutanásia ativa não é sempre eticamente pior do que a eutanásia passiva. É bastante claro que Rachels tem em mente a segunda possibilidade. Mais uma vez, a conclusão intermediária C1 pode significar que matar nunca é eticamente pior do que casos, de outro modo idênticos, de deixar morrer. Mas não é isso que Rachels pretende. Ele diz apenas que matar não é sempre pior, moralmente falando, do que casos semelhantes de deixar morrer.

Contanto que essas ambiguidades sejam removidas de forma consistente, esse argumento é dedutivamente válido. Então, se há algo de errado com o raciocínio, deve ser porque uma ou mais das premissas são falsas. Se as ambiguidades não forem esclarecidas da mesma forma, o argumento vai se tornar inválido.

Parte V
FILOSOFIA DA MENTE

75
Leibniz e o Argumento a favor das Ideias Inatas

Byron Kaldis

Leibniz, G. W. *Discourse on Metaphysics and Other Essays*, organizado e traduzido por Daniel Garber e Roger Ariew. Indianápolis: Hackett, 1991.

___. *New Essays on Human Understanding*, organizado e traduzido por Peter Remnant e Jonathan Bennett. Cambridge, RU: Cambridge University Press, 1996.

___. *Philosophical Papers and Letters*, organizado e traduzido por L. E. Loemker, 2ª edição, Kluwer: Dordrecht, 1969.

A importância das ideias, as unidades principais na teoria do conhecimento da filosofia moderna, dificilmente pode ser exagerada. De igual importância e veemência foi o debate do século XVII a respeito do caráter de certas ideias principais e verdades especiais ser ou não inato. Os inatistas e seus adversários cruzam a dicotomia racionalistas/empiristas. Um item mental pode ser inato no sentido de não ser adquirido de fontes externas à mente, mas também no sentido de estar armazenado na mente desde o nascimento. É claro que essas duas definições não são necessariamente equivalentes. Os nativistas comumente se diferenciam entre os que alegam que a mente é consciente das ideias inatas e os mais sofisticados, os chamados inatistas "disposicionais", como Leibniz, que sustentam que a mente tem a disposição ou tendência a desenterrar certas ideias ou princípios que emprega de modo inconsciente ou que contém potencialmente.

Leibniz, mais que Descartes antes dele, reformula a questão do inatismo afastando-o da antiga preocupação com as origens psicológicas, e redireciona sua ênfase sobretudo para a questão de com o que a mente deve ser provida, visto que ela, e não os sentidos, pode acessar com sucesso epistêmico notável o *status* modal de verdades necessárias e universais.

Apesar de não ser o único e nem o primeiro defensor de ideias inatas em particular, ou de conhecimento inato em geral, Leibniz é o defensor mais intrigante e mais ostensivo do nativismo (ou inatismo), com base em sua metafísica profunda e também em termos de uma estratégia argumentativa que contém silogismos destinados especificamente a refutar os famosos ataques de Locke ao nativismo, e a tentativa do último de restabelecer a doutrina da mente como *tabula rasa*. A primeira, a tese metafísica, é encontrada principalmente no *Discurso sobre a Metafísica* (1686) e outros antigos escritos metafísicos, enquanto a última, os silogismos, são encontrados no célebre *Nouveaux Essais* [NE] em formato de diálogo (publicado postumamente em 1765, mas composto em torno de 1704-1705), tendo Locke como alvo e interlocutor imaginário. A posição racionalista geral de Leibniz pretende estabelecer que a validade das verdades necessárias em matemática, metafísica, lógica e até mesmo ética pura, assim como em teologia natural e jurisprudência natural, só pode ser provada *a priori* ou exclusivamente pelo raciocínio, ou seja, pelo que ele chama de "luz natural". Na verdade, a última, a razão natural inata que distingue os seres humanos dos animais, é equivalente ao poder da compreensão que nos é inata ou, o que vem a dar no mesmo, do "eu". Por isso, temos a modificação famosa de Leibniz do lema clássico escolástico, *"nihil est in intellectu quod prius fuerit in sensu"*, para "Não há nada no entendimento que não venha dos sentidos, exceto o próprio entendimento, *ou aquele que entende*" (*Philosophical Papers*, 549, grifo do autor). Esse rico senso de "eu" estruturado de modo a conter noções fundamentais, as assim chamadas "ideias intelectuais", de ser, substância, unidade, possibilidade, mudança, ação e assim por diante, é usado repetidamente por Leibniz para produzir o inatismo dessas noções, que são, afinal, os ingredientes do nosso eu (assim, "somos inatos a nós mesmos" nesse sentido também). Assim, a posse de certas ideias intelectuais privilegiadas, juntamente com o nosso acesso epistêmico ao *status* modal das verdades necessárias, indisponíveis tanto por meio da percepção sensorial como da indução, autorizam a crença em seu inatismo.

Em seu espírito puramente metafísico, em que Leibniz chega ao ponto de afirmar que todas as ideias devem ser estritamente inatas, seu objetivo principal é a salvaguarda da imaterialidade da mente e sua autonomia ou autossuficiência cognitiva. A mente, sendo uma mônada sem janelas, não pode receber quaisquer ideias do exterior por meio dos sentidos. O influxo de qualquer tipo é proibido na metafísica ou física de Leibniz, devidamente nomeada "dinâmica": no estrito sentido metafísico, nenhuma substância criada tem qualquer influência real sobre qualquer outra. Contudo, no caso das coisas materiais, as explicações mecanicistas em termos de transmissão de influência (causação) podem ser aceitáveis, uma vez que as coisas envolvidas nesse contato causal não são unidades substanciais reais; em termos metafísicos, isso não é admissível porque substâncias genuínas são unidades reais (isto é, contidas em si mesmas). Ao mesmo tempo, as teses metafísicas como a que apresentamos, ou a de que toda substância que seja uma unidade genuína é essencialmente caracterizada por uma força primária inerente, ou enteléquia, que opera constantemente — isto é, age perpetuamente ou nunca deixa de gerar atividade ou "esforço" (e portanto nunca vem à existência por geração nem se extingue totalmente) — todas essas teses estão sempre no pano de fundo ou no primeiro plano das táticas argumentativas de Leibniz no *Nouveaux Essais*. Cabe assim destacar que as teses estritamente metafísicas anteriores não são desativadas no *Nouveaux Essais*, mesmo quando Leibniz propõe argumentos apenas numa veia epistêmica ou psicológica.

É fundamental para a compreensão do nativismo de Leibniz, evitando torná-lo impalatável, a sua maneira particular de conceber "pensar", "ideia" e inconsciente em termos *disposicionais*. Para ele, aprender alguma coisa não a impede de ser inata: Leibniz considera inválida a implicação "algo é aprendido" portanto "não é inato". Seguindo Descartes, mas indo um passo além, Leibniz está "pronto para a briga" e para responder às acusações contra a trivialidade ou o vazio de qualquer explicação que recorra a potencialidades ou disposições. Primeiro, Leibniz nunca admite "meras faculdades" escolásticas — isto é, a mera potencialidade ou possibilidade — descartando-as como ficções. Em contrapartida, a força ativa ou enteléquia, inerente à substância, contém em si um certo esforço, "conatus" ou "diligência", que luta pela realização. No caso particular da atividade da mente, essa tese genérica é traduzida em uma tese específica, em que há sempre uma tendência mental a efetivar a consciência das noções inatas. Em outras palavras, a mente nunca está ociosa no sentido de ter uma "faculdade" ou potencialidade que possa permanecer não concretizada. Ela nunca deixa de ativar a sua tendência, ou seja, o esforço de desenterrar noções inatas e verdades nela contidas, tomando consciência delas. Essa força leibniziana ("esforço") é predeterminada a nunca deixar de produzir alguma atividade real, dadas as condições certas. Por meio da atenção, ou exploração pelos sentidos, ela adquire consciência de seus conteúdos mentais inatos, caso contrário inconscientes. Em segundo lugar, Leibniz nunca deixa de enfatizar, bem antes do *Nouveaux Essais*, que "ideia" para ele não é uma ocorrência atualizada ou ato de pensamento, mas uma disposição a pensar de uma determinada maneira: "uma ideia consiste não em algum ato, mas na faculdade de pensar, e diz-se que temos a ideia de uma coisa, mesmo que não pensemos nela, se ao menos numa dada ocasião podemos pensar nela" (*Philosophical Papers*, 207). Em terceiro lugar, pensar não equivale para Leibniz a uma série constante e consciente de atos mentais que ocorrem com clareza e distinção, uma vez que a alma, estando sempre ativa *qua* substância, continua ativa mesmo durante estados "confusos" (isto é, menos do que totalmente claros), seja lutando potencialmente por esses episódios de pensamento consciente e atento ou estando a maior parte do tempo num estado constante de potencialidade apenas atenuada. Mas o que protege um estado tão atenuado de se esvaziar, ameaçando assim minar toda a posição de Leibniz, é que ele contém um de seus elementos mais inovadores, as suas famosas "*petites perceptions*": inúmeras sensações minúsculas e imperceptíveis que escapam cada uma à nossa consciência, contribuindo contudo para a impressão agregada da qual temos consciência. A concepção leibniziana de inconsciente é usada contra a doutrina de Descartes de pensamento constante ou permanente enquanto evita, ao mesmo tempo, a doutrina de Locke de que a mente pode estar, em alguns períodos, em branco ou inativa. Que as "*petites perceptions*" acabem sendo o pilar principal da defesa de Leibniz das qualidades inatas no *Nouveaux Essais* fica logo evidente, uma vez que ele aplica sua invenção em quase todo o âmbito de sua filosofia.

No prefácio ao *Nouveaux Essais*, Leibniz propõe três argumentos que correspondem às seguintes teses (devidamente reconstruídas de forma organizada): (1) apenas princípios inatos fundamentam o nosso conhecimento com certeza demonstrativa do *status* modal de verdades específicas como necessárias e universalmente válidas; (2) na autorreflexão, tomamos consciência de ter certas ideias intelectuais (ver acima) que são (a) imediatamente relacionadas com o entendimento e (b) sempre presente para ele, embora normalmente não prestemos atenção constante a elas, uma vez que nossas distrações e necessidades diárias impedem essa atenção constante; e (3) assim como em um bloco de mármore cujas veias predeterminam a forma que ele pode tomar, a alma contém, em estado inconsciente, itens inatos que ela tem a potencialidade, a tendência ou a disposição predeterminada a desenterrar, ou seja, a tomar consciência deles — em apoio a isso, a tese das *petites perceptions* é empregada. Podemos ver tudo isso como respostas dirigidas às três partes do ataque de Locke ao inatismo: (1) juntamente com (3) responde à afirmação de Locke de que as verdades necessárias não recebem concordância universal como deveriam caso fossem realmente inatas a toda a humanidade; (2) juntamente com (3) responde à afirmação de Locke de que nossa mente não pode ter algo de que não tem consciência; e (3) juntamente com as teses metafísicas de Leibniz sobre a natureza da mente (ver acima) reponde à alegação de Locke de que, como a mente não pensa o tempo todo, é possível que fique vazia. No primeiro capítulo do Livro I do *Nouveaux Essais*, Leibniz acrescenta um novo aspecto à potencialidade, dessa vez a respeito não apenas das ideias, mas também do nosso conhecimento das verdades e do uso das inferências: o seu caráter entimêmico.

A importância da argumentação de Leibniz é incontestável, dada a importância da noção de inconsciente — algo que ele não inventou, mas formulou de forma nova e plausível, sua influência sobre o desenvolvimento posterior do idealismo alemão e, o que talvez seja mais importante, sua relevância despercebida nas discussões recentes, em filosofia da mente e psicologia evolutiva, sobre o nativismo e a noção de inatismo, ou nas pesquisas atuais em neurofisiologia. É importante ressaltar que os atuais achados neurobiológicos sobre cognição motora corroboram sua visão de *petites perceptions* inconscientes como atividade neural abaixo de um nível mínimo ou da duração necessária para emergir na consciência. Do mesmo modo, no "pré-processamento subconsciente" durante a percepção sensorial, foi demonstrado que não temos conhecimento, por exemplo, dos pelos do ouvido que na verdade captam os sons, mas da resultante sensação acústica agregada.

(1) As verdades necessárias, como as que encontramos em matemática pura [...] devem ter princípios cuja prova não depende de instâncias normais nem [...] do testemunho dos sentidos, ainda que, sem os sentidos, nunca nos ocorreria pensar neles [...]. Portanto, sua prova só pode vir de princípios interiores descritos como inatos. Seria errado, de fato, pensar que podemos ler facilmente essas leis eternas da razão na alma, assim como o édito do pretor pode ser lido no quadro de avisos, sem esforço ou investigação, mas basta que possam ser descobertos dentro de nós por meio da atenção [...] o que mostra a existência de fontes interiores de verdades necessárias é também o que diferencia o homem do animal. (2) As ideias que não têm origem na sensação vêm da reflexão. Mas a reflexão não passa de atenção voltada ao que está dentro de nós, e os sentidos não nos dão o que já trazemos conosco [...] será que se pode negar que há muita coisa inata em nossa mente, uma vez que somos inatos a nós mesmos [...] e uma vez que incluímos o Ser, a Unidade, a Substância [...] e multidões de outros objetos de nossas ideias intelectuais? [...] (3) Usei também a analogia do bloco de mármore com veios por oposição a um bloco de mármore totalmente homogêneo, ou de uma tábua branca [...] se houvesse veias no bloco que destacassem a forma de Hércules em vez de outras formas, então o bloco seria mais determinado por essa forma e Hércules seria inato a ele [...] mesmo que fosse necessário esforço para expor as veias e poli-las para revelar sua clareza, removendo tudo o que impede de serem vistas. É assim que as ideias e verdades são inatas em nós — como inclinações, disposições, tendências, ou potencialidades naturais, e não como ação; embora essas potencialidades sejam sempre acompanhadas por certas ações, muitas vezes imperceptíveis, que correspondem a elas. (5) [...] A cada momento existe em nós uma infinidade de percepções desacompanhadas de consciência ou reflexão; isto é, alterações na alma de que não temos consciência porque essas impressões são minúsculas e numerosas demais, ou por demais invariáveis [...]. Mas na combinação com outras, elas exercem o seu efeito e se fazem sentir. (6) [Uma] afinidade especial que a mente humana tem com [as verdades necessárias...] é o que nos

faz chamá-las de inatas. Portanto, não se trata de uma simples faculdade [...] de uma simples possibilidade de compreender essas verdades, mas de uma disposição [...], uma pré-formação que determina nossa alma e faz com que seja derivável dela. (7) [Uma] "consideração da natureza das coisas" não é nada além do conhecimento da natureza da nossa mente e dessas ideias inatas, e não há necessidade de procurar por elas fora de nós mesmos. (*New Essays*, 50-84)

Três Argumentos

P1. A mente conhece tanto as verdades de fato quanto as verdades da razão.

P2. A mente conhece as verdades da razão (simplificação, P1).

P3. As verdades da razão são necessárias, universalmente válidas (verdadeiras em todas as linguagens possíveis) e absolutamente certas.

    C1. A mente conhece as verdades necessárias, universais e absolutamente certas (substituição, P2, P3).

P4. A necessidade, a universalidade e a certeza podem ser estabelecidas por meio de indução a partir de dados sensoriais externos ou podem se originar na própria mente.

P5. A indução é inadequada para produzir necessidade, validade universal e certeza.

    C2. A necessidade, a validade universal e a certeza das verdades da razão podem ser originais com a própria mente (silogismo disjuntivo, C1, P4, P5).

P6. Se a necessidade e a certeza são originais com a mente, então estão contidas nela.

    C3. A mente as contém originalmente em si (*modus ponens*, P6, C2).

P7. Se a mente contém originalmente um item de conhecimento, então a mente nunca está vazia.

    C4. A mente nunca está vazia (*modus ponens*, C3, P7).

P1. A mente tem ideias por meio da reflexão.

P2. As ideias por meio da reflexão manifestam a capacidade da mente para conhecer a si mesma.

P3. A mente pode conhecer a si mesma interiormente seja confiando nos sentidos para ajudá-la, seja ela própria dotada com esta capacidade.

P4. Os sentidos podem expressar conhecimento (ideias) apenas em relação ao mundo externo.

C1. A capacidade da mente para refletir sobre si é uma capacidade dotada (silogismo disjuntivo, P3, P4).

P5. Se a mente possui uma capacidade dotada, então ela a contém em si mesma, sem tê-la adquirido.

C2. A mente contém uma capacidade dotada sem ter adquirido a capacidade de reflexão (*modus ponens*, C1 e P5).

P6. Se um item mental está contido na mente sem ser adquirido, então é inato.

C3. A capacidade de refletir a mente é inata (*modus ponens*, C2, P6).

P7. Se a mente tem um item inato, então não pode estar vazia em seu início.

P8. Se a mente contém algo de modo inato (desde o seu início), então ela o contém continuamente.

C4. A mente nunca está vazia (silogismo hipotético, P7, P8).

P1. Ou uma faculdade mental é uma simples faculdade ou é uma capacidade predeterminada, dedicada a buscar objetos específicos [verdades] na mente.

P2. Uma faculdade epistêmica é uma "simples faculdade" se e somente se for apenas uma disposição indeterminada a receber as verdades (por definição).

C1. Uma faculdade mental é uma disposição indeterminada a receber verdades ou é uma capacidade predeterminada, dedicada a buscar verdades específicas na mente (substituição, P1, P2).

P3. A capacidade epistêmica de conhecer verdades necessárias é uma faculdade mental.

C2. A capacidade epistêmica de conhecer verdades necessárias é uma simples faculdade ou é uma capacidade predeterminada, dedicada a buscar essas verdades específicas (substituição, C1, P3).

P4. Se a capacidade epistêmica de conhecer as verdades necessárias é uma simples faculdade de receber, então não é a fonte de tais verdades.

P5. A mente é a fonte da validade (prova) das verdades necessárias (como acima: primeiro argumento).

C3. A capacidade epistêmica de conhecer verdades necessárias não é uma simples faculdade (*modus tollens*, P4, P5).

C4. A capacidade epistêmica de conhecer verdades necessárias é uma capacidade predeterminada, dedicada a buscar objetos específicos na mente (silogismo disjuntivo, P1, C3).

76
Argumentos de Descartes a favor da Distinção Mente-Corpo

Dale Jacquette

Descartes, René. *Meditations on First Philosophy, in The Philosophical Works of Descartes*, traduzido por Elizabeth S. Haldane e G. R. T. Ross. Cambridge, RU : Cambridge University Press, 1931.

Almog, Joseph. *What Am I? Descartes and the Mind-Body Problem.* Oxford: Oxford University Press, 2001.

Beck, L. J. *The Metaphysics of Descartes: A Study of the Meditations.* Oxford: Oxford University Press, 1965.

Clarke, D. M. *Descartes's Theory of Mind.* Oxford: Oxford University Press, 2003.

Emmet, Dorothy. "Descartes on Body and Mind: After 300 Years." *Cambridge Journal* 4 (1950): 67-82.

Long, Douglas C. "Descartes' Argument for Mind-Body Dualism." *The Philosophical Forum* 1 (1969): 259-73.

Rozemond, Marleen. *Descartes's Dualism.* Cambridge, MA: Harvard University Press, 2002.

Ryle, Gilbert. *The Concept of Mind.* Londres: Hutchinson, 1949.

O primeiro argumento de René Descartes em apoio à não identidade ôntica de mente-corpo, ou teoria do dualismo da substância, aparece na segunda meditação de suas *Meditações sobre Filosofia Primeira*, de 1641. O argumento é significativo em termos históricos, se não obviamente incorreto, e mereceu seu lugar como foco de controvérsia filosófica por quase quatro séculos. Se o raciocínio de Descartes for correto, ele responde à antiga questão de como entender a relação entre mente e corpo. Descartes acredita ter resolvido o problema mente-corpo na metafísica dos gregos antigos que ele reviveu, de acordo com certas crenças religiosas sobre a independência da alma com relação às coisas materiais e, especialmente, com relação ao corpo físico do animal humano que ela por acaso habita.

Descartes aplica o equivalente da Lei de Leibniz — em particular aquela metade da equivalência que é o princípio condicional hoje chamado de "Indiscernibilidade de Idênticos" — numa muito imitada estratégia para demonstrar a não identidade de duas coisas distintas argumentando a favor da diferença de suas propriedades. O que é historicamente chamado de "princípio da indiscernibilidade de idênticos" de Leibniz afirma que, para qualquer A e B, se A = B, então A e B têm todas as propriedades em comum. Certamente Descartes não teria conhecido o princípio por nenhum desses nomes, mas dá por certo que as distinções entre os objetos são feitas com base em uma distinção entre suas propriedades. Descartes tem a mesma compreensão intuitiva da ideia de que idênticos devem ter propriedades idênticas, e que qualquer discrepância entre as propriedades de objetos distintamente designados implica que os próprios objetos não são idênticos. Na Meditação 2, a fim de provar a distinção mente-corpo, Descartes alega ter encontrado uma diferença entre as propriedades de sua mente e de seu corpo, uma propriedade que sua mente tem mas seu corpo não tem, ou vice-versa.

Descartes destaca a propriedade que, segundo argumenta, distingue seu corpo de sua mente de duas maneiras. Ele fala que sua mente é "mais bem cognoscível" ou "mais facilmente cognoscível" do que o seu corpo, e que a natureza do seu corpo é tal que sua existência pode ser posta em dúvida em termos racionais sob as suposições de um ceticismo metodológico, enquanto sua mente é tal que sua existência não pode ser posta racionalmente em dúvida, já que duvidar é um estado consciente e, em alguns casos, um ato mental. A conclusão de poder duvidar racionalmente da existência do corpo mas não da mente é sustentada, por sua vez, pela consideração sobre a possível existência de um gênio maligno que o engana sistematicamente sobre a realidade de qualquer impressão sensorial que pareça revelar a existência e a natureza de um mundo exterior ao conteúdo de seus pensamentos, embora o represente corretamente (a hipótese do gênio maligno). Sob pena de contradição, Descartes não pode duvidar da existência de sua mente de modo consistente, uma vez que alimentar a dúvida seria necessariamente um evento que ocorre na mente, pressupondo assim sua existência (*Cogito, sum*, em latim, ou "Quando penso [inclusive quando duvido], existo") (n°s 35 e 36).

Descartes motiva sua discussão sobre a não identidade mente-corpo na Meditação 2 considerando as propriedades sensíveis de um pedaço de cera que ele convida o leitor a imaginar enquanto o segura na mão e o observa. Ele acredita que a cera é conhecida melhor pelo intelecto do que pelos sentidos porque à medida que as propriedades sensíveis da cera sofrem mudanças quando a cera é exposta ao calor de uma chama, os sentidos por si sós não nos dizem que a mesma cera passou por mudanças de forma, tamanho, odor, cor, cheiro e outras propriedades empiricamente perceptíveis. Daí, Descartes tira a conclusão geral de que as coisas conhecidas pela mente, incluindo a própria mente, são mais cognoscíveis do que as coisas, como o corpo, conhecidas principalmente ou apenas com a ajuda dos sentidos. A proposição de Descartes de que seu corpo, mas não sua mente, tem a propriedade de ser de tal forma que sua existência pode ser posta em dúvida pela mente, reforça a suposição do argumento de que a mente de Descartes é mais cognoscível do que o corpo no sentido de que ele precisa inferir a existência do corpo a partir da evidência dos sentidos, enquanto a existência da mente é imediatamente conhecida por si mesma e conhece a si mesma de maneira autorreflexiva e introspectiva, diretamente e sem a intermediação de inferência lógica ou indutiva.

O primeiro argumento mente ≠ corpo de Descartes (Meditação 2) foi criticado por estar sujeito a um dilema fatal. O tipo de propriedade que, segundo Descartes, sua mente tem mas seu corpo não tem (cognoscibilidade melhor ou mais fácil) ou que seu corpo tem, mas sua mente não tem (sua existência pode ser racionalmente posta em dúvida pela própria mente) parece envolver uma aplicação equivocada e por demais geral do que, com qualificações adequadas, continuaremos a chamar de "princípio de Leibniz da indiscernibilidade de idênticos". O primeiro argumento (Meditação 2) de Descartes a favor da diferença mente-corpo depende do que é chamado de "propriedade intencional inversa", uma propriedade que pertence a um objeto em virtude da atitude intencional que um sujeito pensante adota ou poderia adotar com relação a ele. Se eu amo

Lisboa, então tenho a propriedade intencional de amar Lisboa, e Lisboa tem a propriedade intencional inversa de ser amada por mim. Se eu duvidar da existência do meu corpo, então tenho a propriedade intencional de duvidar da existência do meu corpo, e meu corpo tem a propriedade intencional inversa de ser de uma natureza tal que sua existência é posta em dúvida por mim. As entidades são diferenciadas quando se pode mostrar que não compartilham todas as suas propriedades. Se Lisboa tem a propriedade de ser amada por mim e se não amo Londres da mesma forma, então, se propriedades intencionais inversas estão incluídas entre as propriedades comuns de objetos idênticos determinados pela Lei de Leibniz, segue-se neste caso que Lisboa difere de Londres. Se eu amasse igualmente Londres e Lisboa, felizmente haveria ainda muitas diferenças entre elas pelas quais sua não identidade poderia ser estabelecida como consequência da Lei de Leibniz. Lisboa e Londres têm muitas coisas em comum apesar de serem cidades diferentes: então por que não deveriam ter em comum meu amor igual por cada uma delas?

O primeiro argumento da diferença mente-corpo de Descartes (Meditação 2) faz um uso mais infeliz, em termos filosóficos, das propriedades intencionais inversas ao aplicar o princípio da indiscernibilidade de idênticos. Por vezes se considera que seu argumento comete uma "falácia intencional". A objeção é que, por definição, as propriedades intencionais inversas não pertencem de maneira intrínseca aos objetos, mas apenas como uma consequência da circunstância extrínseca de serem pensadas de determinada forma por determinados sujeitos pensantes. Como resultado, as mudanças nas propriedades intencionais inversas no objeto A e no objeto B parecem deixar o objeto em si mesmo totalmente intocado quanto à satisfação ou não de suas condições intrínsecas de identidade. Sabemos que $1 + 1 = 2$, por exemplo, mesmo que alguém duvide que $1 + 1$ seja um número primo apesar de não duvidar que 2 seja um número primo. Sabemos que Mark Twain = Samuel Clemens, independentemente de alguém acreditar ou não que Mark Twain tenha escrito *Tom Sawyer* duvidando, ao mesmo tempo, que Samuel Clemens tenha escrito *Tom Sawyer*. As propriedades intencionais inversas invalidam a Lei de Leibniz como princípio de identidade universal, o que significa que as propriedades intencionais inversas extrínsecas devem ser separadas de suas aplicações. Infelizmente, o primeiro argumento mente ≠ corpo (Meditação 2) comete precisamente a "falácia intencional" de deduzir a não identidade de corpo e mente com base na sua incapacidade de compartilhar certas propriedades intencionais inversas: em particular, a propriedade de ser melhor ou mais facilmente cognoscível, ou da mente (mas não o corpo) ser de natureza tal que sua existência não pode ser posta em dúvida de maneira racional pela mesma mente.

O dilema do primeiro argumento mente ≠ corpo (Meditação 2) de Descartes é ter como base uma versão falsa, irrestrita ou por demais geral do princípio da indiscernibilidade de idênticos, que permite determinações de não identidade com base em propriedades intencionais inversas, caso em que o argumento é falacioso; senão, caso seja imposta uma formulação correta da Lei de Leibniz, excluindo as propriedades intencionais inversas das aplicações permitidas da indiscernibilidade de idênticos, o argumento será dedutivamente inválido, no sentido da verdade de sua conclusão (mente ≠ corpo) não ser garantida pela verdade das suposições corrigidas do argumento com base na forma adequadamente restrita da Lei de Leibniz, que exclui as propriedades intencionais inversas de suas aplicações admissíveis, assim como deve ser nos casos em que 1 + 1 = 2 e Mark Twain = Samuel Clemens.

O argumento de Descartes, não obstante as fraquezas evidentes, representa um esforço altamente instrutivo para marcar uma diferença essencial entre as propriedades do corpo e da mente, e para responder ao problema mente-corpo de forma a manter a perspectiva do livre-arbítrio contracausal e da imortalidade da alma. O fascinante projeto de Descartes de substituir a metafísica de Aristóteles na síntese escolástica de Aristóteles e da Sagrada Escritura, refinada durante o período medieval especialmente por Tomás de Aquino, por uma nova metafísica ou "filosofia primeira" de sua autoria, continua a ser um episódio heroico da história inicial da filosofia moderna, com uma moral mais geral relativa às atrações e limitações das tentativas racionalistas de argumentar filosoficamente a favor de verdades metafísicas significativas, na medida do possível, exclusivamente a partir da fenomenologia e dos recursos da engenhosa razão pura.

> [...] reconheci que eu era, e procuro o que sou, eu que reconheci ser [...]. Ora, sei já certamente que eu sou, e que, ao mesmo tempo, pode ocorrer que todas essas imagens e, em geral, todas as coisas que se relacionam à natureza do corpo sejam apenas sonhos [e quimeras]. [...] Pois, se julgo que a cera é ou existe pelo fato de eu a ver, sem dúvida segue-se bem mais evidentemente que eu próprio sou, ou que existo pelo fato de eu a ver. Pois pode acontecer que aquilo que eu vejo não seja de fato cera; pode também dar-se que eu não tenha olhos para ver coisa alguma; mas não pode ocorrer, quando vejo ou [...] quando penso ver, que eu, que penso, não seja alguma coisa. (Descartes, 152-56)

P1. Meu corpo tem a propriedade de ser tal que a sua existência pode ser posta em dúvida racionalmente por mim (hipótese do gênio maligno).

P2. Minha mente não tem a propriedade de ser tal que a sua existência possa ser posta em dúvida racionalmente por mim (*cogito sum*).

P3. Para quaisquer objetos A e B, se A = B, então A e B têm todas as propriedades em comum, e não há diferença nas suas propriedades (Lei de Leibniz [forma ingênua] ou princípio da Indiscernibilidade de Idênticos [forma ingênua]).

C1. Meu corpo tem uma propriedade que minha mente não tem, a saber, a propriedade de ser tal que a sua existência pode ser racionalmente posta em dúvida por mim (conjunção, P1, P2).

C2. Meu corpo ≠ minha mente (*modus tollens*, P3, C1).

(As premissas (P1) e (P2) podem ser reformuladas de outro modo, com o mesmo resultado, em termos da mente ter a propriedade (intencional inversa) de ser "mais cognoscível" ou "mais facilmente conhecida" do que o corpo ou a existência do corpo que, ao contrário da existência da mente, é conhecida apenas por inferência, a partir dos indícios das sensações ou da percepção empírica externa, e não imediatamente na consciência, pela reflexão sobre a ocorrência de consciência.)

Na Meditação 6, Descartes retorna ao problema mente-corpo e oferece outro argumento para a distinção, diferente em substância mas idêntico em estrutura lógica básica, ao primeiro argumento da Meditação 2. É significativo que aqui Descartes evita, de maneira deliberada ou não, a "falácia intencional" da prova de sua Meditação 2. Na Meditação 6, Descartes não tenta mais aplicar a Lei de Leibniz da indiscernibilidade de idênticos destacando uma propriedade intencional inversa possuída pelo corpo mas não a mente, ou o contrário; em vez disso, escolhe uma propriedade intencional evidentemente não inversa. Evoca a propriedade da divisibilidade do corpo e da indivisibilidade da mente. Argumenta que o corpo, ao contrário da mente, pode ser separado em partes distintas que continuarão a ser corpos no sentido de permanecerem espacialmente extensos, embora agora como coisas materiais dispersas. A mente, Descartes alega, não pode ser assim dividida, mas no sentido relevante é indivisível, tendo uma unidade essencial. Além disso, está implícito no segundo argumento de Descartes que a alma é imortal porque só algo capaz de ser dividido em componentes ou partes pode ser destruído. Descartes talvez acredite que estabelece assim um novo fundamento metafísico, cartesiano e não mais aristotélico, para a crença religiosa na sobrevivência da alma e na destruição do corpo.

A "natureza", diz Descartes, ensina essas coisas sobre os corpos extensos. Vale ressaltar que Descartes acredita, após a Meditação 3, ter dissipado a dúvida sistemática que antes motivou seu projeto de demolir o antigo edifício aristotélico do conhecimento e reconstruir a filosofia natural, ou ciência num sentido mais contemporâneo, sobre o alicerce de sua demonstração de que existe um Deus perfeitamente bom e, portanto, veraz, que não nos deixa ser enganados nem mesmo por um gênio maligno quando percebemos com clareza e distinção as propriedades do que consideramos ser o mundo externo. Assim, a prova da Meditação 6 da não identidade mente-corpo baseada na divisibilidade do corpo e na indivisibilidade da mente não poderia ter sido apresentada na Meditação 2, antes de Descartes admitir a certeza de percepções claras e distintas com os *insights* das propriedades naturais de coisas como o corpo humano, que o último argumento requer.

A tese de Descartes sobre a indivisibilidade da mente é tão interessante quanto controversa. É claro que a mente pode ser dividida em faculdades como memória, imaginação, cálculo, emoção e vontade, ou em pensamentos distintos. No entanto, esta não é a divisão da mente em mentes menores autoexistentes como partes suas contínuas e dispersas. Se Descartes estiver certo, então há uma diferença essencial no modo como o corpo é supostamente capaz de ser dividido em componentes — corpos menores, membros, órgãos, células e assim por diante — que são todos corpos no sentido de serem coisas extensas que potencialmente coexistem espaçotemporalmente, pertencendo à mesma categoria metafísica — nesse caso, de entidades materiais. Sempre que as entidades psicológicas estão em causa, Descartes é enfático ao dizer que a mente não pode ser igualmente dividida. Quanto ao problema de dupla personalidade, ou transtorno dissociativo de identidade, Descartes, como seria de esperar, nada tem a dizer. Presumivelmente, ele poderia argumentar que, em tais circunstâncias, deve haver mentes distintas e independentes ocupando o mesmo corpo, talvez em momentos diferentes, cada uma das quais, mais uma vez, ao contrário do corpo, permanece indivisível em mentes com existência independente e autossubsistentes, e não como componentes unificados distintos de uma única mente.

> Para começar este exame, digo aqui, em primeiro lugar, que há grande diferença entre o espírito e o corpo, pelo fato de ser o corpo, por sua própria natureza, sempre divisível e o espírito inteiramente indivisível. Pois, com enfeito, quando considero meu espírito, isto é, eu mesmo, uma vez que sou apenas uma coisa que pensa, não posso aí distinguir partes algumas, mas me concebo como uma coisa única e inteira; e embora o espírito inteiro pareça estar unido ao corpo inteiro, ainda assim, se um pé, ou um braço, ou alguma outra parte, é separada do meu corpo, percebo que nada foi levado do meu espírito. E as faculdades de sentimento, vontade, concepção etc. não podem ser consideradas propriamente suas partes, pois é um e o mesmo espírito que se ocupa em querer, sentir e compreender. Mas ocorre exatamente o contrário com as coisas corpóreas ou extensas, pois não há uma sequer que eu não faça facilmente em pedaços por meu pensamento e que, consequentemente, não reconheça como divisível; isso seria suficiente para me ensinar que o espírito ou alma do homem é inteiramente diferente do corpo, se já não tivesse aprendido isso de outras fontes. (Descartes, 196)

P1. Meu corpo tem a propriedade de ser tal que é divisível, capaz de ser dividido em partes autossubsistentes, que também são corpos físicos componentes (divisibilidade corporal).

P2. Minha mente não tem a propriedade de ser tal que seja divisível em sentido comparável ao exposto acima, em partes autossubsistentes que também sejam mentes componentes (indivisibilidade mental).

C1. Minha mente ≠ meu corpo (Lei de Leibniz, P1, P2).

P3. Só as entidades constituídas por partes semelhantes são capazes de ser destruídas (conceito de destrutibilidade).

C2. Minha mente, ao contrário do meu corpo, é indestrutível; segue-se daí que a mente ou alma, ao contrário do corpo, conforme a religião ensina como artigo de fé, é imortal (P2, C1, P3).

77

A Princesa Elisabeth
e o Problema Mente-Corpo

Jen McWeeny

Atherton, Margaret (org.). "Princess Elisabeth of Bohemia", *in Women Philosophers of the Early Modern Period*, 9-21. Indianápolis: Hackett, 1994.

Descartes, René. *The Philosophical Writings of Descartes*, 3 vols., traduzido por John Cottingham, Robert Stoothoff e Dugald Murdoch. Cambridge: Cambridge University Press, 1984-1991.

Descartes, René. *Oeuvres de Descartes*, 5 vols., organizado por Charles Adams e Paul Tannery. Paris: Librairie Philosophique J. Vrin, 1971-1974.

Descartes, René e Elisabeth, Princesa. "Correspondence", *in Descartes: His Moral Philosophy and Psychology*, traduzido por John J. Blom, 105-17. Nova York: New York University Press, 1978.

Gassendi, Pierre. "Fifth Set of Objections", *in The Philosophical Writings of Descartes*, vol. 2, traduzido por John Cottingham, Robert Stoothoff e Dugald Murdoch, 179-240. Cambridge, RU: Cambridge University Press, 1984.

Kim, Jaegwon. *Mind in a Physical World: An Essay on the Mind-Body Problem and Mental Causation*. Cambridge, MA: The MIT Press, 1998.

McGinn, Colin. "Can We Solve the Mind-Body Problem?" *Mind* 98 (1989): 349-66.

Montero, Barbara. "Post-Physicalism." *The Journal of Consciousness Studies* 8, 2 (2001): 61-80.

Tollefson, Deborah. "Princess Elisabeth and the Problem of Mind-Body Interaction." *Hypatia: A Journal of Feminist Philosophy* 14, 3 (1999): 59-77.

O problema mente-corpo expõe as inconsistências que surgem quando mente e corpo são concebidos como entidades ontologicamente distintas. A experiência humana mostra claramente que nossa mente interage com nosso corpo. Quando queremos andar, nossas pernas geralmente se movem na direção pretendida; quando ficamos doentes, a acuidade de nossas capacidades cognitivas é muitas vezes comprometida; quando ficamos tristes, somos quase sempre levados às lágrimas, e assim por diante. Os filósofos que rejeitam a identidade mente-corpo ou mente-cérebro enfrentam a tarefa de explicar essas relações, esclarecendo exatamente como a mente move o corpo e o corpo afeta a mente. Não é surpreendente, então, que o problema mente-corpo tenha sido articulado de início como resposta à filosofia dualista de René Descartes. Para Descartes, a mente[1] é *res cogitans*, uma substância imaterial não extensa, cuja natureza essencial é pensar, sendo o corpo oposto conceitual – *res extensa*, uma substância material com uma forma particular, que é extensa e localizada no espaço. Na sua forma cartesiana, o problema mente-corpo indaga como uma coisa imaterial pode mover uma coisa material.

A princesa Elisabeth de Boêmia (1618-1680), também conhecida como "a princesa palatina", foi a primeira filósofa a articular o problema mente-corpo em forma de argumento e a primeira a chamar seriamente a atenção de Descartes para o assunto, embora o problema mente-corpo raramente seja atribuído a ela. A princesa Elisabeth viveu a maior parte da vida na Holanda, depois de seu pai perder o trono da Boêmia e de sua família ter sido exilada de suas terras palatinas e da residência em Heidelberg durante a Guerra dos Trinta Anos. Ela era renomada por seu conhecimento de línguas clássicas e sua precisão intelectual. Como Descartes escreve em sua dedicatória à princesa Elisabeth no início de *Os Princípios de Filosofia*: "Você é a única pessoa até agora que entendeu por completo todos os meus trabalhos já publicados" (Descartes *Philosophical Writings*, 2: 192). Durante os últimos anos de sua vida, a princesa Elisabeth serviu como abadessa de um convento em Herford, Vestfália, com ampla jurisdição sobre as áreas vizinhas.

Alguns estudiosos – em especial Pierre Gassendi – expressaram para Descartes suas dúvidas sobre a possibilidade da interação mente-corpo pouco antes da princesa Elisabeth (Gassendi, 1: 238). No entanto, a crítica de Gassendi foi feita por meio de uma série de perguntas e não de argumentos, e Descartes não considerou essas perguntas suficientes para produzir uma verdadeira "objeção" à sua filosofia (Descartes *Philosophical*

---

1. Em sua discussão sobre a relação mente-corpo, Descartes não faz distinção conceitual entre "mente" (francês l''*esprit,* latim *mens*) e "alma" (francês l' *âme,* latim *anima*).

Writings, 1: 266). A princesa Elisabeth formula o problema mente-corpo em sua primeira carta para Descartes, que é de 16 de maio de 1643. A estratégia geral que ela emprega é o uso da perspectiva cartesiana acerca do movimento, conforme expresso em *Óptica*, para mostrar a impossibilidade da mente mover o corpo, desde que a mente seja concebida como não extensa e imaterial.[2] Em resposta, Descartes admite que a crítica da princesa Elisabeth é justificada à luz de seus escritos anteriores, já que ele não havia dito "quase nada" sobre a união entre corpo e alma que permitisse aos dois agir e sofrer juntos (Descartes e princesa Elisabeth, 107). Assim, ele trata do problema na correspondência que se seguiu entre os dois e ainda dedica seu trabalho final, *As Paixões da Alma*, à elaboração de uma resposta à indagação da princesa. Todas as suas três "soluções" — a pergunta foi mal formulada, a união mente-corpo não pode ser conhecida pelo intelecto, e "a sede da alma" é a glândula pineal do cérebro — foram consideradas amplamente insatisfatórias pela maioria dos comentaristas, incluindo a princesa Elisabeth.

Que o próprio Descartes tenha sido incapaz de produzir uma solução viável para a questão mente-corpo é indicativo da importância desta para seu próprio pensamento e para os filósofos que o seguem. De fato, muitas das inovações da filosofia moderna após Descartes, como o monismo de Spinoza, o ocasionalismo de Malebranche, as mônadas de Leibniz e o ceticismo de Hume, podem ser lidas como respostas a essa questão aparentemente intratável gerada pelo sistema cartesiano. Além disso, a persistência do problema mente-corpo deu origem à área da filosofia analítica contemporânea conhecida como "filosofia da mente". Hoje, os filósofos da mente quase sempre formulam a questão mente-corpo no sentido de encontrar uma explicação física para os fenômenos mentais, embora alguns tenham preferido o termo "não mental" ao termo "físico", já que a física atual torna difícil especificar adequadamente o que queremos dizer com "físico" (ver Kim e Montero). Outros reconheceram ainda

---

2. Uma vez que a princesa Elisabeth só se refere às *Meditações* de Descartes nessa correspondência inicial, questiona-se se ela realmente estava familiarizada com a física de Descartes quando escreveu essa carta. Veja Tollefson, para uma interpretação que indica que a Princesa Elisabeth fazia uma citação da *Óptica*.

que a questão não pode ser resolvida (ver McGinn). Enquanto a maioria dos filósofos contemporâneos da mente responde à questão mente-corpo atribuindo-a a algum tipo de fisicalismo, eles discordam sobre o que os estados mentais realmente são. Nos últimos anos, desenvolveram-se debates acalorados sobre os estados mentais: se consistem em disposições comportamentais, processos funcionais, estados neurais ou alguma outra coisa. Essas discussões indicam que o pedido de uma explicação por parte da princesa Elisabeth a respeito de como a mente move o corpo está longe de ser atendido. Assim, o problema mente-corpo continua a ser um dos argumentos mais importantes e duradouros na história da filosofia ocidental.

> Rogo que me diga como a alma do homem (que não passa de uma substância pensante) pode determinar que os espíritos do corpo produzam ações voluntárias. Porque parece que cada determinação de movimento acontece a partir de um impulso da coisa movida, de acordo com a maneira pela qual ela é empurrada por aquilo que a move, ou então, depende da qualificação e da forma das superfícies do último. O contato é necessário para as duas primeiras condições, e a extensão para a terceira. Você exclui totalmente a extensão da sua noção de alma, e o contato parece-me incompatível com uma coisa imaterial. É por isso que peço a você uma definição de alma mais particular do que em sua Metafísica — isto é, uma definição da substância separada de sua ação, o pensamento. (Elisabeth, cit. em Blom, 106)

P1. Se o movimento de uma coisa ocorre, deve ter sido causado por um dos seguintes: a) autoimpulso, (b) ser empurrada por outra coisa ou (c) a qualidade e a forma da sua superfície (por ex., um mármore).

P2. Descartes define a alma como não extensa e imaterial.

P3. Se o movimento de uma coisa ocorre e esse movimento é causado por um impulso próprio ou pelo empurrão de outra coisa, então o contato é necessário.

P4. Coisas não extensas e imateriais (almas) não podem fazer contato com outras coisas.

  C1. Coisas não extensas e imateriais não podem mover a si mesmas por autoimpulso e não podem mover uma coisa empurrando-a (*modus tollens*, P3, P4).

P5. Se o movimento de uma coisa ocorre pela qualidade e forma da sua superfície, então a extensão é necessária.

P6. Coisas não extensas e imateriais (almas) não têm extensão.

C2. Coisas não extensas e imateriais não podem se mover pela qualidade e forma da sua superfície (*modus tollens*, P5, P6).

P7. Se (C1) e (C2), então a alma (como é definida por Descartes) não pode causar o movimento do corpo.

C3. Coisas não extensas e imateriais não podem mover a si mesmas por autoimpulso e pela qualidade e forma de sua superfície, e não podem mover uma coisa empurrando-a (conjunção, C1, C2).

C4. A alma (como é definida por Descartes) não pode causar o movimento do corpo (*modus ponens*, P7, C3).

Implicação: Se a alma causa o movimento do corpo, então a definição de alma de Descartes está incorreta.

78
Kripke e o Argumento a favor do Dualismo de Propriedades Mente-Corpo

Dale Jacquette

Kripke, Saul. *Naming and Necessity*. Cambridge, MA: Harvard University Press, 1980.

Ahmed, Arif. *Saul Kripke*. Nova York: Continuum, 2007.

Bayne, Steven R. "Kripke's Cartesian Argument." *Philosophia* 18 (1988): 265-69

Feldman, Fred. "Kripke on the Identity Theory." *The Journal of Philosophy* 7 (1974): 665-76.

Fitch, G. W. *Saul Kripke*. Londres: Acumen, 2004.

Hughes, Christopher. *Kripke: Names, Necessity, and Identity*. Oxford: Oxford University Press, 2004.

Jacquette, Dale. *Philosophy of Mind: The Metaphysics of Consciousness*. Nova York: Continuum, 2010.

Preti, Consuelo. *On Kripke*. Cincinnati, OH: Wadsworth, 2002.

Saul A. Kripke apresenta um argumento muito discutido contra a teoria da identidade mente-corpo, sustentando algum tipo de dualismo de propriedades, em suas palestras de 1970 na Universidade de Princeton sobre *O Nomear e a Necessidade*. O argumento pretende explicar a relação entre mente e corpo resolvendo a questão mente-corpo num nível relativamente alto de abstração dentro do contexto de um tratamento filosófico abrangente da natureza das condições de identidade transmundial e da teoria de referência em lógica, semântica e filosofia da linguagem. Kripke dá forma a uma interessante metodologia argumentativa com importantes conclusões metafísicas baseadas em distinções independentemente defensáveis, em lógica modal e semântica referencial. Como tal, o argumento de Kripke demonstra conexões inesperadas entre áreas independentes, segundo a tradição, de pesquisa em filosofia da linguagem e metafísica da mente.

Kripke apresenta os conceitos e explora algumas das aplicações de uma distinção entre designação rígida *versus* designação flexível. Um designador rígido designa o mesmo objeto em todos os mundos logicamente possíveis em que o objeto exista. Segundo Kripke, os nomes próprios, como "Platão" e "Barack Obama", são designadores rígidos nesse sentido. Por outro lado, os designadores não rígidos ou flexíveis designam potencialmente diferentes indivíduos em diferentes mundos logicamente possíveis. As descrições definidas, cujo conteúdo pode se aplicar a objetos diferentes em mundos diferentes, em comparação com os nomes próprios que designam de modo rígido, costumam ser designadores flexíveis na distinção de Kripke. Estes incluem termos de referência, como "O professor de Aristóteles" ou "O Presidente dos Estados Unidos em 2011", que poderiam, em princípio, se referir a pessoas totalmente diferentes, dependendo do professor com quem Aristóteles estuda, ou dos resultados eleitorais americanos logicamente contingentes, já que a eleição ocorre em diferentes mundos logicamente possíveis.

Kripke afirma que as questões de identidade transmundial, de identificar precisamente o mesmo indivíduo de um mundo logicamente possível para outro, não podem ser feitas com telescópios superpotentes e não podem ser justificadas com base em propriedades superficiais, como a aparência externa, pois esses fatores podem diferir de modo radical em diferentes mundos logicamente possíveis, obscurecendo os testes usuais de identidade e não identidade que podem ser realizados no mundo real. Kripke propõe que a identidade transmundial seja considerada uma premissa, ou seja, uma questão de decisão e não de descoberta. Nós não olhamos para mundos logicamente possíveis alternativos e tentamos aprender, por meio de nossas observações, se Aristóteles existe em outro mundo logicamente possível e que propriedades ele poderia ter ali. Declaramos simplesmente, como um tipo de escolha que fizemos, que há um mundo logicamente possível em que Aristóteles existe e tem as seguintes propriedades acidentais diferentes das que possui no mundo real.

Segundo Kripke, temos de avançar por meio de premissas para dar sentido às identidades transmundiais e só podemos fazê-lo em pensamento e linguagem, por meio de designadores rígidos.

O apelo aos designadores rígidos permite ainda que Kripke elabore um argumento em apoio ao dualismo mente-corpo. O núcleo do argumento é que, desde que possamos considerar sem contradição interna que mente ≠ corpo, ao menos no sentido de que cadáveres existem presumivelmente sem mente, e que possamos imaginar que a mente existe sem estar associada a um corpo, é logicamente possível que mente ≠ corpo. Se designarmos rigidamente um corpo e uma mente individual ou um tipo de cérebro e entidade ou evento psicológico, então, já que nesse caso existe pelo menos um mundo logicamente possível em que mente (rigidamente designada) ≠ corpo (rigidamente designado), deve ser verdade que mente (rigidamente designada) ≠ corpo (rigidamente designado) em cada mundo logicamente possível. Segue-se, então, que mente e corpo são entidades distintas universalmente em todos os mundos logicamente possíveis. É logicamente necessário e, portanto, é realmente o caso *a fortiori* que mente ≠ corpo. O dualismo mente-corpo menos questionável que resulta do argumento de Kripke é o dualismo de propriedades, e não o dualismo de substância ou ôntico (cartesiano), que tem o ônus adicional de explicar as interações causais entre o corpo material e a mente imaterial.

O argumento de Kripke expressa uma poderosa implicação, apoiada pelas considerações gerais que fortalecem sua solução à dificuldade de compreender a identidade transmundial e a considerável utilidade geral da distinção entre designação rígida e não rígida. A atitude de Kripke com relação ao argumento parece um tanto ambivalente, uma vez que, na nota 17, ele parece se afastar do caráter conclusivo de sua própria inferência quando acrescenta essas qualificações: "a rejeição da tese da identidade [mente-corpo] não implica a aceitação do dualismo cartesiano [...] A noção de Descartes parece ter ficado dúbia desde a crítica de [David] Hume à noção de um eu cartesiano. Considero o problema mente-corpo bastante vulnerável e extremamente desconcertante" (155).

Descartes, e outros que o seguiram, argumentou que uma pessoa ou mente é distinta de seu corpo, já que a mente poderia existir sem o corpo. Ele poderia muito bem ter chegado à mesma conclusão a partir da premissa de que o corpo pode existir sem a mente. Agora, a única resposta que considero claramente inadmissível é a resposta que aceita alegremente a premissa cartesiana e ao mesmo tempo nega a conclusão cartesiana. Vamos supor que "Descartes" seja um nome, ou designador rígido, de uma certa pessoa, e que "B" seja um designador rígido de seu corpo. Então, se Descartes fosse de fato idêntico a B, a suposta identidade, sendo uma identidade entre dois designadores rígidos, seria necessária, e Descartes não poderia existir sem B e B não poderia existir sem Descartes. (Kripke, 144-45)

P1. O dualismo mente-corpo é logicamente possível.

P2. Se o dualismo mente-corpo é logicamente possível, então há pelo menos um mundo logicamente possível em que a mente não é idêntica a nenhum corpo material, e os eventos mentais não são idênticos a nenhum evento puramente físico.

P3. O conceito de designação rígida implica que os corpos e mentes ou eventos físicos e mentais designados rigidamente, se não idênticos em nenhum mundo logicamente possível, são necessariamente distintos ou não idênticos em todos os mundos logicamente possíveis em que existem e, portanto, *a fortiori*, realmente distintos ou não idênticos no mundo real.

C1. O fisicalismo reducionista mente-corpo ou a teoria da identidade mente-corpo é, portanto, falsa, e alguma forma de não identidade mente-corpo, provavelmente algum tipo de dualismo de propriedades, é verdadeiro: mente (rigidamente designada) ≠ corpo (rigidamente designado) (*modus tollens*, P1, P2).

79
O Argumento da Causação Mental a favor do Fisicalismo

Amir Horowitz

Armstrong, David. *A Materialist Theory of the Mind.* Londres: Routledge & Kegan Paul, 1963.

Lewis, David. "An Argument for the Identity Theory." *Journal of Philosophy* 66 (1966): 17-25.

Kim, Jaegwon. *Mind in a Physical World.* Cambridge, MA: The MIT Press, 1998.

Rey, Georges. *Contemporary Philosophy of Mind.* Oxford: Blackwell, 1997.

As tentativas de estabelecer o fisicalismo mente-corpo — a ideia de que os eventos mentais são idênticos aos eventos físicos — quase sempre apelam para considerações referentes à causação mental. A ideia básica subjacente ao argumento da causação mental a favor do fisicalismo (doravante "argumento da causação mental") é que o fisicalismo é a única explicação possível para a existência da causação mental. A expressão "eventos físicos", como é empregada aqui, se refere a eventos em que todas as propriedades são tais que as suas instanciações são logicamente determinadas pelas instanciações de propriedades físicas.

Uma ideia semelhante foi útil aos adversários do dualismo desde que esta tese foi oficialmente lançada por Descartes. Esses opositores do dualismo argumentavam que interações entre eventos não físicos e eventos físicos não podem ocorrer (devido, por exemplo, a um conflito com a lei do *momentum*, ou a lei da conservação de massa e energia, ou o alegado fechamento causal do mundo físico). Uma vez que os eventos mentais são considerados pelos dualistas como não físicos, e uma vez que as interações físicas e mentais não podem ser negadas, o dualismo deve ser rejeitado. Em outras palavras, já que os eventos físicos só podem interagir com eventos físicos, o fato de os eventos mentais interagirem de modo causal com eventos físicos só pode ser explicado pela suposição de que os eventos mentais são, eles também, eventos físicos. O argumento contemporâneo da causalidade mental emprega esse raciocínio. Em sua forma mais simples, afirma que os eventos mentais causam nossas ações e que os eventos cerebrais causam nossas ações; desse modo, argumenta-se, os eventos mentais são na verdade eventos físicos. Mas essa versão do argumento não é satisfatória, pois há opções no espaço lógico em que os eventos mentais não físicos, bem como os eventos físicos, causam ações (as mesmas ações) sem serem idênticos. Assim, para o argumento ser válido, essas opções devem ser descartadas. Na verdade, várias versões do argumento descartam tais opções.

O argumento tem várias versões. Algumas delas (por ex., a de Armstrong) substituem a P2 pela premissa de que os conceitos de eventos mentais são conceitos de papéis causais específicos e ajustam a P1 em conformidade com isso. Os defensores do argumento também diferem com relação à forma de descartar as opções especificadas em (P3). Assim, a opção (3c) é às vezes descartada por meio de suposições referentes à natureza do mundo físico (tal como o princípio do fechamento causal) e, por vezes, pelo emprego de hipóteses específicas sobre a nossa fisiologia. Acredito que essa subversão da versão apresentada aqui, que exclui a opção (3c) quando emprega pressupostos específicos sobre nossa fisiologia, é superior a todas as alternativas. Ela não emprega nem hipóteses controversas sobre a natureza de conceitos mentais nem suposições indiscutivelmente tendenciosas sobre a natureza do mundo físico.

Vamos considerar brevemente as premissas do argumento. P1 é uma afirmação científica bem aceita, inegável para qualquer indivíduo culto do mundo contemporâneo. P2 é uma reivindicação altamente plausível, que todo mundo parece conhecer por experiência pessoal: é difícil negar (embora alguns filósofos neguem) que nossas ações sejam causadas por nossos desejos e crenças (relativamente ao que pode satisfazer nossos desejos). Agora, P1 e P2 em conjunto claramente implicam C1. Supondo que P3 considere todas as opções, em que tanto os eventos mentais quanto os eventos físicos no cérebro podem ser causas de nossas ações sem serem idênticos, o argumento é formalmente válido. É claro que, para nos persuadir, uma argumentação convincente deve ser apresentada também a favor de suas premissas e, em particular — pois é esse o principal fator em jogo — a favor da exclusão das opções mencionadas em P3.

Essas opções devem ser explicadas. Na opção (3a) — sobredeterminação causal — as ações são causadas independentemente tanto por eventos mentais não físicos quanto por eventos físicos: ou seja, teriam sido causadas por um ou por outro. Na opção (3b) — "cooperação causal mental e física" — os eventos mentais não físicos e os eventos físicos cooperam para causar ações por meio de duas cadeias causais separadas — uma mental não física e uma física; isto é, na ausência de uma ou outra, as ações não teriam sido causadas. Na opção (3c) — "cadeias causais mistas mentais e físicas" — os eventos mentais não físicos e os eventos físicos são elos das mesmas cadeias de eventos que levam às ações. Vamos desde já ilustrar essa opção.

Como foi dito, todas essas opções devem ser eliminadas. Contra a opção (3a) — a da sobredeterminação causal — argumenta-se que em parte alguma da natureza encontramos um fenômeno desses, ou que a sua ocorrência não é plausível de uma perspectiva evolutiva. A opção (3b) — da cooperação causal mental e física — não costuma ser levada a sério e é ignorada. Supõe-se em geral que a questão central do argumento da causalidade mental diz respeito ao *status* da opção (3c), o de cadeias causais mistas mentais-físicas. Armstrong descreve assim essa opção: "Vamos considerar agora a situação em que algum estímulo físico, digamos, o som de uma voz humana, provoca certos eventos mentais, como por exemplo percepções e pensamentos, que resultam então em mais ações físicas. 'No caminho para cima' deve haver um último evento físico no cérebro antes que os eventos mentais aconteçam. Então, 'no caminho para baixo', os eventos mentais devem provocar um primeiro evento físico no cérebro" (62). Nesse caso, as causas mentais intervêm na cadeia fisiológica de eventos.

A maneira mais promissora de descartar essa opção é como se segue. Em primeiro lugar, argumenta-se que a ideia de intervenção mental na cadeia que leva à ação implica "uma ruptura física" nessa cadeia. Ou seja, significa que a transição do último evento cerebral "no caminho para cima" para o primeiro evento cerebral "no caminho para baixo" não é ditada pelas leis da física. Em segundo lugar, argumenta-se que a validade dessa ruptura física na cadeia que leva à ação é implausível em termos empíricos.

> Parece ser um fato espantoso a respeito de pessoas e animais que todo o seu comportamento, descrito de maneira não tendenciosa, possa ser explicado, em princípio, em termos de propriedades físicas apenas. Todos os movimentos de seu corpo [...] poderiam ser perfeitamente explicados em termos de impulsos elétricos ao longo das fibras nervosas que os precedem. Esses disparos, por sua vez, poderiam ser explicados por eventos neurológicos anteriores, que poderiam, por sua vez, ser explicados por eventos anteriores. [...] Nós não temos razão alguma para acreditar que haja qualquer ruptura na explicação física de seu movimento. (Rey, 71)

De acordo com essa linha de pensamento, como muitos processos fisiológicos podem ser explicados em termos físicos e são plenamente ditados pelas leis da física, parece que temos boas razões para acreditar que nenhuma ruptura física existe nas cadeias causais que conduzem às nossas ações. Tanto o caminho para cima (começando com um estímulo externo e terminando com um evento mental) como o caminho para baixo (começando com um evento mental e terminando com uma ação) são — é difícil negar — puramente físicos. Seria plausível supor que apenas no curto segmento que conecta o último evento cerebral no caminho para cima ao primeiro evento cerebral no caminho para baixo não exista uma intervenção não física? Não seria plausível inferir, a partir do controle completo da física sobre todas as outras transições envolvidas nesses processos, que ela controla esse segmento também?

Os opositores do argumento da causação mental poderiam dizer que, apesar das aparências em contrário, a inferência que vai do total controle da física sobre todas as outras transições envolvidas em processos fisiológicos para o seu controle sobre esse segmento é ilegítima, uma vez que esse segmento é significativamente diferente. Ele é significativamente diferente justamente porque envolve um evento mental, e o caráter singular dos eventos mentais — em virtude de sua fenomenalidade e/ou intencionalidade e/ou características epistêmicas e assim por diante — é reconhecido até mesmo pelos fisicalistas (via de regra, os fisicalistas sustentam que os fenômenos mentais são fenômenos físicos especiais). Desde que a singularidade dos eventos mentais seja admitida, não há razão para não atribuir singularidade às cadeias causais que os incluem, e para admitir que essas cadeias causais envolvem ligações não físicas (ou seja, que os eventos mentais singulares incluídos nessas cadeias são singulares também por serem não físicos). Vamos deixar para o leitor a avaliação da força dessa objeção ao argumento da causação mental.

P1. As ações são causadas por eventos físicos no cérebro.

P2. As ações são causadas por eventos mentais.

    C1. Ou os eventos mentais são idênticos aos eventos físicos no cérebro, ou as ações são causadas tanto por eventos mentais quanto por eventos físicos no cérebro (conjunção, P1, P2).

P3. Todas as opções em que as ações são causadas tanto por eventos mentais quanto por eventos físicos no cérebro, embora os eventos mentais não sejam idênticos aos eventos cerebrais, devem ser rejeitadas:

    (a) sobredeterminação causal;

    (b) "cooperação causal mental-física";

    (c) "cadeias causais mistas mentais-físicas."

    C2. Os eventos mentais são idênticos aos eventos físicos no cérebro (silogismo disjuntivo, C1, P3).

80

Davidson e o Argumento a favor do Monismo Anômalo

Amir Horowitz

Davidson, Donald. "Mental Events", *in Essays on Actions and Events*, 207-
-24. Oxford: Clarendon Press, 1980.

Como argumentar a favor de uma visão fisicalista específica de mentalidade como o fisicalismo de eventos (*token-physicalism*) — a visão de que os
eventos mentais são eventos físicos, mas o que determina o tipo mental
de um evento mental (por ex., ser uma dor) não é seu tipo físico?[1] Ao que
parece, o caminho natural é estabelecer primeiro a verdade do fisicalismo
e depois mostrar que, dada a verdade dessa visão geral, a versão específica
em questão é a mais plausível. Mas o argumento do monismo anômalo
de Davidson tenta lindamente atingir ambos os fins de uma só vez: o seu
argumento a favor do fisicalismo pressupõe uma rejeição de correlações
mentais-físicas estritas, e o que resulta é o fisicalismo de eventos ou, mais
especificamente, a versão de Davidson, o monismo anômalo.

A visão fisicalista que Davidson visa estabelecer (refere-se a ela como
"a identidade do mental e do físico") é que os eventos mentais são idênticos aos eventos físicos.[2] Segundo ele, um evento físico é um evento
que tem essencialmente uma descrição física. Davidson evita o jargão
das propriedades, mas parece natural considerar que essa caracterização
implica uma propriedade física de um evento físico. Um evento que tem
essencialmente uma descrição física pode também satisfazer descrições

---

1. Há um outro uso de "fisicalismo de eventos", no que se refere à tese de que os eventos mentais são idênticos aos eventos físicos, mas é neutro em relação à questão de tipos
mentais.
2. Para ser mais preciso, Davidson limita seu argumento àqueles eventos mentais que
interagem com eventos físicos. Claro, se todos os eventos mentais interagem com eventos
físicos, isso não importa. Ao apresentar o argumento de Davidson, vou ignorar este ponto.

não físicas, mas Davidson certamente não permite que esse evento tenha propriedades instanciadas à parte do espaço físico (isso pode explicar sua caracterização de evento físico como um evento que tem uma única descrição física). Assim, ele considera a tese que defende como uma tese fisicalista robusta, que exclui não só o dualismo de substância cartesiano, mas também o dualismo de propriedades.

Uma maneira instrutiva de Davidson apresentar a lógica do argumento diz respeito à conciliação de três princípios, que ele considera verdadeiros:

a. (Pelo menos alguns) eventos mentais interagem causalmente com eventos físicos.

b. A causação é nomológica: os eventos relacionados como causa e efeito obedecem a leis deterministas estritas.

c. O mental é anômalo: não existem leis deterministas estritas com base nas quais os eventos mentais possam ser previstos e explicados. E em particular, não há leis deterministas estritas que conectem os eventos sob descrições físicas com os eventos sob descrições mentais.

Os princípios (a) e (b) implicam a aplicação de leis que conectem eventos mentais e eventos físicos, mas isso parece colidir com (c), que parece proibir leis mentais-físicas. Como resolver essa tensão? Segue-se uma breve apresentação de Davidson de seu raciocínio:

> Suponha que m, um evento mental, causou p, um acontecimento físico; então, sob alguma descrição, m e p instanciam uma lei estrita. Essa lei só pode ser física [...]. Mas, como se inclui sob uma lei física, m tem uma descrição física, o que significa que é um evento físico. (224)

A ideia básica é que pode haver leis que conectam eventos mentais e eventos físicos e não mencionem os eventos mentais como mentais, e sim como físicos. Podemos chamar ou nos recusar a chamar essas leis de "leis mentais-físicas"; a questão é que a possibilidade dessas leis assegura a consistência dos princípios a-c.

P1 e P2 (que expressam respectivamente os princípios acima (a) e (b)) implicam diretamente C1, ou seja, a alegação de que deve haver leis deterministas estritas que conectem eventos mentais com eventos físicos. O passo crucial do argumento vem a seguir. P3 expressa o princípio (c), mas também envolve uma generalização do mesmo, a saber, a ideia de que todas as leis estritas são leis físicas — leis que empregam descrições físicas dos eventos que elas conectam. Então, essas leis que conectam eventos mentais e físicos também conectam esses eventos (físicos e mentais) sob descrições físicas e essas leis existem (C2); *a fortiori*, esses eventos têm descrições físicas (C3) e assim (se P5 for aceito) são físicos. Em suma, é o papel causal do mental que revela sua natureza física, pois só o físico satisfaz a exigência nomológica de causalidade.

A conclusão oficial do argumento é a tese fisicalista de que os eventos mentais são eventos físicos, mas na verdade o argumento mostra mais. Isso porque o caminho para essa conclusão passa pelo pressuposto de que o mental é anômalo — que ele resiste a ser previsto e explicado por meio de leis estritas. Assim, de acordo com esse argumento, o mental é tanto físico como anômalo, de forma que a visão resultante do mental é o fisicalismo anômalo ou, como Davidson coloca, o monismo anômalo. Além disso, um aspecto da natureza anômala do mental é que não pode haver nenhuma conexão legítima entre eventos mentais e eventos físicos. Então, o monismo anômalo exclui o fisicalismo de tipo, que está comprometido com essas conexões legítimas (ele identifica tipos mentais com tipos físicos), e é uma forma de fisicalismo de eventos.

Uma vez que, como vimos, a conclusão do argumento de Davidson se segue das premissas e o argumento é formalmente válido, a única maneira direta de atacá-lo é atacar suas premissas. De fato, os ataques contra as premissas do argumento foram lançados sobretudo contra P2 e P3. O argumento foi também atacado indiretamente, com a alegação de que tem uma implicação sem dúvida improvável, ou seja, a visão "epifenomenalista de tipo", em que a eficácia causal dos eventos mentais não pode ser atribuída às suas propriedades mentais. Se essa implicação deve contar ou não como um *reductio ad absurdum* do argumento é um motivo de controvérsia.

P1. Os eventos mentais têm relações causais com eventos físicos.

P2. Se há uma relação causal entre eventos, então está implicada a existência de uma lei determinista estrita que conecta esses eventos.

C1. Há leis estritas que conectam eventos mentais com eventos físicos (*modus ponens*, P1, P2).

P3. As leis estritas conectam apenas eventos sob descrições físicas com eventos sob descrições físicas.

C2. Há leis estritas que conectam eventos mentais sob descrições físicas (não mentais) com eventos físicos (instanciação, P3, C1).

P4. Se há leis estritas que conectam eventos mentais sob suas descrições físicas (não mentais) com eventos físicos, então os eventos mentais têm descrições físicas.

C3. Os eventos mentais têm descrições físicas (*modus ponens*, C2, P4).

P5. Se um evento mental tem uma descrição física, então é um evento físico.

C4. Os eventos mentais são eventos físicos (*modus ponens*, C3, P5).

81
Putnam e o Argumento da Realização Múltipla contra o Fisicalismo de Tipo

Amir Horowitz

Putnam, Hilary. "The Nature of Mental States", *in* Hilary Putnam, *Mind, Language, Reality: Philosophical Papers*, vol. II, 429-40. Cambridge, RU: Cambridge University Press, 1975.

Fodor, Jerry. *Psychological Explanations*. Nova York : Random House, 1968.

O argumento da realização múltipla de Hilary Putnam tem como objetivo enfraquecer a visão hoje conhecida como "fisicalismo de tipo". Segundo o fisicalismo de tipo, as propriedades mentais são propriedades físicas; em outras palavras, os tipos mentais são tipos físicos, e o que faz um estado mental de certo tipo pertencer ao seu tipo (por ex., o de ser um estado de dor) é sua composição físico-química. Putnam considerou o que chamou de "teoria do estado cerebral" como a visão fisicalista-padrão (na época) sobre a mentalidade.

O argumento é simples na estrutura. P1 expõe o real significado do fisicalismo de tipo. De acordo com essa teoria, todas as dores compartilham uma natureza físico-química que pertence só a elas — isso é o que faz delas estados de dor; da mesma forma, todos os estados de fome compartilham uma natureza físico-química que é só deles — é isso que os torna estados de fome, e assim por diante para outros estados mentais. Podemos dizer que, de acordo com P1, o fisicalismo de tipo está comprometido com a tese da realização singular das propriedades mentais. Pode parecer que expor esse compromisso do fisicalismo de tipo não é interessante, mas devemos lembrar que, quando o argumento de Putnam foi publicado pela primeira vez, não havia uma apresentação oficial dessa teoria, e Putnam trouxe à tona esse compromisso a partir do que os defensores da visão fisicalista predominante afirmavam (revelando, na verdade, que eram fisicalistas de tipo).

Segundo P2, há razões empíricas para se duvidar dessa hipótese. P2 expressa a tese da realização múltipla: afirma que é muito provável que as propriedades mentais, como a dor, tenham realização múltipla, de modo que os estados de dor não compartilham uma natureza física única. É possível que a minha dor e a dor de outra criatura não compartilhem exclusivamente nenhuma propriedade física: a minha é percebida pela instanciação de uma propriedade física; a da outra criatura, por uma propriedade física diferente. Ora, se o fisicalismo de tipo está comprometido com a realizabilidade única de propriedades mentais, mas as propriedades mentais são (muito provavelmente) de realização múltipla, então o fisicalismo de tipo é (muito provavelmente) falso. Isto é, C parece decorrer diretamente de P1 e P2. O argumento é válido. A validade do argumento não é afetada pelo fato de a tese da realização múltipla ser considerada apenas muito plausível — de fato, é sugerida como uma hipótese empírica, e não simplesmente verdadeira, já que a conclusão pretende apenas alta plausibilidade. Putnam fortalece seus argumentos contra o fisicalismo de tipo, comparando essa teoria à tese de que as propriedades mentais são propriedades funcionais e mostrando a superioridade — em termos de probabilidade empírica — da última. Devido à extensão, isso não será discutido aqui.

É importante notar que o argumento da realização múltipla enfraquece apenas uma tese fisicalista (por mais importante que seja) e não compromete a ontologia fisicalista. A sua solidez é compatível com a ideia de que as propriedades mentais são realizadas fisicamente, embora possam ser realizadas em diferentes formas físicas. De fato, dada a verdade da ontologia fisicalista, pode-se considerar que o argumento estabelece que alguma forma de fisicalismo não reducionista, que endosse a ontologia fisicalista mas negue que os tipos mentais sejam — ou sejam redutíveis a — tipos físicos, é provavelmente certa. De fato, para muitos filósofos, é essa a importância do argumento de realização múltipla.

Alguns filósofos tentaram minimizar a conclusão do argumento dizendo que, embora os exemplos de Putnam (como o do polvo) impliquem que nem todas as dores compartilham exclusivamente a natureza física, ainda é plausível que todas as dores humanas o façam. Assim, esses filósofos endossam uma versão fraca do fisicalismo de tipo: o fisicalismo de tipo específico de espécies. De acordo com esse fisicalismo, todas as dores dos membros da mesma espécie compartilham exclusivamente de naturezas físicas, e o mesmo vale para todos os outros estados mentais, é claro. Essa visão, no entanto, foi contestada pela constatação empírica de que algumas áreas do cérebro de pessoas que sofreram algum dano cerebral conseguiram "aprender" a realizar funções mentais que antes eram realizadas por outras áreas do cérebro, fisicamente diferentes. Se assim for, ao que parece, a realizabilidade múltipla das propriedades mentais penetra também no nível intraespécies.

Além de debilitar o fisicalismo de tipo, o argumento de Putnam abriu caminho para a visão funcionalista da mente. De acordo com o funcionalismo, as propriedades mentais são propriedades funcionais dos organismos, sendo que as funções relevantes são as que conectam informações perceptivas, manifestações comportamentais e estados mentais. Na verdade, Putnam não tenta mostrar apenas que o fisicalismo de tipo não é uma teoria muito plausível, mas também que o funcionalismo é mais plausível e deve ser preferido. Muitos filósofos foram persuadidos pelas considerações de Putnam e, como resultado, o funcionalismo adquiriu a posição de teoria dominante da mente.

Putnam se refere nas passagens que seguem aos "estados cerebrais" e aos "estados mentais" e não às propriedades; contudo, o texto indica claramente que ele toma a hipótese que deseja rejeitar (ou seja, a hipótese de que "todo estado psicológico é um estado cerebral") como aquela segundo a qual o que faz um estado psicológico pertencer ao seu tipo mental (por ex., ser um estado de dor) é o tipo de estado cerebral que é. Então, ele está de fato discutindo — e seu objetivo é debilitar — o fisicalismo de tipo.

> Considere o que o teórico do estado cerebral tem que fazer para validar suas alegações. Tem que especificar um estado físico-químico tal que qualquer organismo (não apenas um mamífero) sente dor se e somente se: (a) tem um cérebro de estrutura físico-química adequada, e (b) o seu cérebro está nesse estado físico-químico [...]. Ao mesmo tempo, esse não deve ser um estado possível (fisicamente possível) de nenhuma

criatura fisicamente possível que não possa sentir dor [...]. Não é de todo impossível que tal estado seja encontrado [...]. Assim, é pelo menos possível que a evolução paralela, em todo o universo, leve sempre a um único "correlato" físico da dor. Mas esta é certamente uma hipótese ambiciosa.

Finalmente, a hipótese fica ainda mais ambiciosa quando percebemos que o teórico do estado cerebral não está dizendo apenas que a *dor* é um estado cerebral; ele pretende naturalmente implicar que todo estado psicológico é um estado cerebral. Assim, se pudermos encontrar um atributo psicológico que seja que possa ser aplicado claramente tanto a um mamífero quanto a um polvo (digamos, "fome"), mas cujo "correlato" físico-químico seja diferente nos dois casos, a teoria do estado cerebral desmorona. Parece-me demasiado provável que isso seja possível. (Putnam, 436)

P1. Se o fisicalismo de tipo for verdadeiro, então cada propriedade mental pode ser realizada em exatamente uma maneira física.

P2. É muito plausível em termos empíricos que as propriedades mentais sejam capazes de múltiplas realizações.

C1. É (empiricamente) muito plausível que a perspectiva do fisicalismo de tipo seja falsa (*modus tollens*, P1, P2).

82
O Argumento da Superveniência contra o Fisicalismo Não Redutivo

Andrew Russo

Kim, Jaegwon. "Mechanism, Purpose, and Explanatory Exclusion." *Philosophical Perspectives* 3 (1989): 77-108
___. *Mind in a Physical World*. Cambridge, MA: The MIT Press, 1998.
___. *Physicalism, or Something Near Enough*. Princeton, NJ: Princeton University Press, 2005.

Davidson, Donald. "Mental Events", *in Essays on Actions and Events*, 207-25. Oxford: Oxford University Press, 1980.
Putnam, Hilary. "The Nature of Mental States", *in Philosophy of Mind: Classical and Contemporary Readings*, organizado por David Chalmers, 73-9. Oxford: Oxford University Press, 2002.
"Mental Causation." *The Stanford Encyclopedia of Philosophy*. (Ed. verão de 2008), organizado por Edward N. Zalta, disponível em http://plato. stanford.edu/entries/mental-causation/

Como é possível que a mente esteja causalmente relacionada a eventos no mundo físico? Esse tem sido um importante problema filosófico, ao menos desde que Descartes defendeu sua forma singular de dualismo de substância. No entanto, ficou ironicamente claro que o problema da causação mental continua sendo um problema difícil na metafísica contemporânea da mente, apesar de a forma cartesiana e de a forma não cartesiana de dualismo de substância terem cada vez menos defensores nos círculos filosóficos. O "fisicalismo", a tese de que, de uma maneira ou outra, tudo é dependente do físico (e não o contrário), é motivado em grande parte pelas explicações inadequadas (ou falta delas) que os dualistas de substância oferecem para como a mente pode ser causalmente relevante no mundo físico. Considera-se que, se a mente fosse apenas algo físico, o problema da causação mental simplesmente se dissolveria.

Várias razões contrárias às versões reducionistas do fisicalismo levaram muita gente a aceitar alguma forma de "fisicalismo não redutivo", segundo o qual, o fato de tudo depender de uma maneira ou de outra do físico não significa que as propriedades mentais sejam idênticas às propriedades físicas (ver Putnam e Davidson). As duas formas mais influentes do fisicalismo não reducionista têm sido o monismo anômalo e o funcionalismo. A importância do argumento da superveniência reside na sua conclusão de que encontrar um lugar para a mente em meio à dinâmica causal do mundo físico não é possível com a simples adoção de uma ou outra versão do fisicalismo não redutivo. Em outras palavras, o problema da causação mental continua sendo um problema para o fisicalista não reducionista.

Se o fisicalismo redutivo já não é uma opção, então por que não aceitar que a mente simplesmente não tem lugar em meio à mecânica causal do mundo físico? Deve-se admitir que essa posição é ainda mais difícil de defender do que o fisicalismo redutivo. A causação mental é fundamental para a nossa autocompreensão como agentes livres, racionais, moralmente responsáveis e epistemicamente avaliáveis. Então, se a causação mental não é possível, muito da representação de nós mesmos também não é possível. Assim, o argumento da superveniência coloca um dilema para o fisicalista: aceitar alguma forma de reducionismo *ou* admitir que a concepção científica do mundo ameaça a singularidade que julgamos ter. Esse dilema revela um ponto importante: seria um erro pensar que o argumento de superveniência é contra a causação mental *tout court*. Em vez disso, deve-se entender que esse argumento questiona como a mente pode ser causalmente relevante no mundo físico quando se supõe a verdade do fisicalismo não redutivo.

P é uma causa de P*, com M e M* sobrevindo respectivamente a P e P*. Há um único processo causal subjacente nesse quadro, e esse processo conecta duas propriedades físicas, P e P*. As correlações entre M e M* e entre M e P* não são de forma alguma acidentais ou coincidentes; são regularidades legítimas e contrafactuais decorrentes da superveniência de M e M* em P e P*, causalmente ligadas. Essas correlações observadas nos dão uma impressão de causação; no entanto, isso é apenas uma aparência, e não há mais causação aqui do que entre duas sombras sucessivas lançadas por um carro em movimento, ou dois sintomas sucessivos de uma patologia em desenvolvimento. Essa é uma imagem simples e elegante, falando em termos metafísicos, mas incitará uivos de protesto daqueles que pensam que algo muito especial e precioso se perdeu aqui, a saber, a eficácia causal de nossa mente. Assim nasce o problema da causação mental. (Kim *Mind in a Physical World*, 21)

Kim apresenta seu argumento de superveniência como uma *reductio ad absurdum* da suposição:

(CR) As propriedades mentais são propriedades causalmente relevantes.[1] De modo mais específico, é a suposição de que uma propriedade mental M causa uma propriedade física P*.[2] Seguem-se as outras suposições que ele usa ao longo do caminho para justificar suas premissas:

(SS) O mental é fortemente dependente do físico; isto é, para qualquer objeto O e qualquer tempo T, se O tem uma propriedade mental M em T, então O tem necessariamente uma propriedade física P em T e qualquer coisa que tenha P em T tem necessariamente M em T.

(NR) As propriedades mentais não são redutíveis a propriedades físicas num sentido de "redução" tal que as propriedades mentais não possam ser identificadas com propriedades físicas.

(CE) Exceto nos casos de sobredeterminação causal genuína, nenhuma propriedade única pode ter mais do que uma causa suficiente em qualquer momento dado (ver "Mechanism" de Kim).

(CC) Se uma propriedade física tem uma causa em T, então sua causa em T é uma propriedade física.[3]

---

1. Por uma questão de clareza, vou falar de propriedades que causam outras propriedades (como alternativa, pode-se falar de estados que causam outros estados). Mas, de acordo com Kim, é mais correto dizer que é a *instanciação* de uma propriedade que causa a *instanciação* de outra propriedade. Isso, naturalmente, tenta evitar questões importantes na metafísica da causação.

2. Nada paira sobre o fato de que a hipótese é uma propriedade mental *causando uma propriedade física*. O argumento de Kim pode ser dado (com alterações mínimas) se começássemos com a hipótese de que uma propriedade mental causa outra propriedade mental.

3. Observe que CC, por si só, não exclui o nexo de causação mental, uma vez que permite a possibilidade de alguma propriedade física ser causalmente sobredeterminada por outra propriedade física e alguma propriedade mental.

P1. M causa P* (CR = suposição de *reductio*).

P2. M tem uma base superveniente, vamos chamá-la de (SS).

    C1. P provoca P* (P1, P2).[4]

    C2. M e P causam P* (conjunção, P1, C1).

P3. Se M e P causam P*, então ou (i) M e P são a mesma propriedade ou (ii) P* tem mais do que uma causa suficiente (verdade plausível).

P4. M e P não são a mesma propriedade (NR).

P5. P* não tem mais do que uma causa suficiente, ou P* é um caso genuíno de sobredeterminação (CE).

P6. P* não é um caso genuíno de sobredeterminação (estipulação).

    C3. P* não tem mais do que uma causa suficiente (silogismo disjuntivo, P5, P6).

    C4. M e P não são a mesma propriedade e P* não tem mais do que uma causa suficiente (conjunção P4, C3).

    C5. Não é o caso que (i) M e P sejam a mesma propriedade nem (ii) que P* tenha mais que uma causa suficiente (DeMorgan's, C4).

    C6. Não é o caso que ambos M e P causem P* (*modus tollens*, P3, C5).

    C7. M não causa P* ou P não causa P* (DeMorgan, C6).

P7. P causa P* (CC e dado que P* é causado).

    C8. M não causa P* (silogismo disjuntivo, C7, P7).

    C9. M causa e não causa P* (conjunção, P1, C8).

    C10. M não causa P* (*reductio*, P1-C9).

Outra maneira de entender o argumento de superveniência de Kim é que o conjunto de premissas acima é inconsistente; ou seja, (CR), (SS),

---

4. Pode-se questionar a mudança de P1 e P2 para C1. Em outras palavras, por que pensar que só porque P é a base superveniente de M e M causa P*, então P merece ser considerada uma causa de P*? A resposta de Kim é dupla. Primeiro, se você considerar que a causação é fundamentada na suficiência nomológica, então P merece ser considerada uma causa de P*, uma vez que (a) qualquer base superveniente é nomologicamente suficiente para o que sobrevém a ela, (b) M é nomologicamente suficiente para que P* seja uma causa de P*, e (c) a relação da suficiência nomológica é transitiva. Segundo, se você considerar que a causação é fundamentada em contrafactuais, então, novamente, P merece ser considerada uma causa de P*, uma vez que (d) se a base superveniente não tivesse ocorrido, então o que sobrevém a ela não teria ocorrido, (e) se M não tivesse ocorrido, então P* não teria ocorrido em virtude de M causar P*, e (f) esses contrafactuais particulares são transitivos. Seja como for que você fundamentar, a causação resulta em P merecer ser considerada uma causa de P* (ver Kim, *Mind in a Physical World*, 43).

(NR), (CE) e (CC) não podem ser todos verdadeiros. A fim de resolver a inconsistência, deve-se abandonar uma das hipóteses acima. Muitos filósofos estão comprometidos com a verdade de (CR) e pelo menos com alguma tese sobre a dependência da mente com relação ao físico, por exemplo, (SS). É presumível que nenhum fisicalista encontre algum problema com (CC), e (CE) tem suporte independente (ver nota 4). Portanto, Kim insiste que a melhor maneira de resolver a inconsistência é rejeitar (NR); isto é, em algum sentido de "redução" temos que aceitar a tese de que as propriedades mentais são redutíveis a propriedades físicas.

83

O Argumento de Ryle contra o Internalismo Cartesiano

Agustin Arrieta e Fernando Migura

Ryle, Gilbert. *The Concept of Mind*. Chicago: University of Chicago Press, 2002.

Descartes, René. *Meditations on First Philosophy*, traduzido por John Cottingham. Cambridge, RU: Cambridge University Press, 1996.

Descartes apresentou uma concepção de mente que é às vezes descrita como "internalista". Na verdade, a concepção de mente em Descartes é dualista e o internalismo é apenas um aspecto seu. A principal tese do internalismo afirma que os estados mentais são estados interiores. E, na visão de Descartes, alega ainda que só você tem acesso privilegiado aos seus estados mentais: você é o único que tem autoridade a respeito deles.

O internalismo tem sido criticado de diferentes pontos de vista. O behaviorismo lógico é um deles. Não sem controvérsia, Ludwig Wittgenstein e Gilbert Ryle podem ser considerados os pais do behaviorismo lógico. A crítica de Ryle é, em poucas palavras, que o cartesianismo conclui que há um abismo entre o conhecimento da minha mente e o conhecimento de outras mentes. Em outras palavras, no que diz respeito a conhecimento da mente, o único conhecimento autêntico é o autoconhecimento. Na visão de Ryle, o problema é que essa conclusão é falsa e, portanto, o internalismo cartesiano é falso.

Como o argumento é válido, quem quiser defender o internalismo cartesiano tem que rejeitar algumas das premissas. Parece muito difícil considerar como falsas a segunda e a terceira premissas porque elas são apenas consequências diretas (ou analíticas) das definições dos conceitos que estamos usando nessas premissas: acesso privilegiado, introspecção de primeira pessoa. Em defesa do internalismo cartesiano, pode-se rejeitar a quarta premissa e afirmar que não temos conhecimento do estado mental dos outros. Um cartesiano pode defender a ideia de que conhecimento (certo) só é possível com relação aos próprios estados mentais (argumentando desta forma, assume-se um conceito de conhecimento ligado à certeza). Podemos acessar os estados mentais de outras pessoas apenas por analogia (ou indução). Mas, na verdade, parece difícil aceitar como conhecimento algo que é justificado por meio da indução de um caso único (indução do próprio caso individual). De qualquer maneira, Ryle defende a ideia de que não existe essa assimetria entre as outras mentes e nossa própria mente.

É importante distinguir entre internalismo e internalismo cartesiano. O argumento acima não se aplica ao internalismo não cartesiano: a primeira premissa é (pode ser) falsa se o internalismo cartesiano for substituído pelo internalismo. Por exemplo, suponhamos que os estados mentais sejam estados cerebrais (internos). Se assim for, não teríamos acesso privilegiado a esses estados. Presumivelmente, um especialista em cérebro teria acesso a tais estados. Nesse caso, o privilégio de primeira pessoa desaparece.

> Não se alcança [o autoconhecimento] pela consciência ou introspecção, conforme esses supostos Acessos Privilegiados são normalmente descritos. [...] O tipo de coisa que posso descobrir sobre mim é o mesmo tipo de coisa que posso descobrir sobre outras pessoas, e os métodos de descoberta são muito parecidos. Há uma diferença residual em grau entre o que posso saber sobre mim e o que posso saber sobre você, mas essas diferenças não são todas a favor do autoconhecimento. Em certos aspectos muito importantes, é mais fácil descobrir o que quero saber sobre você do que descobrir o mesmo tipo de coisa sobre mim. (Ryle, 155-56)

P1. Se internalismo cartesiano é verdadeiro, então a pessoa tem acesso privilegiado aos próprios estados mentais.

P2. Que cada um tenha acesso privilegiado aos próprios estados mentais significa que a introspecção de primeira pessoa é a única maneira de saber quais são os estados mentais de alguém. A introspecção de primeira pessoa é o método de investigação da mente.

P3. Se a introspecção de primeira pessoa é a única maneira de conhecer os estados mentais de alguém, então não podemos saber os estados mentais dos outros (ou, em outras palavras, existe uma forte diferença qualitativa entre o conhecimento da própria mente e o conhecimento de outras mentes).

P4. Uma pessoa tem conhecimento dos estados mentais dos outros (em outras palavras, há no máximo uma diferença residual em grau entre o conhecimento de outras mentes e o autoconhecimento).

P5. A introspecção de primeira pessoa não é a única maneira de conhecer os estados mentais de alguém (*modus tollens*, P3, P4).

P6. Não se tem acesso privilegiado aos próprios estados mentais (*modus tollens*, P2, P5).

C1. O internalismo cartesiano é falso (*modus tollens*, P1, P6).

84
Jackson e o Argumento do Conhecimento

Amir Horowitz

Jackson, Frank "Epiphenomenal Qualia", *Philosophical Quarterly* 32 (1982): 127-36.

___. "What Mary Didn't Know", *Journal of Philosophy* 83 (1986): 291-95.

Horgan, Terence. "Jackson on Physical Information and Qualia", *Philosophical Quarterly* 34 (1984): 147-52.

Stoljar, D. e Nagasawa, Y. (orgs.). *There is Something about Mary: Essays on Phenomenal Consciousness and Frank Jackson's Knowledge Argument.* Cambridge, MA: The MIT Press, 2004.

O argumento do conhecimento de Frank Jackson (às vezes chamado simplesmente de "o argumento do conhecimento") tem como objetivo refutar o fisicalismo e estabelecer o dualismo mente-corpo. *Grosso modo*, o fisicalismo é a tese de que tudo no mundo concreto é físico e tem apenas propriedades físicas. O dualismo mente-corpo nega o fisicalismo: de acordo com todas as suas versões, os estados mentais têm propriedades não físicas. O argumento do conhecimento tenta mostrar que as experiências conscientes têm propriedades não físicas, justificando assim o dualismo. (O argumento trata de experiências visuais, mas seu raciocínio pode ser aplicado aos outros sentidos; por exemplo, experiências sonoras, sensações corporais como dor etc.)

O argumento do conhecimento pertence a uma família de argumentos epistemológicos. Os argumentos epistemológicos se propõem a derivar conclusões ontológicas (conclusões sobre o que existe) de premissas epistemológicas (premissas acerca do conhecimento). Outros argumentos importantes que pertencem a essa família são o "argumento dos zumbis" (nº 86) e o argumento da lacuna explicativa, que também procuram estabelecer o dualismo mente-corpo. Passar de premissas epistemológicas para uma conclusão ontológica não é tarefa fácil, e a engenhosidade se faz necessária para realizar essa passagem sem cometer uma falácia. Como veremos, o argumento do conhecimento é de fato engenhoso. No entanto, alguns críticos argumentaram que ele se apoia numa falácia.

O argumento é baseado num experimento mental: é descrito um cenário logicamente possível, em que certa pessoa sabe tudo o que há para saber sobre as propriedades físicas de uma experiência mas não tem conhecimento de outra propriedade dessa experiência. Assim, infere-se que as experiências têm propriedades não físicas.

Vamos rever brevemente os passos do argumento. A suposição de que, após sua libertação, Mary adquire novas informações (P2) significa que estas não se incluíam entre as informações que ela tinha antes de sua libertação. Mas, já que antes de sua libertação ela tinha todas as informações físicas (P1), segue-se que obteve informações que não são físicas. Assim, C1 decorre de P1 e P2. Agora, a expressão "informação física", tal como é usada no argumento de Jackson, refere-se a informações sobre as propriedades físicas (de fato, P1 significa que Mary tinha informações sobre todas as propriedades físicas da experiência em questão); da mesma forma, "informação não física" se refere a propriedades não físicas. Assim, a alegação (C1) de que Mary adquiriu informações não físicas sobre a experiência em questão implica (na verdade, significa) que Mary adquiriu informações sobre uma propriedade não física dessa experiência. C2 parece, assim, ser justificada pelas premissas do argumento. E se Mary adquire informações sobre uma propriedade não física da experiência, então, *a fortiori*, essa experiência tem essa propriedade, como afirma C3. Isso, por sua vez, significa que o fisicalismo é falso e o dualismo é verdadeiro. Como podemos ver, o argumento do conhecimento parece ser formalmente válido.

De acordo com uma importante objeção, esse argumento só é válido se P2 for construído de forma a não poder ser defendido. Esta é a objeção a partir da intencionalidade do conhecimento e da informação (devida principalmente a Horgan). A intencionalidade da informação consiste no fato de alguém poder ter a informação de que algo tem uma propriedade X e não ter a informação de que também existe a propriedade Y embora (sem que a pessoa saiba) X seja idêntico a Y. Por exemplo, é possível ter a informação de que o Super-Homem consegue voar sem ter a informação de que Clark Kent consegue voar; isso pode acontecer quando a propriedade em questão é introduzida por meio de diferentes modos de apresentação (por ex., diferentes conceitos). Assim, é possível que a "nova" informação de Mary seja nova de modo limitado — trata-se de uma propriedade que ela conhecia o tempo todo, devido ao seu estudo científico sobre a visão; é só que, antes de sua libertação, essa propriedade chegou ao seu conhecimento por um conceito físico e, depois de sua libertação, chegou ao seu conhecimento por um conceito mental (fenomênico). Como essa possibilidade afeta o argumento? De acordo com essa objeção, P2 deve ser entendido de forma a implicar "nova" informação apenas nesse sentido limitado e, então, P1 e P2 não implicam C1; pois se a nova informação pode ser sobre a mesma propriedade que a informação antiga, então pode ser acerca de uma propriedade física e, portanto, não é uma informação não física.

Pode ser instrutivo observar que a nova informação obtida por Mary pode ser, de algum modo, considerada não física no sentido de envolver conceitos que não pertencem à teoria física — conceitos fenomênicos. Mas se a "informação não física" em C1 é definida desta maneira, então, C2 não se segue. De fato, é possível entender que a objeção da intencionalidade alega que o argumento do conhecimento passa de modo ilegítimo de uma afirmação epistemológica — uma alegação sobre o modo como a informação é dada — para uma afirmação ontológica — uma alegação sobre o conteúdo dessa informação. É plausível afirmar que, depois de ter pela primeira vez a experiência de ver o vermelho (e gritar "Oh, isso é que é enxergar o vermelho") Mary não aprendeu sobre uma nova propriedade? Deixo para o leitor responder a essa pergunta e avaliar assim a força dessa objeção.

> Mary é uma cientista brilhante que, por um motivo qualquer, é forçada a investigar o mundo de um quarto preto e branco através de um monitor de televisão preto e branco. Ela é especialista em neurofisiologia da visão e obtém, digamos, todas as informações físicas que há para obter sobre o que acontece quando vemos tomates maduros, ou o céu, e usa termos como "vermelho", "azul" e assim por diante. Descobre, por exemplo, quais são as combinações de comprimentos de onda do céu

que estimulam a retina e como isso produz (através do sistema nervoso central) a contração das cordas vocais e a expulsão de ar dos pulmões, que resulta na articulação da frase "O céu é azul". [...] O que vai acontecer quando Mary for libertada do quarto preto e branco ou receber um monitor de televisão em cores? Será que vai *aprender* alguma coisa ou não? Parece óbvio que aprenderá alguma coisa sobre o mundo e sobre a nossa experiência visual dele. Mas então é inegável que seu conhecimento prévio estivesse incompleto. Mas ela tinha *todo* o conhecimento físico. Então há algo mais do que isso e o fisicalismo é falso. (Jackson, "Epiphenomenal Qualia", 130)

P1. Antes de sua libertação do quarto preto e branco, Mary tinha toda informação física sobre a experiência de ver o vermelho.

C1. Se Mary adquirisse novas informações fora da sala, então essas informações seriam não físicas (por definição de P1).

P2. Libertada do quarto preto e branco e tendo, pela primeira vez, a experiência visual de ver o vermelho, Mary adquiriu novas informações sobre tais experiências — adquiriu informação sobre a propriedade ("fenomênica") de como é ver o vermelho. C2. A informação que Mary adquiriu sobre a experiência de ver o vermelho quando foi libertada do quarto preto e branco era uma informação não física (*modus ponens*, C1, P2).

P4. Se Mary adquiriu informações não físicas, então eram informações sobre uma propriedade não física dessa experiência.

C3. A informação que Mary adquiriu sobre a experiência de ver o vermelho, quando foi libertada do quarto preto e branco, é informação sobre uma propriedade não física dessa experiência; ou seja, a experiência de ver o vermelho tem uma propriedade não física (*modus ponens*, C2, P4).

P5. Se a experiência de ver o vermelho tem uma propriedade que não é física, então o fisicalismo é falso e o dualismo é verdadeiro.

C4. O fisicalismo é falso e o dualismo é verdadeiro (*modus ponens*, P5, C3).

85
Nagel e o Argumento "Como é Ser um Morcego" contra o Fisicalismo

Amy Kind

Nagel, Thomas. "What Is It Like to Be a Bat?" *Philosophical Review* 83 (1974): 435-50.
___. *The View from Nowhere*. Oxford: Oxford University Press, 1986.

O fisicalismo – a afirmação de que tudo é físico – tem sido a posição dominante na filosofia da mente pelo menos desde meados do século XX. No entanto, ele é acusado há muito tempo de não conseguir explicar satisfatoriamente o aspecto qualitativo ou subjetivo da experiência; por exemplo, o impacto vermelho de nossa experiência visual de um tomate maduro ou a dor da nossa experiência tátil de um objeto pontiagudo. Muitos atacavam dizendo que é difícil ver como esses aspectos da experiência podem ser explicados apenas em termos físicos. Focalizando especificamente a experiência que um morcego tem ao usar seu sonar, Thomas Nagel formulou esse ataque de forma bastante poderosa. Seu argumento foi concebido para mostrar que os fatos subjetivos da experiência, que lhe são essenciais, não podem ser capturados na linguagem objetiva do fisicalismo. Embora muitos filósofos assumam que o argumento, se bem-sucedido, mostraria que o fisicalismo é falso, Nagel tem o cuidado de afirmar que carecemos ainda de recursos conceituais para saber de que modo o fisicalismo poderia ser verdadeiro.

> Suponho que todos nós acreditamos que os morcegos têm experiências. Afinal, são mamíferos e não é mais duvidoso que tenham experiências do que ratos e os pombos as tenham. [...]
> [A] essência da convicção de que os morcegos têm experiência está em que haja algo que é ser como um morcego. Sabemos que a maioria dos morcegos (o *microchiroptera*, para ser mais preciso) percebe o mun-

do externo basicamente pelo sonar, ou ecolocalização, detectando as reflexões de seus rápidos guinchos de alta frequência, sutilmente modulados, nos objetos a seu alcance. Seu cérebro é projetado para correlacionar a saída de impulsos com os ecos subsequentes e as informações assim adquiridas permitem aos morcegos discriminações precisas acerca de distância, tamanho, forma, movimento e textura, comparáveis às que fazemos por meio da visão. Mas o sonar do morcego, embora seja claramente uma forma de percepção, não é semelhante a nenhum sentido que temos quanto à forma de suas operações. E não há razão para supor que seja subjetivamente parecido com qualquer coisa que possamos experimentar ou imaginar. Isso parece criar dificuldades para a noção de como é ser um morcego. [...]

Qualquer que seja o *status* dos fatos sobre o que é ser humano, morcego ou marciano, estes parecem ser fatos que representam um determinado ponto de vista. [...]

Isso é diretamente relevante para o problema mente-corpo. Porque, se os fatos da experiência — fatos acerca de como é *para* o organismo que tem a experiência — são acessíveis apenas a partir de um ponto de vista, então é um mistério como o verdadeiro caráter das experiências poderia ser revelado por meio das operações físicas daquele organismo. Este último é, por excelência, o domínio dos fatos objetivos — do tipo de fato que pode ser observado e compreendido de muitos pontos de vista e por indivíduos com diferentes sistemas perceptivos. (Nagel "What Is It", 438, 441-42)

P1. Os seres humanos não podem experimentar nada que seja como é para um morcego quando está usando seu sonar.

P2. Os seres humanos não podem imaginar nada que seja como é para um morcego quando está usando seu sonar.

P3. Se P1 e P2, então como é ser um morcego é basicamente um fenômeno subjetivo, entendido apenas de um único ponto de vista (a saber, o do morcego).

P4. Os seres humanos não podem experimentar nada que seja como é para um morcego quando usa seu sonar e os seres humanos não podem imaginar nada que seja como é para um morcego quando usa seu sonar (conjunção, P1, P2).

C1. Como é ser um morcego é basicamente um fenômeno subjetivo, entendido apenas de um único ponto de vista (*modus ponens*, P3, P4).

P5. O fisicalismo assume o ponto de vista objetivo.

P6. Se o fisicalismo assume o ponto de vista objetivo e como é ser um morcego é um fenômeno subjetivo, entendido de um único ponto de vista, então o fisicalismo não pode apreender o que é ser um morcego.

P7. O fisicalismo assume o ponto de vista objetivo e como é ser um morcego é basicamente um fenômeno subjetivo, compreendido apenas de um único ponto de vista (conjunção, C1, P5).

    C2. O fisicalismo não pode apreender como é ser um morcego (*modus ponens*, P6, P7).

P8. O fato de a experiência ser subjetiva é um fato essencial acerca da experiência.

    C3. A subjetividade de como é ser um morcego é um fato essencial acerca dessa experiência (vinculação semântica, P8).

    C4. O fisicalismo não pode apreender como é ser um morcego e a subjetividade do que é ser um morcego é um fato essencial acerca dessa experiência (conjunção, C2, C3).

P10. Se o fisicalismo não pode apreender o que é ser um morcego e esse é um fato essencial sobre essa experiência, então o fisicalismo não pode apreender todos os fatos essenciais sobre as experiências.

    C5. O fisicalismo não pode apreender todos os fatos essenciais sobre as experiências (*modus ponens*, C4, P10).

86
Chalmers e o Argumento dos Zumbis

Amy Kind

Chalmers, David. *The Conscious Mind*. Oxford: Oxford University Press, 1996.

___. "Consciousness and Its Place in Nature", *in Philosophy of Mind: Classical and Contemporary Readings*, organizado por David Chalmers, 247--72. Oxford: Oxford University Press, 2002.

Kirk, Robert. "Zombies versus Materialists." *Proceedings of the Aristotelian Society*, Suplemento 66 (1974): 135-52.

No final do século XX, os zumbis começaram a ter um papel importante nas discussões filosóficas sobre a consciência. Mas, ao contrário dos zumbis de Hollywood, os zumbis filosóficos são muito vivos — pelo menos, assim seriam caso existissem. No uso que os filósofos fazem do termo, um zumbi é uma criatura microfisicamente idêntica a um ser humano: tem assim um comportamento indiscernível do comportamento de um ser humano normal — mas sem qualquer tipo de consciência no sentido fenomenal. Os zumbis se comportam como se sentissem dor quando você espeta com um alfinete e relatam que estão com dor, mas não experimentam qualquer sensação dolorosa.

Muitos filósofos alegam que podemos imaginar coerentemente a existência de zumbis. Esta alegação implicaria a possibilidade de zumbis, uma alegação que implicaria por sua vez a falsidade do fisicalismo. Afinal, os zumbis são exatamente como nós em termos físicos. Mas, se duas criaturas fisicamente iguais podem diferir quanto à consciência, isso parece mostrar que a consciência é algo além e acima do físico. O argumento dos zumbis pertence a uma classe de argumentos na filosofia da mente muitas vezes chamados de "argumentos da conceptibilidade". Tais argumentos começam com a alegação de que um determinado cenário é concebível. A conceptibilidade do cenário implicaria que ele é possível, o que demonstraria algo sobre a verdadeira natureza da mente. Com relação aos argumentos da conceptibilidade em geral, cada um desses passos é controverso e o argumento dos zumbis não é exceção. Alguns filósofos questionam se os zumbis são realmente concebíveis. Outros admitem que os zumbis são concebíveis, mas negam que seja apropriado passar de uma alegação sobre sua conceptibilidade para uma alegação sobre sua possibilidade. Outros admitem que os zumbis são criaturas possíveis, mas negam que isso demonstre alguma coisa acerca do fisicalismo.

É concebível que haja um sistema fisicamente idêntico a um ser consciente, mas que careça de alguns dos estados conscientes desse ser. Um sistema desses poderia ser um *zumbi*: um sistema que é idêntico a um ser consciente em termos físicos, mas que carece totalmente de consciência. Poderia também ser um *invertido*, com algumas das experiências do ser original substituídas por experiências diferentes, ou um *zumbi parcial*, com algumas experiências ausentes, ou uma combinação disso tudo. Esses sistemas parecerão idênticos a um ser consciente normal, da perspectiva da terceira pessoa: em particular, os seus processos cerebrais serão idênticos molécula a molécula ao original, e seus comportamentos serão indistinguíveis. Mas as coisas serão diferentes do ponto de vista de primeira pessoa. Como é ser um invertido ou zumbi parcial será diferente de como é ser o ser original. E não há nada que seja como é ser um zumbi.

Há pouca razão para acreditar que os zumbis existam no mundo real. Mas muitos afirmam que são ao menos concebíveis: podemos imaginá-los coerentemente e não há nenhuma contradição na ideia que se revele nem mesmo na reflexão. Como uma extensão da ideia, muitos sustentam que o mesmo vale para um *mundo zumbi*: um universo fisicamente idêntico ao nosso, mas onde não há consciência. Algo semelhante se aplica aos invertidos e outras duplicatas.

A partir da conceptibilidade dos zumbis, os defensores do argumento inferem sua *possibilidade metafísica*. É provável que os zumbis não sejam naturalmente possíveis: é improvável que possam existir em nosso mundo, com suas leis da natureza. Mas o argumento sustenta que os zumbis *poderiam ter* existido, talvez num tipo muito diferente de universo. Por exemplo, alguns sugerem que Deus poderia ter criado um mundo de zumbis, se tivesse assim escolhido. Daí, infere-se que a consciência deve ser não física. Se houver um universo possível em termos metafísicos que seja idêntico ao nosso em termos físicos, mas que careça de consciência, então a consciência deve ser um componente não físico do nosso universo. Se Deus pudesse ter criado um mundo de zumbis, então (como coloca Kripke) depois de criar os processos físicos do nosso mundo, ele teria tido um trabalho extra para garantir que ele contivesse consciência. (Chalmers "Nature", 249)

P1. Posso conceber os zumbis, ou seja, criaturas que são microfisicamente idênticas aos seres conscientes, mas que carecem totalmente de consciência.

P2. Se os zumbis são concebíveis, então são possíveis em termos metafísicos.

C1. Os zumbis são possíveis em termos metafísicos (*modus ponens*, P1, P2).

P3. Se os zumbis são metafisicamente possíveis, então a consciência é não física.

C2. A consciência é não física (*modus ponens*, C1, P3).

Alternativamente:

P1. Posso conceber um mundo de zumbis, ou seja, um mundo fisicamente idêntico ao nosso mas em que não há consciência.

P2. Se um mundo de zumbis é concebível, então ele é metafisicamente possível.

C1. Um mundo de zumbis é metafisicamente possível (*modus ponens*, P1, P2).

P3. Se um mundo de zumbis é metafisicamente possível, então os fatos sobre a consciência existem além e acima dos fatos físicos.

C2. Os fatos sobre a consciência são fatos além e acima dos fatos físicos (*modus ponens*, C1, P3).

P4. Se o fisicalismo é verdadeiro, então não há fatos sobre a consciência além e acima dos fatos físicos.

C3. O fisicalismo é falso (*modus tollens*, C2, P4).

87
O Argumento da Revelação

Carlos Mario Muñoz-Suárez

Byrne, Alex e David Hilbert. "Color Primitivism", *Erkenntnis* 66 (2007): 73-105.

Campbell, John. "A Simple View of Colour", *in Reality, Representation and Projection*, organizado por John Haldane e Crispin Wright, 257-68. Oxford: Oxford University Press, 1993. Reimpresso *in Readings on Color*: vol. 1, *The Philosophy of Color*, organizado por Alex Byrne e David R. Hilbert, 177-90. Cambridge, MA: The MIT Press, 1997.

___. "Transparency vs. Revelation in Color Perception", *Philosophical Topics* 105 (2005): 105-15.

Harman, Gilbert. "The Intrinsic Quality of Experience", *in Action Theory and Philosophy of Mind,* organizado por James Tomberlin, 53-79. Philosophical Perspectives, vol. 4. Atascadero, CA: Ridgeview, 1990.

Johnston, Mark. "How to Speak of the Colors", *Philosophical Studies* 68 (1992): 221-63. Reimpresso *in Readings on Color*, vol. 1: *The Philosophy of Color*, organizado por Alex Byrne e David Hilbert, 137-72. Cambridge, MA: The MIT Press, 1997.

Loar, Brian. "Phenomenal States (Revised Version)", *in The Nature of Consciousness: Philosophical Debates*, organizado por Ned Joel Block, Owen J. Flanagan e Güven Güzeldere, 597-616. Cambridge, MA: The MIT Press, 1997.

Russell, Bertrand. *The Problems of Philosophy*. Londres: Oxford University Press, 1912.

Strawson, Gallen. "Red and 'Red'", *Synthèse* 78 (1989): 193-232.

Tye, Michael. *Consciousness, Color and Content*. Cambridge, MA: The MIT Press, 2000.

O argumento da revelação é um dos argumentos mais polêmicos da filosofia da mente e metafísica contemporâneas. A terminologia se deve a Mark Johnston, no contexto da assim chamada "filosofia da cor". O argumento tenta tornar explícita uma convicção básica da nossa posição epistêmica relativa ao que se conhece por "ter sensações", e representa um esforço para investigar o conhecimento que nossas sensações visuais de cor nos proporcionam. Apesar de sua aparente clareza, ele está longe de ser um argumento claramente sólido com implicações não controversas.

De acordo com Johnston, Strawson descreve a ideia por trás do argumento da seguinte maneira: "As palavras de cor são palavras para propriedades que são de um tal tipo que sua natureza total e essencial como propriedades pode ser e é plenamente revelada em experiências de qualidade sensorial, dado apenas o caráter qualitativo que essa experiência tem" (224). Uma versão anterior do argumento foi esboçada por Russell (47). O argumento da revelação (doravante AR) não conclui que a revelação seja verdadeira, mas toma isso como premissa. De acordo com Johnston, a revelação é muitas vezes entendida como "crença central" da nossa concepção de cores: "Se essas crenças se mostrassem não verdadeiras, teríamos dificuldade para apontar em que são falsas, ou seja, seríamos privados de um assunto em vez de ter os nossos pontos de vista mudados acerca de determinado assunto" (137).

O AR é em princípio um argumento epistemológico: mostra que a natureza essencial (do que são as sensações) é revelada aos sujeitos meramente por terem tais sensações. Assim, a revelação diz respeito à relação entre sensações e conhecimento.

> [A] natureza do amarelo-canário deve ser totalmente revelada por experiência visual, de modo que uma vez que alguém tenha visto o amarelo-canário não haja mais nada para saber acerca de como é o amarelo-canário. As investigações e experiências adicionais simplesmente nos dizem que outras coisas têm a propriedade e como essa propriedade pode se relacionar contingentemente a outras propriedades. (Johnston, 139-40)

Assim, por ex., sujeitos que têm sensações visuais de cores estão epistemicamente relacionados aos traços essenciais dessas cores; generalizando, ter sensações basta para saber como elas são, sem adquirir nenhum conhecimento teórico. O argumento pode ser sintetizado como se segue:

P1. Se um sujeito, S, tem a sensação V, e V é uma sensação de X, então (por revelação) S conhecerá os traços essenciais de X.

P2. S tem essa sensação.

C1. S conhecerá os traços essenciais de X (*modus ponens*, P1, P2).

Esse argumento pode também ser aplicado a outras sensações além das meramente visuais — por exemplo, sensações de coceira e dores — pois a revelação não é considerada uma propriedade de como são as sensações, mas uma característica do papel epistêmico das sensações.

O AR tem sido defendido contra o "fisicalismo tipo-tipo" (doravante FT): a tese metafísica de que entidades mentais de algum tipo (digamos, sensações) são necessariamente idênticas a entidades físicas de algum tipo (digamos, neurobiológicas). FT é uma versão do monismo ontológico; a tese de que a realidade é objetivamente constituída apenas por entidades físicas (digamos, acontecimentos, estados de coisas, processos, propriedades e assim por diante). Assim, alguns filósofos alegam que, se FT é verdadeiro, ao conhecermos o último (por ex., estados neurobiológicos), conheceremos *a priori* os primeiros (por ex., sensações visuais). Se aceitarmos tal inferência, obteremos um fisicalismo *a priori* (FA), a tese epistemológica de que, conhecendo entidades físicas de algum tipo (digamos, neurobiológicas), conheceremos *a priori* entidades mentais de algum tipo (digamos, sensações visuais). Nesse sentido, podemos derivar AR contra o fisicalismo tipo-tipo *a priori* (doravante ARP)

O ARP *simpliciter* não conclui que FT falha, mas que FA sim. Assim, se alguém defende uma espécie de FT dependente da inferência FT → FA, esse tipo de fisicalismo será negado por ARP. O AR é independente de ARP, pois alguém pode aceitar FT para refutar FA (Loar) ou, por exemplo, aceitando a tese de que os traços essenciais das cores são conhecidos *a posteriori* como físicos (Tye). O ARP pode ser sintetizado assim:

P1. Se as sensações de certo tipo, V, são (necessariamente em termos metafísicos) idênticas a entidades físicas de certo tipo, N, então conhecer N *a priori* implica conhecer V, isto é, FT → FA.

P2. Pelo simples fato de conhecer N, os sujeitos não conhecerão os traços essenciais de V [Revelação].

C1. FT é falso (*modus tollens*, P1, P2).

O AR é quase sempre considerado como formador do primitivismo realista (PR) (Byrne e Hilbert, par. 2.2), ou seja, a tese de que as propriedades — por exemplo, as cores — são propriedades externas *sui generis*. PR concorda que "os objetos quase sempre têm as cores que achamos que têm e as cores dos objetos quase sempre figuram em explicações causais, em particular em explicações causais de por que as coisas parecem ter as cores que têm" (Campbell 178).

O principal problema com a revelação está no significado de "traços essenciais". Essa expressão tem pelo menos dois sentidos: (i) os traços essenciais de como são as sensações e (ii) os traços essenciais das sensações enquanto estados mentais. O sentido (ii) não deve ser confundido com o sentido (i) (Harman). Em outras palavras, os traços essenciais dos conteúdos das sensações não podem ser confundidos com os traços essenciais das sensações enquanto estados mentais. Quando se adota o primeiro, AR favorece uma espécie de infalibilidade das sensações com relação às propriedades que parecem ser externas (por ex., as cores). Quando se aceita o último, então as sensações são autorreveladoras. Os "traços essenciais" também podem ser entendidos como traços *fenomênicos ou de perspectiva*, que não podem ser reduzidos a entidades *físicas*. Então, se alguém aceita, por exemplo, FT, vai aceitar que os traços essenciais, seja das sensações seja dos conteúdos das sensações, são eles próprios físicos. Em princípio, ao falar sobre revelação, estamos falando de traços em sentido fenomênico ou traços essencialmente fenomênicos.

Há uma versão do AR com a seguinte conclusão: "S conhecerá o conjunto completo de verdades sobre X" — chamemos essa versão de "ART". ART implica que todo o conjunto de conhecimentos *linguísticos* sobre, por exemplo, as cores, é revelado aos sujeitos meramente por terem sensações. Alguns filósofos criticaram ART (Campbell *ibid.*). A principal diferença entre AR e ART é que o primeiro é um argumento a partir da revelação de traços essenciais como os qualitativos, e o último é um argumento a partir da revelação de proposições verdadeiras sobre os traços essenciais.

88

Searle e o Argumento do Quarto Chinês

Leslie Burkholder

Searle, John. "Minds and Brains without Programs", *in Mindwaves*, organizado por C. Blakemore e S. Greenfield, 209-33. Oxford: Blackwell, 1988.

___. "Minds, Brains, and Programs." *Behavioral and Brain Sciences* 3 (1980): 417-57.

Copeland, Jack. *Artificial Intelligence*. Oxford: Blackwell, 1993.

É possível tornar um computador inteligente ou lhe dar uma mente pensante apenas fazendo com que execute o programa certo? A IA forte (Inteligência Artificial Forte) acredita que, concebendo os programas certos, com entradas e saídas certas, é possível criar mentes nos computadores. O famoso argumento do quarto chinês de John Searle pretende provar que essa resposta está incorreta. Eis as próprias palavras de Searle:

> Suponha que eu esteja trancado num quarto e receba uma pilha de textos escritos em chinês. Não sei nada de chinês, nem escrito nem falado. Agora, suponha ainda que, após essa primeira pilha, eu receba uma segunda pilha de material escrito em chinês, juntamente com um conjunto de regras para correlacionar a segunda pilha à primeira. As regras são em inglês e consigo compreendê-las. Elas me permitem correlacionar dois conjuntos de símbolos formais ("formal", aqui, significa que consigo identificar os símbolos inteiramente por suas formas). Sem eu saber, as pessoas que me dão todos esses símbolos chamam a [primeira] pilha de "perguntas". Além disso, os símbolos que eu lhes devolvo em resposta à [primeira] pilha são chamados de "respostas para as perguntas" e o conjunto de regras em inglês que recebi é chamado de "programa". Suponha, também, que depois de um tempo, fico tão bom em seguir as instruções para manipular os símbolos chineses e os

programadores ficam tão bons em escrever os programas que, do ponto de vista externo — isto é, do ponto de vista de alguém que está fora do quarto em que estou trancado —, minhas respostas para as perguntas são absolutamente indistinguíveis das respostas dos falantes nativos chineses. No que diz respeito às [alegações de IA forte], parece-me bastante óbvio no exemplo que não entendo uma palavra de chinês. Tenho entradas e saídas indistinguíveis das do falante nativo e posso ter qualquer programa formal que você quiser, mas continuo não entendendo nada. (Searle, 417-18)

Searle prossegue dizendo que, se ele não consegue entender chinês só por executar as regras certas, um computador também não consegue só por executar o programa certo. E o que vale para a língua chinesa vale para outras formas de cognição também. A mera manipulação de símbolos segundo um programa não é suficiente para garantir cognição, percepção, compreensão, pensamento e assim por diante. Assim é provado que IA forte é incorreta.

P1. Todas as coisas ou pessoas que tenham um livro de regras ou programa de computador que lhes permita responder a perguntas e comentários em chinês de forma indistinguível das respostas de um conhecedor de chinês satisfazem o Teste de Turing que mede essa habilidade.

P2. Searle tem um livro de regras que lhe permite responder a perguntas e comentários em chinês de forma indistinguível das respostas de alguém que sabe chinês.

    C1. Se Searle tem um livro de regras que lhe permite responder a perguntas e comentários em chinês de forma indistinguível das respostas de alguém que entende chinês, então Searle satisfaz o Teste de Turing para a compreensão de chinês (instanciação P1).

    C2. Searle satisfaz o Teste de Turing para a compreensão de chinês (*modus ponens*, P2, C1).

P3. Todas as coisas ou pessoas que satisfazem o Teste de Turing para a compreensão de chinês estão seguindo as regras ou programas corretos para entender chinês.

    C3. Se Searle satisfaz o Teste de Turing para a compreensão de chinês, Searle está seguindo as regras ou programas corretos para entender chinês (instanciação P3).

C4. Searle está seguindo as regras ou programas corretos para entender chinês (*modus ponens*, C2, C3).

P4. Searle não entende chinês. Nada acerca da situação muda isso.

C5. Searle está seguindo as regras ou programas corretos para entender chinês e Searle não entende chinês (conjunção, C4, P4).

C6. Nem Searle não está seguindo as regras ou programas corretos para entender chinês nem Searle entende chinês (De Morgan, C5).

C7. Não é o caso que, se Searle está seguindo as regras ou programas de computador corretos para entender chinês, então Searle entende chinês (implicação material, C6).

P5. Se Searle não entende chinês unicamente com base na execução das regras corretas, um computador também não o faz só com base na execução do programa correto.

C8. Um computador não entende chinês só com base na execução de um programa correto (*modus tollens*, C7, P4).

P6. Se nenhum computador pode entender chinês só com base na execução do programa correto para manipular símbolos, então nenhum computador tem qualquer capacidade cognitiva só em virtude de executar o programa correto ou seguir as regras certas.

C9. A mera manipulação de símbolos segundo um programa não basta para garantir cognição, percepção, compreensão, pensamento e assim por diante; ou seja, a criação de mentes (*modus ponens*, C8, P6).

P7. Se a IA forte é verdadeira e se houver os programas corretos, com as entradas e saídas certas, existe a criação de mentes.

C10. IA forte é falsa. IA forte é refutada (*modus tollens*, C9, P7).

Parte VI
CIÊNCIA E LINGUAGEM

89
Sir Karl Popper e
o Argumento da Demarcação

Liz Stillwaggon Swan

Popper, Karl, R. "Philosophy of Science: A Personal Report", *in British Philosophy in Mid-Century*, organizado por C. A. Mace, 104-30. Londres: George Allen & Unwin, 1957.

___. *Conjectures and Refutations: The Growth of Scientific Knowledge*. Nova York: Routledge & Kegan Paul, 1963.

Karl Popper (1902-1994) é considerado um dos mais influentes filósofos da ciência do século XX. Talvez seja mais conhecido por seu critério de demarcação entre ciência e pseudociência. Incomodado pelo suposto estatuto científico de algumas teorias populares do seu tempo — principalmente a teoria marxista da história, a psicanálise freudiana e a psicologia individual de Alfred Adler — Popper estava determinado a identificar algum critério para distinguir as teorias científicas das pseudocientíficas. Esse critério, conhecido como refutabilidade, era para Popper a marca de uma teoria científica. Segundo Popper, uma teoria é científica apenas se fizer previsões que se possa testar e potencialmente refutar. Se a teoria não for refutável desse modo e só puder ser confirmada com evidências cumulativas, então será pseudocientífica. Por exemplo, a teoria de Einstein da relatividade geral prediz que os raios de luz de estrelas distantes são desviados pelo campo gravitacional do sol. Durante um eclipse solar, em 1919, os astrofísicos confirmaram que a luz das estrelas foi de fato desviada pelo sol, e quase exatamente segundo o cálculo de Einstein. A teoria de Einstein da relatividade geral é uma teoria científica, de acordo com o critério de Popper, porque faz uma previsão refutável (que na verdade não foi refutada).

O problema que me incomodava na época não era nem "Quando uma teoria é verdadeira?" e nem "Quando uma teoria é aceitável?" Meu problema era diferente. *Eu queria fazer a distinção entre ciência e pseudociência*, sabendo muito bem que a ciência muitas vezes erra, e que a pseudociência pode tropeçar por acaso na verdade. (*Conjeturas*, 44)

Quanto a Adler, fiquei muito impressionado com uma experiência pessoal. Uma vez, em 1919, relatei a ele um caso que não me parecia particularmente adleriano, mas que ele não encontrou dificuldade para analisar em termos de sua teoria do sentimento de inferioridade, sem ter nem mesmo visto a criança. Um pouco chocado, perguntei como podia ter tanta certeza. "Por causa da minha experiência, já tive mil casos assim", respondeu ele. Depois disso, não pude deixar de dizer: "E agora, suponho, sua experiência aumentou para mil e um casos". (*Conjeturas*, 368)

A história da ciência, como a de todas as ideias humanas, é uma história de sonhos irresponsáveis, de obstinação e de erro. Mas a ciência é uma das pouquíssimas atividades humanas — talvez a única — em que os erros são criticados de modo sistemático e, com bastante frequência, corrigidos a bom tempo. É por isso que podemos dizer que, em ciência, muitas vezes aprendemos com nossos erros, e é por isso que podemos falar de forma clara e sensata sobre fazer progresso. (*Conjeturas*, 293)

P1. Se uma teoria é científica, então faz afirmações ou previsões que podem ser refutadas.

P2. Uma teoria que garante apenas a confirmação (e ignora evidências refutáveis) não pode ser refutada.

    C1. Uma teoria que só pode ser confirmada e não refutada não é científica, mas pseudocientífica (*modus tollens*, P1, P2).

90
Kuhn e os Argumentos da Incomensurabilidade

Liz Stillwaggon Swan e Michael Bruce

Kuhn, Thomas S. *The Structure of Scientific Revolutions*. Chicago: The University of Chicago Press, 1963.
___. "Objectivity, Value Judgment and Theory Choice", *in The Essential Tension*, 320-39. Chicago: The University of Chicago Press, 1977.
___. *The Road since Structure*. Chicago: The University of Chicago Press, 2000.

Thomas Kuhn (1922-1996) estudou para ser um historiador da ciência, mas é mais conhecido por suas contribuições para a filosofia e a sociologia da ciência. Seu livro *Estrutura das Revoluções Científicas* foi um dos mais importantes e mais controversos da filosofia da ciência do século XX, sobretudo pelo questionamento tão convincente da objetividade da ciência, antes tida como certa sobretudo na tradição filosófica do positivismo lógico. Entre as muitas contribuições de Kuhn para a filosofia da ciência, três das mais importantes são: (1) uma análise das revoluções científicas, em que ocorre uma mudança de paradigma que permite aos cientistas ver o mundo sob nova luz; (2) a noção de que a ciência não é cumulativa, como geralmente se supunha, uma vez que novos paradigmas são incomensuráveis com os antigos, e os métodos utilizados para fazer observações e descobrir a "verdade" são relativos ao paradigma científico reinante; e (3) a percepção de que a ciência é mais bem compreendida como um esforço socialmente e historicamente contextualizado, o que contrasta nitidamente com a filosofia anterior positivista da ciência, que considerava a ciência divorciada da narrativa humana.

Racionalidade e Mudanças de Paradigma

[A] escolha [entre paradigmas] não é e não pode ser determinada apenas por procedimentos avaliativos característicos da ciência normal, pois estes dependem, em parte, de um paradigma específico, e esse paradigma está em questão. (*Estrutura*, 88)

A competição entre os paradigmas não é o tipo de batalha que pode ser resolvida com provas. (*Estrutura*, 148)

Deve haver também uma base, que não precisa ser nem racional nem definitivamente correta, para a fé no candidato escolhido. Alguma coisa tem que fazer com que pelo menos alguns cientistas sintam que a nova proposta está no caminho certo, e às vezes são apenas considerações estéticas pessoais e inarticuladas que podem fazer isso. (*Estrutura*, 158)

P1. Se um paradigma emergente se torna o dominante, não por meio de prova científica mas por aceitação da maioria ou apelo intuitivo, então a transição de um paradigma para outro não é decidida de forma racional.

P2. Um paradigma emergente se torna dominante por aceitação da maioria ou apelo intuitivo.

C1. A transição de um paradigma para outro não é decidida de forma racional (*modus ponens*, P1, P2).

Paradigmas Incomensuráveis e Holismo

Os referentes físicos desses conceitos einsteinianos não são, de modo algum, idênticos aos dos conceitos newtonianos que levam o mesmo nome. (A massa newtoniana é conservada; a einsteiniana é conversível a energia. Apenas a velocidades relativas baixas as duas podem ser medidas da mesma forma e, mesmo assim, não devem ser concebidas como a mesma coisa). (*Estrutura*, 102)

Ainda que mais sutil do que as mudanças do geocentrismo ao heliocentrismo, do flogístico ao oxigênio, ou dos corpúsculos às ondas [como explicação da natureza da luz], a transformação conceitual resultante não é menos decisivamente destrutiva do paradigma preciosamente estabelecido. (*Estrutura*, 94)

Lavoisier [...] viu oxigênio onde Priestley tinha visto ar deflogistica-do e outros nada tinham visto. (*Estrutura*, 118)

P1. Os termos científicos se referem a coisas e têm significado mediante uma rede de significados.

P2. Se os paradigmas fossem comensuráveis, os termos ainda assim se referi-riam às mesmas coisas em novos paradigmas; por exemplo, "massa" nas teorias de Newton seria equivalente a "massa" nas teorias de Einstein.

P4. Os termos não se referem às mesmas coisas em novos paradigmas; por exemplo, o conceito "massa" não é equivalente nas teorias de Newton e Einstein (e nem é um caso especial do outro) e alguns elementos (por ex., o flogístico) são eliminados completamente.

C1. Os paradigmas são incomensuráveis (*modus tollens*, P2, P4).

P5. Se os paradigmas são incomensuráveis, a ciência não se aproxima da verdade ao longo do tempo.

C2. A ciência não se aproxima da verdade ao longo do tempo (*modus ponens*, P5, C1).

91
Putnam e o Argumento que Exclui Milagres

Liz Stillwaggon Swan

Putnam, Hilary. *Mathematics, Matter and Method: Philosophical Papers*, vol. 1. Londres: Cambridge University Press, 1975.

Boyd, Richard N. "The Current Status of the Issue of Scientific Realism", *in Erkenntnis* 19, 1-3 (maio de 1983): 45-90.
Worrall, J. "Structural Realism: The Best of Both Worlds?" *Dialectica* 43 (1989): 99-124.

Hilary Putnam (1926-) é um filósofo da linguagem, da mente e da ciência, que propôs o "argumento que exclui milagres" em apoio a uma compreensão realista do sucesso da ciência. O realismo sustenta que nossas melhores práticas e teorias científicas nos dão um conhecimento genuíno sobre o mundo, e, em alguns casos, que as entidades quantificadas nas teorias científicas, tais como elétrons, cordas de subpartículas, antimatéria e leis matemáticas realmente existem — ou então nossa ciência não teria sucesso ao nos explicar o mundo. O cerne do argumento que exclui milagres é que a melhor explicação para o sucesso de manipulação e predição das nossas teorias científicas é que elas são (pelo menos aproximadamente) verdadeiras. (A visão oposta — o antirrealismo — é que as entidades quantificadas em nossas teorias científicas e matemáticas não precisam existir para que as teorias sejam úteis; em outras palavras, que as nossas teorias são úteis mas não necessariamente precisas em termos empíricos.)

> O argumento positivo a favor do realismo é que é a única filosofia que não faz do sucesso da ciência um milagre. (Putnam, 73)

Seria um milagre, uma coincidência numa escala quase cósmica, se uma teoria fizesse tantas predições empíricas corretas como, por exemplo, a teoria geral da relatividade ou a teoria dos fótons de luz, sem o que essa teoria diz sobre a estrutura fundamental do universo estivesse "essencialmente" ou "basicamente" correto. Mas não devemos aceitar milagres, pelo menos se houver uma alternativa não milagrosa. Se o que essas teorias dizem estar acontecendo "por trás" dos fenômenos é verdadeiro ou "aproximadamente verdadeiro", então não é de admirar que compreendam os fenômenos. Por isso, é plausível concluir que as teorias atualmente aceites são de fato "essencialmente" corretas. (Worrall, 101)

P1. Se uma teoria científica produz predições observacionais precisas, então deve ser (pelo menos aproximadamente) verdadeira.

P2. Muitas de nossas teorias científicas produzem predições observacionais precisas.

C1. Muitas de nossas teorias científicas devem ser (pelo menos aproximadamente) verdadeiras; caso contrário, o sucesso da ciência seria miraculoso (*modus ponens*, P1, P2).

92
Galileu e a Queda dos Corpos

Liz Stillwaggon Swan

Galileu. *Discorsi e Dimostrazioni Matematiche, Intorno à Due Nuove Scienze* 213, Leida, Appresso gli Elsevirii. Leiden: Louis Elsevier, 1638, ou *Mathematical Discourses and Demonstrations, Relating to Two New Sciences*, traduzido por Henry Crew e Alfonso de Salvio. Nova York: Dover, 1914.

___. *Dialogue concerning the Two Chief World Systems*, traduzido de *Dialogo* por S. Drake, 2ª ed. rev. Berkeley, CA: University of California Press, 1967.

Brown, James R. *The Laboratory of the Mind: Thought Experiments in the Natural Sciences*. Nova York: Routledge, 1991.

O famoso experimento mental de Galileu (1564-1642) sobre a queda dos corpos apareceu em seu trabalho final, *Discorsi*, que escreveu durante sua prisão domiciliar. Esse é considerado em geral como um dos experimentos mentais mais persuasivos das ciências naturais e exemplifica uma raridade na história da ciência, uma vez que funciona como um argumento *reductio ad absurdum*. Recorrendo apenas ao raciocínio lógico, Galileu demonstrou que a antiga teoria de Aristóteles, de que os objetos pesados caem mais rapidamente do que os leves, leva a uma contradição; suplantou-a então com sua própria teoria, de que todos os objetos caem na mesma velocidade, não obstante seus respectivos pesos. Hoje isso é demonstrável em laboratório com tubos de vácuo, mas o *insight* do experimento de Galileu é notável porque ele usou apenas a lógica para chegar à solução correta, centenas de anos antes de as provas empíricas serem possíveis. É interessante notar que Galileu foi criticado na época pelo excesso de confiança em sua conclusão *a priori*; mas se tivesse de fato realizado os experimentos descritos em seu experimento mental da Queda dos Corpos, teria confirmado o *insight* de Aristóteles (e não o seu) devido aos efeitos naturais da resistência do ar.

SALVIATI: Se tomarmos dois corpos com velocidades naturais diferentes, é claro que, unindo os dois, o mais rápido será parcialmente retardado pelo mais lento, e o mais lento será um tanto acelerado pelo mais rápido. Você não concorda comigo nessa opinião?

SIMPLICIO: Não há dúvida nenhuma sobre isso.

SALVIATI: Mas se isso for verdade e se uma pedra grande se move com a velocidade digamos, oito, enquanto uma pedra menor se move com a velocidade quatro, quando elas se unirem, o sistema se moverá com uma velocidade inferior a oito. No entanto, as duas pedras amarradas formam uma pedra maior do que a que antes se movia com a velocidade oito; por essa razão, o corpo mais pesado agora se move com menos velocidade que o mais leve, um resultado contrário à sua suposição. Assim você vê que, a partir do pressuposto de que o corpo mais pesado se move mais rápido do que o mais leve, posso inferir que o corpo mais pesado se move mais lentamente. [...]

E assim, Simplicio, devemos concluir que os corpos grandes e pequenos se movem com a mesma velocidade, contanto que tenham a mesma gravidade específica.

(Galileu *Diálogos*, 108)

P1. Se a bola leve cai mais lentamente do que a bola pesada, então ela age como uma trava sobre o sistema combinado, fazendo-a cair mais lentamente do que a bola pesada sozinha.

P2. Mas o sistema combinado é um objeto novo e ainda mais pesado, que cai mais rapidamente do que a bola pesada sozinha.

C1. A bola leve não cai mais lentamente (*modus tollens*, P1, P2).

P3. Se a bola leve não cai mais lentamente, então todos os objetos caem na mesma velocidade, independentemente dos seus respectivos pesos.

C2. Galileu conclui que a única solução lógica é que todos os objetos caem na mesma velocidade, independentemente de seus respectivos pesos (*modus ponens*, P3, C1).

93
Materialismo Eliminativo

Charlotte Blease

Churchland, Paul M. "Eliminative Materialism and the Propositional Attitudes." *Journal of Philosophy* 78, 2 (1981): 67-90.

___. "Evaluating Our Self-Conception." *Mind and Language* 8, 2 (1993): 211-22.

Feyerabend, Paul. "Materialism and the Mind-Body Problem." *Journal of Metaphysics* 17 (1963): 49-66.

Quando se trata de filosofia da mente, o "materialismo eliminativo" talvez seja a tese mais radical já proposta por filósofos. É a afirmação provocadora de que nossa "psicologia popular" — isto é, o que o bom senso nos diz acerca do nosso próprio comportamento e o de outras pessoas — não é apenas uma teoria, mas uma teoria falsa que um dia será eliminada e substituída por uma futura teoria neurocientífica da mente. O representante mais recente e clamoroso do materialismo eliminativo é Paul Churchland. Ele argumenta que precisamos examinar nossas concepções acerca de nós mesmos e eliminar conceitos mentais como "crenças", "desejos", "vontades" e assim por diante. Essa tese tem sérias consequências para a ética e as ciências sociais (psicologia, sociologia, história, economia e antropologia) e suas aplicações (psiquiatria, direito, política etc.), já que essas áreas empregam esses termos do senso comum em suas explicações. O materialismo eliminativo foi contestado sob a alegação de ser autorrefutador: o materialista eliminativo, argumenta-se, não pode acreditar que as "crenças" não sejam verdadeiras. Churchland argumenta que isso apenas mostra que termos como "crenças" estão profundamente arraigados na nossa autocompreensão. Outra objeção ao materialismo eliminativo rejeita a alegação de que a psicologia popular seja uma teoria e rejeita a visão de que seja uma falsa teoria. Em qualquer caso, questionar o materialismo eliminativo ou trabalhar com ele pode exercer uma mudança fundamental na nossa maneira de pensar sobre nós mesmos.

O materialismo eliminativo é a tese de que a nossa concepção comum acerca dos fenômenos psicológicos constitui uma teoria radicalmente falsa, uma teoria tão defeituosa que seus princípios e sua ontologia serão finalmente desacreditados, em vez de se converterem gradualmente numa neurociência acabada. Nosso entendimento mútuo e até mesmo nossa introspecção poderão então ser reconstituídos dentro da estrutura conceitual da neurociência acabada, uma teoria que será de longe mais poderosa do que a psicologia do senso comum que ela substitui, e integrada de modo mais substancial à ciência física em geral. (Churchland "Eliminative Materialism", 67)

P1. A psicologia popular é uma teoria.

P2. Se a psicologia popular é uma teoria, então a psicologia popular é falível, ou seja, eliminável.

C1. A psicologia popular é falível, ou seja, eliminável (*modus ponens*, P1, P2).

P3. Há boas razões para acreditar que a psicologia popular seja falsa.

P4. Se (C1) e (P3), então a psicologia popular deveria ser rejeitada como teoria falsa.

P5. (C1) e (P3) (conjunção).

C2. A psicologia popular deveria ser rejeitada como teoria falsa (e assim eliminada) (*modus ponens*, P4, P5).

94
Wittgenstein e o Argumento da Linguagem Privada

George Wrisley

Wittgenstein, Ludwig. *Philosophical Investigations*, traduzido por G. E. M. Anscombe, P. M. S. Hacker e Joachim Schulte, organizado por P. M. S. Hacker e Joachim Schulte, 4ª ed. rev. em alemão e inglês. Oxford: Wiley-Blackwell, 2009.

Candlish, Stewart e Wrisley, George. "Private Language." *The Stanford Encyclopedia of Philosophy* (ed. do outono de 2008), organizado por Edward N. Zalta, disponível em http://plato.stanford.edu/archives/fall2008/entries/private-language/

Mulhall, Stephen. *Wittgenstein's Private Language: Grammar, Nonsense, and Imagination in Philosophical Investigations*. Oxford: Clarendon Press, 2007.

Stern, David G. *Wittgenstein's Philosophical Investigations: An Introduction*. Cambridge, RU: Cambridge University Press, 2004.

Na seção 243 de *Investigações Filosóficas*, Ludwig Wittgenstein (1889-1951) introduz a ideia de uma linguagem privada, uma linguagem que se refere supostamente a nossas próprias sensações imediatas e privadas, de forma a não ser compreendida por mais ninguém. Essa linguagem não seria privada no sentido fraco de um código secreto, já que um código secreto pode ser compartilhado. O que interessa a Wittgenstein é saber se uma linguagem *necessariamente* privada, impossível de ser compartilhada, é possível ou até mesmo concebível.

Muitas vezes, a seção 258 é considerada uma observação fundamental do chamado "argumento da linguagem privada". No entanto, a variedade e complexidade das questões discutidas nas observações das seções 243-315 indicam que não há um argumento único que possa ser chamado de "argumento da linguagem privada". Essas observações abordam questões relacionadas de diferentes direções em vez de formar uma crítica contínua de uma única questão. No entanto, o argumento contido nas seções 256-258 é fundamental para a análise global da possibilidade de uma linguagem privada e pode ser reconstruído.

A estratégia geral das seções 256-258 é mostrar: (1) até que ponto uma linguagem privada de sensações teria que ser diferente da nossa linguagem pública comum, já que exigiria desconectar as sensações de suas expressões naturais – por exemplo, a expressão de dor por meio do choro, da alegria por meio do sorriso e assim por diante; e (2) que as condições necessárias para estabelecer uma linguagem privada não são possíveis, ou que não é possível atribuir sentido à noção de "linguagem privada", que consiste numa mera associação de signo e objeto privado.

As implicações filosóficas dos argumentos nas seções sobre linguagem privada de *Investigações Filosóficas*, sobretudo nas seções 256-258, são muitas e variadas, mas duas muito importantes dizem respeito a:

Epistemologia: Wittgenstein critica a ideia de que haja uma divisão epistemológica nítida entre o conhecimento de nossos próprios estados "internos" e o conhecimento dos estados "internos" das outras pessoas. Descartes julgava que mesmo sendo falso tudo o que ele acreditava sobre o mundo externo à sua mente, ele não podia deixar de saber que tinha certas sensações e pensamentos, e que ele era consciência. Isso implica que, embora eu possa saber que estou com dor, não posso saber com certeza se outra pessoa está com dor. Muito do que diz Wittgenstein sobre privacidade procura enfraquecer essa posição. Ele questiona se não é o contrário que acontece, ou seja, que sabemos muito bem quando os outros sentem dor e que é questionável em que sentido se pode dizer que sei que sinto dor. Suas razões para questionar as alegações de conhecimento sobre nossa própria dor não são fáceis de resumir. No entanto, resultam em parte de observações sobre as diferenças de contexto e uso entre afirmações como: "Sei que meu carro está funcionando, acabei de dar a partida" e "Sei que meu dente dói, estou sentindo isso".

Metafísica e filosofia da linguagem: Wittgenstein faz uma crítica geral ao que pode parecer uma visão do senso comum da relação entre linguagem e mundo, ou seja, contesta a visão de que o mundo se divide naturalmente em objetos para os quais depois atribuímos rótulos (nomes). Uma consequência de sua consideração de definições ostensivas (definir/explicar uma palavra apontando ao que ela se refere) é que a referência ao mundo só é possível quando uma linguagem está em vigor para estabelecer a referência. Assim, a base de uma linguagem não pode ser simplesmente uma questão de olhar ao redor para ver o que existe e depois atribuir nomes a objetos autoidentificadores.

Ao considerar a nossa linguagem das sensações, Wittgenstein critica também a ideia de que as sensações sejam "autoidentificadoras", oferecendo seus próprios critérios de identidade, de modo que para falar sobre elas basta associar um nome a uma sensação. Devido à intimidade que temos com nossas sensações, podemos acreditar que, para que a palavra *dor* tenha sentido para nós, basta associar o signo "dor" à sensação. A sensação é única e autoidentificadora, de modo que o sentido de "dor" é determinado pela sensação. No entanto, se Wittgenstein está certo sobre nomear e a maneira pela qual nomes e palavras se referem, então objetos e sensações não se escolhem como os objetos e as sensação que são. Sua identidade é determinada apenas com relação a uma linguagem que pode ser usada de modo determinado para se referir a eles da maneira concebida pela linguagem. As palavras para as sensações não são significativas porque se referem a sensações privadas e autoidentificadoras; mais precisamente, é o comportamento público observável que é a base para o uso e o significado da linguagem das sensações.

256. O que acontece então com a linguagem que descreve minhas experiências internas e que só eu mesmo posso entender? Como designo minhas sensações com palavras? — Como de costume? As palavras das minhas sensações se acham ligadas, portanto, às expressões naturais de minhas sensações? — Nesse caso, minha linguagem não é "privada". Uma outra pessoa seria capaz de compreendê-la como eu — E se eu não tiver expressão natural da sensação mas somente a sensação? Eu associo, então, simplesmente nomes às sensações e emprego estes nomes numa descrição. —

257. [...] Quando se diz "Ele deu um nome à sensação", esquece-se que muita coisa já deve estar preparada na linguagem para que o simples dar nome tenha um sentido. E quando dizemos que alguém dá um nome à dor, então a coisa preparada é aqui a gramática da palavra "dor": ela mostra o lugar onde a nova palavra será colocada.

258. Imaginemos o seguinte caso. Quero escrever um diário sobre a repetição de certa sensação. Para isso eu a associo ao signo "S" e escrevo esse signo num calendário, cada dia em que tiver a sensação. — Quero observar, em primeiro lugar, que não se pode formular uma definição ostensiva. Como? Posso apontar para a sensação? — Não em sentido ordinário. Mas, no entanto, eu digo ou escrevo o signo e, ao mesmo tempo, concentro minha atenção na sensação — aponto, por assim dizer, interiormente para ela. — Mas para que essa cerimônia? Pois é o que parece ser! Uma definição serve para fixar o significado de um signo, não é? — Ora, é o que acontece exatamente quando se concentra a atenção; pois, desse modo, imprimo em mim a ligação do signo com a sensação. — "Eu a imprimo em mim" só pode querer dizer: esse processo faz que eu, no futuro, me lembre *corretamente* da ligação. Em nosso caso, porém, não tenho nenhum critério de correção. Poder-se-ia dizer aqui: é correto o que sempre me parece correto. E isso significa apenas que aqui não se pode falar de "correto". (Wittgenstein)

P1. Se uma sensação deve ser necessariamente privada, então não deve ter uma expressão natural; por exemplo, como a dor é expressa por meio de gemidos, gritos, choro e assim por diante.

P2. Suponha que alguém queira começar uma linguagem privada e o faça escrevendo um signo, "S", num diário cada vez que ocorra uma determinada sensação.

P3. Se "S" deve receber um sentido e se deve haver um critério de correção para a correta aplicação do "S" no futuro, então uma definição de "S" deve ser formulável, *ou*: Se "S" deve receber um sentido e se deve haver um critério de correção para a correta aplicação do "S" no futuro, então "S" deve receber uma definição ostensiva (ou seja, quando se aponta para a coisa nomeada enquanto se diz/escreve o seu nome).

P4. Nenhuma definição de "S" pode ser formulada porque fazê-lo exigiria o uso de uma linguagem pública, o que invalidaria a privacidade da linguagem.

P5. Não seria possível, no entanto, definir ostensivamente "S" concentrando a atenção numa sensação enquanto se escreve o signo no diário? Não! Porque:

5a. Como foi mencionado na seção 257 e defendido nas seções 27-37 de *Investigações Filosóficas*, para uma definição ostensiva funcionar, deve existir um contexto conceitual-linguístico para determinar o "objeto" apontado, ou, nesse caso, a concentração da própria atenção.

5ai. As definições ostensivas não podem ser usadas para estabelecer significados, agindo como uma etapa final para tornar explícito o significado já estabelecido de um signo.

5aii. Sem um contexto conceitual-linguístico que permita determinar o "objeto" da concentração, não há um "apontar" determinado para a sensação. É a sensação o objeto da concentração, sua duração, intensidade, o corpo sem a sensação e assim por diante?

C1. Nenhuma definição ostensiva é possível no contexto do diário privado (*modus tollens*, P5, 5a-5aii).

5b. No contexto do diário privado, não há nenhum contexto conceitual e linguístico.

C2. A concentração da atenção na sensação ao mesmo tempo em que se escreve um signo não estabelece um significado, privado ou não, para o signo (*modus tollens* 5a, 5b).

Há controvérsias entre os estudiosos de Wittgenstein sobre se a linha de raciocínio acima (juntamente com outras coisas que Wittgenstein escreve) pretende mostrar que a ideia de estabelecer uma linguagem privada por ostensão privada é falso ou absurdo. A fim de refletir essa controvérsia, duas versões diferentes desta conclusão são dadas abaixo.

C3. Nenhum significado foi dado a "S" e não há nenhum critério para a correta aplicação de "S" no futuro (dilema destrutivo, P3, P4, P5).

P6. Se (C3), então nada significativo resultará.

C4. Nada significativo resultará da mera associação de um signo com uma sensação (*modus ponens*, C3, P6).

C5. Como falamos de modo significativo sobre as sensações, a conversa sobre sensações não obtém seu sentido da mera associação de signos com sensações (instanciação, C4).

P7. As linguagens, mesmo as privadas, devem ser significativas.

C6 — Versão 1. É falso que uma linguagem privada que consiste em mera associação de signo e objeto privado seja possível (substituição, C5, P7).

C6 — Versão 2. Como falhamos em dar algum significado à noção de uma linguagem necessariamente privada, que consista da mera associação de signo e objeto privado, não é falso que uma linguagem privada que consista em mera associação de signo e objeto privado seja possível; em vez disso, não há clareza sobre qual possibilidade está sendo descartada. Uma linguagem necessariamente privada é, com efeito, um absurdo (substituição, C5, P7).

95

Fodor e o Argumento a favor do Nativismo Linguístico

Majid Amini

Fodor, Jerry. *The Language of Thought*. Hassocks, Sussex, RU: Harvester Press, 1976.

Chomsky, Noam. *Knowledge of Language: Its Nature, Origin, and Use*. Nova York: Praeger, 1986.
Gopnik, Myran (org.). *The Inheritance and Innateness of Grammars*. Oxford: Oxford University Press, 1997.

Bertrand Russell, um dos filósofos mais influentes do século XX, é famoso por ter declarado: "Como é possível que os seres humanos, cujos contatos com o mundo são breves, pessoais e limitados, sejam capazes de saber tanto quanto sabem?" (cit. em Chomsky xxv). Isso é o que Noam Chomsky canonizou como o "Problema de Platão"; "Como podemos saber tanto, já que temos evidências tão limitadas" (Chomsky xxv). Num espírito russelliano semelhante, Myran Gopnik oferece a seguinte observação sobre a linguagem: "Um dos enigmas sobre a linguagem é o fato de que as crianças não falam quando nascem, mas por volta dos 2 anos elas estão usando a linguagem e aos 4 são falantes fluentes. Como elas realizam esse feito incrível?" (Gopnik 3).

Historicamente falando, a aquisição da linguagem pelos seres humanos tem sido explicada em termos de duas analogias contrastantes e concorrentes. Por um lado, John Locke, em sua obra clássica *Ensaio Acerca do Entendimento Humano* (1689), afirma que a mente de uma criança é como uma *tabula rasa* ou "lousa em branco", que recebe passivamente as impressões da experiência para formar a competência e o desempenho linguísticos. Em linhas gerais, no momento do nascimento, a mente é desprovida de qualquer compreensão e, num momento posterior, os sentidos e a experiência inscrevem marcas linguísticas na lousa em branco. Mas, por outro lado, Gottfried Leibniz, em *Novos Ensaios Acerca do Entendimento Humano* (1703), faz uma censura explícita à analogia da lousa em branco lockiana acerca da aquisição da linguagem, sustentando que a mente de uma criança é como um "bloco de mármore com veios", com estrutura inerente, onde a experiência só pode gravar segundo certas formas e padrões pré-especificados (ver nº 75). Segundo Leibniz, os recursos conceituais da mente são inatos e pré-configurados, sendo que os sentidos e a experiência só fornecem a ocasião para que o conhecimento da língua surja.

Jerry Fodor tem sido um dos mais proeminentes filósofos contemporâneos na vanguarda da defesa do caráter inato da linguagem por meio de uma série de argumentos influentes que são menos empíricos em natureza e mais abstratos na orientação. Ele procura argumentar da seguinte maneira a favor da existência do conhecimento inato, não só da estrutura e das categorias sintáticas da língua, mas também das palavras internas:

> Aprender uma língua (incluindo, é claro, uma primeira língua) implica aprender o que significam os predicados da língua. Aprender o que significam os predicados de uma língua envolve aprender uma determinação da extensão desses predicados. Aprender uma determinação da extensão dos predicados envolve aprender que se incluem sob determinadas regras (isto é, regras de verdade). Mas não se pode aprender que P está sob R a menos que se tenha uma língua em que P e R possam ser representados. Então, não se pode aprender uma língua a menos que se tenha uma língua. (Fodor, 63-4)

A primeira premissa se presta a duas leituras, uma vez que contém uma ambiguidade.

Uma frase é considerada ambígua quando pode ser lida de pelo menos duas maneiras diferentes. No caso do argumento de Fodor, sua primeira premissa pode ser expressa de maneira forte ou fraca e, de acordo com isso, as duas leituras diferentes podem ser apresentadas da seguinte forma:

(1) Leitura Forte: Há uma regra R tal que uma pessoa pode aprender a língua L apenas se aprender R.

(2) Leitura Fraca: Uma pessoa aprende a língua L apenas se houver uma regra R tal que a pessoa aprende R.

As diferentes leituras da primeira premissa poderiam ser representadas esquematicamente por meio do símbolo de quantificador existencial na lógica moderna — isto é, $\exists R$ — da seguinte maneira:

(1) $\exists R$ (alguém aprende L só se aprender R).
(2) Alguém aprende L só se $\exists R$ (aprender R).

Mas o importante a destacar é que Fodor precisa da versão forte para sustentar seu argumento a favor do nativismo. O que se requer para a versão fraca é simplesmente interpretar o conhecimento da língua apenas como capacidade para usar a língua, ou seja, capacidade para estar de acordo com certas regras, o que não é suficiente para sustentar uma concepção nativista da língua. Portanto, uma leitura fraca da primeira premissa torna o argumento inválido, a menos que se possa demonstrar que uma concepção de língua em termos de capacidade seja insustentável.

A segunda premissa é também suscetível a várias interpretações. Por um lado, na caracterização de um padrão de comportamento, é preciso distinguir entre (i) ser guiado por uma regra e (ii) ajustar-se a uma regra. Por exemplo, embora uma planta exiba um comportamento regular, ela não representa uma regra. Isto é, o comportamento de uma árvore se ajusta a uma regra, mas não é guiado pela regra. Portanto, no caso da língua, pode-se afirmar que, mesmo que o padrão de fala de uma criança se ajuste a uma determinada regra, não se segue que seja guiado pela mesma. O último caso precisa de maior justificação.

No entanto, o que pode ser mais prejudicial para o argumento é uma ambiguidade na premissa. Mais uma vez, há duas formas possíveis de se ler a premissa:

(A) Leitura Forte: Chegar a conhecer uma regra requer uma capacidade anterior para representá-la.
(B) Leitura Fraca: Se alguém chegar a conhecer uma regra, tem que ser capaz de representá-la.

O problema é que, embora a versão fraca pareça plausível, ela não implica a mais forte. Em outras palavras, pode-se admitir a versão fraca sem concordar com a outra, e a premissa necessária para o argumento nativista deve ser no sentido forte. Novamente, se Fodor pretende insistir na leitura forte da premissa, ele precisa fornecer algum outro argumento para descartar a leitura fraca de sua segunda premissa.

Esta premissa também precisa de esclarecimento, especificamente sobre a noção de língua evocada. Isso porque, se a noção de língua é interpretada de maneira ampla, então a alegação pende para a banalidade, no sentido de ser tão geral que ninguém se oporia a ela. Mas, nesse caso, ela não terá força suficiente para sustentar o caráter inato da língua. No entanto, a noção de língua que Fodor evoca é mais substancial e ele tem uma compreensão muito detalhada e complexa da mesma. Assim, em apoio da sua terceira premissa, Fodor recorre a uma série de outros argumentos, incluindo a polêmica ideia de impossibilidade de aprendizagem, para defender sua alegação sobre nativismo linguístico.

P1. Se alguém está aprendendo uma língua, é necessário que aprenda uma regra.

P2. Se alguém está aprendendo uma regra, é necessário que represente uma regra.

P3. Se alguém está aprendendo uma língua, é necessário que represente uma regra (silogismo hipotético, P1, P2).

P4. Se alguém é solicitado a representar uma regra, então é preciso que já saiba uma língua.

C1. Se alguém está aprendendo uma língua, então é preciso que já saiba uma língua (silogismo hipotético, P3, P4).

96
Fodor e a Impossibilidade de Aprender

Majid Amini

Fodor, Jerry. "On the Impossibility of Acquiring 'More Powerful' Structures", *in Language and Learning: The Debate between Jean Piaget and Noam Chomsky*, organizado por Massimo Piattelli-Palmarini, 142-62. Londres: Routledge & Kegan Paul, 1980.

Piatteli-Palmarini, Massimo. "Ever since Language and Learning: Afterthoughts on Piaget—Chomsky Debate", *in Cognition on Cognition*, organizado por Jacques Mehler e Susana Franck, 376-78. Cambridge, MA: The MIT Press, 1995.

Desde meados do século XX, tem havido um fluxo constante de investigação empírica que pretende apoiar a ideia de que grande parte de nossas capacidades cognitivas se baseia na existência de teorias inatistas de algum domínio específico do conhecimento (n°s 75, 95). Por exemplo, parece que as crianças têm uma base inata de informações sobre outras mentes, cuja disrupção pode resultar em estados como o autismo. Crenças inatas também foram evocadas na explicação de outros domínios de competência cognitiva, como o nosso conhecimento de propriedades básicas de objetos físicos e outras coisas: a capacidade das crianças para explorar informações limitadas sobre números, conjuntos e operações algébricas básicas; a concepção de números dos adultos; a percepção musical; as concepções ingênuas do mundo físico; certas expressões faciais das emoções; inferências dedutivas e nosso raciocínio a respeito de ações e de suas consequências práticas. Assim, sem negar ou diminuir o papel da experiência como *input* e gatilho ambiental, o quadro apresentado por essas investigações empíricas é que grande parte das nossas competências cognitivas resulta de capacidades inatas e não de aprendizagem e aquisição.

Jerry Fodor, um dos principais defensores contemporâneos do nativismo cognitivo, defende que a causa do nativismo é reforçada quando se percebe que, num sentido estrito, a aprendizagem é impossível. O argumento gira em torno da impossibilidade de alterações no sistema representacional de um organismo. Fodor argumenta que um sistema representacional mais forte não pode vir de um mais fraco por meio de aprendizagem em geral. Na verdade, o argumento é aplicável a qualquer teoria da aprendizagem expressa em termos de enriquecimento conceitual. Fodor sustenta que nada de novo pode ser adquirido durante o desenvolvimento cognitivo. Basicamente, a ideia é que as teorias que pretendem explicar essas novas aquisições podem oferecer explicações sob pena de pressupor a disponibilidade dos próprios conceitos envolvidos na nova aquisição. No entanto, o calcanhar de aquiles do raciocínio de Fodor parece ser a suposição principal do argumento, de que conhecimento e aprendizagem envolvem representações — uma doutrina conhecida como teoria representacional da mente. Podemos dizer que o processo de aprendizagem envolve mudanças no sistema representacional, como a primeira premissa faz, só se já assumimos que a aprendizagem não pode ocorrer sem representação. Mas, se acreditamos que o conhecimento e a aprendizagem podem acontecer sem representações, então a primeira premissa do argumento se torna insustentável e o argumento desmorona. No entanto, a doutrina do representacionismo é uma suposição amplamente compartilhada por um número significativo de filósofos e praticantes da ciência cognitiva.

Suponhamos que temos um organismo hipotético para o qual, no primeiro estágio, a forma de lógica instanciada é a lógica proposicional. Suponha que, no estágio 2, a forma de lógica instanciada seja lógica quantificacional de primeira ordem. [...] claramente um caso de um sistema mais fraco no estágio 1 seguido por um sistema mais forte no estágio 2. E, claro, cada teorema de uma lógica proposicional é um teorema da lógica quantificacional de primeira, mas não vice-versa. Agora vamos passar do estágio 1 para o estágio 2 por um processo de aprendizagem, isto é, por um processo de formação e confirmação de hipóteses. É evidente que isso não pode ser feito. Por quê? Porque para aprender a lógica quantificacional vamos ter que aprender as condições de verdade em expressões como *"(X) Fx"*. E, para aprender essas condições de verdade, vamos ter que formular, com o aparato conceitual disponível no estágio 1, algumas hipóteses como: *"(X) Fx"* é verdadeira se, e somente se [...]. Mas, claro, essa hipótese não pode ser formulada com o aparato conceitual disponível no estágio 1, que é precisamente o aspecto em que a lógica proposicional é mais fraca do que a lógica quantificacional. Como não há qualquer forma de dar condições de verdade a fórmulas como *"(X) Fx"* em lógica proposicional, tudo o que você pode fazer é dizer: eles incluem *Fa* e *Fb* e *Fc* e assim por diante. (Fodor, 148)

P1. Se aprendizagem é possível, então ela envolve mudanças no sistema de representação de um organismo.

P2. Se houver mudanças no sistema de representação de um organismo, então o sistema de representação já tem o aparato conceitual necessário para a mudança.

P3. O sistema de representação não tem ainda o aparato conceitual necessário para a mudança.

 C1. Não há alterações no sistema de representação de um organismo (*modus tollens*, P3, P2).

 C2. Aprender é impossível (*modus tollens*, C1, P1).

97
Quine e a Indeterminação
da Tradução

Robert Sinclair

Quine, W. V. *Word and Object*. Cambridge, MA: The MIT Press, 1960.

Hylton, Peter. *Quine*. Nova York: Routledge, 2007.
Kemp, Gary. *Quine: A Guide for the Perplexed*. Nova York: Continuum, 2006.

No capítulo 2 de sua obra-prima *Palavra e Objeto*, W. V. Quine ataca as credenciais científicas do conceito de "significado" com seu argumento controverso da indeterminação da tradução. O argumento é estabelecido em termos adequados do ponto de vista científico e empírico, segundo Quine, onde as provas para a atribuição de significado são consideradas objetivas e públicas, o que é então apreendido em termos de disposições para responder abertamente a estímulos socialmente observáveis. Ele enfatiza ainda que os critérios disponíveis para isolar significados, usados para distinguir claramente um significado de outro, também deveriam ser avaliados em termos dessa concepção pública de dados empíricos. Com esse pano de fundo, o argumento crítico de Quine contra a viabilidade empírica de "significado" prossegue com a introdução do experimento mental que ele chama de "tradução radical". Nesse cenário idealizado, um linguista de campo procura traduzir uma língua desconhecida sem a ajuda de quaisquer dicionários ou guias bilíngues. É dentro dessa situação hipotética, sugere Quine, que se pode focalizar melhor os dados brutos empíricos disponíveis para a atribuição de significado à língua em questão. Conclui que os dados disponíveis só podem levar o linguista até aí, e que a conclusão da tradução exige que o linguista use suas próprias preferências ou intuições subjetivas a respeito de como entender a língua. Como resultado, a natureza não científica da iniciativa é totalmente exposta, uma vez que a atribuição de significado geralmente envolve questões de preferência e conveniência prática e não questões científicas de fato. Assim, para Quine, a tradução é indeterminada; uma consideração das evidências e métodos disponíveis deixa a tradução inacabada, exigindo a introdução das preferências do linguista para sua conclusão. Ele defende ainda mais sua posição ao afirmar que é possível criar dois manuais rivais de tradução que façam justiça a todas as evidências e que, ainda assim, fornecem traduções inconsistentes, não havendo "verdades" para decidir entre eles. Muitos deixaram escapar ou interpretaram mal a consequência ontológica dessa conclusão. Ao mostrar que "significado" não serve a propósitos filosóficos e científicos, Quine considera que nos deu motivos para rejeitar a ideia de que os significados sejam entidades que sustentam de algum modo a prática da tradução e da comunicação. Isso ocorre porque a tradução visa estabelecer sinonímia ou relações de semelhança de significado entre línguas, que para Quine ofereceriam critérios para a identificação separada de significados. Dada a indeterminação encontrada dentro da tradução radical, não resta nenhuma elucidação empírica adequada dessa relação de sinonímia; assim, carecemos de critérios de identidade para os significados e não há motivo algum para supor que "significados" existam. Como alguns filósofos alegam que os significados devem ser interpretados como proposições, Quine às vezes apresenta a indeterminação da tradução para enfraquecer essa afirmação de que os significados são proposições.

Dado o seu interesse em tratar questões semânticas de uma perspectiva crítica, científica, e sua visão específica das provas relevantes, Quine introduz vários termos técnicos dentro de seu argumento. O "significado-estímulo" de uma frase é o conjunto ordenado de estímulos sensoriais que causariam a aceitação ou a rejeição da frase por um falante. É importante notar que o significado-estímulo serve como evidência objetiva a partir da qual o linguista procede para desenvolver um manual de tradução. Uma "frase observacional" é uma elocução que todos os falantes da língua aceitariam quando estimulados pelas mesmas situações ou circunstâncias. Além disso, duas frases são consideradas "estímulo-sinônimas" quando são aceitas sob as mesmas circunstâncias. Uma frase é "estímulo-analítica" para um falante se ele a aceitar em qualquer situação. Por último, as "hipóteses analíticas" consistem nas suposições do linguista sobre o significado de elementos da língua nativa e sua correlação com as palavras e frases inglesas. A introdução desses termos por Quine indica o tipo de clareza empírica que ele desejava injetar no estudo filosófico (ou seja, científico) da semântica ou significado. Para ele, a clareza só é atingida se nossas hipóteses, mesmo as mais abstratas da filosofia, forem descritas em termos de comportamento manifesto e disposições para esse comportamento. Ele considera que o uso desses termos fornece maior clareza científica e empírica sobre essas questões do que as abordagens mentalistas sobre a mente e o significado, que ele rejeita e considera não explicativas. Além disso, esses termos ajudam a elucidar ainda mais os passos dados para concluir a tradução e para destacar em termos mais explícitos as maneiras exatas em que o procedimento falha.

Talvez a mais óbvia entre as diversas respostas críticas a esse argumento salienta que Quine ignora fatos empíricos relevantes, que podem ajudar a descartar traduções rivais, ou talvez até determinar apenas uma. Assim, por exemplo, pode-se argumentar que as características relevantes dos cérebros humanos, como o dom genético inato essencial para a aquisição da linguagem, ajudam a determinar a tradução. No entanto, quando se aceita que os dados a serem explicados com respeito ao significado são públicos e empíricos, como quer Quine, então não fica claro como um apelo aos traços neurológicos do cérebro ajudarão na detecção de significado ou na tradução de línguas. O próprio Quine considera plausível a tese da indeterminação. Poucos concordam. Muita gente considera a tese da indeterminação essencial para a filosofia de Quine como um todo; no entanto, ao menos um comentador conhecido questiona esse ponto de vista. Mesmo se a tradução seja determinada nos termos sugeridos por Quine, a noção de significado que surge seria inadequada para os propósitos filosóficos normalmente atribuídos a proposições e significados, como compreender uma língua. Nessa leitura, as reflexões de Quine sobre a indeterminação mostrariam, no máximo, a falta de base empírica dos conceitos de "significado" e "proposição"; mas isso por si só teria pouco impacto numa visão de proposições como entidades abstratas, não empíricas. Quanto à crítica de Quine desse uso de proposição, é preciso procurar em outro lugar em sua filosofia, mais especificamente em sua visão genética sobre a aprendizagem de línguas e como essa explicação não revela a necessidade de apelar a essa concepção filosófica de significado (Hylton, 225-30). A descrição recente e bastante agnóstica de Quine da indeterminação como conjectura parece fornecer algum suporte para esta interpretação.

> As línguas conhecidas são conhecidas por meio de sistemas únicos de hipóteses analíticas estabelecidas por tradição, ou dolorosamente alcançadas por raros linguistas qualificados. Delinear um sistema contrastante exigiria toda uma empresa duplicada de tradução, sem nenhuma ajuda, nem mesmo das dicas habituais dos intérpretes. No entanto, basta refletir sobre a natureza dos dados e métodos possíveis para perceber a indeterminação. Frases traduzíveis de imediato, traduzíveis por evidências independentes de ocasiões estimulantes, são escassas e devem, infelizmente, subdeterminar as hipóteses analíticas das quais depende a tradução de todas as outras frases. Projetar tais hipóteses além das frases independentemente traduzíveis é, com efeito, atribuir inverificavelmente o nosso senso de analogia linguística à mente nativa. Nem mesmo os ditames de nosso próprio senso de analogia tendem a qualquer singularidade intrínseca; usar a primeira coisa que vem à mente gera um ar de determinação, ainda que reine a liberdade. Não pode haver dúvida de que sistemas rivais de hipóteses analíticas podem servir com perfeição à totalidade do comportamento discursivo, e podem servir à totalidade de disposições para o comportamento discursivo também, e ainda assim especificar traduções mutuamente incompatíveis de inúmeras frases não suscetíveis de controle independente. (Quine, 72)

P1. A linguagem é uma arte social. Adquiri-la depende de indícios observáveis intersubjetivos do que dizer e quando dizer; ou seja, é aqui que encontramos evidências empíricas relevantes para a determinação do significado.

P2. Se a língua é social nesse sentido específico, então a compreensão de como o "significado" é adquirido só pode ser esclarecida por um apelo às disposições para responder abertamente aos estímulos socialmente observáveis, isto é, às disposições verbais ao comportamento manifesto.

C1. O tipo de evidência empírica relevante para esclarecer a determinação de significado consiste em disposições verbais ao comportamento manifesto (*modus ponens*, P1, P2).

P3. Para isolar melhor esses dados e os possíveis limites empíricos de uma descrição científica de significado pode-se considerar uma descrição de tradução chamada "tradução radical" (TR), uma situação idealizada onde nos confrontamos com uma língua desconhecida e não temos recursos bilíngues ou dicionários. Nós, então, examinamos até que ponto as evidências (ou seja, disposições verbais) preservam a identidade de significado entre as línguas.

P4. Usando os significados de estímulos de enunciados nativos, o linguista de campo traduz expressões nativas, observando as interações com o meio ambiente local. Esse método produz traduções de frases observacionais e conexões lógicas entre enunciados. Mais genericamente, o linguista pode avaliar se duas frases são estímulo-sinônimas — isto é, quando compartilham significados-estímulos — ou analíticas, isto é, quando concordam em seguir qualquer estímulo.

C2. Nesse ponto, a tradução pode ser mais ou menos determinada com objetividade, sendo que a maior parte da língua em questão ainda se mantém sem tradução. Medidas adicionais devem ser tomadas para completar a conversão (P4, descrição detalhada das etapas de TR).

P5. Se a tradução deve continuar para além dessa fase, então o linguista deve cortar frases e transformá-las em palavras, atribuindo um significado independente para elas e desenvolvendo, assim, um sistema de hipóteses analíticas; ou seja, fornecer um manual de tradução.

C3. O linguista completa um manual de tradução usando essas hipóteses analíticas (*modus ponens*, C2, P5).

P6. Essas hipóteses vão além da evidência disponível (ou seja, o significado de estímulo) e não respondendo diretamente por essa evidência.

P7. Se as hipóteses analíticas não respondem diretamente pelos dados, então é possível construir sistemas rivais de hipóteses analíticas que são igualmente boas traduções da língua em questão.

C4. O resultado é a indeterminação da tradução: sistemas rivais de hipóteses analíticas são possíveis, cada um dos quais fornece um manual de tradução que tem o mesmo êxito em facilitar a comunicação efetiva. Não restam mais "verdades" para distinguir qualquer um deles como *o* melhor manual de tradução da língua. A sinonímia ou semelhança de significado entre línguas não foram esclarecidas empiricamente (*modus ponens*, P6, P7).

P8. Se temos indeterminação de tradução e padrões obscuros de sinonímia, então não há nenhuma boa razão científica ou filosófica para postular a existência de significados ou proposições subjacentes à prática da tradução e da comunicação.

C5. Não existem então significados de frases ou proposições (*modus ponens*, C4, P8).

98
Davidson e o Argumento a favor do Princípio da Caridade

Maria Caamaño

Davidson, Donald. "Radical Interpretation", *in Inquiries into Truth and Interpretation*, 125-39. Oxford: Oxford University Press, 1984.

___. "On the Very Idea of a Conceptual Scheme", *in Inquiries into Truth and Interpretation*, 183-98. Oxford: Oxford University Press, 1984.

Hahn, Ludwig E. (org.). *The Philosophy of Donald Davidson, The Library of Living Philosophers*, vol. XXVII. Chicago e La Salle: Open Court, 1999.

McGinn, Colin. "Charity, Interpretation and Belief." *Journal of Philosophy* 74 (1977): 521-35.

Ramberg, Bjorn. *Donald Davidson's Philosophy of Language*. Oxford: Blackwell, 1989.

Stich, Stephen. *The Fragmentation of Reason*. Cambridge, MA: The MIT Press, 1990.

Wilson, N. L. "Substance without Substrata." *Review of Metaphysics* 12 (1959): 521-39.

Davidson desenvolve seu argumento a favor do Princípio da Caridade como uma forma de evitar recorrer a entidades intencionais em sua teoria semântica e, ao mesmo tempo, de descartar o problema quiniano a respeito da indeterminação da tradução (nº 97). As seis premissas formuladas a seguir correspondem a seis teses de Davidson. A primeira estabelece os indícios disponíveis para a interpretação. A segunda afirma que tal evidência é insuficiente, ao passo que P3 salienta uma primeira exigência para a interpretação, ou seja, a atribuição de crenças. A quarta e quinta premissas apontam para um problema duplo surgido dessa última exigência, ou seja, a interdependência entre crença e significado e a inacessibilidade das crenças. Em P6, uma segunda condição é estabelecida a fim de resolver esse problema: a aplicação do Princípio da Caridade. A conclusão faz referência à consequência decorrente do cumprimento da segunda condição: a traduzibilidade entre a língua do intérprete e a língua da pessoa que está sendo interpretada. A dependência entre o cumprimento da primeira e da segunda exigência, formuladas dentro da estrutura filosófica de Davidson, é o que determina a dependência da interpretação na tradução. O argumento segue uma estratégia silogística apoiada em três suposições principais: uma diz respeito à necessidade de atribuição de crenças para que a interpretação seja possível, a outra está relacionada à inacessibilidade das crenças de outros agentes e a terceira diz respeito à interdependência entre crenças e significados. Cabe observar que Davidson mudou radicalmente a formulação original do Princípio da Caridade de N. L. Wilson: "Selecionamos como *designatum* [de um nome] aquele indivíduo que tornará verdadeiras o maior número possível de declarações [do falante]" (532). Davidson introduz o Princípio da Caridade não apenas como regra semântica para determinar os referentes dos substantivos na língua do falante, mas também como condição necessária para reconhecer um agente linguístico, isto é, para reconhecer qualquer comportamento intencional. Três tipos principais de objeções têm sido feitas ao uso que Davidson faz desse princípio: (1) o caráter *a priori* do Princípio da Caridade, que não tem qualquer justificação empírica (Ramberg); (2) a alta probabilidade do acordo necessário para interpretar ser muito menor do que Davidson pensa (Stich); e (3) a existência de diferentes padrões de comportamento racional que podem evoluir ao longo da história, e até mesmo um certo grau de irracionalidade que também obedece a certos padrões passíveis de evolução (McGinn).

> Se não pudermos encontrar uma forma de interpretar as elocuções e outros comportamentos de uma criatura como reveladores de um conjunto de crenças amplamente consistentes e verdadeiras pelos nossos próprios padrões, não temos razão para considerar aquela criatura racional, capaz de ter crenças ou de dizer qualquer coisa. (Davidson "Radical Interpretation", 137)

A primeira parte tem a ver com coerência. Os pensamentos com conteúdo proposicional têm propriedades lógicas; acarretam e são acarretados por outros pensamentos. Nossos raciocínios efetivos ou atitudes fixas nem sempre refletem essas relações lógicas. Mas já que são as relações lógicas de um pensamento que o identificam em parte como o pensamento que é, os pensamentos não podem ser totalmente incoerentes [...]. É o que expressa o princípio da caridade ao dizer: a menos que haja coerência em uma mente, não há pensamentos [...]. A segunda parte do argumento tem a ver com o conteúdo empírico das percepções e das frases observacionais que as expressam. Aprendemos a aplicar nossas primeiras frases observacionais com os outros, na presença conspícua (para nós) de objetos, acontecimentos e traços do mundo mutuamente sentidos. É isso que ancora a linguagem e a crença no mundo, e garante que o que queremos dizer ao usar essas frases é geralmente verdade. [...] O princípio da caridade reconhece a maneira pela qual devemos aprender frases perceptuais. (Davidson, cit. *in* Hahn, 343)

P1. Se alguma coisa é evidência disponível para a interpretação, então esse é o comportamento do agente em circunstâncias publicamente observáveis.

P2. A única evidência disponível para a interpretação é insuficiente.

P3. Se houver interpretação, haverá atribuição de crenças aos agentes que estão sendo interpretados.

P4. Crença e significado são interdependentes.

P5. As crenças não são o comportamento do agente em circunstâncias publicamente observáveis.

C1. As crenças não são evidência disponível para a interpretação (*modus tollens*, P1, P5).

P6. Se houver atribuição de crenças, haverá uma maximização do acordo entre as crenças do intérprete e as crenças dos agentes que estão sendo interpretados.

C2. Se houver interpretação, haverá uma maximização do acordo entre as crenças do intérprete e as crenças dos agentes que estão sendo interpretados (silogismo hipotético, P3, P6).

P7. Há maximização do acordo entre as crenças do intérprete e as crenças dos agentes que estão sendo interpretados (suposição).

C3. Há maximização do acordo entre o significado da linguagem do intérprete e do significado da linguagem utilizada pelos agentes que estão sendo interpretados (substituição, P4, P7).

C4. Se há maximização do acordo entre as crenças, então há maximização do acordo entre significados, isto é, tradução (substituição P7, C3).

C5. (Princípio da Caridade): Se há interpretação, então há tradução (silogismo hipotético, C2, C4).

99

O Argumento de Frege a favor do Platonismo

Ivan Kasa

Frege, Gottlob. *Grundlagen der Arithmetik. Eine logisch mathematische Untersuchung über den Begriff der Zahl.* Breslau: W. Koebner, 1884.

___. *Begriffsschrift. Eine der arithmetischen Nachgebildete Formelsprache des reinen Denkens.* Halle: Louis Nebert, 1879.

___. *The Foundations of Arithmetic*, traduzido por J. L. Austin. Evanston, IL: Northwestern University Press, 1994.

Hale, Bob e Wright, Crispin. *The Reason's Proper Study*. Oxford: Oxford University Press, 2000.

Wright, Crispin. "Field and Fregean Platonism", *in Physicalism in Mathematics*, organizado por A. Irvine, 73-94. Dordrecht : Kluwer, 1990.

Em geral, muitos enunciados matemáticos são considerados verdadeiros. Aprendemos a distinguir desde cedo, por exemplo, os enunciados aritméticos verdadeiros, como "2 + 3 = 5", dos falsos, como "2 + 3 = 4". Num nível mais elevado de sofisticação matemática, mas num sentido semelhante, o trabalho dos matemáticos profissionais parece ser articular conjecturas matemáticas e provar sua veracidade.

Por outro lado, qualquer explicação de raciocínio informal mantém que, para que seja o caso que alguma coisa seja tal-e-tal, a coisa assim caracterizada tem que existir. Nas teorias formais de consequência lógica, isso é captado por regras de generalização existencial. Enunciável na lógica de predicados quantificada, a generalização existencial diz que toda fórmula $\exists x P(x)$ (P = predicado) é a consequência lógica de uma fórmula da forma Pa, onde a é um termo constante.

É interessante que essas afirmações elementares e incontroversas constituam premissas para um argumento que tem um efeito muito controverso. Perguntar se existem objetos abstratos, como números, conjuntos ou propriedades, significa pisar num campo de batalha tradicional na filosofia ocidental, que ainda é vigorosamente discutido. Ao mesmo tempo, a alegação de que há uma coisa que é um número pode ser inferida a partir de qualquer verdade trivial da aritmética.

O refinamento desse argumento breve, mas importante, explicita algumas das suposições centrais comumente associadas aos conceitos envolvidos. São suposições sobre como a linguagem é estruturada e como ela se relaciona com o mundo, que podem ser evocadas para justificar as regras de inferência mencionadas anteriormente e que estão refletidas em explicações formais e padronizadas de significado. O desenvolvimento de tais explicações começou com a análise que Frege faz da predicação elementar em forma de função-argumento, em que os termos singulares constituem uma categoria de expressões sintaticamente determináveis cujos membros têm a função de se referir a entidades do mundo (ver *Begriffsschrift* de Frege).

É natural supor que a referência não seja bem-sucedida se a entidade supostamente referida não existe. Os termos singulares abstratos são termos singulares que pretendem se referir a entidades abstratas, isto é, a entidades sem localização espaço-temporal. Na concepção fregiana tradicional, os objetos são por definição as entidades a que podemos nos referir, aquele aspecto do mundo sensível à categoria sintaticamente caracterizável de termos singulares. (Observe que isso torna a classe de objetos um tanto ampla, incluindo, por exemplo, o paradeiro das pessoas.) Em particular, Frege argumentou que os numerais são termos singulares e que os números são, portanto, objetos abstratos (ver *Grundlagen*, de Frege).

> Em aritmética, não lidamos com objetos que conhecemos como algo estranho vindo de fora através dos sentidos, mas com objetos dados diretamente à nossa razão e, como seu parente mais próximo, totalmente transparentes para ela. (*Fundamentos* de Frege, par. 105)

> A convicção de Frege de que os números são objetos [...] é produto de uma linha enganosamente simples de pensamento. Os objetos são o que os termos singulares, em seu uso mais básico, estão aptos a represen-

tar. E eles conseguem fazê-lo quando, assim usados, figuram em enunciados verdadeiros. Certos tipos de expressão, por exemplo os números decimais padrão e expressões formadas pela aplicação do operador numérico "o número de..." a um predicado, são usados como termos singulares em enunciados aritméticos puros e aplicadas de identidade e predicação em que figuram. Muitos desses enunciados são verdadeiros. Então, tais termos têm referência, e sua referência é a objetos. (Wright, 154)

P1. Se uma frase é verdadeira, todos os seus elementos sintáticos cumprem com sucesso sua função semântica.
P2. A função semântica de termos singulares (abstratos) é se referir a objetos (abstratos).
    C1. Se uma frase é verdadeira, todos os seus termos singulares (se houver) se referem com sucesso a objetos (substituição, P1, P2).
P3. Se um termo singular se refere com sucesso, há um objeto a que ele se refere.
    C2. Se uma frase parcialmente constituída por termos singulares é verdadeira, há objetos a que seus termos singulares se referem (silogismo hipotético, C1, P3).
P4. Há frases verdadeiras parcialmente constituídas por termos singulares abstratos.
    C3. Há objetos abstratos (*modus ponens*, C2, P4).

100
Platonismo Matemático

Nicolas Pain

Benacerraf, Paul. "Mathematical Truth", *Journal of Philosophy* 70 (1973): 661-80.

Balaguer, Mark. *Platonism and Antiplatonism in Mathematics*. Oxford: Oxford University Press, 1998.

Gödel, Kurt. "What is Cantor's Continuum Hypothesis?" *in Kurt Gödel: Collected Works. Publications 1938-1974*, organizado por Solomon Ferferman, John W. Dawson Jr., Stephen C. Kleene, Gregory H. Moore, Robert M. Soloway e Jean van Heijenoort, vol. 2, 254-70. Oxford: Oxford University Press, 1995. Publicado originalmente *in Philosophy of Mathematics: Selected Readings*, organizado por Paul Benacerraf e Hilary Putnam. Englewood Cliffs, NJ: Prentice-Hall/Oxford: Blackwell, 1964.

Parsons, Charles. "Mathematical Intuition", *Proceedings of the Aristotelian Society* 80 (1979-1980): 145-68.

O propósito do platonismo matemático (PM) é justificar o conhecimento matemático e explicar por que certas proposições matemáticas são verdadeiras e significativas. A alegação metafísica e epistemológica é: (1) que os objetos abstratos existem, ou seja, objetos que não são nem espaçotemporais nem causais; (2) que as proposições matemáticas verdadeiras e significativas de teoria de alta ordem representam ou se referem a objetos abstratos; (3) que sabemos quando essas proposições são verdadeiras e significativas porque temos acesso a objetos abstratos. A referência a objetos abstratos parece surgir em teorias lógicas e matemáticas de segunda ordem (ou superior), isto é, em teorias que não quantificam sobre indivíduos (por ex., "se existe um x tal que $x \geq y$, então $x + z \geq y + z$"), mas sobre propriedades de itens lógicos e matemáticos (por ex., em "qualquer número natural que tenha apenas dois números naturais divisores distintos, o 1 e ele mesmo, é um número primo", quantificamos sobre a propriedade "ser um número natural") ou propriedades de propriedades.

Por causa de evidências matemáticas (o fato de sabermos com certeza que certas proposições matemáticas de segunda ordem ou superior, por exemplo "3 é primo", são verdadeiras), PM argumenta que podemos inferir a partir da *intuição* dessas proposições serem verdadeiras, primeiro, que temos *uma intuição* de que há objetos abstratos que lhes dão significado, e, segundo, que temos, à semelhança da percepção de objetos empíricos, uma faculdade cognitiva específica para perceber objetos abstratos, sem a qual nenhuma intuição seria, cognitivamente falando, possível (ver Gödel e Parsons).

Enquanto o argumento metafísico (ver Benacerraf) contra PM aborda o enunciado (1), o argumento cético contra PM aborda os enunciados (2) e (3). O ponto central da discussão epistemológica contra PM é a teoria causal do conhecimento (Benacerraf), cujo propósito é negar, primeiro, a validade da inferência que vai da *intuição de* à *intuição de que*, e, segundo, a existência de uma faculdade cognitiva específica de perceber objetos abstratos. Um ser humano X conhece **P** (uma proposição) se e somente se X é, de um modo apropriado, causalmente relacionado ao fato de que *p*. E a partir dessa premissa, inferimos, primeiro, que os seres humanos não podem obter o conhecimento de objetos abstratos, e, segundo, que os seres humanos não podem obter o conhecimento de proposições matemáticas de teorias de segunda ordem (ou superior) baseadas em objetos abstratos. Portanto, PM não é verdadeiro. E, como sabemos com certeza que certas proposições de segunda ordem (ou superior) são verdadeiras, mesmo supondo que não conhecemos objetos abstratos, PM não explica a evidência matemática. Portanto, PM não é a melhor maneira de explicar o conhecimento matemático.

> [Se X sabe que *p*,] deve ser possível estabelecer um tipo apropriado de conexão entre as condições de verdade de *p* (...) e a base sobre a qual *p* é conhecido, pelo menos para proposições que devemos vir a conhecer — que não são inatas. Na ausência disso, nenhuma conexão foi estabelecida entre a existência desses fundamentos e a crença numa proposição que seja verdadeira. [...] Essa segunda condição de uma explicação da verdade matemática não será satisfeita porque não temos explicação para como sabemos que as condições de verdade para as proposições matemáticas são válidas. (Benacerraf, 667)

P1. Se o platonismo matemático é verdadeiro, então, se para qualquer ser humano há conhecimento de proposições matemáticas de teoria de segunda ordem ou superior, então esse conhecimento é baseado em objetos abstratos.

P2. Se S conhece **P** (uma proposição), então a base de S para **P** está ligada de forma relevante ao fato de que *p*.

P3. Para qualquer X, se X for um ser espaçotemporal, e para qualquer **Q** (uma proposição que descreve um fato *q* sobre um objeto abstrato), então X não é ligado de modo relevante ao fato de que *q* e, portanto, X não conhece **Q**.

P4. Os seres humanos são seres espaçotemporais.

    C1. Os seres humanos não são ligados de modo relevante a objetos abstratos e não têm nenhum conhecimento de objetos abstratos (*modus ponens*, P3, P4).

    C2. Os seres humanos não conhecem qualquer proposição baseada em objetos abstratos (*modus tollens*, P2, C1).

P5. Se os seres humanos têm conhecimento de proposições matemáticas de teoria de segunda ordem (ou superior) baseada em objetos abstratos, então os seres humanos tem conhecimento de objetos abstratos.

    C3. Os seres humanos não tem qualquer conhecimento de proposições matemáticas de teoria de segunda ordem (ou superior) baseada em objetos abstratos (*modus tollens*, P5, C2).

    C4. O platonismo matemático não é verdadeiro (*modus tollens*, P1, C3).

Apêndice A:
APRENDA
O JARGÃO DA LÓGICA

Um **enunciado** ou **proposição** é uma frase que pode ser verdadeira ou falsa.

Um **enunciado condicional** é uma frase que pode ser verdadeira ou falsa e tem duas partes: a antecedente e a consequente. Um enunciado condicional tem em geral a forma de um enunciado "Se..., então...."

Um **argumento** é um conjunto de enunciados com pelo menos uma premissa e uma conclusão. As premissas fornecem razões ou evidências para a verdade da conclusão.

Um **argumento dedutivo** tem premissas que garantem a verdade da conclusão. Um **argumento indutivo** é um argumento em que as premissas fornecem razões segundo as quais a conclusão é provavelmente verdadeira.

Um argumento é **dedutivamente válido** se e somente se for impossível que a conclusão seja falsa se as premissas forem verdadeiras. Um argumento é considerado "**sólido**" quando é dedutivamente válido e as premissas são de fato verdadeiras. Um argumento **não sólido** é inválido, ou válido com (pelo menos) uma premissa falsa.

Um **argumento forte** é um argumento indutivo em que as premissas sustentam de maneira suficiente que a conclusão é provavelmente verdadeira. A força de um argumento indutivo é uma questão de grau, e descrever um argumento desses não implica que as premissas sejam verdadeiras.

Os argumentos indutivos que não são fortes, tendo conclusões improváveis dadas as premissas, são chamados de argumentos "**fracos**".

Um **argumento cogente** é um argumento forte em que todas as premissas são de fato verdadeiras. Um argumento não cogente é fraco ou forte, com pelo menos uma premissa falsa.

Apêndice B:
REGRAS DE INFERÊNCIA
E SUBSTITUIÇÃO

Modus ponens	$p \supset q$
	p
	$\therefore q$
Modus tollens	$p \supset q$
	$\sim q$
	$\therefore \sim p$
Silogismo hipotético	$p \supset q$
	$q \supset r$
	$\therefore p \supset r$
Silogismo disjuntivo	$p \vee q$
	$\sim p$
	$\therefore q$
Dilema construtivo	$(p \supset q) \cdot (r \supset s)$
	$p \vee r$
	$\therefore q \vee s$
Dilema destrutivo	$(p \supset q) \cdot (r \supset s)$
	$\sim q \vee \sim s$
	$\therefore \sim p \vee \sim r$
Absorção	$p \supset q$
	$\therefore p \supset (p \cdot q)$
Simplificação	$p \cdot q$
	$\therefore p$
Conjunção	p
	q
	$\therefore p \cdot q$
Adição	p
	$\therefore p \vee q$

As seguintes expressões logicamente equivalentes podem substituir uma à outra:

Teorema de De Morgan	$\sim (p \cdot q) \equiv (\sim p \vee \sim q)$
	$\sim (p \vee q) \equiv (\sim p \cdot \sim q)$
Comutação	$(p \vee q) \equiv (q \vee p)$
	$(p \cdot q) \equiv (q \cdot p)$
Associação	$[p \vee (q \vee r)] \equiv [(p \vee q) \vee r]$
	$[p \cdot (q \cdot r)] \equiv [(p \cdot q) \cdot r]$
Distribuição	$[p \cdot (q \vee r)] \equiv [(p \cdot q) \vee (p \cdot r)]$
	$[p \vee (q \cdot r)] \equiv [(p \vee q) \cdot (p \vee r)]$
Dupla negação	$p \equiv \sim \sim p$
Transposição	$(p \supset q) \equiv (\sim q \supset \sim p)$
Implicação material	$(p \supset q) \equiv (\sim p \vee q)$
Equivalência material	$(p \equiv q) \equiv [(p \supset q) \cdot (q \supset p)]$
	$(p \equiv q) \equiv [(p \cdot q) \vee (\sim p \cdot \sim q)]$
Exportação	$[(p \cdot q) \supset r] \equiv [p \supset (q \supset r)]$
Tautologia	$p \equiv (p \vee p)$
	$p \equiv (p \cdot p)$

Simetria de identidade: Se $a = b$, então $b = a$ (p. ex., n$^{\circ}$ 21).

Transitividade de identidade: Se $a = b$ e $b = c$, então $a = c$.

Substituição: Se $a = b$, então a pode substituir b (p. ex., n$^{\circ}$ 9).

"Instanciação" razões do geral para o particular: de "Todos os homens são mortais" para "Mike é mortal", em que "Mike" é uma instância de "homens".

Reductio ad absurdum é uma estratégia indireta para provar que uma proposição é verdadeira, assumindo sua contradição (oposto) e depois mostrando que esta leva a uma conclusão que é falsa, contraditória ou absurda, justificando assim a proposição original. Note-se que, para qualquer proposição, ou essa proposição é verdadeira, ou a sua negação é verdadeira.

NOTAS SOBRE
OS COLABORADORES

Scott F. Aikin, Ph.D., é professor sênior de filosofia na Universidade de Vanderbilt, em Nashville, Tennessee. É autor de *Epistemology and the Regress Problem* (no prelo) e é coautor (com Robert Talisse) de *Pragmatism: A Guide for the Perplexed* (2008).

Majid Amini, Ph.D., é professor de filosofia na Virginia State University e já ensinou nas Universidades de Londres e Manchester, no Reino Unido e na Universidade de West Indies, em Barbados. Publicou vários artigos e capítulos de livros nas áreas de epistemologia, lógica filosófica, filosofia da psicologia, filosofia da religião, filosofia da educação, história da filosofia moderna e analítica e pensamento pós-colonial. Sua tese de doutorado, que abrange o nativismo lógico-linguístico, foi concluída na Universidade de Londres, Reino Unido.

Agustin Arrieta, Ph.D., é professor de lógica e filosofia da ciência na Universidade do País Basco (Donostia – San Sebastián, Espanha) e formou-se também em ciências da computação. Suas áreas de interesse são história e filosofia da lógica, e filosofia da linguagem e da mente. É interessado na filosofia de Hume, especialmente em sua ética.

David Baggett, Ph.D., formou-se na Wayne State University, Michigan. Atualmente é professor de filosofia na Liberty University, em Lynchburg, Virgínia. Seus interesses incluem filosofia moral, teologia filosófica, filosofia e cultura popular, e filosofia da religião.

Steven Barbone, Ph.D., é professor-associado na San Diego State University, onde às vezes tem a sorte de trabalhar com talentosos mestrandos em ciências humanas, alguns dos quais produzem ocasionalmente volumes originais como este. Sua área de pesquisa mais importante está no século XVII, concentrando-se em Bento Espinoza e mais recentemente em Gabrielle Suchon.

Adrian Bardon, Ph.D., é professor-associado de filosofia da Universidade Wake Forest, em Winston-Salem, Carolina do Norte. Seus interesses acadêmicos incluem filosofia do tempo, história da ciência e naturalismo filosófico.

Charlotte Blease, Ph.D., nasceu em Belfast, e sua tese, *Paul Churchland's Arguments for Eliminative Materialism*, foi feita na Universidade de Queen, em Belfast, Irlanda do Norte. É professora assistente da Universidade de Queen, e seus principais interesses são filosofia da psicologia e filosofia da psiquiatria.

Nicolas Bommarito, B.A., é aluno de doutorado na Brown University, Providence, Rhode Island. Fez graduação em filosofia na Universidade de Michigan, Ann Arbor, e tem também um diploma de línguas da Tibet University, em Lhasa. Tem interesse em epistemologia e psicologia moral.

Montserrat Bordes, Ph.D., ensinou filosofia analítica na Faculdade de Letras, e bioética na Faculdade de Ciências da Universidade Pompeu Fabra, em Barcelona. Escreveu vários artigos sobre ontologia, filosofia das emoções e ética aplicada, bem como um livro sobre filosofia política. Fez parte da Sociedade Espanhola de Filosofia Analítica (SEFA) e do Comitê de Ética de Pesquisa Científica do Instituto de Investigação Científica de Barcelona (IMIM).

Jurgis (George) Brakas, Ph.D., obteve seu diploma em filosofia na Columbia University, em Nova York, em 1984, depois de um B.A. em filosofia na Princeton University em 1968. Seus principais interesses são Aristóteles, filosofia grega antiga, Rand, ética e metaética, lógica e filosofia da lógica.

Michael Bruce, M.A., formou-se em filosofia na San Diego State University. É coeditor deste volume e, além disso, organizou com Robert M. Stewart *College Sex – Philosophy for Everyone: Philosophers with Benefits* (Wiley-Blackwell, 2010). Bruce ensinou filosofia e matemática no Centro Robinson para Jovens Acadêmicos da Universidade de Washington e publicou ensaios em livros, jornais e *on-line*.

Leslie Burkholder, Ph.D., doutorou-se na British Columbia University, no Canadá, e trabalha agora como professor de filosofia. Seus interesses incluem aplicações de lógica formal, computação e filosofia.

Maria Caamaño, obteve seu Ph.D. na Universidade de Santiago de Compostela e é professora-associada na Universidade de Valladolid, Espanha. Sua pesquisa se concentra em filosofia da ciência, incluindo sua interface com a filosofia da linguagem, abordando temas como teoria da mudança e mudança referencial. Tem interesse também em questões relacionadas à epistemologia naturalizada.

Nicola Ciprotti, Ph.D., doutorou-se na Universidade de Florença, Itália. Atualmente, é pesquisador (membro) sênior da Universidade de Salzburgo, na Áustria. Publicou trabalhos sobre metafísica e lógica filosófica.

John M. DePoe, doutorando na Universidade de Iowa, está concluindo uma tese nas áreas de metafísica e epistemologia.

Willem A. deVries, Ph.D., concluiu o bacharelado na Haverford College e fez mestrado e doutorado na Universidade de Pittsburgh. Ensinou na Amherst College, Harvard, Tufts e na Universidade de Viena, na Áustria. Ensina desde 1988 na Universidade de New Hampshire, onde é professor titular. Seus interesses são pela filosofia da mente, metafísica e epistemologia e história da filosofia, especialmente o idealismo alemão. Tem várias publicações sobre Wilfrid Sellars.

Luis Estrada-González, doutorando, estuda filosofia contemporânea na Universidad Autónoma do Estado de Morelos (UAEM), México. Durante o ano letivo de 2010-2011 fez um estágio de pesquisa no Bernoulli Research Institute da Universidade de Groningen, Holanda. Estudou lógica e filosofia da ciência na UAEM e na Universidad Iberoamericana, no campus de Puebla. Seu trabalho está na intersecção da lógica, filosofia da lógica e teoria da categoria. Tem especial interesse pelas bases filosóficas das teorias gerais de lógica e pelo significado filosófico da teoria da categoria.

Matthew Frise, M.A., é doutorando na Universidade de Rochester, Nova York, onde se especializa em epistemologia e filosofia da religião. Obteve seu mestrado em filosofia na Universidade da Califórnia,

Santa Cruz; o tema central de sua dissertação foi uma interpretação probabilística de uma das estratégias anticéticas de Moore.

A. T. Fyfe, M.A., ensina filosofia na Pierce College, no estado de Washington. Fez mestrado na Universidade de Miami e na Universidade de Washington. Atualmente está iniciando seu doutorado.

Brett Gaul, Ph.D., é professor-assistente de filosofia na Southwest Minnesota State University, em Marshall, Minnesota. Fez doutorado na Universidade de Iowa. Seus interesses de pesquisa incluem Agostinho, ética e filosofia e cultura popular. Seu trabalho foi publicado em *Augustinian Studies* e *The Proceedings of the American Catholic Philosophical Association*.

Jeffrey Gordon, Ph.D., é professor titular de filosofia e Humanidades na Texas State University. Seus inúmeros ensaios e artigos tratam de questões pertinentes ao significado da vida.

Tom Grimwood, Ph.D., formou-se pela Universidade de Lancaster, no Reino Unido, onde ensina ética no Departamento de Filosofia, Política e Religião. Sua pesquisa se concentra na relação filosófica entre interpretação, ética e ambiguidade. Tem publicações sobre esse tema em *The British Journal for the History of Philosophy*, *Angelaki*, e *The Journal of Cultural Studies*.

Gerald Harrison, Ph.D., doutorou-se pela Universidade de Durham, no Reino Unido, em 2006. É professor de filosofia na Universidade de Massey, Nova Zelândia, e pesquisador honorário da Universidade de Aberdeen, no Reino Unido. Sua pesquisa se concentra em metafísica do livre-arbítrio, responsabilidade moral e ética da procriação.

Deborah Heikes, Ph.D., doutorou-se em filosofia pela Universidade de Illinois e é professora-associada na Universidade de Alabama, em Huntsville. Sua pesquisa se concentra basicamente em natureza da racionalidade e epistemologia feminista.

Julia Hermann, doutoranda no Departamento de Ciências Políticas e Sociais no European University Institute, em Florença, Itália, está escrevendo uma tese sobre justificação moral e competência moral. Sua pesquisa se concentra em filosofia moral e política, na questão do livre-arbítrio e na filosofia do último período de Wittgenstein.

Stephen Hetherington, Ph.D., é professor de filosofia na Universidade de New South Wales, na Austrália, onde se especializa em epistemologia. Seus títulos incluem um BPhil de Oxford, um MA e um Ph.D. da Universidade de Pittsburgh. É autor de seis livros, basicamente sobre epistemologia. Dois destes são monografias: *Epistemology's Paradox* (1992) e *Good Knowledge, Bad Knowledge* (2001). Os outros quatro são introdutórios: *Knowledge Puzzles* (1996), *Reality? Knowledge? Philosophy!* (2003), *Self-Knowledge* (2007), e *Yes, But How Do You Know?* (2009). Organizou duas coleções de epistemologia — *Epistemology Futures* (2006) e *Aspects of Knowing* (2006) — e publicou mais de cinquenta ensaios nessa área.

Amir Horowitz, Ph.D., é professor-associado de filosofia na Universidade Aberta de Israel. Sua pesquisa se concentra em filosofia da mente e filosofia da linguagem. Interessa-se também por ética, filosofia do direito e filosofia do esporte.

Dale Jacquette, Ph.D., é Professor Catedrático Sênior em Filosofia Teórica da Universidade de Berna, Suíça. É autor de vários artigos sobre lógica, metafísica e filosofia da mente, e recentemente publicou *Symbolic Logic, Philosophy of Mind: The Metaphysics of Consciousness, Ontology, Wittgenstein's Thought in Transition, David Hume's Critique of Infinity* e *Logic and How It Gets That Way*. Organizou *Companion to Philosophical Logic*, de Blackwell, e o volume sobre filosofia da lógica da série Filosofia da Ciência da North Holland Handbook.

Ludger Jansen, Ph.D., tem doutorado em filosofia, bem como títulos universitários em filosofia e teologia. Ensina filosofia na Universidade de Rostock e é diretor do Centro de Lógica, Filosofia e História da Ciência (ZLWWG) nessa universidade. Atualmente, sua pesquisa se concentra em filosofia antiga e metafísica, especialmente ontologia biomédica e social.

Byron Kaldis, Ph.D., é professor-associado de filosofia na Universidade Aberta Helênica, Grécia, tendo antes ensinado em universidades no Reino Unido e nos Estados Unidos. Seus interesses acadêmicos incluem metafísica, filosofia das ciências sociais, a relação entre ética e política, e questões filosóficas relacionadas à tecnologia moderna. É editor geral da Enciclopédia SAGE de Filosofia e Ciências Sociais, e editor de um volume da Synthese Library: *Mind and Society: Cognitive Science Meets the Philosophy of the Social Sciences.*

Ivan Kasa, MA, formou-se em filosofia e matemática e é pesquisador na área de filosofia na Universidade de Estocolmo, Suécia. Atualmente, pesquisa teorias neofregianas e ficcionais dentro da filosofia da matemática.

Amy Kind, Ph.D., é professora-associada de filosofia na Claremont McKenna College, na Califórnia, onde ensina filosofia da mente, metafísica e lógica. Fez o doutorado na Universidade da Califórnia, Los Angeles. Sua pesquisa se concentra em consciência fenomênica, imaginação e introspecção, e publica em revistas como *Philosophy and Phenomenological Research, Philosophical Studies* e *The Philosophical Quarterly.*

Joyce Lazier, Ph.D., doutorou-se em 2003 pela Universidade de Nebraska. Sua tese versou sobre os deveres do direito na *Metafísica dos Costumes* de Kant. Escreveu artigos e capítulos de livros sobre ética kantiana que se encontram em diversas etapas de publicação. Atualmente, está ensinando na Universidade de Indiana, Purdue University Fort Wayne (IPFW), como palestrante contratada.

Harry Lesser, Ph.D., aposentou-se como professor de filosofia pela Manchester University, Reino Unido, em 2008. Seu trabalho se concentra nas áreas de ética (especialmente ética médica), filosofia do direito, filosofia antiga, e filosofia e psiquiatria, além de filosofia da religião. Organizou recentemente *Justice for Older People* e está trabalhando num ensaio sobre direito internacional.

Steven Luper, Ph.D., doutorou-se pela Harvard University. É professor do Departamento de Filosofia da Trinity University, em San Antonio, Texas.

Fauve Lybaert, doutoranda em filosofia pela Universidade de Leuven, na Bélgica, está trabalhando numa tese sobre identidade pessoal e o eu formal. Nesse contexto, examina as contribuições à questão de identidade pessoal e autoconsciência, a partir da tradição fenomenológica e da filosofia analítica.

Sean McAleer, Ph.D., é professor-associado de filosofia na Universidade de Wisconsin, Eau Claire. Seus interesses básicos são teoria ética e a história da ética. Seu trabalho foi publicado na *The American Philosophical Quarterly*, *The Pacific Philosophical Quarterly*, *Utilitas* e outras revistas.

Jen McWeeny, Ph.D., fez mestrado em filosofia na Universidade do Havaí, em Manoa, em 2000, e doutorado na Universidade do Oregon, em 2005. É professora-associada de filosofia na John Carroll University, Cleveland, Ohio. Sua pesquisa se concentra nas áreas de epistemologia, teoria da emoção, fenomenologia, filosofia feminista comparativa e início da filosofia moderna. Publicou artigos sobre Simone de Beauvoir, metodologia comparativa, epistemologia e teoria da emoção. Seus projetos atuais incluem a coedição de *Liberating Traditions: Essays in Feminist Comparative Philosophy* e artigos sobre fenomenologia feminista e cognição.

Fernando Migura, Ph.D., é professor de lógica e filosofia da ciência na Universidade do País Basco (em Donostia-San Sebastian, Espanha). Trabalha com lógica formal e informal, filosofia da lógica, semântica lógica e filosofia da linguagem, e nas áreas afins da filosofia da mente. Seus interesses abarcam também a epistemologia e a ética.

M. Joshua Mozersky, Ph.D., obteve seu doutorado em filosofia pela Universidade de Toronto. É professor-associado de filosofia na Universidade de Queen, Kingston, onde ocupa a Cátedra de Pesquisa do Canadá em Metafísica e Filosofia da Ciência. Sua pesquisa se concentra em filosofia da linguagem, metafísica e filosofia da ciência.

Robert L. Muhlnickel, Ph.D., obteve seu doutorado pela Universidade de Rochester, Nova York, e ensinou na Universidade de Wisconsin-Eau Claire e Colgate Rochester Crozer Divinity School. É professor-assistente de filosofia na Monroe Community College, em Rochester, Nova York. Sua especialidade é a ética, embora tenha interesse em todas as áreas da filosofia.

Carlos Mario Muñoz-Suárez tem Ph.D. em filosofia e psicologia. Suas áreas de especialização são filosofia da mente, filosofia da psicologia, neurociências e neurossemântica. Seus temas de pesquisa são percepção, sensações, consciência sensorial e recuperação lexical. É pesquisador do Sensus Research Group, professor-assistente na Universidade Icesi (Colômbia) e professor na Universidad del Valle (Colômbia).

Mark Nelson, Ph.D., bacharelou-se em filosofia pela Faculdade de Wheaton, Illinois, e tem mestrado e doutorado em filosofia pela Universidade de Notre Dame, Indiana. Ocupa a Cátedra Kenneth Monroe em Filosofia, na Westmont College em Santa Barbara, Califórnia. Sua pesquisa se concentra em ética, epistemologia e filosofia da religião. Suas publicações recentes incluem "We Have No Positive Epistemic Duties" (*Mind*, 2010), "A Problem for Conservatism" (*Analysis*, 2009), "More Bad News for the Logical Autonomy of Ethics" (*Canadian Journal of Philosophy*, 2007) e "Moral Realism and Program Explanation" (*Australasian Journal of Philosophy*, 2006).

Julinna C. Oxley, Ph.D., é professora-assistente de filosofia e diretora do Programa de Estudos sobre Mulheres e Gênero na Coastal Carolina University. Tem interesse em ética e filosofia política, feminismo, família, emoções, psicologia moral e ética aplicada. Seu livro, *Understanding Others: Empathy and Ethical Thought*, está no prelo. É também codiretora do Jackson Family Center for Ethics and Values' Summer Ethics Academy, um programa que ensina ética para alunos da sexta série, e tem uma filha de 1 ano.

Nicolas Pain, MA, fez mestrado em filosofia, na Lyon 3 Jean Moulin University, e em literatura francesa moderna em Paris-IV-Sorbonne. É um pesquisador independente e trabalha com história e filosofia da lógica e da matemática, filosofia da biologia e antropologia cognitiva.

Timothy J. Pawl, Ph.D., bacharelou-se pela Valparaiso University, Indiana, em 2003, e fez mestrado e doutorado na Universidade de St. Louis, em 2007 e 2008 respectivamente. É professor-assistente de filosofia na Universidade de St. Thomas, em Minnesota. Sua pesquisa se concentra em metafísica, filosofia da religião e o pensamento de Tomás de Aquino. Alguns de seus trabalhos recentes foram publicados em *Faith and Philosophy* e *The Australasian Journal of Philosophy*.

Tommaso Piazza, Ph.D., bacharelou-se e concluiu seu doutorado pela Universidade de Florença, Itália. Em seguida, passou dois anos em

Salzburgo, Áustria, com uma bolsa de pesquisa. Atualmente, é pesquisador (C-2007, cofinanciado pelo FSE e pelo POPH), no Instituto de Filosofia da Universidade do Porto, Portugal. Seus principais interesses são epistemologia e metafísica. Está trabalhando num projeto de pesquisa, *Secret and Memory in the Information Era*, que aborda o *status* epistemológico de alegações empíricas *prima facie* injustificáveis (por exemplo, sobre milagres ou conspirações).

Mark Piper, Ph.D., é professor-assistente de filosofia na James Madison University, na Virgínia. Sua principal área de pesquisa é a ética normativa, em especial estudos sobre autonomia, teorias de bem-estar e teoria da virtude (ver o site https://sites.google.com/site/philosophy-markpiper/).

Stefanie Rocknak, Ph.D., obteve seu título de doutorado pela Universidade de Boston, onde estudou com Jaakko Hintikka. É professora-associada de filosofia e diretora do Programa de Ciência Cognitiva da Hartwick College, em Oneonta, Nova York. Seus interesses incluem Hume, filosofia da arte, filosofia analítica e filosofia da mente. É também escultora profissional.

Agnieszka Rostalska, doutoranda da Jagiellonian University, Faculdade de Estudos Internacionais e Políticos, Departamento de Estudos do Oriente Médio e do Extremo Oriente, Kraków, Polônia, fez mestrado em filosofia depois de ter estudado durante três anos na Universidade de Gdansk, na Polônia, e por dois anos na Universidade de Calgary, no Canadá. Sua dissertação aborda a filosofia analítica da mente (especialmente os argumentos de Richard Swinburne a favor do dualismo). Atualmente, estuda filosofia indiana, especialmente a interação das noções do eu, causalidade e liberdade em Sámkhya-Yoga e Nyaya-Vaisesika.

Andrew Russo, doutorando de filosofia pela Universidade de Oklahoma, está interessado em filosofia da mente e filosofia da linguagem, especialmente questões de metafísica da mente, teorias de conteúdo mental e a natureza das representações mentais. Tem um interesse crescente em temas referentes à metodologia filosófica.

Joakim Sandberg, Ph.D., tem bolsa de pesquisa em filosofia prática pela Universidade de Gotemburgo, na Suécia, e é pesquisador honorário em ética global na Universidade de Birmingham, Reino Unido. Seus principais interesses acadêmicos são filosofia moral, filosofia política e economia — especialmente as intersecções entre essas áreas. É também presidente da Sociedade de Filosofia da Universidade de Gotemburgo, e membro do Gothenburg Animal Research Ethics Committee.

Ben Saunders, Ph.D., escreveu suas contribuições quando era professor na Universidade de Oxford, no Reino Unido, onde completou seu doutorado em 2008. É, desde setembro de 2010, professor de filosofia na Universidade de Stirling, na Escócia. Seus interesses abrangem quase todas as áreas da filosofia moral política e normativa, especialmente democracia, justiça distributiva e o pensamento de J. S. Mill. Publicou artigos em revistas como *The Journal of Applied Philosophy*, *Utilitas*, *The Journal of Medical Ethics* e *Ethical Theory and Moral Practice*.

Eric J. Silverman, Ph.D., é professor-assistente de filosofia e estudos religiosos na Christopher Newport University, Virgínia. Doutorou-se em filosofia pela Universidade de St. Louis. Sua pesquisa se concentra em filosofia medieval, ética e filosofia da religião. Sua primeira monografia, *The Prudence of Love: How Possessing the Virtue of Love Benefits the Lover* (2010), defende uma explicação tomista-aristotélica da virtude do amor e argumenta que o amor aumenta o bem-estar geral da pessoa amada.

Robert Sinclair, Ph.D., é professor-assistente do departamento de filosofia na Brooklyn College, City University, de Nova York. Sua pesquisa examina as interconexões entre a filosofia analítica, o pragmatismo e o naturalismo na filosofia americana do século XX. Seu mais recente trabalho discute aspectos das filosofias naturalistas de Quine e Dewey.

Giannis Stamatellos, Ph.D., doutorou-se, em 2005, pela Universidade de Wales, Lampeter. É autor de *Plotinus and the Presocratics* (2007) e atualmente faz pós-doutorado no Centro de Ética e Virtude Neoplatônica, da Universidade de Copenhague, na Dinamarca. Seus interesses de pesquisa incluem filosofia grega antiga e ética do computador.

Grant Sterling, Ph.D., é bacharel em filosofia pela Eastern Illinois University e obteve um doutorado em filosofia pela Universidade de Iowa. É professor-assistente de filosofia na Eastern Illinois. Seus principais interesses são ética e filosofia medieval, especialmente temas referentes ao livre-arbítrio e à responsabilidade moral.

Liz Stillwaggon Swan, Ph.D., doutorou-se em filosofia pela Universidade da Carolina do Sul em 2008. Tem uma bolsa de pós-doutorado em história e filosofia da ciência, pelo Centro de Humanidades da Oregon State University. Sua pesquisa filosófica recorre à neurobiologia e à biossemiótica num esforço para entender as origens e o desenvolvimento evolutivo da cognição humana.

Julia Tanner, Ph.D., concluiu recentemente seu doutorado em filosofia pela Universidade de Durham, no Reino Unido. Sua tese foi sobre o *status* moral dos animais, tendo escrito uma série de artigos que defendem o *status* moral dos animais.

James E. Taylor, Ph.D., doutorou-se pela Universidade do Arizona. É professor de filosofia na Westmont College, em Santa Barbara, Califórnia. Seus principais interesses são epistemologia e filosofia da religião. Dá aulas nessas áreas, além de aulas de filosofia da linguagem e de filosofia moderna e contemporânea.

Sara L. Uckelman, Ph.D., estudou lógica no Instituto de Lógica, Linguagem e Computação, da Universidade de Amsterdã, na Holanda, onde trabalha como pesquisadora do projeto Dialogical Foundations of Semantics, no nível de pós-doutorado. Interessa-se pelos aspectos dinâmicos e dialógicos da lógica medieval e moderna.

Rafal Urbaniak, Ph.D., especializou-se em lógica e filosofia da matemática pela Universidade de Calgary. Depois de passar algum tempo na Universidade de Bristol, Reino Unido, como professor visitante da British Academy, é agora professor-assistente na Universidade de Gdansk, na Polônia, e pesquisador no Centro de Lógica e Filosofia da Ciência, Universidade de Ghent, na Bélgica. Além de filosofia da matemática, interessa-se pelos aspectos lógicos dos argumentos filosóficos, especialmente na filosofia da religião.

David Vander Laan, Ph.D., é professor-associado de filosofia na Westmont College, Santa Barbara, Califórnia. Fez doutorado na Universidade de Notre Dame, onde escreveu a tese *Impossible Worlds*. Seus principais interesses são metafísica, especialmente ontologia, teologia filosófica e as fronteiras da metafísica e da lógica.

Bruno Verbeek, Ph.D., ensina ética e filosofia política na Universidade de Leiden, Holanda. Estuda as relações de metaética, teoria política, teoria da ação e psicologia moral com decisão e teoria dos jogos. É autor de *Moral Philosophy and Instrumental Rationality* (2002) e *Reasons and Intentions* (2008).

Toni Vogel Carey, Ph.D., doutorou-se em filosofia pela Universidade de Columbia em 1976 e é autor independente nas áreas de filosofia e história das ideias. Seu trabalho aparece em revistas acadêmicas, bem como em *Philosophy Now*, onde atua como conselheira editorial. Seus escritos abrangem a metaética (sua tese intitulada *Deontic Perfection*, aborda a relação é-deveria), a filosofia da ciência (idealização galileana, seleção natural), o iluminismo escocês (Adam Smith, Thomas Reid) e problemas filosóficos tradicionais (ceticismo, o argumento ontológico). Está trabalhando em dois livros, um sobre estudo independente e seus praticantes (Darwin, Lyell, Galileu, William e John Herschel — a lista é longa), e outro sobre a relação filosófica entre real e ideal (ver seu site http://mysite.verizon.net/toni.carey).

Jason Waller, Ph.D., é professor-assistente de filosofia na Eastern Illinois University. Sua pesquisa se concentra em filosofia política e início da filosofia moderna. Publicou recentemente artigos na *British Journal for the History of Philosophy, Iyyun: The Jerusalem Philosophical Quarterly* e *The Internet Encyclopedia of Philosophy*, entre outras publicações. É coautor de um livro para a Routledge sobre a filosofia política de Spinoza.

Dan Weijers, BA, é conferencista-assistente, doutorando no departamento de filosofia da Victoria University, Wellington, e editor cofundador do *International Journal of Wellbeing*. Sua principal área de interesse é a pesquisa interdisciplinar sobre bem-estar, especialmente felicidade, hedonismo e prazer.

Joshua I. Weinstein, Ph.D., estudou física, filosofia e Talmud nos Estados Unidos e em Israel, doutorando-se pela Universidade Hebraica de Jerusalém. É membro do Instituto de Filosofia, Teoria Política e Religião no Centro Shalem, em Jerusalém. Sua pesquisa se concentra em psicologia grega, ética e política, fundamentos da matemática, evolução e neurociência, Nietzsche e fenomenologia, e teologia comparativa.

Fabian Wendt, Ph.D., é atualmente professor-assistente (*Wissenschaftlicher Mitarbeiter*) da Universidade de Hamburgo, Alemanha. Em 2008, concluiu seu doutorado pela Ludwig-Maximilians-University de Munique. Sua tese é sobre filosofia política libertária e seus interesses incluem filosofia política, ética normativa e metaética.

George Wrisley, Ph.D., doutorou-se em filosofia pela Universidade de Iowa. Leciona na North Georgia College and State University. Sua pesquisa se concentra em metafísica, filosofia da linguagem e ética. Publicou trabalhos sobre Wittgenstein no *The Australasian Journal of Philosophy* e (com Stewart Candlish) na *The Stanford Encyclopedia of Philosophy*.

Impresso por :

Graphium
gráfica e editora

Tel.:11 2769-9056